UN DESTIN PHILOSOPHIQUE

DU MÊME AUTEUR

Les Idéalités mathématiques, Seuil, 1968

La Philosophie silencieuse, Seuil, 1975

Réflexions sur le temps. Variations philosophiques 1, Conversations avec Dominique-Antoine Grisoni, Grasset, 1992

Introduction à la phénoménologie, nouvelle édition, Gallimard, « Folio Essais », 1994

Philosophie : Un rêve de flambeur. Variations philosophiques 2, Conversations avec Dominique-Antoine Grisoni, Grasset, 1999

La Liberté nous aime encore, (avec Dominique Desanti et Roger-Pol Droit), Odile Jacob, 2002

La Peau des mots. Réflexions sur la question éthique, Conversations avec Dominique-Antoine Grisoni, édition posthume, Seuil, « L'ordre philosophique », 2004

Introduction à l'histoire de la philosophie, suivi de *Esquisse d'un second volume*, PUF, « Quadrige. Grands Textes », 2006 [paru en 1re édition sous le titre *Introduction à l'histoire de la philosophie*, Éditions sociales, 1956]

Le Philosophe et les Pouvoirs, et autres dialogues, Hachette Littératures, « Pluriel », 2008 [paru en 1re édition chez Calmann-Lévy, 1976]

JEAN-TOUSSAINT DESANTI

UN DESTIN PHILOSOPHIQUE
ou
Les pièges de la croyance

Postface de Maurice Caveing

HACHETTE
Littératures

Collection fondée par Georges Liébert
et dirigée par Joël Roman

La présente édition du texte et de la postface a été établie
avec l'Institut Desanti (ENS Lettres et Sciences Humaines).

http://institutdesanti.ens-Ish.fr

Paru en 1re édition en 1982 aux Éditions Grasset

978-2-01-279402-3
© Hachette Littératures, 2008.

AVERTISSEMENT

La question de l'intervention de l'intellectuel dans la vie politique est au centre de l'œuvre de J.-T. Desanti. C'est pourquoi l'Institut Desanti a entrepris de rééditer les textes qui marquent les moments principaux de la réflexion du philosophe : depuis les articles militants des années communistes parus dans *Une pensée captive* (PUF, « Quadrige », 2008, articles préparés, commentés et annotés par M. Caveing) jusqu'au *Destin Philosophique* en passant par l'édition du *Philosophe et les pouvoirs* augmenté d'entretiens avec l'auteur (Hachette Littératures, « Pluriel », 2008).

La réflexion de J.-T. Desanti sur l'engagement de l'intellectuel, sur le risque de son détournement dogmatique et, au final, sur la nature de la croyance mise en œuvre dans toute forme d'adhésion militante, n'a sans doute jamais été plus actuelle qu'aujourd'hui.

Nous attendons de ces rééditions qu'elles fournissent de précieux éléments d'analyse dans un débat qui engage l'avenir de nos sociétés démocratiques.

Janvier 2008, Institut Desanti
(ENS Lettres et Sciences Humaines)

A mon animal, depuis toujours familier, le Chat.

AVANT-PROPOS

CE livre, issu d'un dialogue avec Maurice Clavel, comporte pour l'essentiel une longue réponse à une des deux lettres — la seconde dans le temps — qu'il m'avait adressées.

Bien sûr, j'avais répondu à la première aussi. Mais cette réponse n'était qu'une mise en train destinée à alimenter notre discussion, et, en l'écrivant, c'était à Maurice que je pensais, aux questions qu'elle susciterait en lui, et nullement à un éventuel lecteur. Il me paraît par conséquent peu probable, maintenant que je la relis, que j'en eusse maintenu les termes, au moment de la publication.

Il est certain que Maurice n'eût pas manqué, s'il en avait eu le temps, d'examiner son contenu, d'exiger de moi les éclaircissements qui lui manquent. Elle était, à vrai dire, destinée à cela seulement : être contestée pour être éclaircie.

Il a semblé cependant utile de la publier en début de volume, comme un document. Le lecteur pourra s'y référer s'il le désire.

Mon cher Touki,

Bon. Ne biaisons plus. Si je me suis quelques semaines retenu de t'adresser cette lettre, ce n'est pas seulement, tu le devines, par manque de temps ou négligence : il s'y mêlait — il s'y mêle toujours — d'autres raisons, plus complexes, moins aisées à démêler ; et sur lesquelles autant vaut, en quelques mots, que je m'explique.

Je passe sur la difficulté l'aridité même de ton œuvre : le propos de ce livre n'est-il pas justement de lever l'obstacle et d'en finir avec cette tenace, insistante légende d'obscurité ?

Je passe aussi sur ce que tu représentes, aujourd'hui, pour un homme de mon temps : sur le maître que tu fus, que tu demeures, et qui, avec quelques autres, enseigna à une génération ce qu'on appelle penser.

Car l'essentiel n'est pas là. L'essentiel est plutôt dans l'intrusion, presque l'effraction à laquelle tu me convies. Ce livre, en effet, tu l'avais commencé autrement. L'idée ne vient pas de moi, mais de Maurice Clavel, notre ami. J'ai là, sous les yeux, ses deux lettres, manuscrites, si belles, et qu'il t'avait d'abord adressées. J'y devine le ton, j'y entends encore la voix, le souffle, la colère parfois de Maurice. Et alors, entrer dans ce

Un Destin philosophique

jeu, reprendre cette parole, m'insinuer dans ce questionnement dont il savait, lui, la suite et dont nous, les vivants, ne saurons plus jamais vers quoi il le menait et ce qui le taraudait — cela, il faut bien le dire, suffit à me paralyser.

Mais de là aussi ma question. Celle que je ne puis contourner et qui, de fait, m'obsède. Une question sur Maurice justement. Ou plutôt sur Maurice et toi. Sur vous deux et ce livre. Sur les circonstances de sa naissance. Sur ce qu'il en espérait et que tu en attendais. Sur la place qu'il devait occuper, même, dans l'histoire, si longue déjà, de votre amitié. Pardon de cette question. Elle te semblera peut-être oiseuse ou indiscrète. Je te la pose comme elle me vient, brutalement et sans façons. Mais il me paraissait capital, tout de même, à l'orée de ce parcours, que tu t'efforces d'y répondre.

A toi,
BERNARD-HENRI LÉVY

Cher Touki,

Voici donc mes trois questions qui, comme, les mousquetaires...
Les deux premières sont bien « vulgaires et subalternes » mais me semblent un départ. Dis- moi bien sûr, non seulement ce que tu penses de ces sujets de questions, mais des questions mêmes.
1. Tu as écrit et titré les « idéalités » sans ironie absolue, alors que tu étais parfaitement matérialiste... Alors ?...
2. Tu m'as dit l'autre jour tes conceptions générales, en trois points, dont j'avoue que j'ai oublié, quant à la formulation, les deux premiers. Le troisième était : « Enfin, l'empirisme me dégoûte ! » Je mets un point d'exclamation, car le ton, le sais-tu, était relativement véhément.
En revanche, c'est calmement et fortement que tu te disais à Beaubourg « homme des lumières »... Alors ?
3. Peux-tu pousser beaucoup plus loin le fondement et l'explication de ton « ni du ciel ni de la terre » ? D'après les allusions rapides et passionnantes que tu m'as faites sur un écart (où te forcerait la communication mathématique) à l'intérieur de notre corporéité

Un Destin philosophique

(nos gestes et notre peau, me sembles-tu avoir dit, et, si vague que ce soit, cela me parle).

4. En quel originel, forcément inconnu et non dicible — sans pathétique — humain ou non, humain et non, peut-on ou faut-il chercher déclenchement génétique du langage comme constituant monde, conscience, hommes, etc ?

Faut-il un éclair ? Faut-il une astuce ? Faut-il un mythe ?

A toi,
MAURICE

Cher Desanti,

Je m'apprêtais patiemment à te poser des questions, précises et nuancées si possible, sur ton texte si dense, lorsqu'il m'est apparu soudain que son début posait un grave problème, préalable à tout autre selon moi.

Ainsi, tu aurais « mis entre parenthèses » *tes* « convictions matérialistes »... *Et cela pour aborder* « la chose même dans les mathématiques »... *Pardonne-moi si j'y vois presque un scandale. Comment peut-on* « mettre entre parenthèses ses convictions matérialistes » — *ou autres* — *sinon pour les passer au crible de sa critique, ou de sa philosophie, et ainsi éventuellement instaurer cette dernière? Qu'y a-t-il de plus important que cela? Qu'est-ce qui, en droit, peut être fait avant cela, hors de cela?*

Tu parles de « convictions qui peut-être ne sont qu'opinion ». *Quoi de plus urgent que d'en finir avec ce* « peut-être », *par un oui ou un non? Car je suppose que tu n'as pas rompu sur ce point avec la grande tradition philosophique* — *Platon, Descartes* —, *au moins sur ce point qu'il faut d'abord se débarrasser de l'* opinion *en tant que telle, vers une* certitude *possible...*

Parlons maintenant du mot « convictions ». *En dehors des campagnes électorales, qu'est-ce? Une foi,*

Un Destin philosophique

ta foi ? Si oui, comment peux-tu mettre ta foi entre parenthèses, sans d'abord la vérifier, ou justifier ton refus de la vérifier ?

Et sinon, comment peux-tu te scinder entre une « conviction », noyau dur, épais et intact de ta personne, et par ailleurs une ouverture à la moindre recherche philosophique ? Où es-tu donc ? Et à quoi sert la philo, sinon à éprouver des « convictions » ? Quel intérêt en dehors ?... Tu dis quelque part que depuis ta rupture avec le marxisme tu ne t'intéresses plus qu'aux rationalités locales. Comment peux-tu justifier cet intérêt autrement que par ta critique négative ou destructrice d'une rationalité générale ? Bref, par ta Critique de la raison pure ? Or, où est-elle ?... Sans t'accuser, en cette phrase, de désespoir, qu'espères-tu du « local », pour la philosophie et pour toi ? A moins, bien sûr, que cet « intérêt local » ne soit le désespoir lui-même... Mais tu n'as l'air ni de t'en faire le prosélyte, ni de me demander l'espérance... Alors ?... Où est le dialogue possible, que tant je souhaite ?...

Bref, il n'y a aucun statut philosophique concevable, pour moi du moins, à tes « convictions matérialistes », pas même assez pour les mettre entre parenthèses... Elles sont un sujet général préalable, volontairement non traité.

De plus, même entre parenthèses, pourquoi diable « matérialiste », alors qu'il y a le choix entre bien des matérialismes, et que la désinence même du mot implique de toute façon une de ces totalisations ou systèmes que tu dis ne pouvoir admettre ?

Bref, pardonne-moi, jusqu'à preuve du contraire je crains que ton « hygiène philosophique » ne soit philosophiquement tout à fait malsaine.

A moins, peut-être, de gagner de proche en proche, allant de « localités » en « localités » ? Mais où en es-tu ? En as-tu seulement fini avec les mathématiques,

18

où, comme bien des gens, je ne puis guère te suivre ? Et tu connais nos âges, et la vie est si brève ! ... Vas-tu examiner ou enlever un toit tuile à tuile au lieu d'éprouver et au besoin d'arracher la pièce maîtresse de la charpente ?... Comment peux-tu te justifier, à moins de nier que l'examen soit possible du savoir, d'un savoir humain en général et de prétendre que tu ne peux, que nous ne pouvons le tirer que d'une épistémologie particulière, et ainsi de suite... Mais il faut m'en donner, nous en donner la preuve. As-tu le droit d'exiger que nous te suivions avec confiance dans une longue et peut-être interminable plongée locale ?

A moins enfin — ici tout pourrait s'arranger — que par ton « matérialisme » tu ne signifies ceci : je n'ai pas le droit de me prêter au départ plus qu'un corps, précaire, et ne saurais, sauf nécessité ultérieurement apparue et fondée, faire appel à quoi que ce soit d'autre pour justifier ou expliquer ce qu'il y a, ce qui se passe de sensible... Mais ce n'est pas du matérialisme, ou alors je suis aussi matérialiste que toi, puisque je pars de là dans ma « Critique de Kant » : pas d'esprit, pas de cogito, pas de facultés, mon corps, mon corps seulement dans l'espace-temps, et l'Esthétique transcendantale, et la suite... Mais moi je sais et je dis que je pars de là. Si tu en conviens, partons-en tous les deux ensemble. Renonçons provisoirement à mes quatre questions, à tes trois réponses, et voyons quels problèmes pourraient et devraient se présenter en premier à partir de ce point commun... Étant bien entendu alors que ces prétendues « convictions » sont alors le centre, la base et surtout l'objet de l'examen et de la recherche non le contenu d'une parenthèse préalablement écarté.

Objet final peut-être, je te l'accorde, mais à garder constamment présent, n'est-ce pas ?

Permets-moi d'exiger une réponse précise. Et ne reviens à notre premier dialogue épistolaire qu'après

Un Destin philosophique

que tu m'auras parfaitement convaincu que c'est nécessaire ou licite.

Si cette réponse, dont je te presse, te prenait deux ou trois cents pages, je serais extrêmement heureux de me taire et de t'écouter pendant tout ce temps-là. C'est ce qui pourrait m'arriver de mieux, j'en suis sûr, et à toi aussi, peut-être.

Voilà. J'ai rédigé cela en cinq minutes. Pardonne techniquement à ma hâte et moralement à ma véhémence.

MAURICE

P.-S. Un mot, si tu veux bien, sur mes « convictions » sur ma foi. Je ne la mets pas entre parenthèses : je ne saurais. Je ne cherche pas non plus à la justifier par la philosophie : je n'ai pas d'autre philosophie que la critique de toute philosophie possible — en quoi je ne suis pas très loin de toi, déjà il me semble... Je me suis seulement assuré, par un effet de cette Critique même, que ma foi n'était nullement contradictoire avec les données évidentes de la pensée et du monde — notamment ce corps, ce corps précaire — et la vie désormais dans une grande paix, du moins intellectuelle...

PRÉLUDE

A ta question, si directe, mon cher Bernard, je veux m'efforcer de répondre aussi simplement que possible, pour autant que la remémoration soit quelque chose de simple et de transparent. Ce qui n'est pas le cas, il s'en faut. Il m'est nécessaire pourtant d'accorder quelque crédit à mes souvenirs, quitte à souligner, une fois pour toutes, le caractère unilatéral de mon propos : de Maurice je n'ai connu que le visage qu'il m'a montré. Et je ne *sais* pas, au sens propre, quel visage j'avais au juste pour lui. Sans doute étais-je pour lui l'ami qu'il était pour moi. Mais que désigne ce mot « ami », hors de la réciprocité souhaitée des présences ? Bien difficile à démêler. Mieux vaut ne pas s'y risquer d'emblée. Qu'on se taise ou qu'on se parle, qu'on marche ou qu'on demeure assis, seuls ou en compagnie, d'accord ou en désaccord, on se trouvait bien ensemble. Et de ce fait, si affreux et désespérant qu'ait été le monde, il semblait prendre bonne tournure, pour nous, le temps de la rencontre. Que dire de plus ? Rien, absolument rien.

Restent donc les circonstances et les événements.

Ce livre d'abord, où maintenant tu t'engages à ton tour. Le projet vient de loin. Je suppose que Maurice trouvait, dans la façon dont je pratiquais la philosophie, quelque chose d'inquiétant pour lui et d'assez opaque. Tous ces longs détours où je m'étais complu :

Un Destin philosophique

le marxisme, la phénoménologie, les mathématiques, la logique symbolique, tout cela lui paraissait comme autant d'ajournements qui éloignaient le moment où il me faudrait entrer dans la voie royale de la philosophie, la voie qui avait été, pensait-il, celle de Kant en sa période critique : une démarche réflexive radicale prenant la mesure des exigences et des limites de la rationalité moderne. Il était plein d'impatience à mon égard, me faisant en cela plus de crédit que je n'en mérite. « Qu'as-tu à t'occuper sans cesse de mathématiques, de logique, de théorie du langage ? Tu n'en finiras jamais de rabouter des morceaux de savoir ? Où veux-tu en venir ? Qu'as-tu à dire en dernier ressort qui puisse nous importer ? Le sais-tu seulement ? Le cherches-tu même ? » Depuis longtemps il me tarabustait de la sorte. Et c'était entre nous un point de désaccord fondamental, et très ancien. Fondamental parce qu'il concernait le mode de relation qu'il convient de concevoir aujourd'hui, entre la philosophie et les savoirs constitués. Très ancien, puisque, si je me souviens bien, notre première discussion sur ce point date de septembre 1940. Elle concernait Kant précisément. Maurice avait juste vingt ans en ce temps. Et moi, beaucoup plus vieux, vingt-cinq. J'étais à Montpellier, où je venais d'être démobilisé, et lui à Balaruc, chez ses parents où j'allais, quelques jours par semaine, séjourner en sa compagnie. On se trouvait bien là à discuter et à disputer sur beaucoup de questions, philosophiques en particulier, et sur Kant donc. Que faire de Kant aujourd'hui (en 1940) ? « Il nous faut, lui disais-je, refaire son chemin. Il a pâli sur Newton. Il nous faut pâlir à notre tour, sur Cantor, Dirac, Einstein et la théorie des groupes. C'est là qu'il faut déchiffrer en premier l'allure que prend ce que nous nommons raison. » Et j'y allais de ma petite leçon d'algèbre moderne, de l'air de dire : « Tu vois, si tu ne sais pas de quoi il retourne en ces

Prélude

régions, ce n'est pas la peine de t'occuper de critique de la raison. »

Maurice m'écoutait d'un air déçu et furieux. Il en bégayait presque d'indignation. « Mais, mais, Kant alors, et sa démarche essentielle et le cœur de sa recherche, la pensée de sa pensée, qu'en fais-tu, dis, qu'en fais-tu, avec tes fumées algébriques ? » A quoi je répondais : « Patience ! Il faut suivre tous les détours du long chemin... »

De la passion, Maurice en avait. De la patience, assez peu, je crois. Il préférait brusquer les idées et les choses et forcer la porte vers l'essentiel. A ses yeux, j'étais un lambin. Vint un jour où me prenant de court, et comme s'il n'en pouvait plus de supporter mes interminables pèlerinages, il prit la décision de me brusquer. C'était, hélas, au début de cette année 1979 dont il ne devait pas voir l'été.

A vrai dire son désir rencontrait mes propres inquiétudes. Lorsqu'on parvient à un certain âge, ou bien on se désintéresse en pensant : « Ce qui est fait est fait, bien ou mal. Reste à l'exploiter, à le dépenser, au jour le jour, comme un bien dont on serait propriétaire. J'ai abordé sur ma rive et je m'y tiens. Je ne prendrai plus la mer. » Et l'on poursuit sur le même chemin, en attendant, sinon des jours meilleurs, du moins la fin des jours, qui ne saurait manquer. On passe pour sage. En réalité on se résigne à être ce qu'on croit avoir fait. Ou bien on s'interroge : « Ce que je crois avoir fait, est-ce bien ce que j'ai fait ? Et quand cela serait, est-ce bien ce que j'avais désiré faire ? N'ai-je pas passé sous silence la chose même que je voulais tenter de penser et de dire, et qui m'a échappé, enfouie sous le tissu de mes discours réglés ? » Telles étaient mes dispositions depuis le milieu des années 70. J'étais en posture d'interrogation, ayant pris conscience, à l'égard de ce que j'avais pu écrire, d'un essentiel inachèvement. Je

Un Destin philosophique

dis bien « essentiel », car achevé, rien ne l'est tout à fait. La matière ne manque jamais et toujours nouvelle pour penser et pour dire. Là n'était pas la question. Épuiser les thèmes qui m'avaient tenu au cœur, ni moi ni personne ne le pourrait jamais. Rien d'inquiétant en cela, sinon l'exigence continue du travail et de la mise à jour et l'arrachement à l'usuel train-train.

Cette forme inévitable et bénigne d'inachèvement ne me tourmentait nullement, et, pour tout dire, je m'occupais jour après jour, selon les occasions, à combler ces vides, bien certain de n'y parvenir jamais. Ce qui, je le répète, rendait Clavel presque enragé. « Encore un divertissement », disait-il en grognant, pensant qu'il était temps d'en finir. En finir, je ne le pouvais, et maintenant encore je ne le peux. Mais, je le déclare à nouveau, là n'était pas la question.

Je me trouvais un peu dans la situation d'un tireur, un professionnel, au bon coup d'œil et qui aurait rarement manqué son but. Un jour il aurait été trompé par les couleurs. On lui aurait dit : « Voici deux cibles. L'une est bleue, l'autre aussi. Or, ce n'est pas tout à fait le même bleu. Il te faut atteindre celle qui est vraiment bleue, très bleue. » Le tireur aurait tapé dans le mille. Mais le « vrai bleu », il ne l'aurait pas vu. Sa main n'avait rien perdu de sa sûreté. Pourtant, le temps d'un éclair, son regard s'était trouvé trompé. Un changement de lumière qu'il n'avait pas prévu : et voici qu'un bleu s'égalise à l'autre. Les cibles sont indiscernables.

Telle était un peu mon inquiétude en ce temps. Je me demandais si quelque tremblement de lumière, né des objets qui m'avaient fait souci, ne m'avait pas rendu indistincte la chose même que je cherchais à voir, et qui s'absentait de mes paroles. Tel était le manque et l'inachèvement : un point de convergence qui fuyait, une cible masquée. Reconnaître ce point et dénicher la cible, cela m'importait beaucoup.

Prélude

Peut-être Maurice l'a-t-il senti. Nos pensées divergeaient. Mais nos « cœurs », comme on dit, étaient accordés, en consonance. Sûrement, j'y repense, il a dû soupçonner quelque chose, et se dire : « Il est temps de faire violence à ce satané animal qui va encore chercher refuge et brouiller sa piste, Dieu sait dans quelles abstractions techniciennes. Il va lui falloir avouer ce qu'il prend tant de soin à taire. »

Or je ne voulais rien taire. Je cherchais seulement ce qui se dérobait sous mes mots. Lui voulait me faire avouer. Moi je tentais de dire. Nous étions donc d'accord, n'est-il pas vrai ?

Ainsi commença le dialogue (ou mieux cet échange de lettres) si tôt interrompu.

Nous ne l'entendions pas comme une confrontation de « points de vue » ; un affrontement entre « deux conceptions du monde » : celle d'un matérialiste et d'un chrétien, dans lequel on opposerait croyance à croyance, idée à idée. Nous avions l'un et l'autre une égale aversion pour les « conceptions du monde ». Que peut-on espérer à opposer des vues globales, faites de gros concepts vaguement assemblés ? Rien qui mérite qu'on y occupe fût-ce une heure de son temps. Sur ce point Maurice et moi étions parfaitement d'accord. Pour ma part j'ai toujours détesté les « idées générales », et lui, tu le sais, refusait jusqu'au nom de « philosophie chrétienne ». Pas question donc de faire dialoguer par nos personnes interposées Marx et saint Augustin, Engels et saint Thomas, fût-ce pour en attendre, vertueusement, quelque horrible synthèse.

Que faire alors et que dire ?

Tu connais la générosité de Maurice. Il décida qu'au début du moins tout le bénéfice serait pour moi. Il m'interrogerait « sans pitié », disait-il. « Je ne te ferai grâce de rien et ne te laisserai pas fuir. Il faudra que tu t'expliques et à fond. Je ne te lâcherai pas avant. » Et il

Un Destin philosophique

écrivit ces deux lettres, si belles, et que tu as lues, toi aussi maintenant. A la seconde, en grande partie, je n'ai répondu qu'après sa mort. Et c'était poignant de le sentir présent du fond de son irrémédiable absence. Qu'aurait-il pensé ? Qu'aurait-il répondu ? M'aurait-il, longtemps encore, maintenu sur le gril de ses questions, ne me laissant pas de repos, jusqu'au moment où, selon ce qu'il attendait, je me serais expliqué « à fond » ? Aurait-il, à un moment, lui-même échangé les rôles, se soumettant à mon enquête ? Nous ne le saurons jamais, ni toi, ni moi, ni personne. Jamais plus.

Voilà. Mon abord abrupt, le côté un peu « monstrueux » pour lui de ma nature philosophique, cela il voulait le briser. Ou plutôt me forcer à le briser moi-même, pour laisser voir ce qui, au fond, avait pu me conduire en mes bizarres pérégrinations. Peut-être aussi, au-delà de tout ce qui se dit et se pense d'explicite, cherchait-il en moi, comme je le cherchais en lui, quelque point de lumière, un lieu d'origine d'où, si camouflé soit-il, sous l'ordonnance du discours, prend racine le désir de penser et où s'alimente sa force. En cela il venait au-devant de mes inquiétudes. Allais-je au-devant des siennes ? Nul ne le saura plus.

Tu me dis d'autre part que notre amitié, à Maurice et à moi, passait pour énigmatique « aux yeux du monde ». Pourquoi ? Parce que nous étions tellement différents, nous situant aux points opposés de ce qui se nomme l'horizon philosophique, lui chrétien, moi athée et longtemps marxiste, ce que Maurice détestait, comme il est connu de tous ? Est-ce bien là une distance propre à faire obstacle à l'amitié, que l'un pense blanc et l'autre noir, que l'un ait foi dans la parole du Christ et l'autre pas du tout ? Nullement.

Rassure-toi. Je ne vais pas, sur le tard, imiter Cicéron et écrire mon court traité *De amicitia*. Un mot simplement sur ce point. « Vouloir de même, détester de

Prélude

même, penser de même », voilà qui passe (c'est un proverbe, n'est-ce pas ?) pour le plus ferme fondement de toute amitié. Je tiens cette proposition pour l'exemple même de ces rhétoriques bavardes qui masquent le fond des choses. Je ne peux pas dire que ce genre d'accord n'est pas souhaitable et qu'il ne sert à rien pour consolider le lien d'amitié. Il n'en est cependant ni la condition nécessaire, ni la condition suffisante : un surplus seulement, qui peut se produire ou ne pas se produire, et qu'il n'est pas indispensable de chercher à faire advenir. En bien des cas même, cette recherche peut être fâcheuse et réciproquement importune. Quoi de plus lourd que l'indiscrétion ? Quoi de plus précieux que le silence ?

Selon mon expérience (ce fut ainsi avec Maurice) le lien d'amitié peut se nourrir de la parole, mais il naît du silence. C'est-à-dire ? De petits riens ; de petites choses simples et modiques. Marcher sur une plage. Regarder les flammes d'un feu de bois. On ne dit rien. Mais quelque chose se passe, que je ne sais trop comment nommer : c'est comme une couleur que prendrait le monde présent, une couleur qui donnerait en partage la joie de vivre, et dont on souhaite qu'elle ne s'efface pas. C'est un accord au-delà des idées et plus vieux que les pensées. Qu'importent alors les opinions et les styles ?

D'opinions et de styles, j'en connais peu qui furent plus divergents que les nôtres, à Maurice et à moi. Je ne veux pas parler seulement de politique. Longtemps (jusqu'aux années 60 à peu près), nous étions à l'opposé. Il aimait en ce temps le général de Gaulle. Moi pas, en dépit de la grande estime que j'avais pour sa personne et de la reconnaissance qu'avec d'autres, qui étaient de mon bord, je lui témoignais pour juin 40. J'avais été longtemps communiste. Lui s'était porté à l'opposé et, un temps, presque à l'extrême.

Un Destin philosophique

Ces divergences qui en avaient conduit d'autres à s'étriper, nous les vivions comme insignifiantes et subalternes, en ce qui nous concernait lui et moi. Ainsi étions-nous : comme un autre monde dans le monde.

Quant au style (j'entends par là la prise de posture devant les autres, par la parole, le geste ou l'écrit), je te l'ai déjà dit en commençant, je ne sais pas et ne saurai plus jamais maintenant quel visage je lui montrais au juste. Mais la chose n'a pas tellement d'importance. De fait, à travers son visage à lui, j'éprouvais ma différence. Symétriquement il devait en être de même pour lui. Si bien que tout, entre nous, se nouait sur le fond de cette réciprocité partagée des différences, toujours respectées et jamais abolies. Il ne me reprochait pas plus ma précautionneuse lenteur, que moi ses emportements. Jamais il n'a tenté de me convertir vers sa passion. Jamais, sauf s'il m'en adressait expressément la demande, je ne l'attirais sur mon terrain pour l'y enfermer et l'y réduire. C'était ainsi : une proximité dans la distance.

Certainement cette proximité avait dû trouver sa source au plus profond. Il nous est arrivé pendant presque dix ans (de la fin des années 40 à la fin des années 50 à peu près) de ne pouvoir nous rencontrer que de façon très fragmentée avec de longs intervalles d'absence. Pour des raisons purement matérielles et pratiques, qui tenaient à la nature de nos activités sociales entre lesquelles il n'y avait, à cette époque, aucune intersection. Mais l'absence ne changeait rien. De temps en temps il apparaissait, tout à fait à l'improviste. « Tiens, me disais-je, voilà le géant qui se manifeste. » Et tout se passait comme s'il ne m'avait jamais quitté. « Le géant », parce que relativement à moi qui suis de petite taille, il était effectivement gigantesque ; ce qui était une bonne raison de rire : pour me parler, il lui fallait se pencher. Et c'était assez comique de nous

Prélude

voir ainsi, parfois. Hors de cette proximité enracinée, qu'est-ce qui nous rassemblait encore ? Sans doute un commun souci de la « chose philosophique » né au temps de notre jeunesse et qui a toujours survécu. En ce qui me concerne, cela peut passer pour aller de soi. En fait de « philosophie », je n'ai jamais cessé d'être un « professionnel ». Ce n'est pas une garantie pour ce qui est du maintien d'un authentique souci philosophique. Mais cela peut y aider, ou ne pas en détourner au moins. Quant à Maurice, si on lui avait demandé : « Quelle est ta profession ? », il n'eût rien répondu, peut-être. Il n'exerçait pas de profession bien déterminée. Il était actif simplement et créatif, simultanément dans les champs les plus divers, par générosité et abondance de nature. Ce qui n'allait pas sans une extrême tension. Il était, chaque fois, tout entier homme de théâtre, romancier, cinéaste, polémiste, journaliste, critique, politique, essayiste : interventionniste dans l'âme, ne laissant passer aucune injustice, toujours inventif en ses indignations. Vers le milieu des années 60 il devait devenir à nouveau professeur de philosophie. Ce ne fut qu'une activité de plus, et une autre occasion d'inventer.

Toujours cependant, il était resté philosophe. « Toujours » ne veut pas dire « continûment ». Jusqu'au temps où il a recommencé d'enseigner, la philosophie ne fut pas son occupation journalière. Mais elle demeurait présente comme un perpétuel souci d'interrogation : une passion en quelque sorte qui ne le quittait jamais. Et j'en témoigne. Même dans la période que j'ai dite, et où la force des choses nous tint longuement éloignés, à chacune de nos rencontres, comme pris l'un et l'autre et l'un par l'autre dans un irrépressible tourbillon, nous foncions vers quelque point « philosophique ». Il n'était pas question d'y résister. Et, ensemble, pour un moment du moins, toujours trop court en ce

Un Destin philosophique

temps-là, nous faisions effort pour saisir et éclaircir quelque chose qui nous importait : quelque chose comme un noyau rebelle, dont nous soupçonnions qu'il se tenait là, dérobé à nos yeux trop affairés. C'était l'heure du retrait et du suspens. Heure bien trop brève où tout ce qui nous était usuel, et disponible, nos écrits, nos idées, nos activités, tout cela prenait la couleur du néant. Qui n'a pas connu ces moments, où tout paraît s'ébranler et s'effondrer vers on ne sait quel point, ne sera jamais philosophe. Telle était du moins, en ces rares instants, notre disposition commune. Telle était notre complicité ; et telle elle devait le demeurer : une complicité par le négatif. Notre affaire n'était pas de nous convaincre, mais de nous inquiéter.

Complicité ancienne, t'ai-je dit, puisqu'elle s'est nouée dès nos premières rencontres.

C'était en 1938. Maurice venait d'entrer à l'École normale supérieure de la rue d'Ulm et sortait à peine de l'adolescence. J'étais son aîné de cinq ans. C'était beaucoup à cet âge. J'étais dans la situation d'en « savoir davantage », ayant passé plus de temps à apprendre. A l'époque je n'étais pas marxiste, enfin... pas tout à fait. Mon intérêt pour Marx (que nous étions quelques-uns à travailler) se trouvait tempéré et encadré par d'autres. Je ne veux pas simplement parler des « intérêts académiques » qui nous portaient tous vers les grandes « philosophies traditionnelles ». En ce temps Léon Brunschvicg enseignait à l'École et y exerçait, sur certains, une grande influence. C'était une invitation à méditer l'enchaînement historique qui avait conduit, pour l'essentiel, de Platon à Kant, avec des points forts et des moments de chute. Points forts : Platon, précisément, Descartes, Spinoza, Leibniz, Kant... Moments de chute : Aristote, la scolastique, Hegel, et bien entendu Marx qui, aux yeux de Brunschvicg, demeurait comme frappé de nullité. J'étais, pour ma part, pris par d'autres

Prélude

champs : la phénoménologie transcendantale de Husserl sous l'influence de Maurice Merleau-Ponty. La logique mathématique et les mathématiques elles-mêmes sous l'influence de Jean Cavaillès. Je m'insérais donc, au cours de mon travail philosophique, dans un domaine à structure ramifiée et complexe, pour moi alors (et aujourd'hui encore) plein d'embûches et de nœuds compliqués que je ne savais trop comment dénouer. Rien à voir avec la « voie » supposée « royale » de la philosophie. Bref, je me dirigeais comme je pouvais et plutôt à tâtons qu'autrement.

Pour Maurice, à la fois si jeune (dix-huit ans) et si mûr, il en allait bien autrement en cette année 1938. Tout entier, avec cet entêtement véhément qui était sa nature, il s'abandonnait à sa passion réflexive, qu'il vivait pure. A tel point qu'il se tenait à l'écart de ce qui aurait pu, selon lui, la brouiller. Ainsi ne vint-il jamais, cette année-là, au séminaire que Kojève consacrait à la *Phénoménologie de l'esprit*. Jamais il ne m'y accompagna, ni moi, ni Merleau-Ponty. Il se garda bien aussi d'entrer dans le champ de la phénoménologie husserlienne, comme s'il y pressentait un risque d'enlisement où pourrait se perdre la force de sa réflexion. C'est un trait de sa nature qui ne s'est jamais démenti. Plus tard il devait entrer dans d'autres chemins que les siens propres, affronter Hegel, Marx, Freud, Heidegger. Mais les affronter, justement, en vue de ses intérêts philosophiques à lui, Clavel. Il ne s'installait pas en eux pour un long séjour et un long voyage. Il les bousculait plutôt et pour son compte. C'est qu'il avait trouvé très tôt son point d'installation, et il ne l'a jamais déserté : le Kant des trois *Critiques* et aussi Platon. Là était le lieu natal et le sol nourricier de sa pensée, où prenait racine sa passion réflexive et où, sans cesse, s'éprouvait son exigence de pureté.

Je crois bien l'avoir écrit un jour. Chacun, qui se veut

Un Destin philosophique

philosophe, parle quelque langue philosophique maternelle. Une langue qu'il s'est forgée selon ses engagements essentiels et premiers dans le champ de la philosophie. Pour ma part, j'ai dû en parler plusieurs, et chercher longtemps à travers elles (de la mathématique à l'hégélienne, en passant par l'husserlienne) le chemin qui m'en livrerait une enfin, une seule que je pourrais parler. Ce qui, aujourd'hui, me fait comprendre tous mes longs détours. Maurice disposa d'emblée de la sienne et n'en changea plus : elle était née de sa passion pour Kant.

Passion inquiète et toujours renaissante, et qui n'a jamais trouvé sa satisfaction. Kant ne l'a jamais laissé tranquille. Il ne laissait pas, lui, en retour, dormir tranquille le texte de Kant.

Moi non plus. Et cela dès l'origine. En quoi d'emblée nous nous découvrîmes en accord et complices : par le négatif, comme déjà je te l'ai dit.

Ainsi, voici plus de quarante ans maintenant, devait commencer entre nous ce jeu d'épreuves et de questions, né (amitié mise à part) du tourment philosophique commun que Kant nous infligeait. Et de fait, lorsque je repense aujourd'hui à nos discussions, presque toujours Kant venait s'interposer en tiers parmi nous. S'agissait-il bien de Kant au fond ? Du Kant historique qui dort dans les bibliothèques, et dont les écrits doivent, nécessairement, dévoiler un sens transmissible ? J'en doute. Le Kant qui surgissait entre nous n'était, je crois, qu'une figure symbolique : le visage incarné de notre commun manque à penser, la forme et le nom d'un creux. « Qu'est-ce qui est à penser et à dire pour toi comme pour moi ? Pour toi qui as foi dans le Christ, pour moi qui me meus dans l'épaisseur de mes langues apprises, sans foi aucune ? Qu'est-ce qui toujours nous échappe et toujours nous retient comme en suspens dans nos discours ? » « Kant » était le nom de cette

Prélude

inquiétude, souci partagé d'atteindre un lieu peut-être impossible, peut-être possible (mais comment le savoir d'avance ?), où prendrait racine la force de continuer à penser un peu.

Vois-tu, que Maurice ait pris l'initiative de notre échange, au moment où il travaillait, comme un forcené, jour et nuit, à son *Kant,* publié l'an dernier, cela devrait être éclairant sur ce qu'il attendait de nos propos communs. Sois tranquille, je ne me prends pas pour Kant ! Et même s'il m'arrivait un jour d'être soûl perdu, je ne me prendrais pas encore pour Kant. Pourtant, je ne peux voir là une simple coïncidence. A travers cette mise à l'épreuve par laquelle il espérait parvenir à me forcer vers la clarté, il cherchait aussi, sans doute, à atteindre pour lui-même quelque point d'assurance ; ce point d'assurance qu'il poursuivait à travers sa mise à plat de Kant. Cela me paraît ressortir de la dernière question qu'il pose en sa première lettre − et aussi de ce qu'il dit a la fin de sa seconde lettre : le corps précaire. Peut-être aussi voyait-il en cette recherche la possibilité, de lui à moi, de trouver un lieu d'accord. Un accord, bien entendu, qui ne serait pas le fruit d'un accommodement, ni le résultat d'une victoire. Un accord qui naîtrait de ce que lui et moi, nous aurions ensemble, au-delà de toute « conception du monde », au-delà de tout « conflit d'idées », poursuivi l'enquête au plus profond. C'était donc une invitation qu'il m'adressait. Une invitation à parler de ce qui, en nous, demeure menacé ou mortel.

De la foi (la sienne) il ne serait pas question. Et de fait, il ne m'en a *jamais* parlé, sauf pour me dire qu'il la vivait, de son mieux. Voilà. Je ne sais si j'ai répondu à ta demande selon ce que tu attendais. Plus que de moi, c'est de Maurice que j'ai parlé et de ses exigences envers moi. Mais le livre, où maintenant tu prends ta part, est né de ces exigences.

RÉPONSE A LA DEUXIÈME LETTRE

Tes questions me reconduisent à notre point de départ, lorsque tu m'as demandé si parler d' « idéalités » était bien sérieux pour moi qui « faisais profession » de matérialisme. A quoi j'ai répondu que je m'étais trouvé contraint de mettre « entre parenthèses » ce que *je tenais* pour mes « convictions ». Je souligne « je tenais ». Là est le point. Car peut-être n'y avait-il là nulle conviction, au sens fort du mot (ce à quoi on ne peut s'arracher ; mais nous reviendrons sur ce sens), mais simplement la prise en charge d'un certain corps d'énoncés jugés valides par provision. Si bien que cette démarche (la mise entre parenthèses) qui te fait scandale m'apparut à ce moment comme tout à fait nécessaire. A vrai dire, elle l'avait toujours été. En ceci : souvent m'apparaissaient des îlots, des noyaux d'expérience, des données de savoir rebelles, à tel point qu'il m'eût fallu les contourner, les rendre muets pour conserver, intacts et toujours valides, mon corps d'énoncés de base. Mais valides pour quoi ? Et en vue de quoi ? Que faire d'un ensemble d'énoncés dont l'expérience t'apprend que tu ne trouves en elle ni de quoi les vérifier, ni de quoi les infirmer ? Arrivé à ce point tu n'as plus que deux voies,

Un Destin philosophique

ou bien tu pratiques la ruse (bien connue de tous les politiques) : deux langages (et deux consciences), l'un pour les autres (celui de la pédagogie, en ce cas nommée « révolutionnaire ») ; l'autre pour toi et tes inquiétudes (ou pour quelques autres qui les partagent...). Ou bien tu rends muet (c'est-à-dire tu te refuses à effectuer) ce que tu « tiens » pour ton corps de principes et donnes libre accueil à ce qui précisément t'inquiète, à ces « îlots » irréductibles. A quoi je me suis décidé.

Ta question m'oblige donc, sous peine de tricher, à m'en poser une autre à moi-même. Il me faut bien jeter un regard sur ce que devint, vers la fin des années 50, mon « état philosophique » et me demander pourquoi j'ai décidé de renoncer au système, si longtemps pratiqué, du double langage, et à quoi m'engageait cette décision. Se produisit-elle brusquement, comme une illumination, un appel ou un rappel vers une exigence philosophique refoulée ? Je ne crois pas. Ou du moins, à plus de vingt ans de distance, je ne vois pas la chose ainsi. Peut-être n'est-ce là qu'un piège de la remémoration. Mais je crois pouvoir le dire aujourd'hui : cette décision vint du fait que quelque chose, en ce temps-là, s'est irréversiblement déchiré dans la belle ordonnance de mes discours, et cela d'autant que l'exigence philosophique, pour détournée qu'elle fut, ne demeura jamais, pour moi, ni enfouie ni muette. Trois problèmes s'articulent ici que je veux m'attarder à éclaircir.

1. De quelle ordonnance s'agit-il ? Comment s'organise-t-elle ? Quel est son mode de cohérence ? Pourquoi produisait-elle un effet massif de conviction, se renouant à elle-même selon un mouvement de circularité, en apparence indéclinable ?

2. Qu'en était-il, au cœur de cette circularité, de l'exigence philosophique ? J'ai dit qu'elle était détournée mais non muette. Que veut dire « détournée » ? Quelle lourdeur, quelle épaisseur expressive trouvait-elle, en

Réponse à la deuxième lettre

son propre champ, la portant sans cesse à se courber, à s'infléchir, à se masquer et à survivre cependant sous le masque ? Survivre ? Oui. Mais sous quel mode ?

3. Qu'est-ce qui a déchiré l'univers circulaire ? Portait-il en lui une menace, un point de fragilité ? N'était-ce point le lieu où tous les fils semblaient se nouer qui était, au plus, un point fragile et menacé ? Comment est arrivé ce moment (qui ne se réduit pas au seul poids d'un événement : le XX^c Congrès du P.C.U.S.) où vient à manquer le sol de l'histoire, où le monde éthique semble s'écrouler, où plus un regard ne s'offre pour accueillir ton regard, où tu n'as plus de « dehors » dans quoi tu puisses encore enraciner tes discours ? A tel point que ce que tu tenais pour vrai devient alors formel et vide, sans substance. A ce moment, si tu es encore philosophe, ou bien tu meurs, ou bien tu te fais libre pour la philosophie. Bien entendu, tu peux demeurer « politique professionnel ». Mais alors tu mènes la vie d'une ombre.

Tels sont les quelques points sur lesquels il me faut tenter de réfléchir, même si je dois ajourner d'autres questions qui te font souci. Car, si je les comprends bien, toutes convergent vers ce point : que veut dire, aujourd'hui, se tenir libre pour la philosophie, en ce temps où nous ne trouvons d'assurance ni dans les savoirs, ni, pour moi et quelques autres, dans la foi ?

Tout cela pour te dire que je ne peux commencer d'aborder ces questions qui te préoccupent sans me mettre en mesure de pouvoir le faire.

De là le détour, que je prévois long, où il me faut d'abord m'engager. Peut-être (mais comment le savoir d'avance ?) occupera-t-il ces trois cents pages que tu m'as accordées.

I

CROIRE ET FAIRE CROIRE

Sur le premier point, il me paraît utile de commencer par quelques propositions qui, sans doute, vont te repousser. La première est celle-ci : un effet de croyance ne se produit jamais que par l'intermédiaire de l'Autre. Ce qui, nous le verrons, entraîne cette conséquence qu'un contenu de croyance consiste en un enchaînement possible d'énoncés, actuels ou potentiels, éprouvés dans un dialogue (un « polylogue »), lui-même actuel ou potentiel. Ce qui, à son tour, entraîne que le point d'origine de la croyance consiste dans la *scène* (le mode de représentation) sous laquelle l'Autre se montre, se déploie en son gestuel possible, comme le complice, hors d'atteinte, à qui tu t'adresses et qui s'adresse à toi, dans une réciprocité indéchirable et donnée : le lieu de la parole. Circularité dont je ne sais si elle est première, mais où prend racine l'effet de conviction, dès l'instant où, sur la scène de l'Autre, toi-même qui parles, prends figure d'acteur, y trouvant, pour ainsi dire, ton double enraciné dans cet ailleurs. Tu deviens alors celui à qui on fait croire ce que précisément il croit lui-même pouvoir faire croire. « On », c'est-à-dire toi-même sur la scène de l'Autre.

Il est important de nous assurer de la validité de ces

Un Destin philosophique

propositions (ou du moins de la première : les deux autres n'en sont que le développement). Si nous les admettons en effet, notre problème peut se formuler ainsi : quelle était, pour qui vivait dans le P.C.F. et selon ses normes, la structure de la scène de l'Autre ?

Je répète donc ma première proposition, en forme de paradoxe : « Je ne crois que ce que je pense pouvoir faire croire. »

Cette formulation est un peu forcée. Je l'utilise cependant pour bien marquer que j'exclus ici du champ de ce que je nomme « croyance » les croyances élémentaires (ou supposées telles) : celles dont on dit qu'elles accompagnent toujours ce que Hume appelait *« feeling »*. Il n'est pas sûr que cette exclusion soit simplement arbitraire. Un exemple simple (tu sais que je ne méprise pas les choses simples, elles sont quotidiennes et instructives) : tu es couché au soleil devant la mer et tu as chaud. Tu es bien. Quelqu'un est couché près de toi. Diras-tu : « Je crois que j'ai chaud » ? C'est peu probable. Tu as chaud et le ressens tel. C'est tout. Supposons maintenant que l'autre te dise : « C'est fou ce qu'il fait froid. Je grelotte... » Peut-être lui diras-tu : « Tu crois vraiment qu'il fait froid ? » Ici commence (ou peut commencer) un dialogue dont dépend le sort de la croyance au contenu de cet énoncé « aujourd'hui, en tel laps de temps, en tel lieu, il fait chaud (froid) ». Et c'est dans la mesure où tu juges utile de t'insérer dans le dialogue que tu pourras te dire à toi-même, non pas : « J'ai chaud », ni : « Je crois que j'ai chaud », mais : « Je crois qu'il fait chaud », et cela d'autant que ton partenaire t'aura répondu : « Je crois qu'il fait froid. » Tu peux avoir bien des raisons d'amorcer le dialogue. Tu te diras, par exemple : « Peut-être, cette nuit, un mauvais moustique l'a-t-il piqué. Autrefois, cette plage était infestée de malaria. Il doit commencer un accès de

Croire et faire croire

paludisme. Il faut le persuader que ce froid qu'il éprouve et ses frissons n'ont rien de normal, alors qu'il fait chaud. » Tu sais bien qu'il n'est pas question de lui faire croire qu'il a chaud alors qu'il a froid, mais bien qu'il a froid alors qu'il fait chaud, ce qui te porte à prendre à ton compte cette prise de position (appelons-la « crédogène ») : « Il fait chaud. » Et si je dis « crédogène », c'est pour éviter « doxique » qui me paraît barbare. Tout cela pour dire (encore une trivialité !) qu'un verbe signifiant « croire » accompagne rarement la simple conscience d'un feeling. Cela peut se produire. On peut dire : « Je crois bien que j'ai chaud. » Mais c'est là une manière de s'assurer du feeling, d'en jouir davantage en s'y installant par une parole capable de s'ouvrir à la complicité d'un autre et d'obtenir cet effet d'étalement dans le temps par lequel le feeling se retient et persiste. « Je crois bien que j'ai chaud » marque comme le moment d'arrêt et de conclusion, la clôture d'une tension vers cet état de bien-être. Témoignage devant l'autre et point d'arrêt où tente de s'abolir la fragilité de l'instant. Une manière de s'inscrire, pour un autre (absent ou présent, peu importe), dans l'insistance d'un présent qui s'annonce, dans le cas, par exemple, où ayant souffert du froid, on commencerait à se réchauffer.

Laissons ces considérations quasi grammaticales sur lesquelles, à la manière des gens d'Oxford, nous pourrions encore beaucoup raffiner, non sans profit d'ailleurs, et revenons à notre proposition initiale. Négativement, elle signifie ceci : il n'y a pas d'intériorité qui soit le terrain, le lieu secret, la source immédiate des contenus de croyance. En cela, je pense, nous serons d'accord : récusons les « données immédiates de la conscience ». Positivement elle se lit comme suit : il n'y a de position « crédogène » possible que selon le sens que véhicule quelque parole. Ce qui veut dire : tout

Un Destin philosophique

contenu de croyance se déploie et s'assure dans des formations d'énoncés et selon leur forme. J'irai même plus loin et n'hésiterai pas à affirmer (encore un paradoxe !) : il n'y a pas de gestuel, verbal ou non, qui venant de l'autre n'offre quelque chose à croire et ne mobilise chez l'auditeur un train d'énonciations propres à engendrer, à conforter, ou à biffer, un contenu de croyance. Un exemple extrême. Imaginons que quelqu'un prononce cette phrase : « Hier *et* a mangé *car*. » Voilà une phrase qui, en vertu de sa forme (elle est a-grammaticale), est « insensée ». Or nous savons que ce qui, en vertu de sa forme, constitue un assemblage insensé ne saurait rien désigner (sauf convention explicite entre les interlocuteurs, qui constitueraient ainsi une langue privée, à leur seul usage). Nous serons donc fondés à dire que la phrase en question n'offre rien qui puisse être donné à croire ou à ne pas croire. Et il serait absurde (sauf jeu concerté) de répondre : « Es-tu bien certain que car a été mangé hier ? » Bien entendu. Il reste qu'on peut répondre : « Que veux-tu dire au juste ? Et pourquoi prononces-tu maintenant cette phrase insensée ? » Autrement dit la phrase insensée peut être comprise comme se référant « obliquement » au sujet de l'énonciation et non directement au contenu supposé de l'énoncé. En quoi elle ouvre un dialogue, sollicite une écoute, et déploie la possibilité d'un enchaînement de positions de croyance et cela du seul fait qu'est présupposé, chez l'autre, un certain « vouloir dire » explicite ou secret. Dans le cas présent ces positions ne concerneraient nullement les « états de choses » possibles auxquels se référait la phrase en question, puisque, selon sa forme, elle n'en peut désigner aucun. Elles concerneraient l'autre lui-même, pris comme sujet de l'énonciation. Faut-il croire qu'il joue ? En ce cas pourquoi ? Faut-il croire qu'il est sérieux (qu'il entend faire croire) ? En ce cas, sans doute, quel-

Croire et faire croire

que chose ne va pas entre le langage et lui. Mais en ce cas même, il me faut, moi qui l'écoute, croire non *ce* qu'il dit, mais à quelque *vouloir dire,* qui, au-delà de la parole entendue, le concerne peut-être, au plus profond, et le déplace, comme sujet, au cœur de son discours, le portant à bouleverser pour son seul compte les formes communes du parler usuel. Ainsi même les « mots sans suite », au-delà de l'absurde, exigent, pour peu qu'ils viennent d'un autre, une mise en posture de croyance, au moins sous la forme de la prise en compte du sujet de leur énonciation. En un mot l'autre, du seul fait qu'il se manifeste en un gestuel problématique, me provoque, moi qui suis son autre, et m'ouvre au jeu dialogique dans lequel peuvent être produits les énoncés propres à constituer des contenus de croyance.

Voici qui semble contredire la proposition formulée plus haut : tout contenu de croyance se déploie selon le *sens* de formations *d'énoncés...* Or dans mon exemple il n'y a plus d'énoncé, mais une simple « phrase privée de sens ». De longues reflexions ne sont pourtant pas nécessaires pour apercevoir la distinction qu'il importe de formuler entre deux sortes de positions de croyance : celles qui concernent le contenu de l'énoncé exprimé, au cas où sa forme (généralement déclarative) permettrait d'en exprimer un (ex. : « Il a plu hier », « $0 + 1 = 1$ », etc.) ; celles qui concernent le sujet de l'énonciation, sa posture, son vouloir dire, son mode d'intervention dans le champ de la parole échangée, bref ce que les Anglo-Saxons nous ont appris à analyser sous le nom d'« actes de parole ». Dans le premier cas la constitution de la croyance exige, pour celui qui écoute, la mise en œuvre de procédures capables de produire un effet de partage du sens et de vérification de l'état de choses auquel le sens se réfère. Généralement sous la forme d'une question : « Est-il vrai que ? » Ce qui met en mouvement un dialogue orienté vers la

43

Un Destin philosophique

vérification concordante de l'énoncé. Dans le second cas, et pour des énoncés du type de l'ordre, du souhait, de la promesse, de l'interrogation, est toujours présupposée, du côté du sujet qui énonce, la constitution d'un vouloir dire, qui met pour ainsi dire l'auditeur en suspens, au sein de la parole entendue, et le porte à se poser une question : « Ce qu'il dit, est-ce bien ce qu'il veut dire ? Dois-je croire à son souhait, à sa promesse, prendre au sérieux son ordre, etc. ? » Si, par exemple, quelqu'un à table te dit : « Passe-moi le sel », tu crois immédiatement qu'il veut du sel et tu lui donnes la salière. Pourquoi ? Sans doute parce que, à travers la forme impérative de l'énoncé, tu déchiffres le vouloir dire, une information du type : « Ce plat n'est pas assez salé pour moi. » Cette information ne concerne nullement le sel, mais la relation du sujet de l'énonciation au goût du sel. Tu peux, toi, détester le sel. Il reste que tu réponds à sa demande en vertu de cette possibilité qui s'ouvre devant toi de lire à travers la demande le sens de l'information qu'elle véhicule, obliquement. Or lire ce sens c'est te mettre toi-même en posture d'énonciation. Tu te dirais par exemple : « Il a raison. Je n'ai pas assez salé parce que je n'aime pas le sel. » Que tu te formules ces énoncés « en forme », explicitement ou non, la chose n'a aucune importance. Donner le sel est la conclusion de ce train d'énoncés possibles que tu ne formules pas. Il en va de même de la phrase « insensée » écrite plus haut, pour peu que j'y cherche quelque « vouloir dire », témoignant pour le mode d'insertion de celui que j'écoute au sein de notre commun parler. En ce cas aussi je me trouve assigné au rouet de l'interprétation : c'est-à-dire que j'aurai à m'ouvrir vers un enchaînement d'énoncés possibles au sein duquel prendra corps, à l'égard de ce que j'entends, une position de croyance, positive ou négative, peu importe.

Je répète donc ma formule et la prends dans toute sa

Croire et faire croire

généralité, assuré maintenant que ma phrase « insensée » n'en constitue pas un « contre-exemple » : « Tout contenu de croyance se déploie selon le sens d'une formation d'énoncés. » Un mot encore pour en finir avec ces remarques. La formulation initiale : « Je ne crois que ce que je pense pouvoir faire croire » ne signifie nullement qu'il suffise pouvoir faire croire pour croire. Je peux, au poker (cela s'appelle le bluff), penser pouvoir faire croire que j'ai le roi de carreau, alors que je ne l'ai pas, et je ne peux croire l'avoir. Il me faut cependant agir comme si je le croyais, m'efforçant en cela de mettre l'adversaire en état de me croire. C'est-à-dire le mettre en posture (ce qui est toujours l'idéal cherché dans toute tromperie) de produire une argumentation capable de conduire à penser pouvoir faire croire que j'ai effectivement le roi de carreau, alors que je suis seul à savoir que je ne l'ai pas. Certes, il formule cette argumentation pour lui-même. Mais à qui s'adresse-t-elle ? Et qui est visé en elle ? Moi, son partenaire, supposé ne pas avoir ce roi de carreau que je feins d'avoir. S'il ne parvient pas à éliminer l'hypothèse que je ne crois pas avoir le roi de carreau, il ne saurait être trompé. Si bien que tromper, c'est (du moins idéalement) tenter de mettre l'autre en posture de produire des formations d'énoncés par lesquels il pourrait penser pouvoir me faire croire à la véracité de mon mensonge, de sorte qu'il tiendrait pour menteur quiconque, parlant de moi qui mens, dirait : « Il a menti. »

En bref, je ne crois pas tout ce que je pense pouvoir faire croire. Mais là où, en aucune manière, je n'entrevois comment penser pouvoir faire croire, je n'ai rien à croire ou à ne pas croire.

Mon analyse demeure cependant incomplète. Tu ne peux manquer, en effet, de m'adresser cette objection que je me fais aussi à moi-même : si croire c'est entreprendre de « faire croire », qui croit en premier, de moi

Un Destin philosophique

ou de l'autre ? N'est-il pas nécessaire de définir quelque chose comme l'« état de croyance », vers quoi moi et l'autre cheminerions de concert, comme vers un but à atteindre ? Je tiens une telle question pour absurde : il n'existe pas plus d'« état de croyance » qu'il n'existe d'« état d'erreur » ou d'« état de vérité », bien qu'on puisse définir des « contenus de pensée » (des « significations » comme aiment à dire certains philosophes) qui constituent l'enjeu de ce dialogue au cours duquel se manifeste ce que nous avons appris à nommer « vrai », « faux », « crédible », « incroyable ». Et pour rendre sur ce point mon refus plus sensible je le formulerai ainsi : il n'existe pas plus d'« état de croyance » qu'il n'existe d'« état de parole », bien que l'on soit toujours contraint de définir et de distinguer des « actes de parole » *i.e.* des modalités du dire. Il nous faut ici apprendre à nous défaire de ce à quoi nous ont astreints des siècles de métaphysique : le mode de représentation, qui nous paraît « naturel » de ce que nous nommons « contenu de pensée », ou encore « idée » au sens de la philosophie classique, doublure interne et autosuffisante de la chose qui est (ou encore manifestation selon l'ordre des pensées de l'essence même des choses). Comme si les « idées » comportaient un poids spécifique et interne de « crédibilité » à la mesure du degré d'être de ce qu'elles manifestent. Comme si l'énoncé : « 2 + 2 = 4 » comportait par soi-même, et en vertu de son seul contenu, un poids de crédibilité plus grand que cet autre : « La lune est un fromage. » Tout cela pour dire (et là est le point décisif) que « significations », « contenus de pensée », sont inséparables des situations langagières et intersubjectives où naissent les actions qui en instituent le partage et en établissent la fermeté.

Conclusion : ni du côté du seul feeling ni du côté de l'intimité de l'idée à soi-même, nous ne trouverons

Croire et faire croire

l'origine du « croire ». Mais seulement dans l'exercice, concerté ou non, de la co-énonciation.

Voilà qui suffit, peut-être, à établir ma proposition initiale : la médiation de l'Autre parlant (et je suis moi-même l'Autre de tout Autre) est le terrain de naissance des effets de croyance.

Comment comprendre à partir de là la constitution des « degrés de croyance » et le mode d'organisation des « unités de croyances » ? C'est ce qu'il nous importe de rechercher maintenant. Il le faut bien, puisque j'ai dû plus haut nommer « massif » l'univers de croyances dans lequel, au début des années 50, je me trouvais, avec d'autres, proprement enveloppé.

II

LE LIEU DU CROIRE

J'ABORDERAI cet examen en formulant ces deux propositions : 1. Chacun habite le lieu de son croire. 2. En ce lieu l'incroyable *peut* être cru. Encore faut-il préciser ce que veut dire « lieu du croire » et en quoi ce lieu, lié à chacun, est cependant tel qu'il naît et se soutient sans cesse de la perpétuelle et réciproque médiation de la parole d'autrui, ou plus exactement du mode de manifestation de l'Autre [1] sur la scène de la parole. Si bien que le caractère d'un énoncé, par lequel il peut être repéré comme « croyable » ou « incroyable », tient fondamentalement à la manière dont cette médiation se constitue, s'organise et se rend manifeste.

« Lieu du croire. » Un exemple me servira de point d'appui. C'était pendant l'été où les astronautes des U.S.A. avaient « visité » la Lune. Je discute de l'affaire avec un Kabyle, musulman. « Je n'y crois pas, me dit-il, ce n'est pas vrai. Ils ont fait semblant. — Pourquoi ? — Parce que c'est impossible. Le Prophète nous a dit ce qu'est la Lune. Personne ne peut y aller. — Pourtant, tu as bien vu les astronautes a la télévision, sur la

[1]. Précisons que par « Autre » j'entends ici aussi bien moi que tout autre.

Un Destin philosophique

Lune. Tu as lu les journaux. — Oui, j'ai vu et j'ai lu. Mais je n'ai lu que des phrases sur du papier. Je n'ai entendu que des paroles. Je n'ai vu que des images. Tout cela est inventé. Tout le monde peut raconter ce qu'il veut. A la télé, on peut montrer ce qu'on veut. Aller sur la Lune, on ne peut pas. Ce n'est pas un endroit pour aller. Le Prophète l'a dit. » Je n'ai pu l'en faire démordre. Pour lui il n'y avait dans toute cette affaire qu'une énorme supercherie, dont il cherchait le sens politique. Il le trouvait d'ailleurs et sans peine : encore une rodomontade du « tigre de papier », propre à intimider les peuples révoltés.

Décidément, ce « lieu du croire » n'est pas une surface lisse. Je dirai même qu'il n'a rien d'une surface : un terrain plutôt, richement sédimenté, et sur lequel les chemins se croisent, se coupent, se retournent sur eux-mêmes, chacun à la mesure de son orientation et des sédiments qui le portent. Ma métaphore vaut ce qu'elle vaut : mais retenons que ces chemins ne sont rien d'autre que des possibilités d'énonciation. Quant aux « sédiments », ils sont leur « fonds » nourricier, c'est-à-dire ce dans quoi le sujet qui énonce va trouver la source de la valeur « crédogène » de ses paroles. Tous ne sont ni du même étage, ni du même âge. Mais tous portent et manifestent la figure de l'Autre parlant.

Dans le cas de l'ouvrier kabyle, je distingue au moins trois couches de « sédiments » portant les chemins où s'articulent les possibilités d'énonciation « crédogène » et, en elles, trois figures de l'Autre parlant. La plus enracinée, d'abord. Appelons-la, par commodité en ce cas, « coranique ». L'autre est ici le Livre, la parole qu'il manifeste, désigne sous ce nom « le Prophète ». Rappelle-toi ce que j'ai esquissé en répondant à ta première lettre sous ce titre : « synthèse de recouvrement ». C'est dans la parole du Livre qu'il trouvait quelque chose comme son unité et sa racine, se manifestant par là,

Le lieu du croire

devant moi qui l'interpellais, comme quelqu'un d'entier et d'inattaquable. En prononçant : « Le Prophète l'a dit », il m'assignait, moi, à ce monde ambiant, au cours quotidien des choses, ce monde où existent des « objets » visibles pour lui et moi, et parmi eux la Lune, la télévision, les journaux, et aussi la Lune vue à la télévision. De ce monde et des possibilités d'énoncés qu'il exigeait, il n'était pas ignorant, il s'en faut. Il travaillait. Il avait travaillé et travaillerait encore. Il avait affaire aux choses, aux techniques et aux paroles d'autrui. Mais se ramassant tout entier dans la Parole où il trouvait racine, un autre monde que ce monde des choses lui était pour ainsi dire co-présent et l'ouvrait au sens de ce qu'il avait à dire, ce jour, devant moi. Il reste qu'il a énoncé ce qu'il ne pouvait croire : « Ils sont allés sur la Lune » et ce qu'il croyait : « Ils ont fait semblant. » Pourtant, « ils » ne faisaient pas toujours semblant. « Ils » n'avaient pas fait semblant de mener la guerre au Viêt-nam. La General Motors n'était pas un « faux-semblant ». Cela il le savait. Seul était annulé cet énoncé : « Ils sont allés sur la Lune. » Pourquoi ? Était-ce seulement en vertu de la seule parole du Prophète ? Nullement. Il jouait au poker, pour de l'argent, le dimanche. Et sur ce point c'était la parole du Prophète qui se trouvait proprement refoulée.

C'est que, sans doute, cette couche profonde où il trouvait sa racine s'articulait sur une autre. Il avait été, en France, un militant du F.L.N. Or, militer, c'est toujours avoir affaire à l'Autre parlant, mais sous deux modes : l'Autre *où* tu te rassembles, l'Autre *contre* qui tu te rassembles. Deux figures, antagonistes certes, mais non disjointes. Dans le cas présent le Kabyle s'était rassemblé dans son camp. Il avait recueilli des fonds, distribué des armes. Il avait dû beaucoup parler pour convaincre. On l'avait écouté, parfois suivi, parfois récusé. Mais toujours il avait dû, dans la continuité

Un Destin philosophique

du temps, poursuivre ce travail devant l'Autre. A chaque pas accompli, à chacun de ses gestes accueillis, l'Autre lui renvoyait son image. « Je t'écoute. J'ai compris. J'irai avec toi. » Et ainsi le geste inauguré trouvait son accomplissement ou engendrait ses possibles dans le champ de l'Autre, un champ où lui-même se retrouvait toujours désigné, à une place où il avait, encore et toujours, à agir et à parler. Tout cela contre la figure antagoniste, l'Autre de *son* Autre. Figure elle-même agissante et parlante, et donc nullement étrangère, puisqu'il lui importait, à lui, de parler et d'agir contre les paroles et l'agir de cet Autre. Figures non disjointes en ce cas. L'Autre, dont tu dessines la figure pour te rassembler contre elle, dessine et renforce à son tour la figure de l'Autre où tu te rassembles pour pouvoir précisément, dans la continuité du temps, être, parler et agir « tout entier rassemblé contre ».

« Tout entier rassemblé contre », mon Kabyle voulait le demeurer encore, en ce jour où « *on* » avait vu les Américains sur la Lune. « *On* », cela il ne voulait ni ne pouvait accepter de le devenir. Fidèle, dirons-nous, à l'image de soi qu'il avait déchiffrée, jour après jour, au cœur de l'Autre où il s'était trouvé rassemblé, voici qu'il entendait, comme au premier jour, la parole du Prophète, qui le maintenait, intègre devant la figure antagoniste (l' « impérialisme », disait-il), et l'arrachait à l'anonymat déraciné du « on ». En cet arrachement c'était la figure antagoniste de l'Autre qui se trouvait circonscrite et définie comme le « mal ».

Ainsi le même homme qui, buvant son pastis et jouant au poker le dimanche « entre copains », refoulait la parole du Prophète (comme s'il n'y croyait pas), la retrouvait ce jour avec toute sa force de dénégation. C'est elle qui surgissait précisément au point où, pour lui, se cassait le monde de l'Autre. Cette parole, en le rappelant vers sa racine, l'installait sur son bord de la

Le lieu du croire

cassure. Reste le côté le plus surprenant de l'affaire : il n'a pas cru ce dont tout le monde parlait, ce qui « crevait les yeux de tous ». Et il est allé très loin dans son déni. « J'ai lu les phrases sur du papier », disait-il. Pourtant, c'était sur du papier qu'il avait lu : « L'impérialisme n'est qu'un tigre de papier. » Et cet énoncé, il l'avait, comme on dit, pris à son compte. C'est que, sans doute, dans ce que j'ai nommé le « lieu du croire », rien, jamais et pour personne, ne crève, par soi-même, les yeux. Il n'y a pas d'œil qui tienne en ce lieu. Rien d'autre que des manières, en elles-mêmes précaires, et qu'il importe de renforcer sans cesse, de s'insérer dans le champ de l'Autre et d'y tracer des chemins. Et c'est bien ce que tentait mon Kabyle : renforcer son essentielle dénégation. Il traçait ses chemins dans le champ de l'Autre anonyme. Là réside la troisième des « couches crédogènes » que j'annonçais plus haut : « l'Autre qui n'est personne », ce « n'importe qui », qu'on écoute, qui parle ou se tait, qui se cache ou se montre, qui habite les objets ou les déserte. L'autre qui répète « je », « je ». Ou tout aussi bien « tu » et « nous », et le plus souvent « on ». Autre indéfiniment diffracté en soi-même, éclaté en discours multiples et disjoints, toujours quelque peu entendu, jamais présent en personne. L'autre-foule, à la fois massif et concassé, l'autre qui porte le nom anonyme du journal et qu'annonce un « indicatif » de radio. Lieu d'indifférence, marché du discours où chaque parole semble valoir toute autre, mais d'où pourtant seulement peut nous venir le bruit du monde.

Et c'était bien là, dans le bruit du monde, qu'il entrait, mon militant musulman. Il y entrait en persistant dans le déni et plus rien désormais n'était équivalent pour lui, dans l'ordre du discours. L'ouï-dire se réarticulait au cœur de son enracinement, du bon côté de la cassure : son bord. Le lieu d'où venait le bruit

53

échappait par là (pour un temps, il est vrai) à l'anonymat du « on ». Il prenait formes et figures, traversé et bouleversé qu'il était par les chemins que, depuis son bord, il entreprenait d'y tracer. Sur l'un de ces chemins le visible n'était pas reconnu comme vu, et le journal n'y était qu'un papier trompeur. Sur un autre, le visible était vu, le journal crédible et l'incroyable cru.

« Pour un temps », ai-je précisé quelques lignes plus haut. La parenthèse n'est pas signifiante. Se maintenir rassemblé depuis le point où parle une voix originaire, on ne le peut toujours. Le bruit du monde assiège ; et ce que l'on tient pour le lieu où s'articulent tous les chemins du croire, l'enchaînement même des gestes qui les renforcent, tout cela se stratifie un jour, et dort muet au fond des habitudes. C'est le temps quotidien des molles certitudes. Mais que l'Autre se montre en sa menaçante figure, qu'il vienne briser « ce toit tranquille », et voici que de nouveau on se rassemble devant lui. Ce qui dormait se réveille et se relève. Le bruit du monde sort de son anonyme altérité. Et recommence de tourner l'inévitable et dangereux manège de la croyance.

Mon exemple suffit, il me semble, à suggérer ce que j'entends par « univers de croyance » et « degré de croyance ». Si je maintiens ferme ma proposition initiale : « Je ne crois que ce que je pense pouvoir faire croire », nous commençons d'entrevoir où prend racine la « pensée de ce pouvoir ». Toujours dans ce que j'ai nommé plus haut la « scène de l'Autre ». C'est-à-dire ? Ce domaine que nous appelons aussi le « monde humain » dans lequel s'articulent, se rassemblent, se défont pour se rassembler encore les trois figures de l'Autre que notre exemple nous a proposées : l'Autre des racines, qui me ramasse devant tout autre ; l'Autre qui est devant — précisément — comme celui à qui je m'adresse dans une certaine proximité de geste et de

Le lieu du croire

parole et dont, toujours, j'attends quelque réponse. L'Autre du bruit enfin : l'Autre diffus de la parole anonyme. Nous pourrions ici nous arrêter longuement pour serrer de plus près le mode d'articulation mobile de ces trois figures. Nous y verrions la connexion de trois modes d'expérience de ce que nous nommons le « temps humain ». Temps enraciné de la remémoration, temps ouvert des projets, temps étalé des banalités présentes et quotidiennes. Il serait bon, certes, de nous attarder encore. Mais je ne veux pas me détourner de mon propos.

Je récapitule donc en répétant : chacun habite le lieu de son croire. « Habiter » veut dire en premier « se manifester » au cœur de la triple manifestation de l'Autre. Se manifester. C'est-à-dire aussi parler, mais du même mouvement « être parlé ». S'adresser mais aussi « avoir une adresse ». Etre assigné donc à ce lieu où parviennent les messages. Certes il n'y a là ni poste, ni facteur. Simplement cette circularité des trois figures où chacun déchiffre, avec sa propre place, l'écho qui lui est toujours renvoyé de ses propres paroles et de l'enchaînement (fût-il simplement corporel) de son gestuel expressif. Sur la scène de l'Autre chacun se déchiffre à son tour. Nul jamais, simplement, n'y demeure en soi-même. Le visible et l'invisible, l'audible et l'inaudible se déplacent, s'ouvrent et se masquent selon l'articulation des trois figures. « Le monde est un livre. » Voici bientôt cinq siècles que court la métaphore. Un livre ? Soit. Mais quoi d'autre au juste ? Quelque chose comme un texte en devenir dont les contextes ne s'éclairent jamais que de leur opacité même. Tel est le « lieu du croire ».

Un mot encore pour clore ce point. J'ai dit plus haut : « Il n'y a pas plus d'états de croyance que d'états de parole. » Il me faut maintenant corriger ma formule, ou, du moins, prendre l'expression « état de croyance »

Un Destin philosophique

en un sens différent de celui où je l'entendais tout à l'heure. Au lieu où s'institue le « croire », sur la « scène de l'Autre », se constituent toujours des « états de croyance », c'est-à-dire des possibilités d'actes de parole stratifiées et dormantes, des formations potentielles d'énonciations crédogènes. Elles ne sont pas nécessairement toujours actualisées. En ce sens je peux dire de quelqu'un qu'il se trouve dans un « état de croyance relativement à... ». Il n'y a là cependant qu'un abus de langage commode. A la prendre en son sens usuel (« état de conscience propre à celui qui affirme croire ») l'expression ne désigne rien qui puisse être clairement défini.

III

LA SCÈNE DE L'AUTRE

J'EN viens donc à la question la plus inquiétante. Quelle était pour nous qui vivions dans le P.C.F. la structure de la scène de l'Autre ? Ma question peut paraître étrange. Je dis « nous » alors que c'est de « moi » qu'on attend que je parle, ne pouvant, dit-on, parler que « pour moi ». Soit. Mais « je » ou « nous », c'est tout un. « Je » ne désigne rien ici qui puisse se reconnaître comme un « moi » ni quelque chose comme un « sujet » subsistant à qui serait arrivé ceci, puis encore cela. « Je » n'est nullement ici le substitut de mon nom propre. Et il ne saurait en être autrement. Quiconque écrit ou parle en première personne (sous le mode de l'auto-référence) est absent de son propre discours, refoulé et comme effacé dans l'enchaînement du sens de ce qu'il « veut dire ». Nul n'est jamais l'objet solitaire de ses propres paroles. L' « objet ». Je veux dire ici le prétendu « sujet » déployé comme ce qui supporte et produit le « dire ». Cela, ton vieux maître, Kant, nous l'a appris, en un autre champ et pour d'autres problèmes. Le « je pense » qui « accompagne toutes mes représentations » ne se réfère à rien qui puisse être désigné comme subsistant, à rien qui puisse être connu comme un « être ».

Un Destin philosophique

« Je » ou « nous » donc : aucune importance.

A. Le « visible » devient « invisible »

Je partirai encore d'un exemple simple. Certains d'entre nous (j'entends par là certains de ceux qui se sont engagés dans le P.C.F. pendant l'Occupation) n'avaient pas cru, au moment où avaient eu lieu les procès de Moscou, à la culpabilité de la plupart des accusés. Ils y crurent cependant, une fois engagés. Cette révision du premier jugement n'eut, je te le déclare, rien de déchirant. Elle nous parut aller de soi, comme si brusquement un voile s'était retiré de devant nos yeux et que tout ce que donnait à penser l'histoire passée avait, de ce fait, inversé son sens.

Pourtant, nous n'étions devenus ni insensés, ni idiots, ni même « crédules ». Nous étions plutôt circonspects et prudents, ne croyant personne sur sa parole, voulant juger aux actes, habiles à machiner des tactiques. Il le fallait, en ce temps, pour survivre. Toujours en alerte et prêts à la négation, voici cependant que nous assiégeait cette conviction massive : Staline avait bien fait et bien jugé. Il avait bien fait en dépit de ce que nous avions pu penser du pacte germano-soviétique, des procès et de bien d'autres choses encore. Nous fallait-il ce fond de certitude pour trouver la force d'agir ? Peut-être. Mais dire aujourd'hui « il le fallait », « nous n'aurions rien fait sans cela », n'est-ce pas seulement, après coup, refuser l'analyse ? N'est-ce pas une manière de mettre entre parenthèses ce temps, et de l'abandonner à son sort, comme s'il était désormais révolu ? Or, révolu, il ne l'est pas et n'est pas près de l'être. Il est de la nature de l'événement de s'abolir une fois advenu. Mais les formes de conscience, les modes

La scène de l'Autre

de justification, tout ce qui constitue l'épaisseur du temps, ce dans quoi s'installent et persistent les acteurs, cela ne s'abolit pas pour autant. Cela persévère et, se renouant à soi-même, ouvre (ou ferme, c'est selon) le sens que ces mêmes acteurs reconnaissent en ce qu'ils nomment leur « histoire ». Aussi avons-nous persévéré et d'autres, après nous, persévèrent-ils encore.

Voici ce qu'il nous faut comprendre : ce qui avait été visible ne l'était plus, et était devenu muet au lieu même où il avait été vu. On a beau parler ici des « dures nécessités de l'histoire », rien ne s'éclaire par l'usage d'une telle rhétorique. Un point aveugle demeurait au cœur de nos champs pratiques, quelque chose comme un masque. Ce qu'il masquait était devenu muet. Mais lui ne l'était pas. Là où était le masque, là s'était retiré et vivait, déposé comme en un sujet, tout le sens de ce que nous nommions « histoire ». Sujet au sens propre : ce qui demeure dessous, hors d'attaque ; un sol qui soutient les pas et jamais ne se dérobe. En ce sol demeurait l'inébranlable raison de nos actes les plus machinés, comme si, toujours disponible, s'y trouvait déposé en réserve un excès de sens.

Ainsi nous étions, en un autre champ historique et pour d'autres problèmes, les « homologues » du militant kabyle dont tout à l'heure je m'efforçais de comprendre les étranges paroles.

B. « Etre ensemble » et parler « au nom de... »

Je reprends donc tous mes fils pour les renouer en un autre nœud, gardant présente la question qui doit me servir de guide : le sol-sujet *(hypokeimenon,* disaient les Grecs : couché par-dessous et demeurant

Un Destin philosophique

au fond), comment s'est-il constitué ? Or mes fils sont de quatre espèces : les trois figures de l'Autre, dont plus haut j'ai esquissé la connexion ; les formes d'énoncés « crédogènes » qui s'articulent selon cette connexion et y prennent naissance. Il reste que je sais en quel point tous mes fils doivent se nouer : au sein de ce que nous nommions (et qui se nomme encore) « Parti ».

Commençons par le plus banal. Un parti n'est rien d'autre qu'une libre association d'individus qui déclarent publiquement leurs fins, explicitement politiques. Il importe de distinguer le statut juridique d'une telle association, des formes que prend son existence publique. Un parti peut n'avoir aucun statut juridique : c'était notre cas pendant l'Occupation. Il ne peut se dispenser d'être publiquement manifeste, ni d'avoir affaire en cela à la figure de l'Autre anonyme. Toujours donc il est assigné aux formes du dire et de l'entendre, sans cesse mis en spectacle au sein de cette figure, contraint de s'y plier. Clandestin ou non, il doit s'exprimer sur cette scène.

S'exprimer, ai-je dit. Réfléchissons ici à l'usage du pronom. *Qui* est-ce qui s'exprime ? Tu remarqueras que cette question *(qui ?)* est fort embrouillée, au point, peut-être, de ne comporter aucune réponse claire. Si tu me demandais maintenant par exemple : « Est-ce bien *toi* qui t'exprimes ici ? », je ne saurais que répondre au juste. Moi ou un autre, on l'a vu tantôt, c'est tout un. Encore un effet de la capture des « pronoms » dans le discours. Ils s'y déplacent. Il reste que s'il est arrivé à quelque membre de quelque parti de dire « je », en parlant comme il est dit « au nom du Parti », il n'est jamais arrivé qu'un parti dise « je », ni même « nous ». Le Parti (quel qu'il soit) parle en troisième personne, fût-ce sous les apparences de la première : « Nous, com-

La scène de l'Autre

munistes, nous pensons que... » ou mieux : « Les communistes... etc. » Il va sans dire que tu peux, ici, sans dommage, remplacer « communistes » par n'importe quel nom de parti, et bien au-delà par n'importe quel nom désignant un « groupe » (si nous convenons d'appeler « groupe » un ensemble d'individus que réunit, pour un temps, un projet commun, publiquement manifesté).

Or qu'un groupe (parti, secte, Église, peu importe) ait à s'exprimer, voilà qui constitue un curieux abus de langage. Le réfléchi ne renvoie à personne qui puisse produire de l'expression. Le groupe, en effet, est toujours absent de qui parle en son nom. Pourtant de l'expression se produit (des discours, des actes, des manifestes, des affiches, des livres, des émissions de télévision, etc.). Il faut donc bien admettre que le réfléchi renvoie ici à autre chose qu'au « substantif » qu'en bonne syntaxe française il est supposé représenter. Il est important pour nous de serrer de plus près cet éclatement (ou mieux : cette fuite du « sujet » parlant). (Précisons que je prends ici « sujet » en son sens usuel.)

« *Fuite* », cela suppose un « point » vers quoi s'annonce ou se produit la fuite. Dans le cas qui nous occupe ce point est inassignable. Il est le lieu même qu'est supposé occuper le « sujet » parlant ; c'est-à-dire un lieu qu'on ne peut désigner par un « point » qu'à la condition que ce point s'échappe aussitôt à lui-même : le « sujet » parlant est toujours ailleurs qu'à l'endroit où il paraît se manifester à soi-même. C'est pourquoi nous avons tous raison de dire, lorsque nous parlons, « c'est moi qui parle » et de le dire chacun pour soi. Et pourtant cette parole qui redouble la parole (« c'est moi qui ») ne nous livre nullement la consistance du sujet. Bien au contraire : dans l'exercice de la parole le sujet est toujours en état d' « ajournement » ; en « sus-

Un Destin philosophique

pens », si l'on préfère. C'est là une exigence interne de ce que nous nommons « discours » : c'est-à-dire déploiement des écarts propres à toute expression (dont nous disons qu'elle « prend du temps »). Cette remarque est-elle une incidente excentrique relativement à notre question ? Pas du tout. Elle nous ramène au cœur du problème. Quel est le point de fuite (ou mieux « ce point fuyant ») vers quoi se dirige et se trouve disposé en état d'ajournement quiconque déclare : « C'est moi qui parle au nom de... » ou encore : « Ce au nom de quoi je parle s'exprime en mon discours » ?

Il existe bien des manières de parler « au *nom de* ». Pour notre commodité et pour simplifier (arbitrairement bien sûr) les choses, je distinguerai trois situations :

1. Celui qui parle a reçu, institutionnellement ou statutairement, mission pour parler. Cette délégation de parole peut s'exercer à divers degrés de la hiérarchie du groupe, ex. : le porte-parole officiel du gouvernement ne parle pas au même degré que le président de la République, le président du groupe parlementaire du P.C.F. ne parle pas au même degré que le secrétaire général, ni un directeur de séminaire au même degré que le pape. Nous conviendrons cependant, pour ne pas compliquer notre analyse, de négliger ces différences de degré qui sont par ailleurs neutres relativement à notre problème. Ce qui importe, c'est le phénomène de la « délégation de parole » et la détermination du « sujet » supposé l'exercer.

2. Le groupe paraît « s'exprimer par lui-même » en ce sens que nul ne reçoit délégation de parler en son nom, en vertu d'un statut que lui conférerait la forme institutionnelle du groupe. C'est le cas de ces groupes « en fusion » que Sartre a admirablement analysés dans la *Critique de la raison dialectique*, et dont les événe-

La scène de l'Autre

ments de mai 68 nous ont donné de nombreux exemples. Ces « assemblées générales » où certains prenaient une parole que nul ne leur donnait et que nul ne leur contestait. Bien entendu, il est bien connu que des « groupes organiques » s'efforçaient de « diriger », de « manipuler » ces assemblées générales. Mais, prise en bloc, l'assemblée générale constituait un groupe en fusion, et si régionalement elle pouvait être infléchie, elle ne l'était jamais totalement, en raison de son ouverture et du flou de ses frontières. N'importe qui pouvait y casser les jeux tactiques des groupes organiques. Même situation dans une manifestation spontanée, sans mots d'ordre préalables, où tous (ou un grand nombre) parlent ensemble, sur le tas, sans s'être concertés, face à la situation mouvante. Groupes, dans chaque cas transitoires, comme lieux de libres paroles et de libres cris.

3. Le solitaire. « La voix qui crie dans le désert. » Sans doute penseras-tu à Jean-Baptiste, celui qui n'était pas lui-même la lumière, mais qui criait, seul, dans le désert pour annoncer sa venue, bien certain de la reconnaître à un signe irrécusable, lorsque se manifesterait à lui celui qui en serait le porteur. Pour ma part je ne chercherai pas mes exemples si loin ni si haut. Mais je dirai simplement que pour ceux d'entre nous qui vivent historiquement, c'est-à-dire confrontés à l'abîme d'indétermination qui s'ouvre devant nous, après ces temps qui furent ceux d'Auschwitz et du Goulag, pour ceux-ci, il s'en faut que la « voix qui crie dans le désert » soit à jamais éteinte : la voix, chaque fois solitaire, du grand refus qui, semblant ne parler que pour celui qui parle, parle cependant pour autre chose, qui s'annonce et menace, autre chose capable de rassembler encore, peut-être.

Ainsi se distinguent trois situations de prise de parole, dont la première et la dernière sont symétrique-

Un Destin philosophique

ment antithétiques. Dresser le diagramme de ces jeux d'oppositions serait un exercice dialectique amusant, mais dépourvu d'intérêt, eu égard à la question que nous posons. Notre question nous met en effet sur un autre chemin : il nous importe plutôt de chercher si quelque *structure unitaire* se présente à travers ces trois modes d'exercice de la parole publique ; *structure telle qu'à travers elle nous puissions saisir le point de connexion entre la fuite du « sujet parlant » et l'exigence de constitution du sujet solidifié et subsistant* (hypokeimenon), *seul porteur de l'excès de sens où s'articulent et se déposent les sources d'énoncés « crédogènes ».*

La confrontation des deux situations 1 et 3, symétriques et antithétiques, va nous servir de guide. Dans le premier cas quelqu'un *semble* prendre la parole parce qu'il se juge statutairement habilité. En tant que « sujet parlant » il *semble* opérer comme substitut explicite d'un autre sujet. Question cependant : où se produit l'expression ? Ce « sujet » dont le « parlant » est le substitut peut-il se désigner comme foyer de l'expression possible ? N'est-il pas lui-même (bien que d'une autre façon) en état de fuite et de suspens ? Nous soupçonnons qu'à cette question « qui délègue ? » aucune réponse claire ne peut être donnée. Le mode d'existence du pouvoir qui délègue est frappé d'une essentielle indétermination (c'est si l'on veut le paradoxe de la « volonté générale » qui n'est ni celle de tout le monde, ni celle de quelqu'un). Dans le troisième cas la voix qui parle dans le désert n'ayant reçu aucune habilitation statutaire *semble* ne parler pour personne, et donc se manifester comme authentique et premier « sujet parlant ». Cependant cette voix s'adresse. Elle prévient, annonce, reproche, et aussi juge. Ce désert est donc habité. « M'entende qui peut. » « Que ceux qui ont

La scène de l'Autre

des oreilles écoutent. » Peut-être (c'est le risque) personne n'a-t-il *encore* d'oreilles pour cette parole. Mais quelque part (qui sait ?), en quelque lieu, en quelque temps, il y peut exister une oreille. Or l'oreille c'est toujours l'Autre. L'Autre possible, en son essentielle absence, se trouve ainsi toujours co-présent à la voix qui « parle dans le désert ». Et c'est bien « en ce nom » que se manifeste le sujet parlant, qui est ici le substitut de son écho possible.

Étrange symétrie. L'un parle explicitement comme substitut, mais à la question « qui substitue ? » on ne sait que répondre au juste. L'autre n'est le substitut *explicite* de personne, et pourtant ce qu'il énonce est dit pour prendre racine au plus profond de l'Autre absent. Que la parole soit « ecclésiale » ou « prophétique » toujours elle se manifeste relativement à la « présence-absente » du groupe *au nom de qui* il est parlé (cas 1) et à l' « absence-présente » du groupe *à qui* il est parlé (cas 3).

Quel est le mode d'existence de ce qui s'offre immédiatement présent par la médiation de son absence, et immédiatement absent par la médiation de sa présence ? Chercher la réponse à cette question n'est-ce pas se trouver situé sur le chemin vers la structure unitaire souhaitée ? C'est à voir.

Et de fait, l'examen de la situation 2 va, sur ce point, nous permettre d'accomplir un pas de plus. En ce cas, le « groupe » (que nous nommerons, d'après Sartre, « groupe en fusion ») semble « parler » en bloc et en personne. Prenons une situation limite, d'ailleurs imaginaire : un « cas pur ». Modifions (sans l'inverser tout à fait) la scène des *Temps modernes* dans laquelle Charlot, s'étant par hasard emparé du drapeau rouge qui sert à signaler des travaux sur la voie publique, se trouve, de ce fait, avoir pris la tête d'une manifestation.

Un Destin philosophique

Dans cette scène le groupe des manifestants est déjà constitué et déjà en mouvement. Supposons que ce groupe se constitue du seul fait que Charlot ait pris le drapeau rouge et l'ait, sans trop y penser, brandi au-dessus de sa tête, levant les yeux vers lui pour voir à quoi ressemble ce bout d'étoffe. Ce jour-là, à New York, la rue n'est pas déserte. Des ouvriers travaillent sur le chantier. Ils ne sont pas contents. Les temps sont durs et les patrons aussi. A la maison ça ne va pas. On vit à peine et l'emploi est instable. Dans la rue des gens paraissent flâner. Mais pour eux ça va plus mal encore. Ils tournent en rond, s'agglutinent, se séparent, discutent un moment, regardant, avec envie, les ouvriers : eux, au moins, ont de quoi vivre, pour un temps du moins. D'autres (« les pauv'nèg' », comme ils se nomment eux-mêmes), assis sur le trottoir, jouent aux dés, en attendant mieux, c'est-à-dire « rien ». A quelques centaines de mètres, le commissariat du quartier et les flics. Bref, ce jour, dans ce coin de rue, des gens se trouvent là, séparés, occupés, rassemblés en groupements disjoints. Mais du fait de ces rassemblements et dans cette disjonction même, quelque chose comme un point de déchirure se manifeste dans la substance du tissu social.

Or voici que se dresse ce bout d'étoffe rouge. Quelques têtes se lèvent. Lesquelles ? Peu importe. Quelques voix crient. Lesquelles ? Peu importe. « Allons-y. C'est l'heure. En avant ! » On ne joue plus. On ne flâne plus. On ne travaille plus. Comme le dit la chanson : « Ce peuple se lève. » Ce peuple, c'est-à-dire qui ? Du haut du ciel, supposons-le, un hélicoptère de la police observe la chose. Il voit un rassemblement et un cortège en formation. Il peut en délimiter les frontières. Pour ces observateurs, le groupe est homogène. Mais qu'en est-il pour ceux qui sont dedans et sont pris en ce mouvement, chacun pour soi, chacun avec ses raisons

La scène de l'Autre

et cependant tous ensemble, en ce lieu et à cette heure du moins ? On ne peut ici échapper à l'analyse du jeu des médiations intersubjectives et toujours locales par lesquelles ce qui, jamais, comme groupe, ne se donne en tant qu' « objet », se constitue cependant et persiste selon une relation d'appartenance de chacun à l' « être ensemble » de tous. C'est précisément la détermination de cette relation d'appartenance qui nous importe, elle qui se manifeste dans cette parole que le « groupe » profère en son seul nom : « En avant, c'est l'heure. » La médiation visible est ici celle du bout d'étoffe devenu drapeau et signal. Un brusque changement de forme s'est produit dans le champ perceptif de ces gens-là : comme si un appel venu d'un autre monde que de l'environnement quotidien faisait irruption dans le présent et en bouleversait le sens. Pourtant, rien n'a changé dans l'environnement : ni le pavé, ni les maisons, ni le commissariat, ni non plus le rouge de l'étoffe. Un geste seulement. Un malentendu peut-être. Mais après ce geste, un cri. Dès lors plus de malentendu. Ce qui était simplement là, tout autour, devient autre chose, qui porte ou semble porter la nécessaire indication d'un chemin : « Sus au commissariat. En avant ! »

Deux bornes symboliques délimitent ainsi ce groupe en mouvement : le drapeau, la flicaille. Or le « rouge » est devenu « drapeau » dans la relation à la flicaille. La flicaille est devenue « but de guerre » dans sa relation au drapeau. Pris dans ce renvoi circulaire le « groupe » demeure lui-même métastable, flou à ses frontières : son unité ne tient qu'à la double relation symbolique dont un geste inattendu (et à vrai dire saugrenu) a sonné le départ. « Appartenir » donc. Qu'est-ce que cela veut dire en telle occasion ? Étrange relation d'appartenance. Elle semble pousser sur le sol de la relation usuelle et bien connue (x est élément de E). L'ouvrier de la voirie reste un ouvrier de la voirie, le pauv'nèg' un

Un Destin philosophique

pauv'nèg', etc. A voir les choses « logiquement » la situation est semblable à celle qui se présenterait si nous avions affaire à des jetons verts, bleus, rouges, empilés dans une boîte. Quel que soit le jeton tiré de la boîte, il sera vert ou rouge ou bleu. Il appartiendra à la réunion des verts, des rouges et des bleus. Parfaitement raisonné. Et en ce cas aussi on ne peut faire autrement que de voir les choses « logiquement » en distinguant les ouvriers, les « pauv'nèg' », les chômeurs. Il reste que ceux qui se lèvent pour aller sus au commissariat ne sont pas seulement la réunion des ouvriers, des pauv'nèg', etc., qui, par hasard, ce jour, se trouvaient là. Appartenir au « groupe qui marche » n'est pas seulement appartenir à la réunion des « classes d'individus » qui le constituent. « Etre un de ceux qui décident de se diriger vers les flics » n'est pas une propriété définissant les éléments d'un ensemble stable, mais bien davantage un moment constitutif du groupe en son devenir propre, un « état de groupement » si bien qu'ici la « relation d'appartenance » (être membre de...) signifie, pour celui qui l'effectue dans le groupe en mouvement, « constituer par son gestuel, sa parole, son mouvement expressif, un état de groupement ». Etrange relation d'appartenance en effet, qui suppose la relation usuelle (être ceci ou cela, ouvrier, chômeur ou voleur, peu importe), mais qui cependant la rend mobile, et, sans la détruire jamais, la repousse pour un temps au loin. Et pourquoi ? C'est bien aux deux bornes symboliques qui délimitent le groupe en fusion qu'il nous faut à nouveau penser. « Etre ouvrier », « être pauv'nèg' », cela se déchiffre ici et maintenant dans le rapport circulaire du drapeau aux flics, dans l'entre-deux, dans cet enchaînement non délibéré de gestes et de cris, qui de proche en proche, d'autre en autre, de « moi à toi et à cet autre » livre, dans le temps d'une marche, le contenu d'un projet et

La scène de l'Autre

le poids d'une décision. « Déchiffrer » ne se réfère pas ici à un enchaînement d'opérations réglées par lesquelles on décoderait un message explicitement proposé, comme on le ferait d'un rébus. En son sens propre le « message », ici, c'est la rue et ce qui, tout d'un coup, s'y passe. Déchiffrer la rue c'est l'occuper en se formant comme groupe. La rue n'est plus simplement délimitée par sa place dans le plan de la ville. Elle-même se manifeste, peu à peu, dans le mouvement d'occupation même, comme prise dans la relation symbolique du drapeau aux flics. Là où moi, ouvrier, je travaillais, là est le signe de ma misère. Là où moi, pauv'nèg', je jouais aux dés, là est le signe de mon abandon. Là-bas, dans le bâtiment grisâtre, à trois cents mètres, vit le signe de *notre* commune oppression. Là-bas réside *pour nous* le plus grand danger. « Notre ». « Pour nous ». C'est-à-dire pour celui quel qu'il soit qui se *trouve* ici et qui maintenant s'est levé avec ce damné drapeau. Déchiffrer la rue en l'occupant c'est donc du même mouvement, pour chacun, déchiffrer sa propre et élémentaire relation d'appartenance (le *fait* d'être ouvrier ou chômeur) par la médiation problématique du geste d'autrui, par ce trou qui se creuse dans le mode d'être de la rue, en la dévoilant comme symbole d'abjection. Appartenir donc. Qu'est-ce que cela veut dire encore ? « Constituer un état de groupement », avons-nous dit. Or, cette « constitution » n'est pas le fait d'un « sujet » qui survolerait, comme on le ferait d'un système d'objets, le champ des actions possibles. Ici chacun est pris dans son lieu propre. L'état de groupement se produit de proche en proche dans un réseau de relations de voisinage. Mais du fait de la délimitation symbolique du jeu des gestes possibles (« le drapeau » à une borne, « les flics » à l'autre) ce lieu propre à chacun est, à chaque geste projeté, à chaque pas accompli, arraché à sa singularité locale. Et

Un Destin philosophique

c'est bien ce qui se passe dans une « manifestation » qui se « déroule », dans l'espace des rues, à la façon d'une chenille. Chacun occupe, à chaque pas, une place bien définie : tel point sur le chemin de la Bastille à la Nation. Mais pourtant chacun se trouve partout où se déploie le cortège. Etre « dans la manifestation » ce n'est pas seulement se trouver assigné aux lieux où successivement elle passe. C'est bien davantage être pris dans le jeu des renvois symboliques par lequel chacun se trouve, en quelque sorte, doué d'ubiquité. Chacun est à la fois ici (où il est) et ailleurs : c'est-à-dire partout où la manifestation a affaire. Ubiquité elle-même symbolique, puisque chacun ne peut se trouver qu'au lieu même où chaque fois il se trouve.

Voilà ce que nous apprend notre exemple imaginaire. Le groupe en fusion, bien qu'il se produise comme enchaînement de voisinages spatio-temporels (état de groupement), n'a d'autre unité que symbolique. Cela veut dire qu'il existe dans la rue, qu'il se déploie dans le temps, mais que sa « totalité », elle, n'existe nulle part. Elle n'est rien d'autre que le « but » des renvois symboliques par lesquels chacun voit, dans le temps où l'action se déroule, sa propre différence se manifester comme signe de la différence de « tout autre » qui est là à cette heure, en ce lieu, derrière ce drapeau. Retenons-le cependant : c'est bien sur le fond d'une relation usuelle d'appartenance que tout ceci se développe. Et, après coup, l' « observateur neutre » serait bien capable de faire les comptes et de dresser le bilan ; il distinguerait *ceux qui* ont agi *en tant* qu'ouvriers, *ceux qui* ont agi *en tant* que marginaux, etc. Il pourrait aussi aller « plus loin », chercher les motivations des uns et des autres, établir la « cartographie » des stratégies possibles et donner les raisons du choix des modes d'action que lui « observateur neutre » pense pouvoir distinguer dans ce qui fut, un temps, la pratique du groupe en

La scène de l'Autre

question. Certes. Mais l'essentiel lui échapperait : le mode d'existence de ce qui, ayant vécu un temps comme groupe en fusion, n'est plus là maintenant que comme objet mort : ce mode d'existence, selon lequel chacun se voit appartenir à l'« être ensemble » de tous et dont nous avons vu qu'il est de l'ordre du symbolique.

Or que cherchions-nous ici ? Rappelons-nous : quelque *structure unitaire* susceptible d'animer les trois formes de prise de parole que nous avions distinguées. Nous nous trouvions sur le chemin d'une telle structure lorsque nous avons entrevu que dans la première forme (nommée « ecclésiale » par commodité) ce qui se donnait comme présent ne l'était que par la médiation de son absence, alors que dans la troisième (nommée « prophétique », encore par commodité) ce qui se donnait comme absent ne l'était que par la médiation de sa présence. Nous soupçonnions donc que la structure cherchée devait offrir ce caractère d'absence-présente (respectivement de présence-absente). Et nous nous demandions : quel est le mode d'existence de ce qui s'offre avec ce caractère ; comme unité, à l'ordre près, du présent et de l'absent ? Ce mode d'existence, l'analyse esquissée de la deuxième forme de prise de parole nous l'a offert « en personne ».

Dans cette affaire un point demeure obscur. Que peut-on entendre au juste par ces mots : un mode d'existence qui se manifeste *en personne* comme étant de l'ordre du symbolique ? N'attends pas de moi un éclaircissement complet sur ce point. Je ne veux pas surcharger encore mes propos déjà, je l'avoue, assez complexes. Un simple exemple cependant pour rendre la chose visible. Quelqu'un sourit. Et on dit : « Le sourire erre sur les lèvres. » Mais existe-t-il *sur* les lèvres ? Son existence est-elle du même ordre que celle des

Un Destin philosophique

dents, des oreilles et du nez ? Pas du tout. Le sourire s'insère dans une autre chaîne que celle des choses simplement présentes. Il exige une réponse, il sollicite un geste, il appelle une interprétation. Il est là pourtant, en personne, et ne ressemble à aucun autre. Et l'échange qui s'institue là est tout entier, en personne, de l'ordre du symbolique.

D'autre part, il n'est pas vrai que la flèche qui désigne la fonction symbolique (X → Y — que nous lisons X est symbole de Y) soit, dans tous les cas, une flèche linéaire. Elle l'est, dans les cas les plus simples. Le plus souvent, la fonction ne peut se désigner que par une « flèche à boucles multiples ». Et, dans les cas complexes, l'ensemble de ces boucles reste ouvert. C'est ce qui a lieu dans l'exemple traité plus haut, à ceci près que les flèches de renvoi symbolique (par lesquelles le « groupe » se trouve désigné comme un « être ensemble pour ») sont elles-mêmes organisées en réseaux complexes. Toute flèche, en ce cas, retourne plusieurs fois de son but à sa source, pour revenir au but en se composant avec d'autres flèches, lesquelles, elles-mêmes, plusieurs fois à leur tour, ont accompli le chemin de la source au but et du but vers la source. Dans ce jeu de relations (qui est la vie même du groupe) le but de ces multiples renvois comporte toujours une région d'indétermination. En dernier ressort *tout* se détermine ici au sein d'une source. C'est-à-dire ? Tout se détermine localement, dans le déplacement ici et maintenant des « états de groupement ». C'est-à-dire encore ? Tout se détermine dans ce creux, de point de fuite du tissu social, qui dévoile, ici et maintenant dans cette rue, la relation élémentaire d'appartenance (« être ouvrier », etc.) que chacun déchiffre, pour soi-même, selon le gestuel expressif (parole, cris, etc.) de « *tout* » autre. Je souligne « tout » et l'inscris entre guillemets. Car ce que désigne ce mot c'est précisément la région d'indé-

La scène de l'Autre

termination qui subsiste au sein du but « ultime » des flèches symboliques.

Bien des manières de parler reposent sur des « interprétations » métaphoriques de cette structure symbolique. On dit par exemple : « Chacun intériorise le projet de tous. » On dit aussi (bréviaire de toute armée en marche) : « Un pour tous, tous pour un. » On dit encore (et cela passe, selon Lénine, pour l'impératif catégorique du révolutionnaire) : « Agis toujours comme si le sort de la lutte entière devait dépendre de toi, à cet instant et en ce lieu. » Il me semble que ces façons de parler reposent sur le fondement de la structure symbolique que j'ai tenté de dégager, et en constituent autant d'interprétations spontanées, accomplies « sur le tas », pour ainsi dire, à la manière de celui qui, d'un sourire, répond au sourire.

Avons-nous ici accompli le « pas de plus » que nous espérions ? Je le pense. Réfléchissons en effet à la façon dont parlent nos acteurs dans les cas 1 et 3. Toujours selon la médiation d'un « groupe en fusion » possible. A cette condition seulement (à moins de n'être réduits à l'état d'automates répétitifs) ils peuvent persévérer, fût-ce une demi-heure d'horloge, dans l'exercice de la parole. C'est vrai dans le cas 1. « Le groupe », ai-je dit plus haut, « est toujours absent de qui parle en son nom ». Que veut dire « absence » ? Nous le savons mieux maintenant. Parler « au nom de » c'est parler en lieu et place de qui ne peut parler en personne. Or, ce qui ne peut parler en personne (en ce cas le « Parti » ou l' « Église », qui sont la source de la « délégation ») est précisément ce qui est visé par le jeu des relations symboliques par lesquelles la prise de parole (la « posture publique de parlant ») s'institue et se fait reconnaître. Ce qui est « absent » est en personne présent selon l'ordre du symbolique ; présent, c'est-à-dire visé dans son absence, à la façon (mais la

Un Destin philosophique

chose est plus compliquée dans le cas qui nous concerne ici) dont la totalité du « groupe en fusion », qui n'est jamais là, est cependant concernée au plus près par chacun des acteurs présents dans le groupe. « Le Parti est tout entier derrière moi. » Cela s'est dit — et cela s'entendra encore. Et même si cela ne se dit pas, cela soutient et anime la parole de qui parle en ce nom. « Tout entier derrière », en son absence cependant. Voilà qui est proprement de l'ordre du symbolique. Or le « Parti » qui est « tout entier derrière » se tient tout autant « tout entier devant ». Ce au « nom de quoi » il est parlé est, indissolublement, ce à quoi on s'adresse aussi. Sinon qui reconnaîtrait jamais cette parole comme dite en ce nom ? C'est ici que je repère la médiation du groupe « en fusion » possible. Pour bien faire, il faudrait encore distinguer les cas : parler « au nom de l'intérêt fondamental du Parti » dans les « instances régulières » ; parler « au nom du Parti » dans un meeting ouvert ; parler en ce même nom à la télévision. Pour chacun de ces cas, le mode d'adresse est différent. Mais dans chacun aussi se manifeste la médiation du « groupe en fusion » possible, bien qu'elle ne se présente pas exactement de la même manière, ni avec la même fonction. Prenons les deux cas extrêmes : le discours interne prononcé dans le secret d'une instance (bureau politique ou comité central) et adressé aux seuls qui soient statutairement habilités à l'entendre ; le discours ouvert prononcé à la télévision. Où trouver ici quelque relation à un « groupe en fusion » possible ? Il semble qu'il n'y en ait pas. Dans le premier cas un excès de fermeture : tout le monde à qui l'on parle *est là*, enfermé dans les quatre murs de cette salle. Dans le second un excès d'ouverture et d'indétermination : ceux à qui l'on parle se trouvent en des lieux indéterminés ici et là-bas, on ne sait, mais quelque part sûrement, disséminés et séparés. Donc un groupe statutaire

La scène de l'Autre

fermé d'un côté ; un ensemble flou d'auditeurs présumés de l'autre. Quant au « groupe en fusion », il n'est nulle part, semble-t-il. Or c'est bien ce « nulle part » qui demande à être compris. Car dans chacun de ces cas ce qui est concerné au plus près par la parole, c'est précisément quelque « groupe en fusion » qui n'est encore « nulle part ». Soit par exemple ce fameux discours de Khrouchtchev au XXe Congrès du P.C.U.S., prononcé a huis clos. Concernait-il seulement ceux qui, statutairement, avaient le droit de l'entendre ? Était-il simplement informatif ? Nullement. Il était destiné à exploser au-dehors. Et c'est bien ainsi qu'il a été reçu. Au-delà des présents, le discours s'adressait « obliquement » à d'autres, que nul ne connaissait, qui n'étaient pas là et n'y seraient jamais. Eux l'ont reçu et interprété à leur manière, à Varsovie, à Budapest, interprétations qui *furent* autant d'actions de « groupes de fusion ». Ce n'était certainement pas cette espèce de « groupe en fusion » que visait le discours de Khrouchtchev en ces jours de février 1956. Il reste qu'il s'adressait à ceux qui étaient là, dans la pensée qu'ils feraient quelque chose, et qu'à l'extérieur de cette « instance suprême » quelque chose « se produirait » de ce fait. Or que « quelque chose » « se produise », cela exigeait que d'autres que ceux qui l'avaient entendu ce jour-là prennent en charge l'information. Prendre en charge veut dire s'assembler, discuter, se mettre en mouvement, s'inquiéter ensemble de ce qui peut advenir. C'est-à-dire prendre posture (selon le type de relations définies plus haut) sur le chemin de la constitution de quelque « groupe en fusion ». Tu me permettras de faire l'économie du cas symétrique et opposé : Georges Marchais à la télévision. Lui aussi, si banal et attendu que soit généralement son propos, dans la mesure où « il s'adresse », s'insère en un triple jeu de rapports symboliques : derrière lui le « Parti », devant lui encore le « Parti », au-

Un Destin philosophique

delà, dans une relation de renvois circulaires aux deux premiers, *des gens*, qui écoutent ou n'écoutent pas, d'accord ou non, mais que l'exercice de cette parole, manifeste sur le petit écran, doit, en quelque lieu, en quelque temps, et pour un temps toujours, parvenir à « mettre ensemble ». De cela, tous ceux qui ont eu affaire à un « parti ouvrier marxiste » ont pu faire l'expérience. La force d'un parti, y dit-on (et la proposition est une donnée de la pédagogie élémentaire des P.C.), doit se mesurer aux *actions* qu'il est capable d'organiser. Des actions ? C'est-à-dire, en dernier ressort, la mise en mouvement de « groupes en action », dans les ports, les usines, les rues, partout où, comme nous l'avons vu tout à l'heure dans notre imaginaire exemple, *fuit* et se *troue* par quelque côté (« son négatif », comme il est dit) la substance du tissu social.

Je me dispense de l'analyse du cas 3. A l'entreprendre on y verrait encore se manifester la médiation de quelque « groupe en fusion possible ». Qui, sans cela, se réveillerait jamais à l'écho de la parole solitaire ?

Telle me paraît la structure unitaire que nous cherchons et selon laquelle sont animées les trois formes « de prise de parole au nom de... » que nous avons distinguées. Donnons-lui un nom. Choisissons-le de telle sorte qu'il exprime l'unité des deux déterminations qui la manifestent : le symbolique, d'une part ; l'exigence de s'offrir en personne de l'autre, à la façon du geste ou de la voix. Le nom « symbolico-charnel » me paraît convenir. Charnelle toujours est la figure de l'autre, si absente soit-elle. Charnel est le drapeau, charnel le geste qui le désigne. Charnel aussi, à sa façon, le flic qu'il faut affronter. Charnels, et cependant pris dans la relation mobile et le jeu des renvois selon lesquels, en se rassemblant, se composent nos « flèches à boucles ». Et de fait, le « corps » est toujours « parlant » (mais de cela, peut-être, traiterons-nous plus tard, puisque aussi

La scène de l'Autre

bien ta lettre m'y invite : « ce corps précaire », dis-tu, « où seulement peut s'enraciner notre commun *fait* d'être »).

Ainsi avons-nous bien accompli le pas annoncé. Mais sur quel chemin ? Quel autre pas franchir encore pour nous trouver devant ce que nous cherchons : le « sujet qui demeure dessous » et dans lequel semble reposer l'excès de sens ? Faut-il ici quitter le symbolico-charnel et chercher ailleurs le sol sur lequel il repose ? Faut-il au contraire nous installer en lui et suivre les indications qu'il donne ? Il me semble impossible de faire autrement que d'y séjourner encore. Notre situation est semblable à celle d'un être que sa constitution obligerait à se mouvoir sur une surface qu'il ne pourrait ni traverser ni survoler. Sur cette surface cependant, il rencontrerait de « petits solides » (des sphères, des cylindres, des cônes, etc.) et il apprendrait à en construire. Il imaginerait alors toute surface comme étant toujours la « frontière » d'un solide. Et il se demanderait sans quitter jamais la surface à laquelle il est assigné de quelle espèce de solide elle est la frontière. Au point où j'en suis de cette analyse ma situation est analogue. Je ne peux échapper au symbolico-charnel, ni le traverser de part en part, pour voir au-dehors ou ailleurs. Il me faut suivre les indications de ma surface. C'est-à-dire déchiffrer le chemin sur lequel je me meus, et où j'ai rencontré mes « petits solides » (le militant kabyle, le P.C., les « groupes en fusion », etc.). Il est bien possible que ma surface ne se boucle pas sur elle-même, qu'elle ne délimite aucune espèce de « solide », rien en tout cas qui soit semblable aux « petits solides » rencontrés en route. Peut-être en est-il ainsi. Mais comment le savoir sans autre examen ? Pas d'autre chemin ici que de serrer au plus près cette structure nommée « symbolico-charnelle », pour en chercher le mode d'organisation.

Un Destin philosophique

C. Structure et dynamique
du champ symbolico-charnel

J'indique d'avance le point vers lequel je me dirige, cette simple proposition : nous autres qui avons, négativement du moins, appris à nous nommer « hommes » (en quoi nous croyons savoir nous distinguer des cailloux, des lapins, des bœufs, etc.), nous marchons sur les sables mouvants. Et pourtant nous cherchons et *pensons le sol*. « Je suis, je suis », cela se dit et se répète, fût-ce vers cette forme tautologique : « Je suis moi, vous savez bien, un tel, qui a fait ceci et cela, etc. — Vous n'êtes donc pas un lapin ? — Non, je ne suis pas un lapin, je suis un électeur de Valéry Giscard d'Estaing. » Où est le bon sens ? Est-il possible de définir quelque nécessité (un sol inébranlable) qui porte « un tel » à se dire « électeur de... » et à ne *jamais* se réveiller un matin avec des oreilles de lapin ? Je ne pense pas qu'il soit possible de définir explicitement et comme un absolu une telle nécessité. Et pourtant, se réveiller lapin, quelle absurde catastrophe pour un électeur de V.G.E. !

Alors, le sol *sous* le sable ? Le sol *recouvrant* le sable, mais s'y perdant lui-même ? Ou encore sur le sol, à sa surface, *les trous* du sable mouvant ? Et, à tout prendre, pourquoi le sol ? Quelque nom qu'on lui donne, « histoire », « nature », « humanité », etc. ? Pourquoi ce grand refus, cette grande terreur des sables, lieux de perte du sens et d'un irrémédiable égarement, qui pourrait aller jusqu'à la dissolution et la métamorphose des corps ? (Cf. Kafka, bien connu, n'est-ce pas ?) Et s'il n'y avait pas de sol du tout ? Si ce que nous nommons de ce nom n'était qu'une figure transitoire des sables ? Qu'en serait-il alors de nous qui parlons pour dire : « ceci est cela et le demeure » ? Qu'en serait-il de notre passion et de notre pensée du sol ?

La scène de l'Autre

J'use sans remords de cette métaphore puisque le langage commun m'y invite. On y dit d'un projet qu'il s'est perdu dans les sables. C'est-à-dire ? En ces lieux où les traces s'effacent, où les formes se métamorphosent, où les chemins se recouvrent et se brouillent. Bref ces lieux où le sens se constitue en s'oubliant, et où toute présence est tout aussi bien immédiatement absente.

Voilà qui me trace mon chemin pour peu que je m'efforce maintenant de rassembler, en leur connexion, les éléments d'analyse, qu'au gré de mes exemples, j'ai rapportés plus haut au symbolico-charnel.

1. Au cœur du « symbolico-charnel » vit la menace de son effondrement. Évitons le pathos. Je veux dire l'angoisse de la mort et de la dissolution des « corps parlants ». Ce n'est pas cela que j'entends évoquer ici, mais bien le plus prosaïque et le plus quotidien, le plus fondamentalement « structural » aussi : l'ouverture des flèches à boucles, leur perte en un domaine d'indétermination. La cible ultime de tous les renvois symboliques par lesquels se constitue l'appartenance à l' « être ensemble », cela est précisément ce qui toujours s'absente. Rien d'accidentel dans cette affaire. Comme disaient mes vieux maîtres phénoménologues, c'est une propriété d'essence, constitutive du caractère symbolique de cette relation d'appartenance. Elle est symbolique (astreinte au jeu des flèches) précisément en raison de cette dérobade de la cible. Ou mieux, ce que nous nommons « symbole » n'est ici rien d'autre que le moment d'accueil de cette dérobade, l'absence de la cible fuyante manifestée sous l'œil, à portée de geste, la plénitude de l'*ici* ne vivant que l'*ailleurs*, hors d'atteinte, qui s'y désigne. Ce qui astreint et l'œil et le geste à n'être que des supports de flèches, des « signifiants »,

Un Destin philosophique

comme on dit, si l'on a du goût pour ce langage. La main qui prend la main, le clin d'œil et le cri, le poing qui se lève ou se tend, le bras sous le bras, autant de plénitudes où se désigne une absence. Hors de cette relation tout se fige et demeure ; plus d' « ailleurs », plus de sens, plus de chemin, mais la mort immobile et informe des blocs de pierre.

2. Si nos flèches de « fonction symbolique » étaient linéaires et si elles se composaient en se « mordant la queue » (selon le schéma bien connu a → b → c → x →) la « dérobade » de la cible ultime serait irrémédiable. La chaîne signifiante ne déterminerait aucun sens, fût-ce en « dernière instance » puisqu'il n'y aurait pas de dernière instance. C'est là une conséquence du caractère de la *flèche* symbolique qui ne désigne pas une fonction au sens ordinaire du mot défini par le schéma : X → f (X) (du moins dans le cas qui nous occupe) ; le propre du « symbole » est de laisser à son absence et à son indétermination ce qui est dit « symbolisé », dont à lui seul il constitue l'absence-présente : il est le plein substitut de la *chose* qui n'est pas là (ex. : le nom « *de Gaulle* » symbole, sous l'Occupation, de la « France combattante », et dont il serait absurde de dire qu'il désignait l'ensemble des Français susceptibles de combattre).

3. Or nos flèches sont, nous l'avons vu, des « flèches à boucles », caractère tout aussi essentiel au « symbolico-charnel » que la dérobade de la cible ultime. Cela veut dire que, dans ce champ, toute marque de symbole (dans notre exemple imaginaire le drapeau, le commissariat, le regard du voisin immédiat, etc.) exerce tour à tour (circulairement) la fonction de source et de but. Il en résulte que les marques symboliques sont elles-mêmes symboliquement marquées, surmarquées si l'on

La scène de l'Autre

préfère, à la mesure des couches de renvois circulaires qui, toujours, les constituent. Si donc nous nous posions cette question : quels sont les « segments » symboliques élémentaires qui, selon leur mode de composition, engendrent l' « espace » du « champ symbolico-charnel », nous nous tromperions lourdement en répondant (par analogie avec d'autres cas plus simples) : « Ces éléments sont des flèches qui, en dernier ressort, doivent se mordre la queue. » Ces éléments ne sont pas des flèches, mais des systèmes de flèches qui se mordent à la fois la tête et la queue. Il reste que ces éléments peuvent à leur tour être symbolisés (pris comme cible) par une marque symbolique qui les représente (ex. : le « rouge » du drapeau). C'est là une autre façon de dire : « Les marques symboliques sont toujours surmarquées, et ce qui engendre l' « espace » de ce champ est le mode de composition de marques symboliques sans cesse surmarquées. » En somme nous avons affaire ici à une connexion de relations circulaires, mobiles et stratifiées. Mobiles en ceci que toute marque porte l'indication de quelque absence ; stratifiées en ceci que toute marque est toujours déjà surmarquée.

4. Bien entendu l'usage proposé ici du mot « espace » est entièrement métaphorique. Et si l'on exigeait que je définisse cet « espace » en toute rigueur mathématique, comme on l'attend des espaces que les géomètres considèrent, je ne serais pas en mesure de satisfaire à la demande. Je doute d'ailleurs que quiconque le puisse. Cela tient au caractère de la relation symbolique à laquelle nous avons affaire ici. Je le répète : ce qui s'y désigne comme présent est, en raison même de la désignation, absence. Je nomme donc « espace » le domaine dans lequel je suis contraint de me représenter le mode d'organisation de ces marques surmar-

Un Destin philosophique

quées. N'y cherchons pas quelque malice mathématique. Usons du mot et de ce qu'il appelle comme d'un secours et d'un support pour notre imagination. Et n'hésitons pas à l'annuler sitôt qu'il aura servi. Bien qu'il s'offre dans la connexion ouverte de ses éléments constitutifs, le champ symbolico-charnel n'est nullement, au sens propre, un « espace »[1].

5. Imaginons donc un domaine de relations circulaires ouvertes sur un pôle d'absence. Telle s'annonçait, ne l'oublions pas, la structure unitaire propre aux trois espèces de « prise de parole au nom de... » distinguées plus haut. Dans un tel domaine l'ouverture (la fuite de la cible ultime, la totalité du groupe en fusion, par exemple) est précisément ce qui exige la constitution et la connexion des flèches de renvoi (à boucles) : « appartenir à l'être ensemble », cela se déchiffre localement, selon la marque symbolique qui se constitue ici et maintenant (tel geste, tel mot entendu ou proféré, tel point désigné de l'environnement immédiat, telle posture de tel ou tel autre). Or cette marque symbolique est elle-même déjà symboliquement surmarquée. Et cela du fait même de la fuite de la cible ultime, pôle absent de ces renvois enchaînés. Le « point » par où « *cela* » s'échappe et se dérobe est ainsi tout aussi bien ce par quoi « *cela* » subsiste, se renoue, s'articule et, pour ainsi dire, prend racine en soi-même. Je répète « pour ainsi dire » : il n'y a rien ici qui se désigne comme un *soi*, comme une totalité coprésente et fermée. « Mobile et stratifié », avons-nous dit plus haut du champ symbolico-charnel : or c'est la mobilité qui exige

[1]. Sans doute (mais je ne peux m'engager dans cette démonstration) par suite de l'impossibilité formelle d'y définir un « ordre topogène », fût-il minimal. (Cf. ce qui a été dit plus haut de l'ubiquité symbolique : se trouver à la Bastille et symboliquement à la Nation, même au cas où, selon l'ordre de ses pas, on n'y parvient jamais.)

La scène de l'Autre

la stratification. Tenons ferme la pensée de ce lien indéchirable et lui-même circulaire. Elle doit ici délimiter la forme de ce qu'il nous est permis d'imaginer à propos de l' « espace » en question, et d'éviter de nous laisser entraîner par le poids de nos métaphores.

« Stratification » donc. On peut penser aux feuillets superposés d'un livre, et imaginer qu'on est invité à lire en profondeur, comme si tout mot tracé à la surface d'une page portait la trace de tous ceux qui se trouvent sous lui. Il y aurait alors deux modes de lecture du livre, selon que l'on suit le chemin linéaire (celui des phrases) ou selon que l'on cherche son chemin à travers l'épaisseur du livre. Cela peut s'imaginer, bien sûr, et demeure en gros compatible avec ce que nous avons dit des « marques surmarquées ». Compatible, mais encore insuffisant. Dans le cas qui nous occupe, il n'y a pas de lecteur absolu : quelqu'un qui pourrait prendre le livre comme un objet, le manipuler, l'abandonner à sa guise, y tracer les chemins qui lui conviennent selon les ordres diversifiés des marques : le livre comme totalité organique contenant *du sens*, demeurant toujours un et le même, survivant à toutes ces manipulations. C'est, nous l'avons bien vu, le propre du symbolico-charnel de n'être déchiffré que par ceux qui l'habitent. C'est-à-dire ceux qui sont pris dans l'ordonnance des chaînes de symbolisation. Il nous faut donc imaginer quelque chose comme un livre qui devrait se lire lui-même, ou dont les lecteurs seraient situés dans les chaînes de marques « stratifiées » qui le constituent. Toutefois, relativement à l' « espace » qui nous intéresse, l'image du livre n'est pas tout à fait absurde ; elle porte une indication : notre espace *doit* comporter quelque chose qui se laisse interpréter (métaphoriquement) comme une « épaisseur ». Et cette « épaisseur » doit manifester des possibilités de cheminements circulaires (aller-retour, si l'on préfère). Il s'agit cependant

Un Destin philosophique

d'un drôle de livre ; il est toujours en état d'inachèvement et il constitue l'horizon unique de ceux qui ont à le lire, qui sont ses captifs. « Captifs » doit être pris ici dans son sens le plus fort : non pas « captivé », comme on peut le dire effectivement du fait d'un livre ; mais « capturé ». Capture qui concerne fondamentalement le corps du « lecteur », enchaîné à l'ordre circulaire des liens symboliques et marqué par leur écart. Charlot, par exemple, capturé dans son geste dès l'instant où il lève ce satané drapeau et où d'autres, capturés par ce geste même, se lèvent aussitôt, « pris » comme on dit par l'urgence d'une décision non délibérée.

6. Question dès lors. « Capturé » qu'est-ce que cela veut dire au juste ? En quoi cet espace que nous essayons d'imaginer peut-il « capturer » ? Et que capture-t-il au fait ? Dirons-nous seulement qu'il tient ses « habitants » captifs en raison d'une frontière qui le fermerait ? Nullement. Nous l'avons vu, il n'a pas de frontière fixe en raison de l'ouverture des chaînes symboliques. Dirons-nous qu'il engloutit ses habitants dans son « épaisseur », qu'ils ne peuvent s'en déprendre et s'y meuvent immobiles, en une gesticulation désespérée, les pieds fixés à quelque glu déposée « au fond » ? Non certes. Le dire serait abuser de la métaphore. N'oublions pas la structure de notre domaine pour laquelle nous cherchons une « figure d'espace » : c'est la mobilité (liée à l'ouverture) qui constitue la stratification. Donc il n'y a pas de fond immobile, aucune espèce de glu ne se constitue ici, aucune argile lourde ne se dépose en quelque fond pour y demeurer. Et pourtant *il y a capture*. C'est bien ainsi que se constitue la vie du groupe en fusion et aussi sa médiation nécessaire dans la parole « ecclésiale » et dans la parole « prophétique ». Ce qui est *à* dire, *à* faire, ou *à* chanter, s'impose et se montre localement, face à tel autre et

La scène de l'Autre

devant lui, dans son œil et selon son geste. Il faut donc bien que dans ce domaine sans fond ni frontière (le symbolico-charnel), du fait de l'articulation circulaire et toujours locale des marques symboliques, se produisent des points de solidification des chaînes symboliques, eux-mêmes symboliquement marqués ; si bien que ces chaînes, suturées selon la marque du point où elles s'assemblent, demeurent relativement stables en leur champ. La marque symbolique qui les concerne les laisse en repos. Bien sûr, cette connexion peut toujours se défaire. Mais elle ne se défait pas nécessairement. Et sitôt « défaite » elle se reconstitue en d'autres points, selon d'autres renvois symboliques et d'autres connexions. Qui est capturé ? Les « habitants » du champ ? Ceux qui sont là, ce jour, ou ce mois, l'un pour l'autre et l'un selon l'autre ? Ceux qui écoutent, ceux qui agissent, ceux qui parlent, ceux qui commandent, ceux qui obéissent, ceux qui constatent ? Ils peuvent le penser et le croire, et ne s'en privent pas. Ils y sont, disent-ils, corps et âme. Mais il n'y a là que du « semblant ». Seules sont capturées les chaînes ouvertes de renvois symboliques. Et pourquoi ? Qu'est-ce qui capture en ce champ ? A ces question je n'entrevois qu'un style de réponse possible. Ou bien le champ symbolico-charnel (enfin, ce que j'ai nommé de ce nom) s'évanouit en fumée symbolique (et dès lors, plus de « charnel », plus d'autre, plus de groupe, ni de parole, ni d'effet de pouvoir), ou bien affleure en lui et le concerne au plus près, l'organisant en un « espace », quelque structure interne comportant des « bassins de capture », des « attracteurs » de flèches symboliques, d'où se forment, éventuellement, des régions de stabilité relative.

Si j'étais encore « marxiste à la mode de 1950 », j'aurais ici ma réponse toute prête. Cette « structure » qui affleure et selon laquelle les flèches symboliques s'articulent et se suturent, n'est-ce pas ce que l'on a toujours

Un Destin philosophique

nommé « structure sociale », « formation économique et sociale » ? Moi-même, plus haut (au cours du développement de mon exemple imaginaire, Charlot et son drapeau), n'ai-je pas cédé à la tentation ? J'ai parlé de « déchirure du tissu social ». Il existerait donc un « tissu » sur quoi repose, ou dans lequel se dessine, ce que nous avons nommé « champ symbolico-charnel » ? Ne serait-il pas chimérique en ce cas de partir à la recherche du *sol* (nommé plus haut de ce vieux mot grec *hypokeimenon,* « qui demeure étendu par-dessous ») alors que le concept de sol est déjà depuis longtemps déterminé ? Dois-je maintenant changer de terrain et mon discours doit-il s'inscrire en un autre registre, le registre ancien et déjà, dit-on, éprouvé du « matérialisme historique » ? Tout le monde connaît la phrase fameuse de Sartre : « Le marxisme est la philosophie indépassable de notre temps. » Eh bien, non ! Je ne peux ni ne veux être d'accord ici, maintenant, avec Sartre, sur ce point du moins. Je ne le veux pas puisque une des questions que je me pose (la question préalable à toutes tes questions) est précisément celle-ci : que veut dire au juste s'être reconnu et affirmé marxiste ? Je ne le peux pas non plus. Car, pour ce qui est du « tissu social » dont nous disons qu'il « existe » (« objectivement », ajoute-t-on), je me trouve contraint de rechercher ce que veut dire « exister » pour ce qui se laisse reconnaître et nommer de ce nom. Or qu'est-ce qu'un tissu social hors du monde des relations qui se constituent entre les gens qui se reconnaissent « être ensemble pour... » ? Et qu'est-ce que ce monde de relations ? Comment pourrait-il lui-même vivre et se manifester sinon dans le champ symbolico-charnel ? Je ne peux donc faire autrement que de continuer à me mouvoir sur le chemin que dessine, comme je te l'ai dit métaphoriquement plus haut, la surface à laquelle je suis astreint. Laissons donc à leur sort, malgré Sartre,

La scène de l'Autre

les concepts hérités du « matérialisme historique ». Gardons-nous de les réveiller. Est-il trop tard pour cela ? Est-il trop tôt ? Je ne sais. Mais de ce « non-savoir », je prends acte.

7. Étroit et raide, mon chemin ne m'offre qu'une issue : repérer, pour le champ symbolico-charnel, le sens propre de ce que j'ai nommé « déchirure ». Reprenons un moment notre premier exemple : ces gens qui sont dans la rue ce jour-là. On les désigne certes, ouvriers de la voirie, nègres, chômeurs. Creuser une tranchée, jouer aux dés, tourner en rond, pour rien, dans la rue, cela occupe. Cela occupe les lieux et le temps où rien ne se passe, sinon l'enchaînement banal de gestes mille fois répétés. Être ouvrier, nègre ou chômeur, cela ne prend alors aucun poids spécifique du fait même de cette banale occupation des lieux et du temps. Pour l'instant on creuse, on joue, on converse. C'est tout. Cela remplit le présent. On sait bien qu'on est ouvrier, ou nègre, mais on le sait d'un savoir oblique et engourdi, comme on sait qu'au loin, à l'ouest, il y a la Californie et plus loin encore le Japon et que tout cela se tient par quelques côtés, et que s'il n'y avait ni Californie ni Japon il n'y aurait pas non plus New York. Pour qu'il y ait cette rue de New York, il faut bien que la Californie soit là où on dit qu'elle est. Pour que je puisse travailler, moi, à cette heure et dans cette rue, il faut bien qu'il y ait des ouvriers et que je sois l'un d'eux, aujourd'hui du moins. Ainsi est fait le monde...

Autrement dit ce qui se nomme « situation » (« être ceci ou cela ») est *su* à l'horizon du présent et hante ce présent de loin, mais ne fait pas irruption, du seul fait de ce savoir, au cœur du symbolico-charnel. Or voici qu'un geste, brusque et incongru, casse et bouleverse cette molle ordonnance, dévoilant, dans ce présent qui persiste, un manque irrépressible ; un « autre monde » que celui où « l'on sait bien que... », un monde fait de vides, dans lequel être ce qu'on se sait être c'est « ne pas avoir » ce que, au plus haut point, on est prêt à vouloir posséder, fût-ce au prix de la vie : la *jouissance du vivre*. Vers quoi sont-ils rappelés, tous ces gens, dans l'instant qu'ils se lèvent ? Vers leur savoir ? Vont-ils se raconter leurs biographies ? Tout se dire sur leur situation ? Éclaircir de bout en bout ce qu'il en est de leur « appartenance sociale » ? Vont-ils maintenant, en ce lieu et sur le tas, prendre, comme on dit, « conscience explicite » de ce qu'ils se disent et se savent être ? Non. Pas du tout. Ils sont rappelés vers leur manque, vers leur privation, vers ce vide qui est leur désir, c'est-à-dire vers la jouissance qui, pour eux, n'est jamais là.

La « déchirure » ne consiste donc pas en un événement qui adviendrait à une « substance », quelque nom qu'on lui donne (« corps social », « communauté historique ») et quelque métaphore qu'on utilise pour signifier ce que le nom désigne (« tissu », « trame »). La « déchirure » est toujours là. Elle est le fait du manque. « Manquer » ne veut pas dire seulement qu'il existerait dans le monde des *objets* tout constitués, et qui « manqueraient », des objets cachés ou soustraits, bien définis et nommés et qui posséderaient la propriété de « donner satisfaction » : des objets rares par nature ou devenus rares par « confiscation ». L'air, en ce sens, ne manque à personne. Et pourtant il vient à manquer. Cela se nomme « angoisse ». Il est là pourtant. Mais dans sa présence même il signifie le manque, la suffocation, l'absence absolue de la jouissance d'être. C'est en ce sens enraciné sans doute (originaire ? je ne sais) qu'il est ici parlé du manque, du « non-avoir », du « non-jouir ». Le champ des « objets » capables de « donner satisfaction » ne peut se constituer que sur le

La scène de l'Autre

fond de ce « non-avoir », de ce « manque à jouir ». C'est pour cela d'ailleurs (mais je ne veux pas maintenant développer ce point) que de tels objets sont en partie substituables, et, à leur tour, fondamentalement symboliques, comme le sont, pour nous autres Méditerranéens, le pain, le sel et le vin.

Rappelés vers leur manque à jouir. Ainsi se trouvent debout et rassemblés nos gens. « *Rappelés* » est bien le mot qui me paraît convenir. Ce vide, cet « être ce qu'on est » sur le mode d'un « n'avoir pas », est l' « attracteur » des flèches symboliques. Là elles se nouent toujours et sans cesse. Si dérobée que soit leur cible ultime, si absente que soit la totalité du groupe, elle s'indique cependant toujours là où « ça manque ». Ce lieu du manque est précisément ce qui se manifeste, dans ce jeu de renvois des marques surmarquées, comme la plénitude même : la coprésence stable de ceux qui se reconnaissent être ensemble, pour le temps qu'est exigée cette reconnaissance. (« Tant que ça dure », comme il est dit, le temps de l'affrontement, dans notre cas.) Cette coprésence n'est pas la simple coexistence en un lieu de ceux qui sont là. Elle vit seulement par suite du rapport circulaire des flèches symboliques ramenées au lieu du manque comme en un point d'origine. Quant à la stabilité elle est toujours menacée. Elle l'est du fait de la fuite de la cible ultime. Mais du fait même de cette fuite, localement, le champ symbolico-charnel atteint son assise et prend sa tournure. Pourquoi ? Parce que la cible qui se dérobe sans cesse se trouve sans cesse, aussi, désignée comme absente au lieu même du manque.

Nous retrouvons ici la structure qui nous a servi de guide, l'essence même du champ symbolico-charnel : c'est l'ouverture qui constitue la stratification. Mais si l'ouverture (la fuite de la cible ultime) ne se manifeste elle-même que comme retour au lieu du manque, alors

Un Destin philosophique

il nous faut dire davantage : le mouvement selon lequel le champ s'ouvre est aussi celui selon lequel se produisent les points de solidification, les « bassins de capture » des connexions de flèches symboliques : ces points du champ symbolico-charnel où « ceux qui sont là ensemble pour... » trouvent la racine de leur appartenance, le lieu où s'articulent leurs raisons, régions de retour et de suture, toujours locales, des marques symboliques sans cesse surmarquées. Tel est le côté fondamentalement charnel de ce champ. Si les chaînes symboliques se nouent et se suturent au lieu du manque, alors elles s'articulent là où sont les corps menacés et vivants : là où il y a faim, là où il y a soif, là où il y a naissance, là où il y a père et mère, là où il y a mort. Mais si ce sont des *chaînes symboliques* qui se suturent et non des corps, alors qu'en est-il de la structure de ce que nous avons nommé « bassins de capture » ? Qu'est-ce qui se constitue en ces bassins du fait de la capture ?

8. Je réclame ici la permission d'user d'une fable. Imaginons un monde comme le nôtre et habité par des gens comme nous. A ceci près que ce monde serait divisé en deux par un miroir plan, parfaitement lisse, infini à l'échelle des habitants. Ce miroir aurait été fabriqué et installé en même temps que le monde, en guise de jeu, par un démon infiniment puissant et infiniment pervers. Non seulement il refléterait avec exactitude et netteté tous les objets mobiles ou immobiles, proches ou lointains, se trouvant du côté habité de ce monde, mais on ne pourrait lui échapper. Si caché que l'on soit, on serait toujours déniché et reflété. Et tout objet ainsi reflété le demeurerait à jamais. Dans ce monde qui ne connaîtrait pas de nuit, le miroir (encore une perversité) ne pourrait ni se briser ni se recouvrir. Bref ce monde et ses habitants seraient condamnés au

La scène de l'Autre

miroir, leurs corps seraient « libres ». Mais leurs images seraient captives. Et toutes. Et il y aurait une image de Pierre levant le bras, une autre de Pierre dormant, une autre de Pierre naissant, une autre de Pierre se grattant le nez, une autre de Pierre enfant, et courant, etc. Ainsi de tous les vivants, ainsi de tous les morts, ainsi de toutes les choses, ainsi de tous les mouvements si exigus soient-ils. L'histoire entière, détemporalisée, décomposée en gestes minimes, serait là, à jamais visible et immobile. Le miroir aurait été construit ad hoc pour être un « bassin de capture ». Un « attracteur » non pas de flèches symboliques, mais d'images. Et j'ai bien envie de me demander comment les habitants de ce monde se conduiraient à l'égard du miroir. Beaucoup peut-être (la plupart) seraient désespérés d'être ainsi décomposés sous le regard de tous, et de l'être toujours, irrémédiablement. Leurs corps, penseraient-ils, leur sont volés ; les leurs et ceux de toute leur lignée, si loin qu'on remonte. Ils sauraient bien pourtant qu'eux seuls sont des corps vivants et que, ce qui se voit sur le miroir, ce n'est que du « semblant ». Il reste que ce « semblant » leur confisque le corps et la mémoire. Sans doute alors, c'est bien probable, beaucoup d'entre eux se révolteraient-ils pour conserver ce qu'ils croiraient être la propriété de leur corps. Ils s'assembleraient et, par violence, édicteraient des lois très sévères. Sous peine de mort, il serait interdit de jeter les yeux sur le miroir. Il faudrait toujours lui tourner la tête. Malheur à qui le regarderait. Quelques-uns seulement auraient gagné ce droit : des « spécialistes », des sortes d'archivistes du miroir. Leur caste serait en ce monde la plus puissante : ils auraient, sur les corps dissous, droit de regard et de connaissance, et, par conséquent, pouvoir sur les vivants, puisqu'ils disposeraient de *tous* leurs morts. Que connaîtraient-ils cependant ? Du « semblant », rien que du « semblant ». Mais

Un Destin philosophique

un semblant redoutable, s'il est vrai que, au bout de la chaîne de ces images disjointes, se désignera toujours, en dernier ressort, un « corps vivant », à l'image sans cesse à nouveau captive. Pour les maîtres, destinés à « savoir de quoi il retourne », le miroir est un lieu de dépôt. Tout ce qui est ouvert dans le monde des vivants, tout ce qui s'y enchaîne, tout ce qui s'y déroule, tout cela est cassé, décomposé, maintenu et fermé : disponible à jamais, inscrit sans paroles. Là, dans le miroir muet, ils iront chercher le sens de ce qui vit, a vécu et se sait vivre encore. Tout est marqué pour chacun, jusqu'au battement de son cœur, visible, transparent.

Tel serait le bassin absolu et démoniaque, le bassin sans merci, de capture du sens. Le corps en est absent. Tout pourtant se noue du fait de cette absence, qui est le miroir même. Dans le monde où nous vivons, un tel bassin ne saurait exister. Quelque chose cependant lui ressemble. Et si toute fable doit comporter sa morale, tirons la nôtre : « Qu'est-ce qui ressemble à ce piège d'un démon pervers ? »

9. Nous le soupçonnons : ce qui se noue et se dépose en un lieu de manque et y demeure disponible (ou du moins paraît tel), voilà ce qui « ressemble » au miroir captateur. Nul n'y trouve, à proprement parler, son image vivante. Ni le pape en « son » Église, ni Marchais en « son » Parti, personne ne s'y reconnaît entier, absolument personne. Ce qui se laisse voir en ce genre de bassin de capture appartient aussi à l'espèce du « semblant ». Tel est l'effet local de la dérobade de la cible ultime. Pourtant chacun y trouve *de quoi* voir se manifester le *sens* (et, croit-il, le *fait*) de son appartenance à l'« être ensemble », quelque chose comme une relation substantielle et première, son « être soi-même pour

La scène de l'Autre

l'Autre », son « monde humain » si l'on préfère, ou mieux la racine de ce monde.

Si, dans notre monde imaginaire et pervers, nul n'échappait au miroir, ici nul n'échappe à son propre manque, à son « être sur le monde du n'avoir pas » ; nul n'échappe non plus à ce qui, du fait de la structure symbolico-charnelle, se dépose toujours en ce creux et y demeure. Ici on ne peut tourner le dos au miroir, puisque ce miroir naît du vide selon lequel vivent et s'assemblent les corps (seuls visibles). On le peut, certes. A une condition : mourir. Qui ne meurt pas, vivant selon son corps et son manque, inscrit ses gestes et sa parole en ce bassin de capture, qui sans cesse se creuse et se remplit sous son pas. Plus il se creuse, c'est-à-dire plus s'échappe, au cœur du symbolico-charnel, la cible ultime des flèches à boucles, plus il se remplit, c'est-à-dire plus s'articulent et se rassemblent, au lieu du manque, les renvois symboliques enchaînés. C'est bien là le seul *a priori* que je sois disposé à reconnaître : l'*a priori* charnel des corps, séparés et réciproques et, en cela justement, supports de flèches symboliques.

D'autre part, dans l'univers du miroir, les images captives demeuraient à jamais immuables. Les gardiens du miroir étaient toujours en mesure, avec le temps, de les retrouver. Ce miroir étant supposé infini (pratiquement) et le nombre des images étant fini, rien ne s'opposait à ce qu'elles fussent toutes distinctes et les « gardiens » les supposaient telles. La matière ne manquait pas à ces experts pour fabriquer du sens. De la matière, le miroir en comportait à revendre. Mais pour ce qui est du sens, en revanche, il n'en contenait aucun qui fût visible. Il fallait, pour en découvrir, explorer le miroir, au petit bonheur, recomposer des séquences d'images, les articuler à des corps vivants, enchaînés à cette suite et dire à ces gens-là : « Ce que tu

Un Destin philosophique

es nous le savons et l'avons vu. Toi tu ne peux voir ni savoir. Et d'ailleurs si tu avais vu, tu serais mort. »

Rien de tel en ce qui concerne nos bassins de capture, puisque seules des flèches de renvoi symbolique s'y trouvent capturées. Ce qui entraîne trois conséquences.

La première : les chaînes symboliques capturées restent fragiles. Des déplacements s'y produisent ou peuvent s'y produire du fait de l'ouverture essentielle du champ symbolico-charnel, et du fait aussi que ces flèches sont circulaires. L'ouverture-fermeture du champ (le mouvement source-but-source) toujours reconduite en chacun de ses points est aussi reconduite au sein du bassin de capture (qui est une « région » du champ, un de ses sous-domaines, si l'on préfère). Ce n'est pas toujours selon les mêmes gestes, les mêmes paroles, les mêmes formes « métaphoriques » de « prise de conscience » que les membres du groupe en fusion, par exemple, s'installent au lieu de leur manque, qu'ils agissent et pensent en tant qu'ouvrier, chômeur, etc. ; les chaînes symboliques peuvent se casser et se renouer à d'autres, également capturées. Comme on le dit familièrement, « une cause peut en cacher une autre » et l'exprimer cependant ; on peut avoir conscience de se battre pour l'une alors que c'est l'autre qui est fondamentalement concernée, au lieu où se montre du « manque à vivre ». Ces « manières de parler » me paraissent *reposer sur* la structure fondamentalement mobile des bassins de capture, dont elles constituent une interprétation spontanée.

La seconde : ce qui se constitue, se dépose et se trouve disponible au sein des bassins de capture est, du fait de cette mobilité (fragilité), toujours *but* de renvoi symbolique, but déterminé et plein et non plus cible fuyante. Un mot, un cri, un geste, un discours, repéré dans le champ symbolico-charnel, capturé par son

La scène de l'Autre

« attracteur » de flèches symboliques, « désigne » à son tour un système enchaîné de renvois symboliques eux-mêmes capturés. Ce qui en ces chaînes désignées demeure essentiellement fragile et mobile est alors renforcé. Les flèches de renvoi qui les constituent semblent s'articuler l'une dans l'autre. Désormais les acteurs ont affaire à du solide. Ce qu'ils déchiffrent au lieu où vit leur manque, cela se montre à eux, du fait de ce renforcement, comme « leur situation même », désignée, nommée, distinguée, leur subsistance. Alors tout se passe « comme si » (encore du semblant) quelque épaisseur se rassemblait au *fond* du symbolico-charnel, comme si les gestes repérés, les paroles entendues, surgissaient de ce fond et, d'une façon « nécessaire », l'exprimaient. Bien sûr, « cette expression » ne se produit que du fait des renvois de flèches à boucles. Mais cela aucun des acteurs, aucun de ceux qui sont là « ensemble » ne le sait ni n'a besoin de le savoir. Pour eux le bassin de capture est, d'avance, toujours déjà plein, solide, minéral.

Troisième conséquence enfin : à prendre ensemble et dans leur rapport ces deux exigences connexes (l'essentielle fragilité des chaînes symboliques et leur non moins essentiel renforcement), nous nous trouvons contraints de nommer « sens » ce qui se trouve sans cesse menacé et maintenu (fermé) au sein de nos bassins de capture. Cette fermeture n'est pas le fait d'une propriété « naturelle » qui appartient en propre à ses bassins, comme on le dirait d'un terrain imperméable, qui retient les eaux, les rassemblant en nappe souterraine. Cette fermeture vient du cœur du champ symbolico-charnel lui-même. Elle vient d'une chaîne symbolique qui, produite et reproduite, tour à tour source et cible, désigne, au lieu du manque attracteur, un système de renvois symboliques déjà capturés.

Là *où j'ai* faim, là *où je suis* humilié, là *où je suis*

Un Destin philosophique

emprisonné, *là* vit *ma* communauté misérable. Là prend sens le geste de chacun, geste de révolte, lisible, visible en son corps étranger et qui, au plus près, me concerne et me définit. Je n'ai pas besoin d'y penser toujours. Cette relation circulaire depuis le lieu de mon manque vers celui de l'autre est toujours derrière moi. Elle semble contenir du sens.

Or, nous venons de le voir, ce sens constitué est, proprement, l'expression locale de cette structure ouverte que nous avons repérée sous le nom de « champ symbolico-charnel ».

Ne raffinons pas davantage. Indiquons cependant que cette « structure » est *deux fois* ouverte. Elle l'est à ses frontières : c'est la fuite de la cible ultime des renvois symboliques. La totalité absente du groupe (peu importe ici qu'il soit militant...) est toujours visée par tous les renvois, et jamais elle n'est là comme lieu de repos. Ouverte, cette structure l'est aussi en son cœur, là où s'inscrit le manque, le vide du non-jouir. Or, si la cible sans cesse dérobée et toujours absente s'inscrit symboliquement au lieu du manque, alors il faut bien dire que la fermeté locale du champ naît du rapport de ces deux modes d'ouverture. La vie de l' « être ensemble » se passe entre deux manques : un manque à savoir (« qui » est la totalité du groupe ?), un manque à jouir. Tel est le paradoxe du champ symbolico-charnel. Plus sont fragiles les chaînes symboliques qui s'assemblent en ces lieux de capture, plus s'y articulent les flèches qui les renforcent. Là où menace l'effondrement, là aussi se dépose et demeure le sens. Ou encore (mais ce n'est là qu'une manière de parler) là peut naître la « conscience » ou, du moins, son exigence. Mais là aussi cette conscience exigée peut s'enfouir et demeurer figée, morte, écrasée, comme si elle n'était habitée que par le poids des choses.

La scène de l'Autre

Je ne veux pas poursuivre pour elles-mêmes ces sortes d'analyses, quitte à les reprendre en une autre occasion. Il me faut maintenant les ramener à mon propos. Rappelons-nous ma question en apparence des plus banales et simplement factuelle : comment moi, qui n'avais pas cru en leur temps aux procès de Moscou, avais-je pu y croire, avec d'autres, sous l'Occupation ? Il est toujours possible de produire une explication (ou ce qui peut passer pour tel) et de la faire tenir en quelques propositions simples : le poids de la guerre, l'issue de cette lutte dont dépendait, pour des générations peut-être, la vie de notre communauté nationale, la part que l'Union soviétique y prenait maintenant, la structure des partis communistes, leur efficacité dans le combat clandestin, leur passé (ou ce que nous nous imaginions en savoir), c'est-à-dire, fondamentalement, leur lien à la révolution d'Octobre, au style d'intervention des bolcheviks dans le « cours des choses », à la fois brutal, romantique et instruit. Bien entendu, tout cela peut se dire et se développer : la matière ne manque pas pour de tels discours.

Et pourtant, vois-tu, il n'y a pas de paroles ni d'énoncés simples. Prises dans leur apparente simplicité les quelques propositions que je viens de formuler sont à mes yeux aujourd'hui partiellement privées de sens. Chercher l'origine, le terrain et la racine des *discours* que l'on pense pouvoir tenir pour comprendre ce qu'on a fait ou cru, c'est là la tâche la plus importante. Pour l'entreprendre on ne peut se contenter de références factuelles du type « ceci était comme cela ». « Ceci » c'est-à-dire le Parti, l'histoire, ou la nation. Un questionnement beaucoup plus fondamental est requis, et qui concerne le statut de ce que l'on tient, sans autre inquiétude, pour des données factuelles. Des propositions de ce genre : « Le Parti est le parti de la classe ouvrière », « L'Union soviétique est la patrie du socia-

Un Destin philosophique

lisme », *ne sont pas du tout* de même statut que celles-ci : « La neige est froide » ou : « Cette maison a des tuiles rouges et elle appartient à mon frère. » Elles ont la même forme grammaticale, certes, et toutes sont des « propositions » au sens de la logique usuelle ; chacune est vraie ou fausse, mais leur statut, en ce qui concerne la croyance, est entièrement différent. Pourquoi ? C'est que jamais, au grand jamais, la neige ni la maison ne t'ont adressé le moindre mot. Tu as affaire à la neige. Tu as affaire à la maison. Mais ni la neige ni la maison n'ont affaire à toi. Elles aussi ont quelque chose à voir avec ce que j'ai nommé « symbolico-charnel », mais sous un mode différent de celui que j'ai présenté ici. Il n'en va pas de même de ce que nous appelons « Parti », « Église », « communauté ». « *Cela* » *parle,* et ce genre de parole te concerne au plus près. Mais cela ne parle pas de la façon dont toi ou moi pouvons parler.

C'est pour cette raison que s'est imposée l'exigence du détour qui pas à pas m'a ramené vers le symbolico-charnel, avec toutes ces complications : flèches à boucles, attracteurs et bassins de capture. Il m'importait d'aborder cette question : comment cela qui n'est jamais présent là, peut-il s'exprimer « en personne » ? Il me semble que nous commençons à soupçonner la réponse. Il n'y a pas d'objet permanent et univoque désigné en ce cas par le substantif dont le réfléchi est le substitut. Et pourtant, nous l'avons vu, au cœur du champ symbolico-charnel se constitue et se dépose un domaine solidifié comportant un excès de sens. Pour ce domaine et cet excès ne manquent ni les substantifs ni les noms propres. Or il m'apparaît que toutes les questions que j'ai rencontrées en route convergent vers ce lieu et s'y articulent.

Il me reste à le vérifier.

La scène de l'Autre

D. LE RENFORCEMENT

De tout ce qui précède, se dégagent cinq propositions :
1. Je ne crois que ce que je pense pouvoir faire croire.
2. Au lieu du croire l'incroyable peut être cru.
3. Ce lieu se constitue sur la « scène de l'Autre », mode d'articulation de trois figures de l'Autre : l'Autre des racines ; l'Autre à qui on s'adresse (hostile ou complice) ; l'Autre anonyme et diffus (le bruit).
4. Un *parti* a toujours à s'exprimer sur cette scène : c'est-à-dire à y produire des énoncés crédogènes.
5. Cette expression passe toujours par la médiation des flèches symboliques et des bassins de capture du champ symbolico-charnel.

Réfléchissons quelque peu à la connexion de ces propositions. Elles ne sont pas de même statut. La première et la quatrième appartiennent au genre descriptif et rassemblent des données superficielles. Elles exigent, pour être pleinement comprises, une interprétation plus profonde. Il en va de même de la seconde. Seules la troisième et la cinquième offrent le domaine dans lequel une telle interprétation peut être abordée. Cette interprétation se doit de saisir au cœur du « champ symbolico-charnel » la source de la connexion des trois figures de l'Autre. Elle doit rendre claire, du fait de cette connexion, l'origine de « ce pouvoir penser faire croire » dans lequel s'installe l'expression de ce qui se nomme « Parti » ou « Église » (bref l'expression de toute communauté agissante et parlante, de toute communauté qui se manifeste rassemblée sous son nom). Vers quel point se diriger pour chercher cette connexion et cette source ? Apparemment vers les bassins de capture et l'excès de sens « solidifié » qui semble y demeurer déposé. C'est-à-dire vers ce que j'ai

Un Destin philosophique

tâché de repérer sous ce nom : « le sujet *(hypokeimenon)* qui demeure *dessous* », à la fois fragile et *renforcé*.

Ce renforcement m'intéresse. Et quitte à me répéter, il me faut y revenir maintenant avec plus d'insistance et de méthode. Il nous faut en effet trouver un sens propre à ces mots tant de fois répétés : « j'ai cru », « je crois encore », « je n'ai pas fini de croire », « je ne crois plus ce que j'ai cru », etc. Peu nous importe pour l'instant l'objet du croire : « Staline », « Mao », « le peuple » dont il est dit qu'il est « immortel » et que, pour toujours, sa « cause » demeurera juste. « J'ai cru, je ne crois plus, mais j'ai encore de quoi croire. » Cela se dit. Et se dira encore. Il est tout à fait insuffisant de chercher l'origine et le sens de ce genre de paroles dans une configuration historique qui les aurait exigées et qui les exigerait de nouveau en vertu de sa forme et de son poids. Ou encore (et nul ne s'en prive) dans un certain « cours du monde », sinueux et rusé, qui aurait, bon an mal an, cahin-caha mais implacable en sa secrète nécessité, produit avec les événements les hommes qui les assument (ces « noms propres ») et les gens qui les subissent (nous qui affirmons croire). Tout ceci n'est que du « semblant », comme je l'ai marqué plus haut. A tel point que nous n'en parlons jamais que d'une manière métaphorique et oblique (« poids des choses », « sens de l'histoire », « cours des événements »), comme si quelque voile nous masquait ici le cœur d'un inaccessible réel.

Et pourtant « semblant » ne désigne nullement une molle et fragile apparence. Je peux « sembler » parler de Pierre, alors que c'est un autre qui m'occupe et que visent mes paroles. Un autre absent mais dont Pierre est à la fois le révélateur et le masque. Or c'est Pierre qui est présent. Pierre n'est pas une apparence dont l'autre, que je ne verrai peut-être jamais plus, serait la

La scène de l'Autre

« réalité ». Il reste cependant que ce que je dis de Pierre ne trouve pas dans Pierre seul, dans son mode de présence, son assise et son fondement. « Rien que du semblant » donc, mais en tant que semblant, précisément, du solide : on *y croit.* Il en va de même (mais la chose est beaucoup plus compliquée) de ces noms propres : « Staline », « Mao », « de Gaulle », « un tel » qui « gouverne, commande et éduque » (peu importe qui...). Ces noms désignent, à travers leur référent manifeste (tel individu), du *semblant solide* : du « semblant » qui est de l'ordre du réel.

On dit du fromage de gruyère : « Plus il comporte de trous, meilleur il est. » Cela ne veut pas dire qu'on mange les trous. Mais qu'un gruyère sans trous n'est pas mangeable en tant que gruyère. Je dirais du « réel » : « Plus il comporte de manques, plus il est riche et exigeant. » Nous l'avons vu : tout manque dans le champ symbolico-charnel est (ou peut être) un attracteur de flèches symboliques et constituer par conséquent un germe de bassin de capture, c'est-à-dire un lieu de dépôt et de fermeture du sens constitué par la connexion des flèches. Là où est le *vide,* là est aussi manifesté et gardé ce « semblant solide » et « sensé » : ce qui se présente persiste et prend tournure avec le poids de l'effectivité. Encore convient-il que la connexion des chaînes symboliques soit renforcée au lieu même du manque, de telle sorte que les chaînes échappent à leur essentielle fragilité. Je ne vois pas comment un tel renforcement pourrait s'effectuer, selon les possibilités permises par la structure du champ symbolico-charnel (les seules qui doivent nous occuper ici), si n'était annulée la source de la fragilité des chaînes symboliques. Il faut que la fuite (la dérobade) de la cible ultime des renvois symboliques (la « totalité » absente) soit compensée au sein des bassins de capture, s'il est vrai que cette fuite, constituant l'ouverture

Un Destin philosophique

du champ, est à l'origine de cette fragilité. Deux conditions au moins sont requises pour cela :

1. Que les bassins de capture soient eux-mêmes désignés *(i.e.* buts, sans fuite possible, de flèches symboliques).

2. Qu'en vertu de cette désignation soit à son tour désigné, au sein de ces bassins, un substitut de la totalité absente.

Ainsi, un autre jeu de flèches symboliques se met en mouvement, depuis le cœur du symbolico-charnel, en raison de sa « dialectique interne » (la relation entre ouverture globale et fermeture locale). Ces flèches (appelons-les « flèches de renforcement ») ne sont plus des flèches à cible fuyante ; en ceci : ce qu'elles désignent demeure désigné. Elles restent fixées à leur cible, en repos.

Je ne sais rien de la vie religieuse et ne peux donc en parler. Mais pour ce qu'on nomme « vie militante », c'est bien ainsi qu'à mes yeux du moins se passent les « choses ». Elles se passent dans le champ symbolico-charnel et selon sa structure. Il ne peut en être autrement. Tu vas par les rues : tu parles à des gens, que tu connais ou que tu ne connais pas. Tu as des tracts sous le bras, ou un journal. Tu montes des escaliers. Tu frappes à des portes : on t'ouvre, ou on ne t'ouvre pas. Derrière ces portes, il y a des gens que tu connais ou que tu ne connais pas. Où vas-tu ? Vers quel point ? Certes vers ce lieu où est *leur* manque. Comment le sais-tu ? Peut-être souffres-tu du même manque. Peut-être pas. Mais ce lieu, ton geste le désigne. Ton geste et, derrière ces portes, quelqu'un le désigne à son tour. Quelqu'un dont tu ne sais rien, mais dont tu attends un geste aussi, ou une parole. Hors de cette réciprocité attendue du gestuel, articulée au lieu du manque, il n'y a pas de vie militante. C'est ici que tout débouche, vers

La scène de l'Autre

ce point que tout converge : sinon à quoi bon ? Or désigner le « lieu du manque », en attendre la réciprocité (la réponse qui va nouer la possibilité d'un futur « être ensemble »), ce n'est pas vivre de ce manque même. S'adresser à un mal logé, à un mal payé n'est nullement vivre sa vie. Cela n'est pas requis pour constituer l' « adresse ». Et de fait tu sais bien où tu vas quand tu montes tes escaliers : vers des mal logés, des mal payés, des mal nourris. Tu désignes leur manque, en frappant à leur porte. Mais ce manque est déjà prédésigné. Sans cela tu n'irais nulle part. Aller à Palente, tendre la main à ses « paroissiens », c'est bien désigner de cette main tendue un lieu de manque, mais un lieu déjà désigné. Toi-même qui désignes te trouves ainsi désigné, ou mieux assigné à un mode d'appartenance que tu vas partager avec ces gens et qu'il vous faudra tâcher de faire vivre. Faire vivre cette relation partagée, cela suppose la mise en mouvement de tout le système des médiations symbolico-charnelles, selon la structure analysée plus haut. Mais si, dans ce mouvement, toi qui « milites » te trouves assigné au lieu prédésigné du manque (là où se constitue le germe des bassins de capture), alors c'est que tu te trouves pris dans un autre jeu de flèches symboliques, dans le jeu des flèches de renforcement, qui, ayant fixé la fermeture des bassins de capture, les désignent comme le « semblant solide » où gît tout le sens capturé.

Militer donc, cela veut dire se mouvoir dans le champ symbolico-charnel. Pas moyen de faire autrement. Mais s'y mouvoir désigné et assigné aux bassins de capture eux-mêmes désignés. C'est vrai de ceux qui « militent » dans un parti selon ses règles et coutumes ou dans quelque communauté révolutionnaire. C'est vrai aussi de ceux qui militent solitairement, pour eux-mêmes, pour réveiller : ces gens comme il en existait autrefois et peut-être encore aujourd'hui, qui s'en vont

Un Destin philosophique

sur les routes, annonçant qui la fin des temps, qui la fin de la société, toujours rappelant les gens vers leur manque essentiel : leur manque à vivre. Prêcheurs utopiques assignés cependant. Tous, partisans ou solitaires, habités à quelque degré. Qu'est-ce qui les habite ? La question revient à se demander : qu'est-ce qu'une flèche de renforcement ?

Je ne pense pas qu'il soit possible de répondre d'une manière univoque. Bien que ces flèches aient toutes cette propriété commune de demeurer fixées à leur cible, elles diffèrent pourtant. Ces différences tiennent à la fois à la différenciation des attracteurs de flèches symboliques (des manques) et aux différentes formes de l' « être ensemble », qui n'exigent pas dans tous les cas la même espèce de relation d'appartenance. Prier ensemble n'appelle pas la même espèce de relation d'appartenance qu'attaquer ensemble une prison. Et ne renvoie pas aux mêmes bassins de capture (enfin... pas toujours !).

Un exemple cependant va nous mettre sur la voie d'une réponse (du moins en ce qui concerne notre objet). La scène se passe quelque temps après le XXᵉ Congrès du P.C.U.S. dans une « instance » du P.C.F. Il n'était plus question de nier le contenu du rapport dit secret de Khrouchtchev. Il avait été publié et diffusé dans d'autres P.C. Quelqu'un demande à un « haut dirigeant » : « Ne crois-tu pas que le moment est venu pour nous de prendre en compte ce rapport, d'examiner ce qu'ont été nos relations avec l'Union soviétique et d'entreprendre à fond, à partir de là, la critique de notre activité passée ? » Le dirigeant a pris un air profondément surpris et peiné. Il n'a pas répondu : « Nous n'avons rien à voir avec ce qui s'est passé en Union soviétique », il n'a pas dit : « Pour notre part, nous sommes blancs comme neige et n'avons rien à critiquer en

La scène de l'Autre

ce qui nous concerne. » Il n'a rien dit de tout cela. Mais simplement : « *Nous* ne pouvons pas faire ce que tu nous demandes. Tu *sais* bien que si nous commencions à le faire, la classe ouvrière de notre pays ne *nous* supporterait plus. Elle nous cracherait à la gueule et *elle aurait* raison. Nous ne pouvons pas la trahir. » Rideau.

Voilà ce que j'appelle une procédure de renforcement. Que met-elle en œuvre ? Apparemment des paroles, rien que des paroles. Et il est bien probable qu'il en est ainsi dans la plupart des cas où est visé un effet de renforcement. Tout se solde en dernier ressort par un discours, une adresse, un mot d'ordre, une proclamation, un document, etc. « Solder » est le mot qui convient : ces « paroles » sont comme la menue monnaie des flèches de renforcement. Elles les représentent en quelque sorte ; elles sont l'objet explicite et immédiat de l'échange. Dans le présent discours celui qui est visé est désigné par un pronom [1] : « tu ». Et il est supposé « savoir » quelque chose que le « locuteur » sait également. Le « tu » est ainsi intégré au « nous » par lequel le « haut dirigeant » a commencé sa courte homélie. Ce discours est décidément fait pour quelqu'un qui ne peut être que complice : « Entre nous et toi, il y a un savoir partagé, et on ne peut le mettre en question. Toi ou nous, c'est tout un. Ta demande est incongrue, puisqu'elle prétend annuler ce savoir commun. » Voilà ce que veut dire : « Tu sais bien... », avec cette nuance menaçante toutefois : « Si tu sais comme nous de quoi il retourne, et feins de l'ignorer, méfie-toi. Tu es coupable. » Ce savoir supposé concerne la « classe ouvrière française ». A la surface du discours tout va se nouer autour de la relation des deux pro-

---

1. Il va sans dire que je prends ici le mot « pronom » sans malice et dans le sens usuel de la bonne vieille grammaire. S'agit-il véritablement de « pronoms » ? C'est une autre histoire.

noms : « nous », « elle ». « Nous », d'abord sujet de la proposition négative. « *Nous* ne pouvons pas » devient objet pour la classe ouvrière : « *Elle* ne *nous* supporterait plus », et redevient sujet de la conclusion négative, la « classe ouvrière » redevenant objet (« *nous* ne pouvons pas *la* trahir »). Passons sur la métaphore hyperbolique : une « classe » ne saurait « cracher » ; mais enfin, la métaphore dit bien ce qu'elle veut dire : « Nous serions mis au rancart, rejetés comme abjects, devenant pour la « classe ouvrière » un « objet » qu'elle ne reconnaîtrait plus. » L'usage de la métaphore du crachat est cependant instructive. Sans doute le « haut dirigeant » ne pouvait-il abolir entièrement le « symbolico-charnel ». Peut-être pensait-il à quelques-uns des « siens », de ces gens qu'il avait, croyait-il, éduqués. C'était un homme courageux et fidèle. Il avait « fait ses preuves » et risqué sa vie. Et sans doute se disait-il, fugitivement : « Quelle figure ferais-je devant eux, si j'entrais dans les vues de ce farfelu ? » Sous ces mots la « classe ouvrière », peut-être mettait-il quelques visages. Peut-être... mais comme le crachat, ces visages étaient symboliques, et en cela, comme nous le savons, « capturés ».

Laissons cela et revenons aux pronoms.

« *Nous* ne pouvons pas. » Que désigne « nous » ? Que veut dire ce non-pouvoir » ? Directement, « nous » désigne le « noyau dirigeant » à qui est adressée la demande. Et ce « noyau » se trouvait là, ce jour, tout entier, en personne, bien que disséminé dans la salle. Cet usage du « nous » en tant qu'il s'adresse à quelqu'un marque une différence relativement à ce quelqu'un : une différence hiérarchique. Le « nous » qui parle se tient ici pour « comptable » de cette différence. La distance est prise d'emblée. Obliquement cependant (c'est-à-dire comme source d'une flèche de renvoi symbolique), « nous » désigne autre chose. Ce qui apparaît

La scène de l'Autre

dès l'instant qu'on débouche sur le verbe (« nous » ne *pouvons* pas). Affirmer qu'on ne peut pas, cela suppose que l'on sache fort bien ce que l'on peut, et cela en vertu de ce que désigne le « nous » dont il est fait usage. Davantage cela suppose que « ce qui se peut » ait à ce point pris racine dans le « nous » qui dit « ne pas pouvoir » que l'objet de ce « non-pouvoir », si par malheur il était pris en charge, détruirait le *nous* lui-même et tout ce qu'il pose comme étant « en son pouvoir ». En somme « Nous ne pouvons pas » signifiait : « Si nous pensions un moment pouvoir faire ce que tu demandes, nous ne serions plus « nous » qui parlons ici ; et alors serait détruite en sa source toute notre capacité de faire et de dire ce qui est en notre pouvoir, par exemple t'exclure, t'isoler, te calomnier, te réduire, et convaincre le Parti que nous avons raison. » Ainsi dans cette fin de non-recevoir, brutalement posée, il n'était pas question seulement des « difficultés » qui pourraient surgir si l'on s'engageait dans la voie de la critique. Bien au-delà, et plus profondément, il y allait de la consistance du « nous », de son pouvoir être tel qu'il devait être. « Nous » désignait bien directement le noyau dirigeant qui était là, mais symboliquement c'était le *lieu* de son enracinement, la source de son pouvoir et de sa persistance en soi-même, qui se trouvaient désignés. C'est-à-dire ? Je le répète : on n'échappe pas au champ symbolico-charnel. Et même ici, en cette fin du printemps 1956, ils étaient bien là, avec leur gestuel, leurs postures éloquentes, leurs visages souriants d'un sourire de bois, et leur rhétorique. Mais ils faisaient signe vers ce lieu redoutable, où, selon eux, ils avaient historiquement pris racine. Ils savaient bien qu'ils n'étaient que figures contingentes ; ils savaient bien que, parmi eux, certains (et c'est arrivé justement) disparaîtraient « à la trappe ». Ils y veilleraient d'ailleurs. Quant au lieu, lui, il demeurait fixé,

Un Destin philosophique

désigné. Et leurs corps, leurs gestes, leurs paroles n'étaient ce jour que des supports de flèches, vers ce lieu de pouvoir qui se trouvait fermé.

« Nous », disait-il. Et c'était cela qu'il désignait. Mais tout aussitôt, il ajoutait « tu » (« *tu* » *nous* demandes) et « nous » encore, en position d'objet cette fois. « Tu » laisse à sa distance celui à qui il est parlé. Décidément, c'est un emmerdeur, un empêcheur de danser en rond. Mais en même temps (et selon le rituel accepté) il est désigné par le « nous » comme quelqu'un qui peut parler, qui a droit d'adresse, à ses risques du moins, quelqu'un de très proche, quelqu'un de tellement proche qu'il est abordé comme un frère rituel : ce qui doit être pris en compte par le *nous* qui s'adresse à lui selon ce rite. Désigné « tu », le demandeur est à la fois repoussé vers sa toujours possible indignité, et accueilli dans sa fonction parlante. Ce qui sera accueilli, retenu, noté et fixé c'est la demande elle-même, dont il appartiendra à celui qui dit « nous » de produire le sens. Dans cette relation hiérarchique du « nous » au « tu », le « tu » est toujours supposé ne pas disposer du sens entier de son vouloir dire. Il est désigné comme incomplet. Quelque chose lui a manqué : le monde où il y a plein sens et où seuls ceux qui y ont accès savent à fond ce que parler veut dire. « Tu » désigne donc positivement celui qui a formulé la demande, mais négativement et obliquement il veut dire « pas nous ». Son usage renforce le sens de « nous ne pouvons pas ».

Le lieu du pouvoir où est installé le « nous » se trouve ainsi renforcé deux fois. Il est aussi le domaine où réside le sens. Or c'est à *nous* que *tu* demandes. Voici « nous » en position d'objet. Le demandeur est ici désigné à nouveau dans sa relation indéchirable au « nous ». Et de fait, il avait commencé par dire : « Ne crois-*tu* pas ? » L'usage qu'il avait fait du « tu » (usage rituel) est renvoyé à son sens : c'était le « nous » que

La scène de l'Autre

visait son « tu » et le « haut dirigeant » le lui fait savoir, lui suggérant : « De toute façon, c'est à *nous* et à nous seulement que tu auras affaire. » Ce « nous » devenu objet désigne encore le lieu du pouvoir et du sens. Mais il le renforce encore. Son usage renforce le pouvoir en donnant le sens en partage. De « nous » à « tu » se constitue une réciprocité partielle, en ceci que le pouvoir se donne à voir selon le partage que ceux qui l'exercent instituent du sens dont ils sont gardiens. « Tu » reconnaît « nous » comme détenteur d'un pouvoir non arbitraire, puisqu'il se fonde sur une réciprocité dont le fait de la demande porte le témoignage. Le demandeur en prenant « nous » comme objet reconnaît son manque à savoir et désigne à son tour le lieu du pouvoir que le « nous » sujet désignait ouvertement. Il légitime ce pouvoir par sa demande même. Et c'est cela, cette réciprocité partielle par laquelle le pouvoir se fait reconnaître, que le « haut dirigeant » lui signifie.

Ainsi le lieu où se trouve installé le « nous » est renforcé pour la troisième fois.

Restent les dernières démarches, les renforcements décisifs qui sont encore au nombre de trois. « *Tu sais bien* », comme je l'ai indiqué plus haut, renforce la réciprocité, avec la nuance menaçante que j'ai marquée : « De nous à toi le lien est de complicité : nous partageons un certain savoir concernant la classe ouvrière. Ne fais pas semblant de l'ignorer. » On signifie par là au demandeur la gravité de sa demande. Elle menace la consistance du « nous ». Et par là elle le menace lui-même parce qu'elle commence à compromettre la solidité du lien partiel de réciprocité. Le « haut dirigeant » ne dit pas tout ce qu'il veut dire mais le donne à entendre : « Ta demande nous menace. Tu veux la mort de notre politique. Et la tienne, par la même occasion. Tu sais bien que la classe ouvrière ne nous supporterait plus, et tu fais semblant de l'oublier. Tu as

Un Destin philosophique

déjà brisé le lien qui nous rassemble. Un pas de plus et tu n'es plus des nôtres. » Du même coup se trouve renforcé le lieu où est déposé le sens. Ce sens manifeste un savoir partagé. Or, du fait de ce savoir, « nous » passe en position d'objet, pour la « classe ouvrière » cette fois, avec un verbe employé au conditionnel. Cet usage ne désigne pas une simple possibilité, une conduite de la classe ouvrière qui pourrait se produire ou ne pas se produire ; mais bien une nécessité, une façon de faire inévitable et qui exprime la nature de la classe ouvrière. S'il en était autrement, l'usage du conditionnel annulerait la première phrase « tu sais bien ». Or cette conduite nécessaire de la classe ouvrière concerne le « nous ». C'est donc que de « nous » à la classe ouvrière s'est constitué un lien de réciprocité, une relation substantielle, plus forte que celle qui nous concerne « toi » et « moi » qui dis « nous ». C'est dans cette relation que réside la source de notre réciprocité partielle et donc le fondement même de ta demande. Cela le « haut dirigeant » ne juge pas nécessaire de l'expliciter. Il est entendu que cela va de soi. C'est donc que ce lieu de pouvoir qui se trouvait désigné par le premier usage de « nous » était prédésigné. Il était préconstitué par ce lien substantiel entre la classe ouvrière et le Parti. Ce que le Parti avait fait de la classe ouvrière, cela à son tour définissait et obligeait le Parti. « Nous ne pouvons pas », cela prend alors un autre son. Cela veut dire : « Cette exigence à notre égard, que nos actions, nos initiatives et notre pédagogie ont fait naître au sein de la classe ouvrière, nous lie nécessairement et constitue le champ de notre pouvoir. Nous en déprendre c'est nous détruire. Or, cela nous ne le pouvons pas. » Ainsi le « nous » objet pour la classe ouvrière n'est pas exactement le même que le « nous » sujet qui entreprend de répondre à la demande. Déjà ce « nous » désignait, en même temps que le noyau diri-

La scène de l'Autre

geant, quelque chose d'autre, et qui le renforçait : le lieu plein de sens où prend racine le « pouvoir être un nous ». Maintenant c'est ce « pouvoir être » qui se trouve renforcé. Lui-même est l'expression d'un lien posé comme substantiel à ce qui est nommé « classe ouvrière ». Dans cette assurance le « haut dirigeant » trouve l'assise de ses paroles. Aussi dira-t-il, sans rougir, prenant maintenant la classe ouvrière comme objet : « Nous ne pouvons pas la trahir. » Redevenu sujet le « nous » est désormais pleinement justifié au lieu de pouvoir où il s'installe. Et si je fais mes comptes, dans ce bref discours, prononcé d'un trait, ce lieu a été renforcé six fois. Le renforcement décisif a été le cinquième : le moment où, relativement à ce qu'il a nommé « classe ouvrière », le « nous » s'est mis lui-même en position d'objet. Ce qui lui permet d'exercer sa fonction de sujet et d'y croire. Circularité donc : le « nous » sujet, s'étant donné à reconnaître comme objet pour un « autre », se retrouve comme sujet enraciné et plein, et n'a désormais rien d'autre à faire que *d'être* ce sujet ; persévérer en somme, ce qu'il fit effectivement.

Je le répète : ce discours a été prononcé sans une hésitation, comme s'il allait de soi, n'ayant nul besoin d'avoir été réfléchi ni délibéré d'avance. En avaient-ils discuté, en avaient-ils arrêté les termes dans leur instance suprême ? Peut-être. J'en doute. Il n'y avait pas lieu de le faire. Le discours exprimait leur essentielle complicité. Une complicité dont le contenu reste toujours implicite, hors d'atteinte, toujours présupposé, jamais interrogé, déposé d'avance en ce lieu où gît l'unité du pouvoir et du sens et où se trouve, du fait d'une circularité constitutive, installé le « nous ». Cet enchaînement de paroles ne contenait pas une once de vérité. Pourtant celui qui parlait ne mentait pas : il énonçait l'incroyable et, y croyant, réclamait qu'on le

111

croie. A ce prix seulement il manifestait, avec sa propre consistance, celle du « nous » où il trouvait son assise.

Tel était le « *semblant solide* » vers quoi convergeaient ses paroles. Ce qui m'intéresse ici c'est la circularité qui l'institue, circularité selon laquelle, lui qui parlait, se trouvait prédésigné comme parlant.

Rappelons-nous ce qui a été dit plus haut de la distinction des trois espèces de « prise de parole au nom de... ». Les paroles prononcées en ce cas appartiennent manifestement à l'espèce « ecclésiale ». Et nous avons bien marqué que toute parole ecclésiale présuppose la médiation d'un groupe en fusion possible, et, par-là, celle du « champ symbolico-charnel ». Le propre de cette médiation est d'être masquée dans l'exercice de la parole ecclésiale ; « masquée » veut dire que la médiation est renvoyée à un monde de possibles, au sein duquel elle peut se produire ou ne pas se produire ; elle peut être souhaitée ou, au contraire, redoutée à la manière d'une catastrophe. C'est bien un groupe en fusion possible de ce genre que visait le discours du « haut dirigeant ». Il craignait que ne se produise « de l'agitation » dans le Parti, « *des récriminations de quartier* », aimait-il à dire. Il avait bien raison de le craindre, comme l'a montré la suite à l'automne de cette année-là (cf. l' « Octobre polonais » et la « Révolte hongroise »). Toute sa procédure de renforcement allait vers ce but : annuler cet effet redoutable. Dans l'espèce des prises de paroles « ecclésiales », son discours appartenait à un genre très défini : celui de l'admonestation fraternelle, apparemment pleine de sollicitude à l'égard du « déviant » potentiel, que l'on s'efforce de ramener vers la reconnaissance d'un savoir partagé (en ce cas une conduite supposée de la classe ouvrière). Mais que le demandeur soit ici pris d'avance comme déviant potentiel cela suppose qu'on rapporte ces paro-

La scène de l'Autre

les à l'existence possible d'un groupe en fusion, dont on ne sait rien encore, mais dont on perçoit les premiers symptômes, et au sein duquel le demandeur « subira des pressions ». L'admonestation fraternelle est destinée à le prémunir contre ce genre de pressions.

« Subir des pressions » est une expression abstraite, et dont le contenu reste indéterminé. Son sens cependant ne peut devenir concret que localement en des régions bien définies, en des bassins de capture du champ symbolico-charnel. Ce qui est nommé « pression » dans le jargon du Parti se constitue toujours « d'homme à homme », selon l'échange des paroles, des informations et des gestes, et, toujours aussi, dans l'horizon d'une situation mouvante et selon les exigences propres à une certaine forme d'appartenance à un « être ensemble » projeté. C'est aux points où l'on a affaire que l'on peut subir des pressions : et ces points sont désignés dans l'exercice de la vie militante, conformément à la « dialectique » de la fermeture et de l'ouverture propre au champ symbolico-charnel.

Prémunir quelqu'un contre les « pressions possibles » c'est donc le ramener au global : c'est-à-dire s'efforcer de susciter en lui (en ses conduites) un effet de refoulement, d'oubli des flèches symboliques et des chaînes de renvois symboliques capturées au lieu de son agir et de ses manques. Abandonnées à leur essentielle labilité à leur « localité », ces flèches, bien que toujours articulées, ne produiraient plus qu'un sens fragile : plus « de pressions ». Il s'agit toujours en somme en pareil cas d'annuler les flèches de renforcement de ces régions labiles et de leur en substituer d'autres qui font signe vers le global, c'est-à-dire vers le « semblant solide » *prédésigné*. Encore faut-il qu'il le soit.

Or il *l*'est toujours à quelque degré, et cette prédésignation se trouve fixée selon la tradition de circularité

113

Un Destin philosophique

dont, dans ses derniers mots, l'« admonestation fraternelle » du « haut dirigeant » portait témoignage.

C'est là en effet une propriété structurale du champ symbolico-charnel dans lequel seulement peut se constituer la relation d'appartenance à un « être ensemble en vue de... ». Il s'y produit toujours de la « prédésignation ». Inutile de développer ce point qui n'est que l'immédiate conséquence du caractère des flèches à boucles propres aux renvois symboliques qui caractérisent un tel champ. Chacun y est prédésigné dans sa relation de réciprocité gestuelle à tout autre. Chaque attracteur de flèches symboliques (lieu de manque) y est prédésigné dans sa relation de réciprocité symbolique à tout autre. C'est même là le seul sens, compatible avec la structure de ce champ, que l'on puisse donner à cette expression : « tout autre » (s'il est vrai, comme nous l'avons vu, qu'il n'y a pas de « sujet » survolant et « totalisateur »). Il en résulte que les « bassins de capture » dans lesquels se constitue et se dépose « du sens » sont eux-mêmes réciproquement et symboliquement prédésignés, chacun selon sa relation de réciprocité à l'égard de tout autre. Mais qu'ils soient « prédésignés » n'entraîne pas encore (et c'est là le fait de la fragilité des flèches à boucles) qu'ils demeurent *fixés* en un point de prédésignation. Il y faut autre chose. Il faut, nous l'avons suggéré plus haut, que quelque substitut symbolique de la cible fuyante (la totalité absente) s'inscrive en l'un au moins des bassins de capture. De telle sorte que, relativement à ce bassin, les bassins réciproquement prédésignés en une relation toujours compromise et mobile demeurent codésignés, non point « totalisés », mais constitués « ensemble » selon une relation collectivisante. Un exemple pour nous guider ; cette fameuse proposition aujourd'hui bien oubliée : « Les prolétaires n'ont pas de patrie. » Ou bien on entend cette phrase dans sa lettre et alors elle

La scène de l'Autre

devient « insensée », puisqu'elle revient à dire : « Un prolétaire n'a ni père ni mère, n'est né nulle part, ne parle aucune langue maternelle. » Ou bien elle veut dire : « Dans ce qui est nommé « patrie » quiconque est prolétaire n'a pas à se reconnaître. » Il ne doit rien assumer, comme prolétaire, des « valeurs » usuellement attribuées à la « patrie ». La proposition en question n'est pas du tout de même statut que par exemple : « Les chats sont vertébrés. » Je peux toujours traduire : « Quel que soit x, si x est un chat, x est vertébré » et énoncer le vrai. Si je traduis : « Quel que soit x, si x est prolétaire, x n'a pas de patrie », ce que j'énonce est absurde. Le sens véhiculé par la phrase en question est tout à fait différent : « Quel que soit x, si x est prolétaire, x n'a rien à voir avec les sacrifices qu'on pourrait lui imposer au nom de ce qui est nommé "patrie". Cela veut dire qu'il a fondamentalement « à voir » avec autre chose : un manque essentiel qui lui colle à la peau, un manque à vivre, dont il fait l'expérience quotidienne au lieu de son travail, auprès de sa femme et de ses enfants, au marché, au bistrot, etc. C'est ce manque qui constitue « son » attracteur de flèches symboliques. C'est en lui que se nouent et se renouent sans cesse les « messages » qu'il reçoit des *autres*, proches (compagnons) ou hostiles. C'est relativement à lui que se constitue peu à peu ce qu'il éprouve comme étant sa condition et qu'il nomme « misère », « humiliation », « impuissance », « révolte », « résignation », etc. Dans le jeu des échanges symboliques par lesquels se forme son être social, il sera dans la même situation que celui qui, dans une manifestation, se trouve « corporellement » à la Bastille et « symboliquement » à la Nation. Corporellement, il souffre à Lille, symboliquement, il souffre rue Mouffetard, en tout lieu où on travaille, alors même que, de ces lieux, il ne saura jamais rien. Cette ubiquité enracinée (et qui ne se soutient que de l'échange symbolique) le désigne comme « prolétaire quelconque ». Et comme cette ubiquité n'est qu'un autre nom pour la réciprocité de l'échange symbolique, cette désignation est toujours prédésignation : bien qu'il n'existe nulle part de « prolétaire quelconque », cette qualité « être un prolétaire quelconque » est cependant désignée, selon cette réciprocité par laquelle chacun depuis le lieu de son manque désigne le lieu du manque de tout autre, qui, depuis ce lieu, le désigne à son tour. Cette « qualité » est donc toujours désignée d'avance. En cela elle est, au sein du bassin de capture dont le lieu du manque est le germe et où réside son sens, le substitut symbolique de la totalité à jamais absente. Et par là ce qui toujours est prédésigné, se retrouve codésigné. On pourra donc dire « les prolétaires » et énoncer (par exemple) : « Les prolétaires n'ont pas de patrie. » On ne signifiait pas par là une propriété convenant aux individus qui se reconnaissent prolétaires : comme par exemple « être mortel », « pouvoir attraper la tuberculose », ou même simplement « être astreint au travail salarié » (ce que chacun vérifiait, comme il est dit, sur sa propre peau). La proposition en question ne signifiait rien de cet ordre. Prise en dehors du jeu réciproque des renvois symboliques par lesquels se trouvent codésignés les « lieux du manque », elle ne présente aucun sens. Sa fonction est à vrai dire une fonction de « surdésignation ». Elle désigne de nouveau les lieux de manque déjà codésignés. Elle les désigne comme attracteurs privilégiés de flèches symboliques, et reconnaît comme *fermés* les bassins de capture dont ils sont le germe. Fermés par quoi ? Par le substitut symbolique de la totalité absente, désigné sans rémission ni retour. « Fermé » veut dire : « Plus rien n'y entrera jamais qui ne soit de même source. » Tout le poids qui s'attache dès lors à des supports de flèches symboliques tels que « patrie »

La scène de l'Autre

est d'avance posé comme annulé. Relativement au sens qui s'y dépose, les bassins de capture exercent la fonction négative d'un pouvoir d'exclusion au sein du champ symbolique. Mais par cette exclusion le sens déposé se trouve surdésigné. On dira donc : « Les prolétaires n'ont pas de patrie » de la même façon et selon le même jeu de rapports symboliques qu'il est dit dans *l'Internationale :* « Il n'est pas de sauveur suprême, ni Dieu, ni César, ni tribun. » De la même façon aussi, « dans son admonestation fraternelle », le « haut dirigeant » concluait : « Nous ne *pouvons* pas la trahir. » Il reconnaissait par là comme « surdésigné » le lieu du manque où avait pris racine le « nous » qui parlait en lui : lieu symbolique où, articulées et fermées sur elles-mêmes, les flèches de renvoi donnaient en partage l'unité circulaire de la « classe ouvrière » et du « P.C. ». De cette unité il croyait, dans sa parole, pouvoir disposer pour toujours.

Des paroles donc, rien que des paroles. Mais elles avaient elles-mêmes leur support symbolique dans le champ symbolico-charnel : une certaine espèce de flèche, circulaire et fermée. Nous l'avons bien vu plus haut, le champ symbolico-charnel est doublement ouvert ; ouvert au lieu du manque, ouvert à sa frontière (dérobade de la cible ultime). C'est la relation mobile de ces deux ouvertures qui constitue sa vie propre et délimite sa structure. La symbolisation, au lieu où se stratifient les marques surmarquées, de la cible qui se dérobe constitue ce lieu en noyau d'identité. Ce qui est symbolisé en lui exerce circulairement la fonction de source et de but du renvoi symbolique. Tout se passe alors (et c'est là le « semblant solide ») comme si le champ symbolico-charnel échappait à son essentielle mobilité et s'il trouvait là, en ce point symboliquement fixé, sa source et son repos.

Il en résulte qu'il est de l'essence du « symbolico-

Un Destin philosophique

charnel » de s'oublier lui-même, d'oublier sa propre ouverture. Il produit quelque chose comme son envers. Tel est l'effet des flèches de renforcement. Désignés et surdésignés, les bassins de capture, buts de renvois circulaires, demeurent comme noyaux d'identité. Pour peu qu'ils s'articulent selon les réseaux de flèches qui les désignent, ils prennent la tournure substantielle de ce qui toujours est déjà là. Il en est parlé alors sur ce mode : « cela est ainsi ». Et dans « cela qui est ainsi » semble prendre naissance (circularité) la parole même qui l'énonce comme étant « cela ». Le côté charnel de la réciprocité symbolique est refoulé comme inessentiel. Toute violence peut alors être permise à l'égard des corps (des « personnes », comme il est dit) pour peu que cette violence soit compatible avec l' « ainsi » du « cela » et qu'elle le renforce. L'effet ultime des flèches de renforcement (leur retour symbolique, vers les corps symboliquement captifs) est un effet de pouvoir, qui astreint ces corps au « semblant solide ». Ramené à la connexion désignée de ses fermetures locales, le champ symbolico-charnel est alors enterré dans sa propre structure. C'est le moment « ecclésial » : l'éternel retour du semblant comme « être ensemble » solidifié. Ce peut être aussi le moment de la police. Dans tous les cas le moment du global symbolisé. C'était vers ce « global » que le « haut dirigeant » dont j'ai rapporté plus haut la parole édifiante voulait, en s'y ramenant lui-même, ramener le pauvre égaré. Le « ramener », c'est-à-dire le faire s'y reconnaître inscrit et astreint, réduit à n'être plus, comme lui, que le support abstrait d'une flèche circulaire. C'était comme une invitation à s'absenter de son propre corps pour accueillir comme plein ce « semblant » qu'il désignait.

Il est temps maintenant de conduire mes propos vers leur conclusion provisoire. Je rappelle leur caractère

La scène de l'Autre

liminaire. Une seule raison m'a conduit à m'y engager. Il me fallait gagner le droit de répondre à tes questions concernant la philosophie : c'est-à-dire éclaircir le statut du « noyau de convictions » dont j'ai reconnu, à un moment, qu'il me fallait le raturer, le « mettre entre parenthèses », ne pas effectuer les énoncés crédogènes qu'il appelait. « Mettre entre parenthèses » ne veut pas dire « mettre en réserve », laisser intact en vue de « retrouver » plus tard ce qui a été laissé. Il s'agit de tout autre chose : ne pas s'abandonner aux exigences propres au noyau de convictions. Il n'était pas question de le « laisser dormir » mais de réveiller, en vue de l'interroger sur son sens, sa constitution et la racine de son apparente consistance.

Tout va se nouer maintenant et s'articuler très vite au cœur de ce que j'ai nommé « semblant solide » ou encore du vieux mot traditionnel *hypokeimenon* (qui demeure par-dessous et repose au fond).

Ce qui repose ainsi, ou le paraît, se constitue depuis le champ symbolico-charnel, selon le mode d'organisation des flèches de renforcement. Cela veut-il dire que le champ symbolico-charnel se referme sur lui-même ? Nullement. Il demeure toujours doublement ouvert, menacé et fragile. Mais du fait même de cette double ouverture il produit son propre oubli. Les bassins de capture désignés, surdésignés et codésignés s'articulent circulairement en un système quasi compact et fermé, qui devient lui-même objet de désignation. Un autre jeu de rapports symboliques se met alors en mouvement. Un autre « espace » symbolique, si l'on aime ce langage, recouvre le champ symbolico-charnel et, sans le fermer jamais, l'assigne à sa structure. Les flèches de renforcement sont des flèches de recouvrement. Et c'est pourquoi j'ai nommé « quasi compact » le système désigné des bassins de capture. « Compact » veut dire qu'il existe du moins un bassin de capture au sein duquel

Un Destin philosophique

s'articulent circulairement les flèches de renforcement (cf. l'unité circulaire, dans notre exemple, du Parti et de la classe ouvrière). « Quasi » veut dire que ce jeu de relations circulaires ne s'opère que relativement au champ symbolico-charnel, refoulé, assigné, mais toujours ouvert. La menace d'effondrement n'est jamais abolie. En quoi, précisément, elle suscite toujours et sans cesse le jeu des flèches de renforcement et, par conséquent, le refoulement du charnel.

L'apparent paradoxe est que, dans ce refoulement, le charnel trouve, avec le chemin de son expression, celui de sa solidité. Il est là, au sein de l' « être ensemble », offert en partage dans l'échange symbolique, reconnu et nommé, faim, désir, peur, mort. Assigné aux bassins de capture. Paradoxe apparent cependant : il exprime la manifestation du champ symbolico-charnel lui-même, qui produit sa propre inversion, c'est-à-dire son assignation à la circularité fermée des flèches de renforcement.

Étrange conclusion ! « Etre stalinien » comme on dit, était-ce simplement vivre comme allant de soi ce refoulement du charnel ? Était-ce « simplement » accepter comme solide et naturelle la préassignation du corps vivant et s'y plier comme à une nécessité préinscrite ? Oui, c'était cela, fondamentalement, et c'est *encore* cela. Il n'est pas nécessaire pour être stalinien d'avoir été ou d'être communiste (bien que ça ait aidé à la chose et lui ait donné son nom). Un archevêque peut, en ce sens « symbolico-charnel », être « stalinien », un archevêque ou n'importe qui d'autre.

S'accepter et se justifier soi-même comme support d'une flèche de renforcement : tel a été (et tel est encore) le fond de ce qui s'est nommé « stalinisme ». Ce qui entraîne toujours l'indifférence envers la singularité des vivants.

La scène de l'Autre

Étrange conclusion ! Et pourtant c'est bien ainsi que pour nous se passèrent les choses. Là où le corps n'est pas captif, pris dans la relation circulaire des flèches symboliques, il n'y a pas de croyance qui tienne. Captifs de cette circularité constitutive, et jusque dans nos corps, nous l'étions tous à quelque degré. « Les sentiments qu'on *ne peut* pas avoir, on ne les a pas. » Ainsi s'exprimait un jour un vieux « dirigeant historique », évoquant non sans quelque nostalgie les renoncements que, dans sa jeunesse, avait exigés sa vie militante. Il parlait pour lui, ce qui était son droit. C'était ainsi qu'il voyait et justifiait sa vie, croyant reprendre racine en lui-même maintenant qu'il parvenait à la fin de sa course. « On n'a pas les sentiments qu'on ne peut avoir. » Ne pas pouvoir. Qui en décide ? Comment se produit cette annulation ? De cela, le vieux dirigeant ne disait mot. Cette question il la repoussait au plus profond. Il avait vécu cette annulation en la désignant comme une vertu. Au-delà des incidents de sa vie passée, ses paroles visaient bien autre chose : d'autres sentiments qu'il n'avait pas éprouvés, puisqu'il « ne le pouvait ». L'inquiétude devant l'innocence, l'horreur devant les massacres, le doute devant les sacrifices infligés. Ce qu'il taisait, d'autres (tout comme lui « historiques ») le dirent brutalement. « Innocents, dis-tu ? Ce n'est pas cela qui nous empêchera de dormir. Tu ne veux tout de même pas qu'on pleure ! » Décidément « les sentiments qu'*on* ne peut pas avoir, *on* ne les a pas ».

« On », c'est-à-dire *qui* ? Personne que l'on puisse désigner d'un nom propre. Ni toi. Ni moi. Ni personne qui puisse être présent. Simplement le substitut symbolique et désincarné de nos « corps » assignés. L'habitant anonyme (quelque nom qu'on lui donne) de ces lieux solidifiés où s'institue la circularité, où gît le sens

Un Destin philosophique

par là constitué, et où le charnel refoulé s'enfouit et s'oublie.

Hors de cet oubli rien ne peut jamais se passer qui puisse ressembler à ce qui a été nommé « stalinisme ». Ce n'est là bien sûr qu'une condition minimale. Elle ne suffit pas, et de loin, à faire comprendre le « phénomène » du stalinisme « historique ». Mais elle en constitue la racine nécessaire. Plus généralement il me semble qu'aucun effet durable de pouvoir ne peut se produire hors de l'installation symbolique des « sujets » vivants (les « corps » comme je les ai nommés) dans le lieu où s'institue et se déploie cette circularité des flèches de renforcement.

A partir de là *tout* dépend du *caractère* de ces flèches (c'est-à-dire de la spécificité des « attracteurs » qui sont à la racine des bassins de capture) ; tout dépend aussi du degré de fermeture et de « compacité » du système des bassins de capture qu'elles articulent et désignent. « *Tout* », c'est-à-dire la capacité, pour les « sujets » symboliquement capturés, de croire, de penser, d'agir et d'être assignés en cela à une *forme* d' « être ensemble ».

Ce qui s'est nommé et se nomme encore « parti de type léniniste » ou (cf. Gramsci) « parti ouvrier marxiste » a été et demeure une de ces formes. Rien d'autre par conséquent (du moins si je m'en tiens à mon exigence : me mouvoir sur ma « surface ») qu'un système fermé et « compactifié » de flèches circulaires de renforcement. Il n'est pas dans mes intentions de répéter ici ce que d'autres ont dit déjà, beaucoup mieux que je ne le pourrais jamais, concernant la structure et le fonctionnement de ce genre de parti. Là n'est pas non plus mon objet. Il n'est pas question pour moi d'« expliquer » quoi que ce soit dans un tel domaine, à prendre du moins le mot « explication » dans son sens usuel : un discours exposant comme on dit les

La scène de l'Autre

« tenants et aboutissants », les « connexions objectives », les « exigences nécessaires », les « détours historiques », selon lesquels de tels partis se sont manifestés dans le cours d'une histoire. Comme je l'ai dit plus haut : pour de tels discours la matière ne manquera jamais. Or que la « matière ne manque jamais » c'est cela qui me fait problème. Quelle est cette matière qui ne manque pas ? Comment se constitue-t-elle ? Pour qui ? Comment ? Dans quel jeu de relations intra-humaines ? Ou bien on se résout à aborder ces questions ou bien, si « informés » que soient les discours explicatifs, ce qu'ils *veulent dire* demeurera non compris. Ce qui, bien entendu, n'empêchera nullement qu'on les produise, qu'on les répète, qu'on les complète, qu'on les réaffirme. Les produire il le faut, s'en contenter n'est pas suffisant.

Ainsi décrire la structure d'un « parti léniniste », la caractériser, scruter les raisons qui l'ont exigée, déterminer les possibilités d'action qu'elle ouvre, les risques qu'elle comporte, les effets de pouvoir et d'aveuglement qu'elle engendre, cela se peut et se doit. Mais l'enchaînement de ces discours comportera toujours son point aveugle, tant que ne sera pas abordée la question qui a fait en partie notre objet : que *veut dire* énoncer d'un parti *qu'il a* une structure ?

Or, pour travailler cette question, on ne peut faire l'économie d'une analyse du « champ symbolico-charnel ».

J'y reviens donc pour clore ce point.

Le « semblant solide ». Voilà ce qui se trouve renforcé et refoule le charnel. L'éternel retour du « semblant solide ». Voilà ce qui se constitue du fait de la circularité. « Semblant » ne désigne pas ici un monde d'apparences « derrière lequel » se dissimulerait le « réel ». « Semblant » désigne, sinon le réel lui-même, du moins son caractère le plus ferme. Pour désigner ce

Un Destin philosophique

caractère j'emprunterai (une fois n'est pas coutume) un néologisme aux traducteurs français de Heidegger : « *subjectité* » : c'est-à-dire non pas « ce qui demeure au fond » mais ce par quoi il est reconnu qu'il peut y avoir « du demeurant au fond ». « Subjectité » signifie le caractère propre de ce qui se dépose, du fait de la « dialectique » du symbolico-charnel, au sein de la connexion codésignée des bassins de capture. Le « semblant solide » n'est donc pas une « chose », ni un système d'objets qui « serait au fond », mais une manière d'être propre à l'« être ensemble » des corps parlants et souffrants. Selon cette manière d'être se constitue et se renoue à elle-même l'indéchirable unité du réel de l'imaginaire et du symbolique. La consistance d'une telle connexion se soutient toujours du fait de la circularité désignante des flèches de renforcement.

Il est dit : « Qui se ressemble s'assemble. » C'est prendre les choses à l'envers. Je dirai, à l'inverse : « Qui se trouve rassemblé, selon la forme du champ symbolico-charnel, en vient à se voir ressemblant. » Se voir ressemblant, ce n'est pas abolir les différences, mais les vivre réarticulées au cœur du « semblant solide » et selon sa « subjectité ».

Ainsi vivions-nous, dans le Parti, comme il était dit, rassemblés et ressemblants, sans cesse désignés dans le jeu circulaire des flèches de renforcement. « Sujets » séparés, singuliers et vivants, mais en cela justement, symboliquement captifs. Tout ce qui venait renforcer la « subjectité » du « semblant solide » nous réinscrivait en son cœur. En cela consistait son « éternel retour », ou, si l'on préfère, sa persistance. Il subsistait comme un fond inaliénable, au-delà des données factuelles, au-delà des ruses de l'histoire, au-delà des exigences stratégiques, au-delà des détours tactiques. Il avait la couleur du réel et portait le poids des choses, comme si toute la substance des relations intra-humaines s'était

La scène de l'Autre

retirée en son lieu, et y trouvait son sens. Cela s'exprimait en quelques paroles simples d'apparence, à allure de proverbe : « Nul ne peut avoir raison contre le Parti. » Ou encore : « Il *faut* toujours préserver l'avenir du mouvement. » Ou encore : « Le sort de la classe ouvrière dépend des initiatives du Parti. » Prises en leur lettre ces formules ne veulent *rien dire*, comme nous l'avons déjà remarqué pour d'autres du même genre (par ex. : « Le Parti s'exprime par la « bouche » de son secrétaire général »). Elles n'avaient d'autre fonction que de nous inscrire sans cesse et toujours au cœur du « semblant ». Elles étaient portées par les flèches circulaires qui le désignaient. Elles n'étaient qu'une manifestation ponctuelle du jeu symbolique que j'ai tenté de décrire.

Un mot encore, pour conclure.

Ce que j'ai nommé de ce nom « champ symbolico-charnel » est-ce bien ce domaine *originaire* dont, dans ta première lettre, tu avais souci et sur quoi tu me sommais, avec véhémence, de m'expliquer ? Pas du tout, à mes yeux du moins. Ce champ n'est lui-même qu'une configuration du monde intra-humain, une configuration fragile, bien que sans cesse renaissante, reconduite, si tu préfères, dans le jeu des échanges symboliques. Rien à voir, en dépit de quelques similitudes de vocabulaire, avec ce que Heidegger a appelé *Dasein,* en ses premiers écrits. Cela veut dire que, si ce champ est le domaine de manifestation des échanges symboliques, il n'est nullement leur origine, leur lieu premier de constitution (quelque chose comme un « champ transcendantal charnel »). « Origine » d'ailleurs est un mot dont je ne connais pas de sens univoque et premier. Je renonce donc à son usage, et du même coup à tout projet d'une « analytique » de l'originaire. Il reste que la médiation de ce champ appelle la formation du « semblant solide ».

Un Destin philosophique

Ce « semblant » est la scène de l'Autre et le « lieu du croire ». Sa consistance dépend de la nature des flèches de renforcement, et essentiellement de leur « compacité ». Qu'elle vienne à manquer et le « sol » se dérobe. La circularité se brise et le « croyant » affronte le désert.

Mais s'il est vrai que nul n'échappe jamais au jeu de l'échange symbolique, alors il faut dire que ce qui s'est brisé en un point (en une région de capture) du champ symbolico-charnel se reconstitue en un autre. Il n'est pas possible de ne pas pouvoir faire croire. La question est alors de chercher quelles stratégies de discours, quels modes d'installation au sein des champs symboliques, peuvent casser la circularité toujours renaissante et sans cesse briser le caractère compact des flèches de renforcement. En cela consiste pour moi la fonction principale de ce qui peut, encore aujourd'hui, se nommer « philosophie ».

Voilà. Tu m'avais donné trois cents pages pour te répondre, et j'avais commencé de le faire voici maintenant plus d'un an. Tu étais encore là pour écouter. Vint l'horrible printemps 1979, et le courage m'a manqué pour continuer. J'ai donc laissé passer du temps, et voici deux mois seulement aujourd'hui (15 octobre 1980) que j'ai repris le fil de mon propos. Notre dialogue est devenu monologue. Je ne saurai jamais si c'était cela que tu attendais. Mais il m'a été impossible de faire autrement que de m'engager dans cet essai d'éclaircissement préalable. Je t'ai parlé comme si tu étais là pour m'entendre.

Il me resterait maintenant à aborder l'essentiel de tes questions. Qu'en est-il du sort de la philosophie ? Qu'en est-il des rationalités locales ? Qu'en est-il de ton exigence de critique radicale ? « Critique de la raison pure », dis-tu ? Est-ce bien de cela qu'il s'agit ? Et ce « matérialisme » minimal (le « corps précaire », rien

La scène de l'Autre

que lui) dont tu sembles souhaiter que nous le partagions, quel peut être son statut ? Est-il possible de l'explorer, d'en parler en un enchaînement d'énoncés organique et cohérent ?

Je ne sais si je parviendrai à me mettre au clair sur tous ces points. Mais, puisque tu me l'as demandé et ne peux plus me répondre, je te dois de le tenter, partiellement du moins.

Ce qui me ramène à point nommé vers la deuxième des questions que je me posais à moi-même. Qu'en était-il de ce *détournement* de l'exigence philosophique, dont, du fait de mon appartenance à cette forme d'« être ensemble » qu'était le P.C., j'ai dû, avec d'autres, subir l'épreuve ? Je crains que cet examen ne comble tout l'espace que tu m'avais concédé pour te répondre. Mais peut-être concernera-t-il (bien que d'une manière oblique) les questions qui te faisaient souci.

IV

LA SCÈNE
OÙ L'ON NAÎT PHILOSOPHE

Si je ne doutais de rien je n'irais pas par quatre chemins. Puisqu'il a été question d'« exigence philosophique détournée », je proposerais une définition de l'exigence philosophique et je chercherais comment elle s'est trouvée détournée du fait de l'agencement des flèches de renforcement. Malheureusement (ou heureusement) je ne dispose pas de la définition initiale qui me permettrait de dresser les batteries d'une telle artillerie.

Pas de voie royale en notre affaire. J'en suis réduit, une fois encore, à la remémoration. Dans les « rangs du P.C.F. », comme il est dit, « quelque chose » était pratiqué et souhaité sous le nom de « philosophie ». *C'était comme une nébuleuse dont les contours se précisaient au coup par coup.* Tels sont les mots que je me surprends à t'écrire. Ils me paraissent aller de soi, maintenant, se disposant avec une sorte de nécessité, comme s'ils exprimaient la vérité de ce qui, dans l'ordre de la pensée, avait été vécu en ces temps que je me rappelle. Encore un piège ? Un autre effet, aujourd'hui de nouveau menaçant, de l'éternel retour du semblant ? Peut-être. Il reste que c'est ainsi que les choses se montrent,

Un Destin philosophique

du point où je me trouve, dans une perspective que je n'ai pas produite. « Nébuleuse ». « Contours ». « Coup par coup ». Entre ces mots j'entrevois quelque connexion qui doit, je le soupçonne, concerner de très près ce que j'ai pratiqué sous le nom de « philosophie », en ce monde où j'étais. Et j'éprouve comme une exigence d'avoir à l'éclaircir, dans l'idée que ce qui m'est ainsi venu sur la langue prend *quelque part* son sens plein. Où ? Il me faut le chercher, espérant par là déposer le poids de ces paroles qui naissent de mon souvenir.

« Nébuleuse » donc. Commençons par là. Pourquoi me suis je trouvé contraint de dire « nébuleuse » ? Ce qui se nommait « marxisme » se présentait-il comme un bloc indifférencié et confus, la « nuit où toutes les vaches sont grises » ? Est-ce bien cela que veut signifier ce mot que je n'ai pas choisi ? Nullement. Le mot se rapporte à tout autre chose ; à l'état d'indécision où se trouve quiconque, ayant déjà pensé dans quelque forme traditionnelle de « philosophie », se voit confronté à l'exigence d'avoir à penser autre chose que ce qu'il tient pour fondamentalement pensable. La question se pose alors, et c'est la plus urgente : « Quelle vue puis-je prendre de *ce qui est* à penser, si je ne suis pas en droit d'y investir la forme même de ce qui m'est livré comme pensable ? Situation spéculative inévitable et qui ne concerne pas seulement la rencontre avec le « marxisme ». C'est le moment du suspens où ce qui est à dire sonne comme un creux, le déjà dit ayant épuisé ses normes. Mais ce creux n'est pas rien. S'inscrire dans cet écart qui s'ouvre entre ce qui ne peut plus s'effectuer et ne peut encore s'effectuer, prendre en charge cet écart, l'affirmer comme la connexion vivante, qui rassemble ce que je ne peux plus être et ce que je cherche à pouvoir être, c'est en cela que consiste l'exercice en acte et le sérieux du penser. Une fois dans la vie au moins cet état doit advenir, à peine de vivre

La scène où l'on naît philosophe

absent de sa propre pensée, quand bien même on aurait entassé savoir sur savoir, et machiné méthodiquement les plus malignes stratégies. C'est là une donnée d'expérience traditionnelle, qui nous porte, nous qui lisons des philosophes, à reconnaître de la philosophie et à dire : « Oui, ici, quelqu'un a pensé. » « Il » a pensé. C'est-à-dire quelqu'un qu'un nom propre désigne a vécu et exprimé cet écart entre un « il faut » qui lui advient et un « je peux » dont il s'inquiète. J'aurais bien envie ici de chercher la trace de ces moments de suspens dans quelques-unes des « philosophies » qui nous sont familières. Mais je résiste à la tentation, pour ne pas dévier de mon chemin. Un exemple cependant pour rendre sensible de quoi il retourne, sous ce nom d'écart entre un « il faut » et un « je peux ». Rappelons-nous le dialogue de Platon intitulé le *Parménide*. Comment penser la participation entre les *Formes* et les choses d'ici (choses sensibles, multiples et changeantes) ? Toutes les tournures usuelles, en apparence éprouvées, du pensable s'épuisent dans la pensée de ce rapport. Et c'est bien ce que nous apprend la première partie du dialogue (ou mieux ce que Platon s'apprend à lui-même) : « Il faut penser les Formes ; sinon c'en est fait de la philosophie ; et cela, suggère Parménide au jeune Socrate, ni toi ni moi ne le voulons. » Il faut, mais qui le peut, puisque nous qui pensions pouvoir, chaque fois que nous avons mis en œuvre ce pouvoir, nous n'avons produit que d'inextricables difficultés ? Il faut pourtant, et donc apprendre à pouvoir, apprendre sans savoir encore comment pouvoir. C'est donc « à pensée perdue » qu'on va s'engager dans l'épreuve suprême. Et le vieux Parménide ressent comme un vertige devant l'« océan de discours » où il va entrer et peut-être se perdre. Qu'il se perde et il n'y a plus de philosophie. Qu'il s'y retrouve et de nouveau s'ouvrira la route, le bon chemin de l'*Alêthéia*. Mais au bord de

Un Destin philosophique

cet océan il n'y a ni vérité dite, ni chemin visible. Telle est l'indécision où le penser prend son assise. Tel est l'« océan », frère jumeau de la « nébuleuse », dont il m'importe maintenant de parler.

« Nébuleuse » désigne en premier ce à quoi j'ai eu affaire dans l'état d'indécision qui m'a conduit à me vouloir sérieusement « philosophe ». C'était l'année où j'allais sur mes vingt ans, en 1934. « Nébuleuse » désigne en second ce que j'avais devant moi, dix ans plus tard, lorsque, dans un autre état d'indécision, il m'est venu à l'esprit que, tant qu'à être encore « philosophe », je ne pouvais plus l'être à la façon dont je l'avais été.

Chaque fois, quelque chose venait à ma rencontre, quelque chose de présent et d'indéterminé à la fois, comportant une ouverture temporelle, une indication de chemin, et comme une astreinte dont je ne percevais clairement ni le but ni les moyens. La « chose » était là cependant et exigeait de moi cette mise en suspens, cette entrée dans l'écart.

Tu vois, je parle du passé. Mais j'en parle comme du futur qu'il a été, essayant de serrer au plus près ce qui, en ces deux occasions, venait ainsi « à la rencontre ».

De cela tu fus témoin, toi, Maurice, et l'as éprouvé aussi, lorsque, à la fin des années 30, nous nous sommes rencontrés pour la première fois, sur ce terrain de la philosophie.

A. De la « sauvagerie » à la « culture »

Donc en cette année que j'ai dite quelque chose venait à ma rencontre dans le même temps où quelque autre chose s'éloignait peu à peu, abolie dans le passé. Ce qui s'éloignait c'était mon éducation première, et,

La scène où l'on naît philosophe

dans l'ordre de la philosophie, le bergsonisme. Bergson avait été le philosophe de mon adolescence. Sa pensée avait peuplé le désert culturel où, du fait de mon insularité (jusqu'à l'âge de dix-huit ans je n'ai jamais quitté la Corse), je m'étais trouvé confiné. « Confiné dans un désert », l'expression est bizarre. Elle convient cependant. Dans ce désert-là, on ne voyageait pas. Ce qui constituait la « modernité » de ce temps-là m'était totalement étranger. C'est une situation inconcevable aujourd'hui, fût-ce en Corse. Le fait est qu'à l'âge de seize ans j'ignorais jusqu'au nom de Freud. Je n'avais jamais entendu parler de Nietzsche. Quant à la littérature contemporaine je n'en savais strictement rien. Quelques noms surnageaient. Je crois bien que Mauriac était parvenu jusqu'à nous. C'était maigre. Bref, j'étais comme on dit « classique ». Encore faut-il s'entendre. Je n'avais vraiment appris que trois choses : du latin, du grec et des mathématiques, et bien sûr, un peu plus tard, de la philosophie, parce que je la croyais intemporelle. C'est dans Bergson, au cours de l'année 1931-1932, que j'ai découvert mon désir de philosophie. Encore une « nébuleuse ». Rien d'autre au point de départ, au fil des lectures, qu'une voix et un visage supposé dans lequel ce désir s'incarne. C'est très important l'incarnation qui fait rêver. Quelqu'un te parle et tu te dis : « Voilà, j'y suis. C'est cela être philosophe. » C'est comme un appel que t'adresserait un homme que tu ne connais pas et que tu crois présent dans tes lectures. Lire Bergson, en ce temps, me mit en posture de vouloir philosopher. Près d'un demi-siècle s'est écoulé depuis. Et je ne savais rien en ce temps. Mais le sentiment que j'éprouvais alors, je ne l'ai pas oublié. Je n'ai jamais eu en fait de philosophie, jusqu'en 1935, de maître vivant, que je pouvais voir « en chair et en os ». Tu m'as souvent parlé des tiens, au lycée Henri-IV, Alexandre, Nabert. Pour moi, rien de

Un Destin philosophique

tel, jusqu'à mon entrée à la Rue d'Ulm en 1935, où j'ai connu Maurice Merleau-Ponty et Jean Cavaillès, ce qui changea bien des choses. Le fait est qu'au tout début des années 30, j'étais, sur ce point, contraint de m'abandonner à mon seul imaginaire, à rêver dans des textes. Je rêvais donc dans Bergson et cherchais à l'imiter, d'autant plus que, ne l'ayant jamais vu, ni entendu, j'étais libre de l'ajuster à mes faibles mesures. Je croyais ainsi découvrir le cœur même du « penser philosophique » : un état de tension interne, une extrême contention d'esprit, dans quoi seulement pourrait se dévoiler ce que la pensée analytique et l'usage du discours diluent et banalisent. Atteindre de tels états, les maintenir vivants, me semblait être exigé par le statut de « philosophe », où je souhaitais parvenir. C'était un complexe de projets et de fantasmes qu'il m'est bien difficile de démêler aujourd'hui. Tu remarqueras cependant que, si fantasme il y avait, il ne concernait pas un quelconque contenu de pensée, ni un ensemble d'idées auxquelles il me faudrait adhérer, mais bien plutôt une forme vide, une prise de posture possible, dont je m'imaginais qu'elle me mettrait en mesure, en toute occasion, de me comporter d'une « manière philosophique ». Ainsi je cherchais le retrait dans l'immédiat de la réflexion. Il m'arrivait, parfois, de passer une heure immobile, tout ramassé sur moi-même, pour tenter de retenir l'immédiat et de coïncider avec ce que je croyais être ma durée interne. C'était idiot ; rien ne s'offrait là qui puisse se penser ou se dire. J'étais persuadé pourtant que, si je ne passais pas par ces états, je ne serais jamais philosophe.

Je me sens tout bizarre, maintenant, à te raconter ces vieilles choses, que je croyais avoir oubliées. Je m'y laisse aller cependant. D'autant qu'elles ne sont pas indifférentes à notre propos ni à ta demande : qu'en a-t-il été et qu'en est-il encore, pour moi, de la philoso-

La scène où l'on naît philosophe

phie ? En ce temps me semble-t-il le désir de philosophie était la recherche du vide, une volonté de penser quelque chose, je ne sais trop quoi, qu'aurait déserté, avec le bruit du monde, celui des paroles. Demeurer tendu devant le silence, où cela pouvait-il mener ? A ceci, qui ne manqua pas d'arriver : ce vide attendu, il fallait le remplir, vu qu'il ne se montrait jamais. Il fuyait en avant. Ainsi se manifestait le creux et l'écart dont je te parlais tout à l'heure : dans ce désert qui se dérobait et de ce silence tant souhaité semblait naître l'exigence d'une parole que j'aurais à dire, sans l'avoir jamais entendue. Naïveté illusoire, peut-être, d'où devait se forger mon premier « moi philosophe » c'est-à-dire la pure représentation d'une forme encore vide, fantôme de discours, qui recevrait sa chair de mes seuls mots. Cette étrange disposition, ce « solipsisme spéculatif », ne me coûtaient pas grand-chose. Je n'avais rien à faire pour obtenir le vide, puisque je ne savais rien, ou à peu près, la « culture » ne m'encombrait pas. C'était comme un éclair qui n'éclairait rien, sinon la nuit, elle-même déserte et informe. Mais si quelque chose venait à surgir dans cette nuit, alors, si fugace que soit l'éclair, il suffirait à la dévoiler. Je ne pouvais demeurer longtemps en cet état de vide, que je prenais pour de la rigueur. Tout devait changer quand je vins, comme on disait, « sur le continent » pour y préparer l'École normale. Pourquoi y être allé ? C'est simple. En Corse, en ce temps (et je ne crois pas que sur ce point les choses aient tellement changé aujourd'hui), il n'y avait rien à faire pour un jeune homme qui sortait du collège. Deux solutions seulement. Renoncer, ou partir. Et lorsque je dis « renoncer », je l'entends au sens propre : renoncer à toute activité que l'on puisse assumer en y trouvant un peu son compte. Il n'y avait pas de position de repli, sauf à être riche, ce qui n'était pas le cas. Tant qu'à aimer faire du grec et de la philo-

Un Destin philosophique

sophie, me disais-je, autant y chercher de quoi vivre. Je ne peux oublier le sentiment d'étrangeté qui a fondu sur moi dès que je fus parvenu là où il avait fallu me rendre : dans une khâgne. J'étais comme absent de ce monde-là. J'avais beau pouvoir réciter *l'Iliade*, j'étais tout à fait étranger. De quoi tous ces gens pouvaient-ils bien parler ? Que signifiaient ces flots de paroles ? Peut-être étais-je idiot ? Peut-être étais-je d'un autre monde, d'une autre espèce ? Je ne pouvais me résoudre à être simplement idiot. Et je forçais justement sur ce qui m'était propre, sur ce que j'avais, presque secrètement, cultivé pour moi-même et pour ma seule jubilation : les mathématiques. Et je me réjouissais à l'idée que les parleurs qui m'entouraient n'y comprendraient jamais rien. En quoi je faisais preuve d'outrecuidance. Car, comme devait me le dire un jour mon cher ami Roger Martin, disparu à l'heure où j'écris ces mots : « Il n'y a pas de bourrique à qui on ne puisse apprendre les maths, si on lui donne assez de coups de pied au cul. » Il m'arrivait de temps en temps de prononcer quelques paroles sibyllines, qui faisaient le plus grand effet. « Tiens, me disais-je, ces gens se laissent intimider sans peine. » Ce n'était pas très malin, je l'avoue. Mais c'était l'effet de ce trop long retrait où j'avais vécu. En fait, en même temps que mon assise, je cherchais des complices, quelques visages amis, qui pourraient me donner les clés de cet étrange univers de la modernité.

Complices nous devions le devenir, toi et moi, bien plus tard, à un moment où toutes ces difficultés en ce qui me concerne étaient liquidées, ou à peu près. Je ne veux pas raconter ma vie, que tu connais d'ailleurs, et qui n'offre aucun intérêt pour personne. Je ne peux cependant ici passer sous silence un visage ami. Celui de François Cuzin, que les fascistes français ont fusillé dans le Var, près d'Oraison, en 1944. C'était en 1934, au lycée Lakanal, où nous étions internes. C'est lui, Cuzin,

La scène où l'on naît philosophe

qui m'a rendu visible le côté sérieux de ce qu'on nomme « culture ». J'ai appris, par lui, que la « modernité » n'était pas un insignifiant effet de surface qu'il convenait, par « vertu philosophique », d'abandonner au bavardage des beaux esprits. Il a contribué à m'arracher à l'état d'orgueilleuse sauvagerie où j'avais auparavant cherché refuge. Pourquoi lui ? Pourquoi n'y ai-je pas renoncé moi-même et trouvé moi-même la voie d'accès vers ce qui m'inquiétait et me repoussait à la fois ? Sans doute étais-je pris dans ma forteresse, et, pour la forcer, il me fallait la contingence d'une rencontre : la présence d'un autre, que je saurais proche. Ainsi devait se bouleverser le maigre « moi philosophique » que je m'étais forgé.

Si je te raconte ces événements c'est pour essayer de découvrir les strates qui, peu à peu, et sans que je l'aie explicitement délibéré, m'ont porté vers la philosophie et m'ont conduit à prononcer pour moi-même, comme s'ils avaient leur poids d'évidence, ces mots : « Me voici, désormais, philosophe. » C'est en cette année universitaire (il me faut bien compter de cette bizarre façon) 1934-1935, que la chose s'imposa avec une sorte de nécessité. Cuzin y fut pour beaucoup. C'était un entraînement réciproque. Ensemble nous avions affaire, sérieusement, à ceux que l'histoire avait par leur nom propre et leurs écrits désignés comme « philosophes », à quelques-uns du moins, en ce temps-là : Spinoza, Platon, Kant.

« Avoir affaire. » Cela demande examen, et me reconduit à ce que j'ai appelé « nébuleuse ». Je pense à ma première lecture de Spinoza, *l'Ethique,* entreprise, avec Cuzin, cette année-là. L'année précédente j'avais lu « sur » Spinoza deux livres : Victor Delbos : *le Spinozisme,* et Léon Brunschvicg : *Spinoza et ses contemporains.* Ce que Cuzin n'avait pas fait. Je savais donc quelque chose d'avance ; et, au moins, ceci : *l'Ethique* conte-

Un Destin philosophique

naît ce qu'on appelle une « grande philosophie », que je pouvais situer, peut-être d'une manière tendancieuse, relativement à d'autres : Descartes, Malebranche, par exemple. J'imaginais donc le « penseur Spinoza », d'une façon très approximative et certainement fausse, comme un homme inséré dans un champ de problèmes, dans une configuration conceptuelle, dont il lui avait fallu faire l'épreuve. En ce temps-là, dans l'Université (et tel était le poids dont pesait Brunschvicg), le côté « judaïque » de Spinoza était à peu près complètement refoulé. Il était bien entendu qu'il « accomplissait » Descartes. Mais j'étais curieux et pressé de l'écouter lui-même, de comprendre son langage propre, tel qu'il l'avait lui-même articulé, et de vérifier par moi-même de quoi il avait parlé au juste.

« Vérifier par soi-même », je savais un peu ce que cela veut dire. Je l'avais appris (et continuais de l'apprendre) en pratiquant les mathématiques. On ne peut rien comprendre en ce domaine, si on ne sait comment vérifier « par soi-même ». On n'est pas contraint de le faire en toute occasion. Du moins faut-il être assuré de le pouvoir, si on en prend la peine. C'est à cela que servent les « exercices ». Cette méthode marche avec tous les textes mathématiques. On peut toujours refaire une démonstration. Et si on est doué de quelque créativité, on peut aussi (pas toujours !) la refaire autrement qu'elle n'a été produite. *L'Ethique* se présente, de l'extérieur, *more geometrico* (à la façon géométrique) ; telle est sa facture : définitions, axiomes, théorèmes. Parfois des temps d'arrêt, des explications, des prises de distance relativement à la chaîne déductive : les scolies. Aussi me disais-je, en toute naïveté mathématicienne : « Cela doit pouvoir se vérifier. » De même qu'on peut traduire Euclide en un autre code et redémontrer les théorèmes autrement qu'il ne les a démontrés, de même on doit pouvoir, si Spinoza a dit

La scène où l'on naît philosophe

vrai, démontrer pour son propre compte les propositions de *l'Ethique*. J'ai même envisagé un moment (et c'était une très étrange pensée) qu'il serait possible d'essayer de fabriquer des « exercices spinozistes » comme on avait fabriqué des « exercices euclidiens » : c'est-à-dire, en dernier ressort, des procédures pour s'assurer que ce qui est écrit a été effectivement compris par son destinataire. Comme tu t'en doutes, ce projet de « vérification par moi-même » est mort dans l'œuf. Depuis ce temps, si lointain, il n'y a pas d'année (ou peu s'en faut) où je n'aie repris le texte de *l'Ethique*. Jamais je n'ai pu « démontrer » une des propositions de *l'Ethique* autrement que de la manière dont Spinoza l'avait démontrée lui-même, à quelques exceptions près. Mais il s'agit alors soit de redondances dans la démonstration, soit de variantes élémentaires. Jamais je n'ai tenté d'enrichir *l'Ethique* d'une seule proposition, que j'aurais pu envisager de démontrer selon les procédures indiquées par Spinoza. La machinerie déductive mise en œuvre dans ce texte, pour autant qu'il s'agisse d'une machinerie, n'engendre que les propositions qui y sont écrites et aucune autre.

Ainsi j'avais bien envie de « vérifier par moi-même ». Mais le « moi-même » qui devait vérifier ne pouvait être le « moi mathématisant ». Cela Cuzin le savait. Et lorsque je lui faisais part de mes perplexités logiciennes, il penchait la tête, comme il lui arrivait souvent, d'un air attentif. Puis il la hochait en un signe de dénégation. « Ce n'est pas ainsi, disait-il, que les choses se passent. » Et après quelques pas et quelque silence, il ajoutait : « Je crois que c'est beaucoup plus charnel. »

Je me doutais bien que « quelque chose s'était passé » et qui devait être « charnel », quelque chose qui avait engagé la personne du penseur et l'avait porté vers cette architecture. Mais comment y accéder, si le seul chemin était cette cathédrale : *l'Ethique* ?

Un Destin philosophique

B. LA SITUATION PHILOSOPHIQUE

Je marque ici un temps d'arrêt pour tenter d'analyser cette situation. Elle ne nous fut pas propre à Cuzin et à moi. Tout « apprenti philosophe » a dû en affronter de semblables, sous peine de demeurer toujours sur le seuil de la philosophie. Aucun Socrate ne hante plus désormais nos places publiques pour nous éveiller, tous ensemble et tour à tour, à l'urgence de l'examen philosophique. Le texte est depuis longtemps (et en ce temps il l'était plus qu'aujourd'hui peut-être) notre essentiel médiateur. Le texte dans lequel il faut entrer, dans un rapport en dernière analyse solitaire, pour tenter d'y faire résonner la voix de celui qui a parlé, mais qui en demeure absent.

Je me souviens d'une religieuse, dominicaine je crois. Elle était « entrée en religion » vers le milieu de sa vie. Elle avait étudié la philosophie et, depuis son enfance catholique, avait été croyante. Religieuse, elle lisait sans cesse saint Augustin. Un jour qu'on lui demandait pourquoi, elle a répondu : « C'est que je veux *connaître* ce Dieu en qui je *commence* à croire » (c'est moi qui souligne). Elle avait toujours « cru croire ». Et voici qu'elle disait commencer, et vouloir connaître. Bien qu'étranger à toute foi religieuse, j'avais été frappé par la beauté et la vérité de cette réponse.

Elle me paraît ne pas concerner seulement la foi religieuse, mais aussi ce que nous nommions « philosophie » et plus proprement cet état d'indécision et de suspens que, tout souvenir mis à part, je me vois contraint maintenant d'examiner. Mon inquiétude (la nôtre) devant Spinoza ne sera plus désormais qu'un exemple choisi parmi d'autres également possibles.

L'inquiétude avait à peu près cette forme (et c'est pourquoi j'ai évoqué la religieuse dominicaine) : Quel est cet Autre, à jamais absent, et qui, par l'effet d'un

La scène où l'on naît philosophe

texte qu'il a produit, exige de moi que je pense à mon tour ce que précisément il a pensé, sans que jamais ce qu'il a pensé soit, pour moi, immédiatement disponible, à la façon dont il l'a été pour lui ?

Tu vois comme tout revient toujours au même point. Nous voici encore, dans un autre champ que celui des croyances, sur la scène de l'Autre. Cette fois-ci l'Autre est en forme de texte. Un texte qui dans le cas présent est l'Unité d'un nom propre (Spinoza) et d'un sens à découvrir. Qu'un nom propre me concerne cela veut dire ici qu'un texte est à ouvrir. Qu'il soit à ouvrir cela veut dire qu'il me parle avant même que je n'y entre. Et s'il me parle avant même que je n'y entre, s'il se montre avec cette exigence : « Comment y entrer ? » c'est que sans doute aussi autour du nom propre « Spinoza » quelque chose s'était noué et constitué d'avance, un complexe flou fait d'ouï-dire et de déjà lu, avec en son cœur un vide qui appelait quelque complétion : quelque chose comme un manque à penser.

Si j'avais écrit, il y a mettons dix ans, ce que je me propose maintenant de t'écrire, on m'eût pris pour un cancre : un très mauvais élève, un demeuré. « Parler de chercher un sens ! Parler *d'entrer dans* un texte comme *l'Ethique* pour y combler un manque !... Allons donc ! Laissez là ces vieilles lunes... » Pourtant, ayant un peu contribué à donner la leçon, je crois l'avoir comprise. Un texte se suffit. Il n'est rien d'autre que la connexion ouverte de ses structures et sous-structures, etc. D'accord. Et telle est bien cette *Ethique* qui me faisait tellement de souci, en cette année lointaine, et qui n'a pas fini de m'en donner encore. Justement. C'est bien cela qui inquiète : qu'il faille y entrer *par quelque sous-structure*. Cela veut dire qu'un texte est toujours à la disposition de... On a beau effacer le nom propre, faire s'absenter le sujet qui est supposé y avoir travaillé, le texte est *là* cependant et exige d'être entrepris par quel-

Un Destin philosophique

que côté. Sinon il n'est rien : un objet quelconque et muet. S'il manifeste cette exigence, c'est qu'il porte la marque de l'Autre qui a déjà pensé.

Me voici donc maintenant devant cette nécessité : tenter de serrer davantage, au plus près d'une situation concrète, la relation entre un « il faut » et un « je peux », que j'évoquais en commençant d'une manière encore formelle.

Il fallait lire *l'Ethique* sans le pouvoir tout à fait. Cette relation négative articule deux formes, ou, si l'on préfère, deux postures de pensée, dont la première (il *me* faut) commande l'autre *(je* ne peux pas tout à fait). « Il *me* faut » peut se traduire « *je* dois ». « Je » désignait en ce cas ce que je croyais être devenu du fait de mon éducation première, et plus proprement l'état de vide où j'étais. Il désignait aussi la couche la plus superficielle du moi : celle qu'habitait le langage appris de la « philosophie » et qui ne parvenait pas à se renouer, d'une manière pleine, à la forme encore indéterminée de cette exigence : comment devenir philosophe ? Or cette exigence que je ne savais comment satisfaire était, elle, enracinée au plus profond. A tel point que si, d'une manière ou d'une autre, ne parvenait pas à se constituer un procès de remplissement qui eût rassemblé les deux bords de cette plaie, j'eusse perdu l'unité et la consistance de moi-même. En ceci : la langue philosophique eût été comme un monde étranger, et l'exigence encore vide qui m'inquiétait se fût refermée sur son propre néant. « Je dois » désignait alors cette posture d'attente et comme le projet de ma propre consistance. Il reste que ce remplissement attendu ne pouvait advenir que du fait d'un autre qui aurait déjà pensé dans la forme de la philosophie. Un texte qui se montrait disponible et où se trouvait déposé « de quoi remplir » ce vide.

Tu comprends bien ici comment ce « il faut » se

La scène où l'on naît philosophe

manifestait sous la forme d'un « je ne peux pas tout à fait ». Là réside la distinction entre un texte philosophique et un texte mathématique. Il exige un tout autre engagement. Et lorsque je repense aujourd'hui à ma première réaction devant *l'Ethique* (« je dois pouvoir démontrer ») je ne peux m'empêcher de l'interpréter comme une sorte de rejet devant la forme d'engagement qui m'était demandée. Démontrer, on le peut toujours, en droit, si on connaît les règles du jeu et si on les maîtrise. Et dans cette affaire, jamais n'est menacée la consistance du sujet. C'est pourquoi, à mon sens, l'exercice des mathématiques peut passer pour un divertissement. Mis à part la peine qu'il demande (et qui est aussi jouissance), il n'entame pas le « sujet » dans son être. Il le laisse en repos, et le comble pour ainsi dire en sa surface, n'y réveillant rien qui le puisse inquiéter sur ses possibilités ultimes (sauf sur « ses aptitudes » ; mais il en irait de même de la menuiserie). Tout était différent dans le cas qui nous occupe : il y allait de l'accomplissement du « sujet » que je croyais *devoir* devenir. Mais comment le *pouvoir ?* Là était l'inquiétude.

Nous entrions donc dans le texte de *l'Ethique*, pas à pas et morceau par morceau. Nous le prenions un peu par tous les bouts, désespérés à l'idée d'avoir à le lire depuis le commencement jusqu'à la fin, selon l'ordre écrit des enchaînements déductifs. Les scolies (explications non déductives) étaient comme des clairières, où nous faisions halte, séjournant tantôt dans l'une, tantôt dans l'autre. Nous remontions aussi de proposition en proposition, en suivant à contre-fil l'ordre des renvois indiqués dans le texte. Nous reprenions alors le fil des démonstrations dans l'ordre requis. Nous étions comme quelqu'un qui voyage, ignorant la langue qu'on y parle, dans une ville inconnue, dont il n'existe aucun plan donné d'avance. Il saurait qu'il a affaire à une

Un Destin philosophique

ville, comportant des rues, des maisons, des places, des monuments. Plusieurs fois il effectuerait d'un point à l'autre, pour s'y reconnaître, le chemin aller-retour ; et, un jour, il saurait comment aller droit.

Que cherchions-nous ? Le secret de cette architecture ? L'ordre profond et la structure interne selon laquelle s'organisait cette connexion d'énoncés ? Certainement pas. Apprentis que nous étions, une telle recherche était, en ce temps, hors de notre portée. Et aujourd'hui encore je ne suis pas certain d'avoir, pour mon compte, entièrement pénétré ce secret. Dans ce voyage nous cherchions plutôt l'assurance de notre propre pas. Comme si, à chaque parcours accompli, nous attendions que quelqu'un d'autre, venant à notre rencontre, nous dise : « Voilà comment on marche en ce lieu. » Nous pourrions alors, à sa voix, mettre nos pas dans les siens, et aller avec lui. Encore fallait-il l'entendre et, pour cela, le répéter, selon notre pouvoir.

Il n'y avait pas de Dieu ici, seulement une pensée autre qui vivait dans un texte. Je ne peux cependant m'empêcher, en cette occasion, d'évoquer la parole de l'Apôtre : « *Sunergoi theou esmen* » (Nous sommes les coadjuteurs de Dieu) ; ce qui veut dire, au moins : « Il ne fera rien en nous si nous ne faisons quelque chose en nous, avec lui et selon lui. » Devenir les coadjuteurs de cette pensée qui se manifestait peu à peu. Voilà ce que nous attendions.

Ainsi j'étais en attente devant le projet de ma propre consistance. Cette tension de la pensée n'allait pas demeurer inutile ; je l'espérais du moins, comme un don qui me viendrait d'un autre dont le nom était « Spinoza ». Encore fallait-il travailler en ce nom, et sous sa garde : devenir *sunergos,* coadjuteur.

Si maintenant on me demandait : « Est-ce de cette façon que l'*on* devient philosophe ? », je ne saurais que répondre. Je te l'ai dit en commençant. Je ne dispose

La scène où l'on naît philosophe

pas d'une définition universelle et préalable de l'exigence philosophique ; et je doute que quiconque en dispose, à la façon dont tout géomètre dispose d'une définition du cercle ou de l'ellipse. Il me semble cependant que l'« état philosophique » se laisse reconnaître à certains signes. Le plus manifeste de ces signes fut, pour moi, l'état de suspens né d'une sorte d'incomplétude de la parole entendue et dite. C'était comme un effondrement de toute signification reçue. Imagine la situation suivante. Tu dis et tu entends dire. Et tout se passe comme si cet exercice partagé de la parole devait nécessairement te réduire au silence. Et tu es en attente pour pouvoir parler : au seuil de mots dont tu cherches la forme. De ces mots tu attends la plénitude. Or des mots de cette forme ont déjà été prononcés et assemblés. D'autres que toi, dont tu apprends les noms et l'histoire, ont trouvé le chemin vers cette plénitude que tu attends. Pour toi, alors, le monde se casse. D'un côté l'insignifiance du bruit. De l'autre le poids du sens déjà médité. Choisis ce côté, et te voici en apprentissage, *sunergos* (coadjuteur) à quelque degré dans le travail de la pensée. Rassembler ces deux côtés du monde, il le faut un jour. Il le fallut pour moi, très tôt. Le bruit du monde était plein de cris de souffrance et de mort, et ne laissait personne en repos. Jouir du retrait, il ne pouvait en être question, au prix du malheur commun. Cuzin devait en mourir. J'ai survécu, par hasard. C'est vrai. Un temps vient où il faut rassembler les deux côtés du monde et où il apparaît que l'exercice de la philosophie ne saurait être une fuite loin des choses, des hommes et de leur poids.

Je crois cependant pouvoir dire sans trop me tromper : qui n'a pas fait l'épreuve de la cassure, qui n'a pas subi l'effondrement du sens reçu, qui ne cherche pas, à partir de cet état de retrait, à recouvrer le sens perdu, demeurera toujours au bord de la philosophie, quand

Un Destin philosophique

bien même il deviendrait expert en fait de « lecture de textes » — un « expert » de plus, on n'en manque pas.

Il me semble mieux comprendre maintenant pourquoi, en commençant, j'ai écrit « nébuleuse ». Au point de départ on ne sait pas trop ce qu'on va rencontrer de *déterminé* sur le chemin où l'on s'engage. On s'y engage cependant, si démuni qu'on soit, et l'on sait que ce qui se montre ainsi peu à peu va, d'une façon ou d'une autre, se déterminer. Une forme se dégage toujours à laquelle on se plie : on se confie à cette exigence. Dans la mesure où on s'y est sérieusement confié, il y va de la consistance du « soi », qui, ici, se parle à soi-même.

Ce « soi » ne sait pas encore exactement ce qu'il est. Il ne peut pourtant faire autrement que de persister à vouloir être. Dans ce mouvement celui qui parle et qui cherche, selon la forme qui s'est imposée, voit se manifester sur son chemin des noyaux de sens, dont l'articulation se constitue peu à peu. Ce qui était indéterminé encore se définit, se peuple, et se détache. La nuée se déchire et, par places, la lumière se fait. Et, pour peu que ces points de lumière se rassemblent, surgit la forme contraignante d'un pouvoir de penser qu'on ne peut plus décliner. Faire autrement que d'exercer ce pouvoir devient impossible. Y renoncer détruirait toute la consistance, gagnée à grand-peine, du « soi » qui a cherché.

Telle fut ma première « nébuleuse ». A mesure qu'elle se déchirait, échappant à son indétermination première, il me semblait que je me renouais à moi-même selon la forme nécessaire d'un discours dont j'aurais à poursuivre l'épreuve. Ce discours aurait à se nourrir au plus près des « textes » : il ne pourrait en être autrement. « Le métier entrait », comme on dit. Je n'y échapperais plus. Aujourd'hui, près d'un demi-siècle a passé, et je demeure encore pris dans les liens du rapport

La scène où l'on naît philosophe

noué en ce temps-là : *sunergos*, rien de plus, coadjuteur.

Je ne veux pas m'étendre sur cette *sunergeia* (ce « travail avec... et selon... ») ni évoquer tous les champs où elle s'est exercée. Mon but n'est pas de t'écrire mon *Bildungsroman*. Un point seulement doit me retenir maintenant : cette autre « nébuleuse » que j'ai dû affronter vers le milieu des années 1940, à la sortie de la guerre. Elle portait un nom : « marxisme ». En ce cas aussi je devais devenir *sunergos* ; mais d'une tout autre façon qu'il me faut tenter d'éclaircir.

V

DU PARTI PRIS ÉTHIQUE
A L'ENGAGEMENT « POLITIQUE »

Certains intellectuels (et peut-être la plupart, philosophes, économistes, historiens) sont entrés « en marxisme » par la voie dite « royale ». Ils auraient lu *le Capital* et y auraient trouvé de quoi résoudre les difficultés propres à leur discipline. A partir de là ils en auraient tiré (ou se seraient abstenus d'en tirer) les conclusions politiques, d'ailleurs distinctes, plusieurs politiques possibles étant également fondées à se réclamer du « marxisme ».

Ce chemin n'est sans doute pas si direct qu'il le paraît. Mais, direct ou non, il ne fut pas le mien. J'ai suivi la voie inverse. C'est l'expérience des luttes politiques qui m'a porté vers Marx et ses successeurs. C'était vers le milieu de l'année 1946. J'étais alors fortement engagé dans mes intérêts philosophiques propres. Et ceux-ci ne me portaient nullement, par eux-mêmes, vers le marxisme. La « nébuleuse » dont il va être question maintenant venait à ma rencontre depuis un tout autre point de l'horizon.

Inutile de raconter encore une histoire bien connue : celle de la décennie 1935-1945. Je te dirai seulement qu'il n'est pas nécessaire d'être au clair sur la philosophie de l'histoire et de disposer d'une « bonne théorie » de la société pour se déclarer partie prenante dans les luttes sociales et politiques. Il suffit pour cela de prendre parti pour les plus pauvres, les plus démunis. Au fond de ce choix, qui débouche sur des actions de nature politique, il y a souvent au point de départ (ce fut mon cas) un parti pris éthique. Et c'est à éclaircir longuement ce point que je veux consacrer cette partie de ma lettre.

A. Le pretre, le militaire et le bagnard

« Éthique » ne veut pas dire ici morale, mais tout juste le contraire, ou peu s'en faut. Cette « morale »... ce qu'elle a pu me peser dans mon enfance ! La « loi » n'avait pas bon visage. D'un côté la suffisance ecclésiastique, de l'autre la sottise militaire. « On voit de tout dans les familles », comme tu sais : le chanoine, bénin et sournois ; l'officier qui commande (quelle gloire !) la « compagnie disciplinaire de la Légion ». « L'autorité, mon petit, l'autorité ! Il n'y a que ça qui compte. Pas de société sans autorité. Pas d'autorité qui vaille si elle n'est « mi-li-taire ». Il n'y a pas de doute, mon petit. Prends-en de la graine. Sinon tu sais ce qui t'attend !... Biribi ! » Biribi ! Dans cette vue carcérale de la société, où quiconque n'est pas garde-vertu est supposé coupable, tu finis par en rêver de « Biribi », ce lieu où sont parqués les réprouvés. « On voit de tout dans les familles ! » Et « Biribi » aussi : le marin-pêcheur, le malheureux (« *disgraziatu* », disait-on). Il s'était révolté un jour, sur la mer Noire. Et on l'avait ramené à Toulon, aux fers, à fond de cale, pour y être jugé. Quelle honte ! On le rencontre sur le quai, avec son visage creux et son sourire narquois. Et on se prend à l'aimer, comme

Du parti pris éthique à l'engagement « politique »

s'il avait craché à la face lunaire du chanoine et cinglé l'officier avec sa propre cravache. Le « *disgraziatu* » vit à contre-loi. Ce que tu ne peux faire, mais désires faire, lui l'a fait. Il devient secrètement ton complice et ton frère. Ainsi se manifeste la violente cassure qui sépare le monde. Et c'est le premier pas dans la vie éthique, le moment où l'on est averti, du fait d'un autre qui l'a déjà vécu, qu'il existe autre chose que la gluante « morale » des prêtres et des argousins ; un côté du monde où naît le grand refus.

C'est le moment le plus risqué aussi. Car ce qui attend de ce côté du monde, caché dans quelque profond repli, ce peut être la violence aveugle et le désir de mort. Certains de ceux qui vivaient en ce temps, pas tellement loin de moi, l'ont affronté et s'y sont perdus. Au-delà de la « délinquance », au-delà du crime, ils connurent l'indifférence minérale aux valeurs de la vie, et en moururent. « Vivre ou mourir, disaient-ils, quelle importance ? » Ceux-là ne furent pas mes héros. Je mentirais cependant si je disais que, du fait de ces « *disgraziati* » extrêmes, je n'ai rien appris. Ceci seulement (et ce fut un nouveau pas dans la vie éthique) : « Qui écrase l'innocent désarmé doit savoir qu'il risque la mort. Le lui faire connaître par violence, et au prix de la vie, cela se doit. » Redoutable maxime, barbare aussi, et peu susceptible d'être érigée, à la manière kantienne, en « loi universelle de la nature ». A vrai dire il ne s'agissait ici nullement d'une maxime, destinée à régler l'action et à définir des devoirs. C'était plutôt comme une voix lointaine et grondante qui se levait du côté de ces réprouvés et à laquelle je me sentais incapable de rester tout à fait sourd.

Et toi-même, Maurice, je crois bien que tu l'as entendue cette voix, qui réclame la dévastation et promet la mort. Rappelons-nous. Rappelons-nous ce matin de juillet 1942. Le commissariat de la place du Panthéon,

Un Destin philosophique

et les enfants juifs, assis (quelle dérision !) sur leurs valises. Tout autour la flicaille (française) en armes. Ce jour-là j'avoue l'avoir entendue cette voix lointaine, que je croyais enterrée : c'était un désir de meurtre ; tuer, tuer, non pour punir, ni pour venger, mais afin seulement que cela se sache que tout n'est pas permis contre des innocents. Or, en ce temps-là, dans Paris, et pour des jours encore, nous marchions désarmés. Ainsi à chacun son chemin. Et pour étrange qu'ait été celui que je me rappelle, il me semble de nature à me permettre aujourd'hui quelque réflexion, sur le sens de ce que j'ai nommé « parti pris éthique ». Ce qui vient à la rencontre en ce cas, sous ce nom d'« exigence éthique », c'est un autre côté du monde. Un abîme t'en sépare dont tu n'oses regarder le fond : la loi s'y est effondrée ; la loi, ou du moins son visage platement oppressif. Cette cassure où tu risques ta perte est pourtant ce qui t'est le plus précieux et le plus proche. Traverser l'abîme et jouir de l'autre côté, tu le veux au prix de te perdre. Privé de loi, tu attends un nouveau visage et guettes une autre voix. Et nous voici encore engagés, comme tout à l'heure, au cœur du suspens. Mais maintenant il n'est plus question de « discours » seulement, de quelque chose qui serait à penser ou à dire. Maintenant il y va de la vie. C'est-à-dire ? Encore une fois de la consistance du sujet que l'on croit devoir devenir. Quelque chose s'annonce dont on attend la venue. On ne sait trop de quoi il s'agit au juste. Négativement du moins on croit savoir : ce qui doit advenir ne sera pas pris dans les réseaux de la loi qu'on a refusée. Celle-ci a sombré au fond de l'abîme qui sépare de l'autre rive. Qui parviendra sur cette rive ? Celui qui toujours et sans cesse s'est répété « je, je » et qui se tient sur le bord où il n'y a plus de loi.

Tel est le moment du risque maximal, le moment où tout se décide et où doit prendre forme le projet du

Du parti pris éthique à l'engagement « politique »

« sujet » qui va continuer à vivre : le même qui a dit et répété « je ». Continuer en effet cela se peut de bien des façons. Sur le mode de la répétition d'abord. Dire « je » ; avoir dit « je », et le dire encore et sans cesse, sur tous les modes, et toutes les coutures. « Je pense, je dors, je mange, j'ai père et mère, j'apprends ceci et cela : le latin, le grec, la logique. Ce que je dis et répète ainsi, je le suis. Je suis je, etc. » Ainsi se rend manifeste l'identité formelle de ce que désigne ce « je ». Dès lors se reconstitue toujours un substitut acceptable de la loi refusée. Les figures symboliques que j'ai nommées plus haut (« chanoine » et « militaire ») s'estompent dans quelque grisaille et se retirent dans l'indifférence. Quelque autre prend leur place : ce peut être une image paternelle rassurante et tolérante, ou encore quelque figure imaginaire. Peu importe, à vrai dire, l'essentiel est qu'elle s'articule sur ce « dire je » et en nourrisse la sempiternelle répétition. Tout se passe alors comme s'il n'y avait plus ni une autre rive, ni un abîme. On demeure sur sa rive où l'on se donne pour vocation de vivre selon les simulacres de ce qui, s'étant retiré au loin, a perdu toute véhémence. Ces simulacres ont encore la forme de la loi. Le même qui dit « je », « je », se dit et répète : « Il faut, il faut, il faut. » Or s'ils ont gardé la forme de la loi, ils en ont dépouillé la force répulsive. De la forme de la loi et de la forme du je, on ne sait en ce cas qui a domestiqué l'autre. Mais la vie se passe selon cette allure domestique : dans les règles. Et tout, semble-t-il, de jour en jour et de règle en règle, s'articule au mieux, « comme il faut ». Ainsi vivra le « philistin », qui, fidèle à quelque morale, n'abordera jamais le monde éthique. Pour lui pas de suspens. Insensible aux fractures qui cassent le monde, il suit, bon an mal an, le fil de ses devoirs quotidiens, tout affairé à y satisfaire. Peut-être (cela s'est vu) prendra-t-il en pitié les pauvres et les opprimés ; mais cette pitié

Un Destin philosophique

n'entamera pas la consistance supposée du sujet que désigne ici un « dire je » répétitif et satisfait. Le fascisme, la guerre d'Espagne, la déportation des juifs, le malheur absolu des condamnés, voilà bien de tristes événements. « Dieu ! que le monde est mal fait. Mais ce n'est pas ma faute. Moi, je suis innocent ; et d'ailleurs j'ai affaire... » « Je », « moi », « mon », « mes », cela se décline et on n'en finit pas de décliner.

Ainsi quiconque se plie aux substituts mous d'une loi dont il aurait, un jour peut-être, subi la force répressive, n'accédera jamais au monde éthique.

Avoir subi ce poids, *faire violence* aux simulacres qui la masquent ou la compensent, tel me paraît le chemin qui mène à ce que j'ai nommé « parti pris éthique ». « Faire violence » ne veut pas dire ici : « prendre les armes pour ou contre » ; bien qu'il soit parfois nécessaire d'en décider ainsi. Il s'agit de tout autre chose et sans quoi jamais ne pourrait naître un jour la décision de « prendre les armes ». « Faire violence » veut dire annuler les simulacres rassurants d'où se dessine l'enchaînement réglé des devoirs subalternes. « Annuler » doit être pris ici en son sens propre : reconnaître pour rien. Or ce « rien » est là devant : c'est l'abîme où s'est effondré le visage de la loi. Jeter le regard vers ce fond où gît la force de la négation : voilà la « violence éthique ». Qui décide de jeter le regard ? Est-il même, ici, question de « décision », au sens usuel : conscience explicite d'un acte de choix ; d'un vouloir qui, brisant la trame d'une vie banale, engagerait le futur ? Je ne crois pas que les choses soient si simples, bien qu'à vue de surface on en vienne à se les représenter ainsi dès qu'on entreprend de s'en raconter l'histoire. Mais cette représentation n'est qu'un effet du récit : « Tel j'étais, en ce temps, dit-on, et un moment vint où je décidai de... » La décision que l'on s'accorde prend place dans ce temps du récit, toujours rétrospectif. Je parlerai de

Du parti pris éthique à l'engagement « politique »

décision cependant au sens où l'on dit : « Quelque chose maintenant va se décider. » Cela veut dire : « L'état de suspens ne peut se supporter plus longtemps. » Dans le cas présent l'état de suspens concerne au plus près le sujet supposé que désigne le « dire je ». Dire « je », celui qui vit l'effondrement de la loi ne peut plus le répéter sans inquiétude. Ce que pourrait désigner « je » n'est plus rien dans quoi il puisse, lui qui parle, trouver son repos. Cela qu'il croyait être et continuer d'être s'est abîmé dans ce fond où vit seulement le pouvoir de la négation. C'est le moment du risque maximal que j'évoquais plus haut : le moment où le « sujet » ne s'y reconnaît plus, et s'échappe à soi-même. Le « dire je » se poursuit et se répète. Mais, en se renouant ainsi à lui-même, il ne désigne qu'un néant. Les simulacres de la loi repoussés sont eux-mêmes néant, dès lors que le « sujet » qui pourrait les accueillir devient pour lui-même insignifiant. C'est aussi l'état *amoral,* dans lequel toute valeur paraît sombrer en un lieu d'équivalence où chacune est tenue pour nulle : situation d'exclusion et de radicale marginalité.

Qui « fait violence » aux bénins substituts de la loi, au point de les annuler et de compromettre la consistance du sujet ? Personne. Seule la loi a fait violence. Et cette annulation n'en est que l'expression négative. Qui décide de « regarder » l'abîme du négatif ? Personne. C'est le négatif lui-même, qui habite maintenant le sujet et le fascine, à la mesure de l'horreur autrefois subie, selon les figures symboliques où s'inscrivait la présence charnelle de la loi. Le sujet entre en dissidence à l'égard de l'Autre et de soi. Ce peut être le moment où s'exerce la terreur. Ce peut être aussi l'interrogation inquiète, en ce désert, et l'attente de quelque autre vie. Cela dépend. Certes. Mais de quoi ?

On dit habituellement : « Cela dépend des circonstances, de l'environnement et des rencontres. » Ce qui est

Un Destin philosophique

vrai, mais en surface seulement, c'est-à-dire selon les exigences du récit linéaire de la remémoration. Mais qu'est-ce qu'un environnement, une circonstance, une rencontre ? Si on ne tente pas d'éclaircir un peu mieux ce point, on ne comprend pas de quoi il est question au juste, lorsqu'on déclare (comme je le fais ici) se rappeler les chemins d'autrefois.

Me voici de nouveau contraint à la répétition. La situation où je me trouve maintenant, dans ce discours que je tiens, est parallèle à celle où j'étais bien plus haut, lorsque je me suis surpris à être confronté à l'étrange structure nommée « symbolico-charnel ». De la plus extrême singularité (la coprésence des corps précaires et menacés) naissait l'exigence de voir se déployer la scène de l'Autre comme lieu d'origine et de solidification des « croyances ». Ce qui m'avait conduit, je m'en souviens, à cette proposition d'allure paradoxale. On peut toujours déclarer : « J'ai été communiste, j'ai vécu tels ou tels événements dans telles circonstances, j'ai cru ceci ou cela, ce qui s'explique du fait que... etc. » Ce qu'on déclare ainsi peut être vrai ; mais cette « vérité » n'est pas comprise tant que n'est pas éclaircie la façon dont elle prend racine au sein du champ symbolico-charnel et y gagne son poids spécifique.

Il en va de même ici. « De même » ne veut pas dire que les deux situations sont identiques. Ce n'est certainement pas selon les mêmes relations que s'agencent les flèches de renvois symboliques, selon qu'il s'agit de « croyance » ou de « parti pris éthique ». Cependant, pour distinctes qu'elles soient, ces relations restent conformes à la même structure et exigent, pour être explicitées, des démarches analogues. Dans chaque cas le problème est de serrer au plus près, dans le mode d'agencement des flèches à boucle, la constitution de ce « semblant solide » nommé *hypokeimenon* (« demeu-

Du parti pris éthique à l'engagement « politique »

rant par-dessous et au fond ») et dans lequel celui qui dit « je » trouve, qu'il vive ou qu'il parle, de quoi désigner sa consistance. Je devrais donc ici remettre en mouvement tout ce que j'ai esquissé à propos des croyances et qui concernait les flèches à boucle, les bassins de capture, la dialectique de l'ouverture et de la stratification, la fragilité des chaînes symboliques et la constitution des flèches de renforcement. Tu me permettras pourtant de faire l'économie de ce long détour quitte à inviter notre éventuel lecteur à se reporter, en revenant en arrière, aux analyses correspondantes. Il lui faudrait simplement vérifier quatre points :

1. Que dans le cas présent on n'échappe pas aux exigences qui animent le champ symbolico-charnel.

2. Que de ce fait les bassins de capture où se nouent les flèches symboliques (selon la structure déjà connue : ouverture-stratification) se constituent au lieu du « manque ».

3. Que, dans le cas qui nous occupe, ce lieu du manque naît de l'effondrement de la loi.

4. Que l'état de suspens et de vide moral, ce moment où le « sujet » risque sa perte, ne se résout qu'à la condition que, sur la scène de l'Autre, se constitue un système de flèches symboliques (flèches de renforcement) dont il importe de découvrir et le point de convergence et le mode d'organisation. Ce que j'ai appelé métaphoriquement « abîme du négatif », l'« autre rive », les « rencontres » et les « circonstances », rien de tout cela ne pourrait être reconnu comme chemin vers la « vie éthique », si le jeu des rapports symboliques manifestés dans le champ symbolico-charnel ne désignait le lieu où ces rapports se rassemblent ; un lieu qui porte l'indication d'une ouverture vers..., d'une voie, en bref d'une « autre vie ». Vois-tu, un moment vient où, dans un discours de ce genre, il nous faut supposer notre lecteur abandonné à lui-même. Et

Un Destin philosophique

j'ai bien envie de lui dire : « Pense fortement, à ton tour, à ce que tu as *subi* dans ton enfance et ton adolescence. Peut-être n'as-tu pas connu, comme moi qui te parle, les " chanoines " et les " militaires ", les " disgraziati ", ni la tentation (et à un moment l'exigence) de la violence meurtrière. Mais les " figures symboliques " présentes et charnelles de la loi, et leur contraire aussi (tel copain, tel " autre "), tu as dû les connaître, et les subir. Dire maintenant " *j'ai subi* ", mets-toi, pour ton propre compte, en quête d'en découvrir le sens. Es-tu bien certain de n'avoir pas vécu, fût-ce une heure fugitive, la perte et l'effondrement de la loi qui, telle une eau empoisonnée mais vive, s'abîmerait dans quelque soudaine fissure ? »

Je répète donc : en ce cas non plus on ne saurait échapper au symbolico-charnel. Ainsi le marin révolté. On le « rencontre » sur le quai. Mais qui venait à la rencontre ? Un tel, fils d'un tel et d'une telle, dont on connaît la grand-mère et le grand-père ? Certes. Mais autre chose encore. « Son sourire narquois », ai-je dit. Souriait-il seulement ? Peut-être clignait-il des yeux et plissait-il les lèvres, à contre-soleil, n'ayant nul désir de sourire. Peut-être, à force de vivre au soleil sur sa barque, en était-il venu, sans y penser jamais, à feindre sans cesse un sourire de cette sorte. Peut-être en était-il ainsi. Peut-être autrement. Mais la chose était sans importance. Pour moi qui le voyais, il ne pouvait que sourire. Il était, en vertu même de sa présence physique, le signe manifeste de sa révolte « moqueuse ». Je le voyais selon sa posture, et de ce fait m'était rendu manifeste ce qui, en aucun cas, ne pouvait être vu, étant tout entier de l'ordre du symbolique. Qu'un sourire entrevu puisse, dans l'extrême contingence de sa singularité, faire basculer le monde, cela ne doit pas étonner. Tout dépend de la place qu'il occupe dans le

Du parti pris éthique à l'engagement « politique »

champ symbolico-charnel et de la fonction qu'il y exerce, tour à tour but et source de renvois.

Dans le cas présent, comme but de renvoi il dessinait les figures symboliques de la loi, et donnait du *corps* à leur horreur. C'est en lui qu'elles venaient s'articuler et, par là, cette horreur prenait un poids que je ne pouvais plus déposer. Comme source il revenait vers elles et les annulait. Ce qui se manifestait dans ce « semblant sourire », dans cette posture corporelle d'un « autre » dont l'histoire était parvenue jusqu'à mes oreilles, c'était bien cet invisible rapport. Invisible mais présent, ce lien renouvelé sans cesse indiquait le chemin qui conduit du refus à l'annulation : « *contre-exemple* » absolu de la loi repoussée.

Dans l'espace qu'ouvrait la relation de ces figures symboliques, allait se constituer la scène où devait être vécu l'effondrement de la loi. Encore une fois le jeu des flèches et des bassins de capture se renouait à lui-même sans trêve ni rémission, assignant à son mouvement le « sujet » même qui croyait vivre et parler. Ce qui donnait à cet « espace » sa clôture c'était ce point de fuite, ce « sourire » rencontré, lieu sans substance, lacune absolue où le « sujet » qui s'y trouvait captif ne pouvait plus donner le moindre sens à ces mots cent fois entendus : « Tu dois, tu peux, tu ne peux pas. » La relation de l'interdit à son négatif s'annulait en ce point, où pourtant l'espace en question trouvait sa suture et comme une marque de son achèvement. L'espace des interdits s'écroulait au lieu même qui le désignait comme espace, c'est-à-dire comme connexion des flèches symboliques qui portaient l'indication de la loi. Et le « sujet » captif est alors en suspens : au bord de l'abîme, comme je le disais tout à l'heure dans mon récit. Le monde est sur le point de basculer.

« Basculer » n'est ici qu'une image proposée par le « récitant » qui se souvient avoir traversé ces moments

Un Destin philosophique

de suspens. A dire vrai le monde continuait selon le même style. Rien ne se bouleversait en son cours : toujours le même quotidien, toujours la même répétition ; le temps ne se déréglait pas, sans cesse affecté des mêmes contraintes ; aucun interdit n'était supprimé ; ni non plus le sempiternel recommencement du « dire je », qui s'y pliait au gré des jours. Ce cours des choses demeurait, compact et sans lacunes, avec ses règles. Il demeurait, mais quelqu'un, le même qui disait « je », s'y trouvait comme absent. Il était là cependant au plus près des choses et des personnes et toujours selon les mêmes rapports : le père, la mère, les parents, les amis et l'école, tout restait là, environnant et familier. Pas de cassure ici, rien n'étant brisé dans l'enchaînement des présences et des projets quotidiens. Toujours, et en excès, « il y avait de quoi » dire, « de quoi » faire, et « à qui » parler. En cela il n'y avait pas lieu de déposer la contrainte des interdits quotidiens. La lacune où le sujet s'absentait était d'un autre ordre. Elle se dessinait dans un autre espace que celui où s'étalait le monde ambiant, si du moins nous nous donnons la liberté de nommer « espace » le domaine de connexion des flèches de renvois symboliques, ce domaine dont nous connaissons déjà un peu l'étrange structure : ouvert, stratifié, lacunaire et plein, chacune de ces déterminations ne se soutenant, comme nous l'avons vu, que dans son rapport mobile aux trois autres.

« Le monde bascule » et en lui rien ne change : ni les lieux, ni la famille, ni l'école, ni la police, ni non plus les chemins qui s'y dessinent avec les codes qui les définissent. « Il bascule » cependant. La métaphore désigne le point lacunaire de l'espace symbolique, ce point dont un supposé sourire avait offert l'indication : le zéro de la loi. Quelque chose comme un point de rebroussement, où se produit (où peut se produire) une inversion de sens. Le paradoxe apparent est ici que la

Du parti pris éthique à l'engagement « politique »

plupart des interdits subsistent, à la lettre. Mais leur « espace » est brisé. Tous les enchaînements capables de les désigner s'annulent en ce point lacunaire. Tout se passe comme si les interdits, un à un, et en leur succession selon le cours des choses, gardaient leur poids. Seulement ils n'ont plus d'autre connexion que celle de ce cours. Selon l'ordre du symbolique, ils n'en ont plus, d'aucune sorte. Le sujet qui, au fil des jours, les subit et les vit, en est tout aussi bien absent. « Il faut », « il faut ». Cela il le répétera sans cesse. « *Je veux* ce qu'il faut. » Cela il ne saurait ni le penser ni le dire. La lettre pèse encore, mais son sens s'est retiré.

Telle est la structure qui m'apparaît à travers le récit que je te fais et hors de laquelle il ne serait qu'insignifiante anecdote. Elle comporte ce point vide et aveugle où le sujet se trouve capturé et comme séparé de soi. Or c'est en ce point que tout le jeu des flèches symboliques se renoue à neuf, selon d'autres figures et d'autres connexions.

Dans le champ symbolico-charnel, en effet, « lacune » ne veut pas dire « rien » et « aveugle » ne veut pas dire « muet ». Nous l'avons vérifié à propos de la croyance : tout « manque » est un attracteur de flèches de renvoi symboliques, et peut constituer en cela un germe de bassin de capture pour un enchaînement encore indéterminé de flèches. C'était là un effet local de la « dialectique » de l'ouverture et de la fermeture qui, globalement, caractérise notre champ. Ce qui entraîne l'extrême fragilité des connexions de flèches et exige leur renforcement, pour peu que les contraintes globales délimitant le champ soient maintenues et toujours désignées dans le jeu incessant des renvois. Dans le cas qui nous occupe, et où il n'est plus question seulement (bien qu'il en soit aussi question) de « croire » ou de ne pas « croire », mais où il y va de la consistance du « sujet » qui vit, quelles sont les cibles toujours dési-

Un Destin philosophique

gnées dans l'enchaînement des flèches de renvoi, en une relation que nous savons circulaire ? Précisément les figures charnelles que j'ai nommées dans mon récit de surface : la voix de fer du « militaire », le « sourire » du révolté. L'annulation de la loi était l'effet local de leur relation circulaire. C'est là le sens de l'énoncé (qui a pu paraître mystérieux) que j'ai proposé quelques pages plus haut. L'espace des renvois symboliques s'effondre au point où il se ferme. Cela veut dire : là où se manifeste l'effondrement de la loi, là se montre aussi la connexion des contraintes qui définissent l'ordre symbolique où doit s'inscrire le « sujet ».

Est-ce bien la seule loi, ici, qui vienne à manquer ? L'affirmer serait un abus de langage et encore un effet du récit. Ce qui manque est bien plus que la loi, c'est tout l'ordre symbolique selon lequel vivait et se reconstituait le *sens* des interdits. C'est-à-dire l'espace symbolique lui-même, puisque ce qui le ferme et le définit l'annule tout aussi bien. Et à qui manque-t-il ? A quelque « sujet » qui aurait affaire à lui, à la façon dont on dit qu'on a affaire au verre vide et au projet manqué ? Nullement. Il manque à soi-même seulement ; en tant qu'espace clos, il est espace manqué et espace manquant, et le « sujet » qui vit assigné à ce vide et le parle est, pour soi-même, manque de soi : en suspens comme on l'a dit.

Bien des métaphores sont possibles pour exprimer ce que je cherche à dire. Des métaphores géographiques : je dirai alors que la carte des renvois symboliques se brouille et s'efface du fait d'une seule de ses configurations locales. Des métaphores géologiques : je parlerai d'effondrements et de séismes. Des métaphores sémantiques : l'inversion de sens. Des métaphores mathématiques : régions de singularités au voisinage desquelles la structure de l'espace se transforme. Toutes ces métaphores sont inadéquates. Mais toutes font

Du parti pris éthique à l'engagement « politique »

signe vers le même phénomène qui les excède : une annulation au sein de la fermeture, comme manifestation d'un manque absolu (du moins en ce qui concerne l'espace symbolique de la loi).

Là est l'abîme sans foi ni loi dont nul n'a jamais connu le fond. Mais qui ne l'a pas côtoyé vivra selon la plus plate des moralités : jamais la vie éthique n'adviendra pour lui. Et pourquoi ?

La réponse découle de ce qui vient d'être dit. Que l'espace des connexions symboliques désignant le sens de la loi vienne à manquer, cela veut dire qu'il doit exercer la fonction d'un germe de bassin de capture. C'est là une propriété interne du champ symbolico-charnel. Là où se désigne le manque, là se capturent, se maintiennent, s'articulent les flèches de renvois symboliques ; et elles s'y déposent comme région de sens. Or dans la situation présente c'est l'espace des renvois lui-même qui est une « région » de manque : c'est de cette façon qu'il se montre, puisqu'il s'annule là où il se ferme. C'est donc lui-même qui va ici s'offrir comme bassin de capture pour des flèches de renvoi. Mais lesquelles ? Celles qui sans cesse désignent le point vide, le zéro de la loi, sa figure symbolique (le « révolté » en ce cas) ? Pas du tout. Celles-ci s'annulent indéfiniment dans leur lien circulaire, s'il est vrai que ce qui manque effectivement est leur espace lui-même. Cela veut dire que le jeu des renvois, qui, en cet espace, se poursuit sans trêve, le montre toujours et sans cesse comme manquant à soi-même : jamais il ne suffit à combler son propre manque. Conséquence : aucun substitut de la loi manquante ne peut y advenir, ni, non plus, aucune transgression ne peut s'y accomplir de façon à combler ce vide. En cet espace, il n'y a ni *lois* ni *contre-lois* capables d'atteindre la plénitude du sens et de donner sa consistance au « sujet » qui s'y trouve captif.

Un Destin philosophique

En aucune de ses régions, rien n'y demeure capturé selon l'ordre des renvois qui s'opèrent en lui. Cependant, en tant qu'il manque, cet espace est lui-même germe de capture, attracteur de flèches. Ces flèches ont donc leur source « ailleurs » qu'en lui. Mais que veut dire « ailleurs » ? Je ne veux pas m'engager ici dans cette recherche qui exigerait une explication méthodique des couches constitutives du « champ symbolico-charnel » et de leurs connexions. Seul importe à notre objet de bien voir que ce mot « ailleurs » ne désigne pas quelque lieu, vers lequel, ayant déposé le poids oppressif de la loi, on se dirigerait avec armes et bagages pour y découvrir un autre règne des lois. Ni non plus quelque point entrevu d'un futur projeté, dont on attendait qu'il advienne. Dans le champ symbolico-charnel en effet, l' « ailleurs » est toujours « ici ». Là où est ton corps, là est aussi ton « ailleurs ». Là où se montre l'autre qui t'est présent, là est aussi ton ailleurs. Là où est la marque du monde, là se montre l'« ailleurs ». Dans le cas présent qu'est-ce qui se manifeste ainsi, très proche et lointain ? Sans doute ce que la loi avait réprimé et qui demeure là, hors de portée et présent. Ce qui sans cesse et toujours continue de s'offrir selon l'ordre commun des choses, mais demeure pris dans le réseau des renvois symboliques où s'indique le poids de la loi. Et cela selon les relations spécifiques qui s'instituent dans le champ symbolico-charnel. L' « ailleurs » d'où vont surgir les flèches symboliques est donc cette couche du champ symbolico-charnel, toujours vivante bien que repoussée ; et c'est relativement à ces flèches que l' « espace manquant » va exercer sa fonction d'attracteur. Cela veut dire que le monde des « désirs » va se « substituer » à l'univers de la loi ? Pas du tout. Il n'y a pas de substitution ici. Il n'y a pas quelque part un « plein » qui viendrait occuper la place désertée par la loi. Ce qui manque, nous l'avons

Du parti pris éthique à l'engagement « politique »

vu, est en effet l'espace symbolique lui-même où s'est indiquée la loi. Mais ce qui manque n'a pas disparu. Il ne s'est pas retiré en laissant le vide. Bien au contraire. C'est en tant qu'il a atteint sa pleine structure et qu'il s'est fermé sur lui-même, qu'il manque. C'est conformément à ce que cette fermeture lui impose qu'il peut exercer la fonction que lui assigne son caractère : être un attracteur. Dès lors tout ce qui porte l'indication charnelle de la répression va se réarticuler en ce lieu de manque. Un autre jeu de renvois symboliques va se mettre en mouvement ; d'autres régions de sens (et de non-sens) vont se déposer, selon la « dialectique » de l'ouverture et de la stratification.

Ce qui advient ainsi, le « sujet » qui vit et qui parle l'accueille comme l'annonce d'une autre vie. Il demeure en suspens, pris dans le réseau des renvois où se joue sa consistance. Je le dirai d'un mot : il attend ce qu'il pourra vouloir. Le contenu de ce « vouloir » lui viendra de cet ailleurs qui lui est si proche. Peut-être le monde inversera-t-il son sens. Peut-être pas. Mais pour peu qu'il s'abandonne à ce mouvement, il entre dans la vie éthique. Il pourra lui arriver de se tromper de cause. Mais peu lui importe en cet instant : là où il trouvera le chemin de sa consistance, là aussi, pour lui, le monde trouvera quelque chose comme son assise et sa liberté.

Tel est le sens de ce que j'ai énoncé en commençant : « A l'origine de ce qui peut apparaître comme un choix politique, il y a eu un " parti pris éthique ". »

« Parti pris » ne veut pas dire ici que l'on choisit une morale contre une autre, ni qu'on choisit d'avance une « cause », qui exigerait un autre « style de vie » ou, comme il est dit, d'autres valeurs. Il est toujours permis de « se représenter » les choses ainsi. Mais cette représentation est de pure surface. A vrai dire dans le « parti pris éthique » on ne prend parti pour *rien* qui se puisse désigner, selon les configurations familières

Un Destin philosophique

qu'offrent l'histoire et le monde. On laisse advenir simplement cette altérité radicale où se désigne la mort de la plate et oppressive moralité. Dans le champ symbolique qui s'ouvre ici les événements et les circonstances vont s'organiser en constellations exigeantes. Elles y seront reconnues et nommées : les unes souhaitables, les autres détestables. Cela s'opère bien, semble-t-il, selon la contingence des rencontres. Mais une rencontre n'est retenue (pour moi, par exemple, la guerre d'Espagne) que si elle dévoile les sources de renvois symboliques qui recherchent leurs cibles en ce lieu de manque où s'est effondrée la loi. Sinon elle passe et disparaît comme de rien. Le monde suit son cours et le « sujet », pour affairé qu'il soit, s'en absente. Ce qui pour d'autres, qui en souffrent, crève le cœur et les yeux, lui ne le voit pas.

B. A QUOI RIME CE DISCOURS ?

Je ne sais trop en quoi consiste le discours que je te tiens. Je crois qu'il concerne de très près la question que tu m'as posée (et en cela ta demande m'a contraint à me la poser) : qu'en a-t-il été pour moi de la philosophie ? Et qu'en est-il encore aujourd'hui, après tout le chemin que j'ai dû suivre, et qui fut tellement engagé dans ce cours du monde nommé « Histoire » ? J'ai donc bien dû me résoudre à me rappeler quelque chose de ce chemin qui a été, comme on dit, ma vie. Pourtant, à y réfléchir, de ma vie, je n'ai presque rien dit. Ce n'est pas d'elle que j'ai parlé, n'ayant retenu que quelques situations et circonstances. Je crois plutôt que j'ai parlé de sa forme : une structure sous-jacente et cachée selon laquelle se sont agencés les événements et dégagées les rencontres.

Imaginons par exemple que, dans une plaine déserte,

Du parti pris éthique à l'engagement « politique »

je distingue au loin une sculpture inachevée, éclatante à la lumière, dont les formes complexes s'achèvent en une belle unité. Je m'approche, et plus je m'approche, plus les formes deviennent singulières, leur unité s'écroule. Elle n'existe que de loin. De près c'est la confusion. Je m'approche encore, au plus près, je touche la matière. Et je m'aperçois qu'elle sonne creux. Je cherche une fissure, la trouve et entre dans la sculpture. A l'intérieur, c'est la nuit, ou à peu près. A tâtons, j'explore de la main. Je découvre, pas à pas, bosses et creux. J'ai gardé le souvenir de ce que j'ai vu dans la plaine, de loin, la « belle totalité ». Je la ressuscite maintenant, à l'envers, depuis l'intérieur, sans la voir. Ce qui se dégage ainsi peu à peu ce n'est pas la sculpture en son unité. Cette unité est perdue pour moi. Mais quelque chose se manifeste d'elle, en creux pour ainsi dire : une forme suggérée et qu'il me faut soutenir de mes seules pensées.

Il en va un peu de même, je crois, du temps révolu. Celui dont je te parle est en effet révolu. Il n'est pas seulement passé. Il s'est achevé en une unité que je désigne aujourd'hui, parce qu'elle a eu sa fin ; bonne ou mauvaise, la chose est sans importance. Et de loin j'en distingue maintenant l'apparence unitaire, et peux en indiquer les formes maîtresses : la révolution d'Octobre, le fascisme, la guerre, la victoire, le Parti communiste, et leur connexion en un bloc organique dont je puis dire maintenant qu'il a constitué le sens qu'avait, en ce temps-là, pour moi ce que nous nommons « Monde ». De loin les choses se montrent ainsi. Elles le demeurent si on les laisse en repos, sans bouleversement de perspective.

Or, suivre les détours de la mémoire, c'est bouleverser la perspective, dès qu'on se pose ces questions : « Où ? Quand ? Comment ? Selon quels chemins ? Pour qui et devant qui ? » Le bloc achevé, qui de loin paraissait tellement visible et évident, va se défaire sans jamais s'effondrer cependant. Une autre forme va se dégager, faite de l'entrelacement des réseaux singuliers et multiples, des points nodaux qui s'y désignent, selon lesquels le « sujet » qui maintenant parle a trouvé son chemin. Et ce que j'ai nommé « symbolico-charnel » n'est rien d'autre que la structure sous-jacente selon laquelle cette forme se montre, dans laquelle elle se dépose, se maintient et se transforme. Quant au « parti pris éthique », il n'a été dans mon récit que l'expression différée d'une telle forme. Je dis bien « différée » : c'est maintenant seulement que, pour ce temps révolu, il m'a été donné de pouvoir la dire, depuis ce « creux » où je me tiens. Or du « parti pris éthique » à l' « engagement politique » au côté des plus pauvres, la distance est-elle si grande ? Nullement. Je te le répète : il n'est pas besoin pour cela de disposer au préalable d'une « théorie de l'Histoire ». Les choses se passent tout autrement, du moins selon le « creux » de la « sculpture ». Le temps des « théories » vint bien plus tard.

C. Signaux de meurtre

Parler d' « engagement politique », cela ne veut en effet presque rien dire au sens propre. Il n'y a là qu'une manière de parler, dès qu'on repère, à la surface du temps, ce qui a bien pu se passer du fait qu'est advenue telle ou telle configuration historique : la prise de pouvoir par Hitler, par exemple. On se dit : « A ce moment-là je décidai de m'engager dans la lutte antifasciste. » Ce qui est vrai selon le fil linéaire du récit. Suffit-il cependant, pour se trouver engagé, de savoir les nouvelles ? D'avoir lu les journaux et de les lire chaque jour ? Suffit-il même de penser et dire : « Vivre

Du parti pris éthique à l'engagement « politique »

sous Hitler ne peut être qu'un malheur » » ? Certainement cela ne suffit pas. Beaucoup pensaient de la sorte et ajoutaient aussitôt : « Heureusement pour moi, je ne suis ni Allemand, ni juif. » Ne plus pouvoir supporter de dire : « Heureusement je ne suis pas... je ne suis pas juif, je ne suis pas Algérien, je ne suis pas terroriste, je ne suis pas, je ne suis pas... », telle est, selon mon expérience, la voie de passage du « parti pris éthique » à l'« engagement politique ». Ne plus supporter de vivre sa différence comme une protection, c'est le premier pas. Ce premier pas ne s'accomplit que si quelque chemin l'exige et sur ce chemin une marque, quelque chose comme un signal. Encore convient-il d'entrevoir le chemin et de distinguer le signal.

Un signal c'est un événement du monde, quelque chose de matériel et de bien visible ; mais il a son côté invisible et qui est l'essentiel : il fait signe vers autre chose. Visible et incomplet il comporte ce manque et pose une question : « Vers quoi se dirige-t-il ? » A cette question quiconque discerne le « signal » répond toujours : bien ou mal, au besoin en laissant les choses en suspens, en l'état ; mais il comprend toujours que le signal appelle cette moitié non visible. Sans cela il percevrait un événement mais ne verrait pas un signal.

Signal donc que les enfants juifs ce matin de juillet 1942, place du Panthéon, pour moi qui n'étais ni enfant, ni juif. Vers quoi faisait-il signe ? Je te l'ai dit : vers la voix grondante des réprouvés de mon enfance, morts depuis si longtemps, de leurs vies violentes. Le temps était venu de chercher à prendre les armes. Pourtant, pour ces morts d'autrefois je n'avais eu ni amitié ni tendresse aucune. Eux-mêmes sans doute, et leurs vies n'avaient été que des figures symboliques qui s'ouvraient vers autre chose, vers ce monde de la Loi brisée d'où devait venir au jour l'exigence du monde éthique.

Un Destin philosophique

C'était donc encore vers ce monde que faisaient signe ce jour-là ces enfants abandonnés et captifs ?

Oui, je crois pouvoir le dire aujourd'hui. Sans cela je n'aurais éprouvé ce matin-là que colère impuissante et pitié inutile.

Il en fut ainsi pour beaucoup d'événements qui eurent fonction de signal et de marques sur le chemin. En faire le compte et les décrire serait de peu d'intérêt, sinon anecdotique. Ce qui m'intéresserait en revanche serait de découvrir par quelles connexions, par suite de quels jeux de renvois, ce qui s'adressait ainsi à ce lieu de manque absolu par où le « sujet » avait été ouvert vers le « parti pris éthique » parvenait maintenant à se manifester et à se désigner comme urgence politique. Mais je ne veux pas m'y attarder plus qu'il ne convient à notre commun propos. Un seul point me retiendra, et qui me paraît essentiel : *comment du fait de ces constellations de signaux en vient-on à ne plus pouvoir trouver protection et refuge dans sa seule différence ?* A se dire : « Je ne suis pas juif ; je ne suis pas émigré ; je ne suis pas affamé ; mais là où *ils* sont, ces autres, là où ils vivent, là-bas je suis à mon tour. » J'y suis, mais sous quel mode ? On parle toujours en ce cas de « solidarité ». Et on parvient sans peine à en désigner les différentes modalités : solidarité de classe, solidarité de culture, solidarité « humaine », solidarité nationale, fraternité de combat, etc. Mais outre que toutes ces formes de « solidarité » ne sont pas équivalentes (et en effet on ne manque jamais de chercher à hiérarchiser, en se posant la question : de qui essentiellement est-on le « frère » ?), le problème que je pose demeure en son entier : que veut dire « devenir solidaire » de l'opprimé, du dissident, du misérable ? Et les opprimés eux-mêmes, comment en viennent-ils à être « solidaires » les uns des autres ? Et faut-il qu'ils le soient déjà deve-

Du parti pris éthique à l'engagement « politique »

nus pour que « moi » qui suis différent me sente et me dise « solidaire » ?

A ces questions je répondrai de la façon la plus brutale : personne ne *naît* solidaire de personne. Il naît *dépendant,* ce qui n'est pas, il s'en faut, la même chose : dépendant de sa chair, dépendant de son corps, et par là aussi des corps (autres) de ses père et mère. Dépendant de la communauté qui parle et échange ; dépendant de la terre, du vent, de la mer, de la pluie, dépendant aussi de ce que la communauté qui vit en ce lieu en dit et en pense. Dépendant donc. Nommer « solidarité sociale » le domaine des connexions où se constitue l'unité de ces dépendances n'est qu'une affaire de vocabulaire. Que chacun des « membres » d'une communauté soit désigné et défini par le jeu de ces relations de dépendance et qu'il y trouve l'assurance de son être, cela est bien connu. On peut, si l'on veut, désigner du nom de « solidarité » le caractère solide de ces relations. Mais ce n'est pas de cette « solidarité-là » que je veux ici parler (bien que la question de savoir comment se constitue, se maintient et se renouvelle ce caractère solide ne soit pas des plus faciles et n'ait pas fini de nous inquiéter). Je veux parler d'autre chose : de ce qui, venant à la rencontre du plus lointain peut-être, se montre avec cette exigence qui sonne comme un appel : « A toi, maintenant, si tu ne fais rien, tu es comme mort ! » Personne ne dit rien pourtant.

Ils ne criaient pas, ce matin de 1942, les enfants juifs. Ils ne pleuraient pas. Ils attendaient simplement, entourés et gardés. Ils étaient là, c'est tout. Ils ne cherchaient aucun secours de qui passait. Et pourtant, je m'en souviens, je me disais tout en marchant : « Il va falloir que je récupère le Herstal dont j'ai fait cadeau à M. à la fin de 1938. J'espère qu'il l'a bien graissé et bien caché. » C'était là ma réponse explicite et « pratique ».

Un Destin philosophique

La réponse qui pouvait me faire vivant. Comment un réflexe de tueur potentiel pouvait-il rendre vivant ? On ne l'était donc pas ? Oui. Certes. Mais il y a vie et vie. Il faut distinguer ici ce qu'on se dit en pareil cas et ce que désigne obliquement le discours qu'on se tient et qui peut être très lointain et caché. Je crois me rappeler que, ce jour-là, je marchais un peu hébété dans les rues, tout occupé de ce fameux Herstal, me disant : « Une bonne arme, sûre, qui ne s'enraie pas ; non, elle ne s'enraie pas ; je ne l'ai jamais vue s'enrayer ; une arme sûre, sûre... » C'était ma tête qui s'enrayait dans cette répétition, aussi mécanique que mes pas. En surface et selon cette répétition, j'étais plus mort que vif, en proie à ce manque [pas d'arme] que mon discours ne pouvait combler. Pas d'arme. Il faut *savoir* ce que cela veut dire. C'est la crosse qui manque sous la paume et la détente qui manque sous l'index. C'est comme si, tout d'un coup, le corps devenait incomplet à la main inutile. Alors c'est le monde même qui vient à manquer, à la mesure de cette incomplétude.

C'est là un exemple extrême lié à une circonstance extrême. En cela précisément il est de nature à rendre manifeste, d'une manière quasi pure, la structure symbolique de ce dont il est question sous ce nom : « devenir solidaire », c'est-à-dire voir se révéler, du fait d'un signal qui vient des autres, l'impossibilité de jouir encore de sa seule différence, et de s'y complaire, comme en un lieu bien clos. Je le répète : mon objet n'est pas de raconter la genèse de mes engagements politiques. Au temps dont je parle j'étais déjà, depuis longtemps, « engagé » ; déjà j'avais été arraché à ma différence. Depuis février 1934, s'était imposé le camp que pour l'essentiel, et à travers bien des transformations, je n'ai pas déserté. En ce temps ce camp se nommait « antifascisme ». La trame de cette histoire ne m'intéresse pas directement aujourd'hui. Disons sim-

Du parti pris éthique à l'engagement « politique »

plement que ce jour de juillet 1942 ne m'a éveillé ni à l'action politique ni à la Résistance : c'était fait, et depuis longtemps. Mais ce qui s'est passé ce matin-là place du Panthéon éclate maintenant encore, avec une telle force que je ne peux m'empêcher de penser qu'en d'autres circonstances et pour d'autres engagements, le signal a dû présenter la même forme.

Donc je marchais dans les rues à cette heure matinale en proie à une compulsion répétitive. « Pas d'arme. » Était-ce seulement le désir de meurtre, comme je l'ai souligné plus haut ? Sans doute. Mais en ce qui concerne le meurtre aussi, il y a désir et désir. La chose vaut qu'on s'y arrête. Et pour l'éclaircir, je te raconterai une histoire que je me rappelle brusquement. Pourquoi me la rappeler ? Je n'en sais trop rien...

Dans un petit village du Fiumorbu [1] assez perdu, vers le début des années 30, vivait un homme qui n'avait qu'un bras. L'autre, il l'avait perdu en 1917 quelque part « sur le front ». On le craignait dans le village ; il était triste, ombrageux et sévère ; toujours armé, bien sûr, comme tous les gens du coin, en ce temps-là. Lui « manquer » était dangereux. Nous étions devenus amis et nous passions nos soirées, jusqu'à la fermeture, dans un bistrot à jouer aux cartes. Nous n'échangions pas trois paroles. Un soir il a déposé ses cartes et m'a demandé tout à coup : « Dis-moi un peu, tu es armé comme tout le monde ici. Tu as l'âge pour ça. Où est-ce que tu tiens ton revolver ? » Ce sont là des questions qu'on ne pose jamais. Aussi a-t-il répété : « Tu as confiance en moi. Dis-moi. Où est-ce que tu le tiens ? —

---

[1]. Une des régions les plus enclavées de la Corse, elle-même très enclavée au temps dont je te parle. Dans l'état d'abandon où était cette ile, ce coin était un des plus abandonnés. Vers le milieu du siècle dernier (du moins le disait-on dans mon enfance), les gens qui s'y aventuraient faisaient leur testament. Non par crainte des « bandits » ; mais à cause de la malaria.

Un Destin philosophique

A ma ceinture. — Mais on ne le voit pas. — Je le tiens dans le dos, sous ma veste, à portée de la main droite. — Ce n'est pas mal, répondit-il, ce n'est pas mal. Mais moi qui n'ai qu'un bras, où crois-tu que je le tiens ? — Dans la petite poche, il me semble, celle que tu as sur ta vareuse, juste sous ton épaule gauche, là où le bras te manque. C'est sûrement un 6.35. — Tu es malin, pour un qui a fait des études. Ça me fait plaisir que tu saches voir ces choses. Ça peut sauver la vie, des fois, on ne sait jamais ! » Il ne disait pas « sauver la vie » mais *« franca a morte »* (dépasser la mort)... Un instant, il reste silencieux, comme un qui rêve. Et il ajoute d'un ton triste : « Un 6.35, ça suffit parfois ; tu ne peux pas savoir à quel point ça peut suffire. » Il s'absente un temps, toujours plus triste. Puis tout d'un coup : « Écoute, m'a-t-il dit, maintenant qu'il n'y a plus entre nous de secret important et que nous sommes en confiance, je vais te dire une chose que je n'ai jamais racontée à personne, pas même à ma femme. Dans la compagnie où j'ai été incorporé en 1914, il y avait un sergent, un Corse (il n'était pas de ce canton). Tu ne peux pas imaginer quelqu'un de pire. Il t'humiliait par tous les moyens. Il ne te regardait jamais en face. Lorsqu'il t'injuriait, il parlait bas, comme pour te dire un secret et il regardait le bout de ses pieds. Il t'épuisait à t'en faire mourir. Il réfléchissait sans cesse au mal qu'il pourrait te faire. Pour lui tu étais moins qu'un chien. Et moi je pensais : " Comment est-ce que je pourrais faire pour le tuer ? " Un type pareil, on ne peut pas le laisser vivre. Tu comprends ce que je veux dire ? Quelqu'un qui ne pense qu'à détruire les autres ce n'est pas un être qui peut exister comme un homme existe. Il portait sa mort sur la tête. Et je me disais : " Il faut le tuer. " Lorsqu'une idée pareille te prend, tu es comme fou. Tu ne penses plus à rien d'autre. La nuit tu ne dors pas. Tu rumines ; tu cherches le moyen. Et tant que tu

Du parti pris éthique à l'engagement « politique »

ne l'as pas trouvé, tu n'es pas vivant. C'est une envie qui te travaille tout le temps. Tu ne peux pas savoir et que Dieu t'en garde. Un jour, figure-toi, ces choses-là arrivent dans les guerres, l'occasion s'est présentée. Je ne l'ai pas manquée. On dit qu'il est mort pour la France. Pour la France ! Tu te rends compte ! En un sens c'est vrai : il est mort à la guerre ! Et tout ça, parce qu'il était sergent, qu'il avait la Loi pour lui. »

C'était cela qu'il voulait me dire. Et toutes ces histoires de revolver n'étaient qu'une mise à l'épreuve, pour savoir si j'étais digne de l'entendre. Je ne saurai jamais par quels chemins souterrains le manchot en était venu à reconnaître dans ce sergent le visage de sa propre mort, ni d'où lui était née cette obsession dont seul un meurtre, longtemps médité, l'avait délivré. Voici des années qu'il a disparu à son tour et maintenant que j'y pense, je me demande s'il s'était vraiment délivré. Il avait toujours l'air de guetter quelque chose, silencieux et l'œil mi-clos coulissant vers les portes, comme s'il attendait l'entrée soudaine d'une mort violente. Pour lui certainement le « dehors » était mortifère. Sans doute était-il, comme on dit, un peu « psychotique » sur les bords. Parfois il lançait furtivement vers sa poche gauche sa main unique. Il la tâtait comme pour y chercher quelque preuve de sa sécurité. Mais, psychotique ou non, la chose n'avait aucune importance. Nul jamais ne ferait la différence, ni lui ni un autre. Dans ce village, ses gestes étaient conformes au code. On pensait qu'il y avait eu dans sa vie quelque histoire terrible, qu'il tenait cachée et dont il portait le poids. On ne l'en respectait que mieux. Et il vivait ainsi, ruminant ses désirs anciens, en règle aux yeux de tous.

« En règle » *(in regula)*, cela il me l'avait dit aussi, au temps fort de son discours, dans son corse de montagnard que mon français ne put qu'affadir.

« *A morte*, avait-il dit, *a purtava in capu cun tuttu stu*

Un Destin philosophique

male. Maï piu un la francerebbe. Ci vulia tumba lu. Eru in regula. » (Sa mort il l'avait sur la tête, avec tout ce mal qu'il portait en lui. Jamais plus il n'y échapperait. Il fallait le tuer. J'étais en règle.)

C'était pendant l'été 1932 et j'allais avoir dix-huit ans. Pourquoi faut-il qu'aujourd'hui, à cinquante ans ou presque de distance, je me rappelle ce manchot ? Jamais je n'y avais pensé avant ce jour et je croyais l'avoir oublié. Je le vois pourtant aussi clairement que je revois la place du Panthéon, telle qu'elle était ce matin de juillet 1942. Je n'ai jamais vu le sergent. Mais je l'imagine, sournois et sadique, malfaisant dans l'âme, image d'un mal absolu qu'il convenait d'effacer : *In regula.* En règle.

Non, je n'ai jamais vu le sergent. Mais les flics autour des enfants, eux, je les ai vus. Je n'ai jamais eu la sauvagerie du manchot ni sa folie non plus, je crois. Il reste qu'en pensant tout à l'heure à cet état de manque où je me trouvais et à ma compulsion de ce matin-là, c'est sa tête que j'ai vue, bien droite, avec sa moustache brûlée, ses yeux guetteurs, et son teint de brique ; et ses étranges paroles ont tourné dans ma tête. Lui aussi avait cru voir le mal, tout entier sur un seul visage. C'est bien de cela qu'il est question : le Mal. Et c'est pourquoi sans doute l'image du manchot s'est imposée tout à coup à mes yeux. Peut-être aussi ai-je pensé à lui parce que, dans notre conversation si ancienne, il avait été question d'arme et que c'était d'une arme que je m'inquiétais ce jour dont je t'ai parlé. Peut-être. Mais dans le cas qui nous occupe l'arme et le mal sont essentiellement liés : liés au plus profond, enracinés l'un dans l'autre en ce lieu du manque absolu où s'était autrefois, comme je l'ai dit plus haut, annulé l'univers de la Loi, qui plus jamais ne pourrait reparaître calme et paisible. Peut-être aussi cette compulsion au meurtre que j'éprouvais ce

Du parti pris éthique à l'engagement « politique »

matin-là avait-elle répété, à mon insu, la folie du manchot. C'est bien possible ; car l'arme « sûre » à laquelle je pensais était celle-là même que j'avais sur moi ce soir où il m'avait parlé. Longtemps elle m'avait accompagné. Et maintenant elle me manquait.

Là est le point : ce manque à quoi il nous faut réfléchir.

C'est au cœur de ce manque en effet que s'est articulé tout le jeu des rapports symboliques qui m'a fait solidaire, et m'a défini, si je puis dire, « à contre- mal », relativement à cette circonstance, du moins ; circonstance singulière qui s'était montrée à cette heure du matin, un jour de juillet qui s'annonçait beau.

D. Le corps incomplet

Me voici donc au pied du mur. Aucun récit ne me sera plus maintenant du moindre secours. Je me retrouve confronté à une structure formelle propre à ce creux que j'ai nommé, faute de mieux, « champ symbolico-charnel ». Ce creux : je veux dire l'envers de la surface sur laquelle semblent s'inscrire les événements et se désigner les circonstances. Cette structure formelle, nous l'avons rencontrée à plusieurs reprises et chaque fois nous lui avons donné un nom : « manque », « bassin de capture ». Le manque peut se manifester (et se manifeste dans le quotidien, sur la surface) comme manque de ceci ou de cela. Mais il renvoie toujours, en ces cas ordinaires aussi, à un manque plus enraciné, à quelque incomplétude radicale. Il faut bien qu'il en soit ainsi ; sinon les « objets » « manquants » ne seraient en aucun cas substituables, et ne pourraient, non plus, se symboliser les uns les autres. Et, positivement, il y a une situation au moins où nous avons surpris la pure manifestation du « manque ». C'était ce vide (aussi

177

Un Destin philosophique

nommé « abîme ») où le « sujet » se trouvait en suspens, dans l'annulation de la Loi. Rien ne manquait en ce cas qui puisse se désigner, et surtout pas la Loi. Il y avait manque cependant, comme si le « sujet » se trouvait au bord d'une absolue altérité, qui pouvait tout aussi bien n'être rien. Qu'en est-il dans le cas présent où le « sujet » croit savoir ce qui lui manque et le désigne : une arme, qu'il connaît et dont il se répète les « vertus » ? « Désir de meurtre », ai-je dit. Soit. Mais ce n'est là qu'une façon de parler, simple expression peut-être d'un effet de perspective, une sorte de représentation que le « sujet » se donnerait à lui-même sur la scène d'un passé dont aujourd'hui il connaît les suites. Il se dirait alors : « C'est cela que je désirais : un meurtre. » Mais, si désirer c'est proprement manquer, comment peut-on dire d'un meurtre qu'il vient à « manquer » ? Nous ne sommes pas ici dans le cas du manchot, qui, lui, avait continuellement sous les yeux la source vivante de son mal et de son humiliation. Ce qui lui manquait, c'était la mort de cet autre. Il ne pouvait vivre qu'à ce prix : cette mort, une mort qui était aussi près de lui que l'était son propre corps, souffrant de la vie de cet autre. Pour survivre il lui fallait vouloir tuer. Aussi disait-il : « être en règle ». Rien de tel en notre affaire. Pas plus ce jour-là qu'un autre, le « sujet » n'était menacé dans son corps. Depuis deux ans déjà nous marchions dans l'insécurité, sans armes, et nous n'en ressentions pas le manque. Nulle sûreté, nous le savions, ne pouvait provenir de la possession d'une arme, isolés que nous étions en ce temps. Sous ce nom « une arme » quelque chose cependant vint à manquer ce jour-là. Ce n'était qu'un nom d'objet, un nom d'instrument. Mais vers quoi faisait-il signe ? D'où lui venait, subitement, ce poids ?

Il me faut ici reprendre, comme autant de fils, les quelques propositions que, sans m'y attarder davan-

Du parti pris éthique à l'engagement « politique »

tage, j'ai formulées en passant, au gré de mon discours. Il m'importe de rechercher selon quel nœud elles se rassemblent.

1. Le manque d'arme se manifeste comme incomplétude du corps. « La crosse manque sous la paume et la détente sous l'index. » Et cela se produit tout d'un coup. Comme si, du fait d'un signal, la forme du monde avait changé ; comme si le corps quotidien, le corps de la veille n'était plus le corps du matin. Subitement le corps se révèle mutilé. A six heures du matin on ne le savait pas. A six heures trente, on le sait.

2. Avec ce corps mutilé on ne peut pas vivre plus longtemps. On ne le peut pas devant le mal que l'on voit, en ce lieu, à cette heure.

3. Le mal que l'on voit et l'arme absente sont liés au plus profond. Leur lien prend racine là où est le manque absolu : la loi annulée, la tension vers la vie éthique, un autre côté du monde dont on ne possède pas l'assurance qu'il puisse un jour se manifester.

Disons, pour résumer : 1. Le corps manque au monde. 2. Le « sujet » manque au corps. 3. Le monde, en ce lieu et pour ce corps, est le mal. Manque sur manque au cœur d'un manque absolu. Voilà ce qu'il nous faut tenter d'éclaircir.

Ces trois propositions n'ont pas de sens séparément. On ne peut les comprendre que l'une par rapport à l'autre et relativement à la situation qu'elles concernent, au sein d'une relation circulaire qui n'est rien d'autre que le mode de manifestation de cette situation même. Situation à trois termes : l'arme, l'enfant, le flic. Le rapport entre ces trois termes était-il purement instrumental ? L'arme pour tuer le flic et délivrer l'enfant ? Était-ce là le projet selon lequel étaient vécus ce manque et cette incomplétude du corps ? Pas du tout. Il n'y avait rien à faire, rien à tenter ce jour-là qui

Un Destin philosophique

puisse aboutir à quelque délivrance. Et à vue humaine aucune décision ne pouvait être conçue à cette heure. Ce « manque » n'était pas la marque d'une lacune au sein de la chaîne instrumentale dans laquelle, habituellement, vient prendre place une arme. Cette chaîne elle-même s'était effondrée : elle « manquait » en totalité (il n'y avait personne à tuer ; et d'ailleurs tuer quelqu'un n'eût délivré personne). Cependant, en raison même de cet effondrement, la relation des trois termes se trouvait renforcée : leur unité résidait précisément dans cette incomplétude du corps qui la rendait manifeste. C'est dire que cette incomplétude ne peut se comprendre elle-même sur le mode instrumental. Le corps ne se montrait pas comme quelque chose qu'il convenait de compléter pour qu'il puisse accomplir quelque acte qu'un sujet aurait médité, à la façon d'un artisan qui cherchait son outil perdu. Le gestuel possible ne s'offrait pas ici selon un schème temporel bien réglé : faire ceci, et ensuite cela ; et pour passer de ceci à cela, il faut acquérir ce qui manque, l'instrument. C'était bien plutôt le contraire. Le « sujet » se trouvait à peu près détemporalisé, happé par son présent, comme par un trou au point qu'il ne pouvait, tout projet aboli, que répéter compulsivement les « litanies » de l'arme absente. Tel est le « phénomène » qui doit nous servir de guide, si nous voulons avancer dans notre analyse : cette discontinuité dans ce qui paraît être le cours du temps, quelque chose comme un point d'arrêt, où venait s'annuler tout enchaînement instrumental, et, au-delà même de ces enchaînements, tout schème d'ordonnance gestuelle.

Il me faut ici remarquer que nos langues naturelles (et en tout cas le français dont je me sers) ne sont pas tout à fait capables d'exprimer entièrement ce dont il est question dans cette affaire. Et c'est pour cela que

Du parti pris éthique à l'engagement « politique »

j'ai dû employer cette formule inadéquate (un abus de langage !) : « discontinuité dans ce qui paraît être le cours du temps ». A vrai dire le « sujet », le même qui éprouve cette « incomplétude », continue de vivre selon les formes usuelles de son « intratemporalité ». « Aujourd'hui », « hier », « demain », « tout à l'heure », ces déterminations gardent leur plein sens. Pour lui, pas plus que pour quiconque, il n'y a de lacune dans le cours du monde. Et la trame temporelle qui semble soutenir ce cours demeure, elle aussi, sans lacune, au fil des jours. Il reste cependant que « quelque chose », qui se passe dans le monde et selon son cours, inscrit le sujet dans le présent avec cette marque d'absolue discontinuité qui le rend, pour ainsi dire, absent du cours usuel de sa propre histoire. Ce qui est « fautif » dans l'expression que j'ai utilisée à l'instant c'est donc l'usage de la préposition « dans ». Cet usage suggère l'idée d'une trame continue (en dernier ressort le cours du temps) *dans* laquelle se produiraient ces effets de discontinuité, du fait de l'irruption de quelque « altérité », à la façon d'une surface continue qu'un coup de couteau déchirerait par endroits ; on dirait alors qu'« il y a des trous *sur* la surface ». Ainsi ma « faute » tient à la langue elle-même et au poids « représentatif » que comportent les mots. Il me faut cependant tenter de la corriger, en contournant cette force représentative, si je veux éclaircir ce qui importe ici : l'unité des trois termes (l'arme, l'enfant, le flic) au sein de cette soudaine incomplétude du corps.

Les mathématiciens appellent « continu » un espace connexe et compact. Connexe veut dire : impossibilité de diviser en deux ensembles disjoints et non vides. Compact veut dire : possibilité d'extraire de l'espace en question un ensemble fini d'ensembles ouverts, le recouvrant entièrement. Exemple : tout intervalle borné défini sur une droite est compact et connexe. Et la droite elle-même est compacte et connexe si on lui adjoint les « points à l'infini ». Or il n'est pas de continu ainsi défini, sur lequel on ne puisse construire des fonctions discontinues. Une fonction n'est rien d'autre qu'un ensemble de points reliés entre eux par une loi de correspondance.

$x \to F(x)$: la fonction F fait correspondre aux x leur image $F(x)$.

La continuité ou la discontinuité d'une fonction dépend ainsi de la forme de la loi de correspondance qui la définit.

A quoi conduit ce discours ? A ceci. Nous pouvons nous représenter ce que nous nommons « cours du temps » (et c'est même en cela que consiste sa représentation la plus ordinaire) comme un ensemble de points linéairement ordonné. Et nous pouvons donner à cet ensemble de points comme « support » la droite réelle munie de sa topologie usuelle dont les intervalles ouverts constituent la base. Tout laps de temps fermé (même si nous ne savons pas le mesurer) est alors compact et connexe et constitue un « continu ». Mais qui nous empêche de concevoir sur ce « continu » toutes les fonctions discontinues que nous voulons ? Rien ni personne. Il nous suffit d'imaginer les formes de correspondance convenables, pourvu qu'elles soient compatibles avec la structure topologique dont nous aurons muni notre « espace » de départ. Il nous faut donc bien ici imiter un peu les mathématiciens qui s'arrangent de façon à définir sur les « espaces » de départ des topologies telles qu'ils puissent construire *assez* de fonctions continues et *assez* de fonctions discontinues : un espace sur lequel on ne pourrait obtenir que des fonctions continues n'est pas considéré comme très intéressant, pas plus qu'un espace sur lequel les seules fonctions continues seraient, par exemple, les fonctions constantes.

Du parti pris éthique à l'engagement « politique »

Je dis bien : « imiter un peu les mathématiciens », pour bien marquer les limites de cette entreprise : nous ne mathématiserons pas le champ symbolico-charnel, mais peut-être pourrons-nous contourner les incertitudes de notre langue maternelle, et corriger l'abus que nous avons fait de la proposition « dans ». Il serait tout aussi absurde en effet de dire que « l'incomplétude soudaine du corps » introduit une discontinuité *dans* le cours des choses que de dire, par exemple, que la discontinuité de la fonction $F(x) = \frac{1}{x-a}$ au point a abolit, en ce point, la propriété du plan d'être un continu.

Ce léger détour n'a d'autre fonction que de nous mettre en présence de ce qu'il nous faut ici chercher à préciser : quel est l'ordre des relations et la forme des correspondances qui, produites selon le cours du temps, manifestent, en leur espace propre, des régions de discontinuité, des régions telles que le sujet en vient à s'y voir « détemporalisé » (happé dans le présent comme on l'a dit par métaphore) ? Je supposerai donc que j'ai affaire ici à un ensemble à trois éléments : l'arme, l'enfant, le flic. Construire à partir de cet ensemble (sur l'ensemble de ses parties) toutes les topologies qu'il comporte est simple affaire de routine, mais n'offre, dans le cas présent, aucune espèce d'intérêt. Ce qui nous importe c'est l'élément. Si j'ai employé l'article défini (*l*'arme, *le* flic), c'est pour bien marquer que chacun des « objets » ainsi désignés est pris comme représentant d'une classe d' « objets ». Or, selon les exigences propres à la structure du champ symbolico-charnel, auxquelles nous avons décidé de nous astreindre, ces classes sont, en chair et en os, absentes pour le sujet : ce qui est présent au voisinage ne peut se désigner que par un demonstratif : *ces* enfants, *ces* flics, *cette* arme, à *cette* heure, et tout cela dans l'éclat d'une présence une que l'incomplétude du corps désigne à son tour. L'effondrement de la relation instrumentale propre à cette incomplétude exclut que l'on puisse en ce cas attribuer aux classes « représentées » le degré de consistance que l'on concède habituellement à de telles classes. Impossibilité en somme de dire : « Soit x un flic. Il est bon à tuer. » Exactement comme on dirait : « Soit x un nombre pair, il est divisible par deux. » Pourtant c'est bien une classe d'« objets », d'une certaine façon, substituables, que désigne chacun des éléments de mon ensemble de départ.

Substituables. Soit. Mais relativement à quoi ? J'y insiste. Je peux dire par exemple : « Les hommes chauves sont substituables relativement à cette propriété "n'avoir pas de cheveux" et à condition que je me borne à la considération de cette propriété. » Encore convient-il que j'aie quelque raison de me borner a cette considération. Ce peut être le cas si j'exerce la profession de coiffeur ou si je m'intéresse aux causes de la calvitie. Or, dans le cas qui nous occupe, les « propriétés », relativement auxquelles nos « objets » pourraient s'offrir en classes d'éléments substituables, sont refoulées. Elles ne font pas partie du champ de l'expérience présente : elles sont exclues du voisinage. C'était bien là l'indication que nous donnait le phénomène dont l'analyse nous préoccupe : l'unité des trois termes au sein de la soudaine incomplétude du corps.

Nous retrouvons ici une notion qui nous est familière depuis le début de notre entretien : le caractère instable de la relation d'appartenance pour les configurations accessibles dans le champ symbolico-charnel et conformément à sa structure (relation circulaire entre l'ouverture et la fermeture). C'est bien pourquoi, lorsque j'ai utilisé plus haut l'expression « objets substituables », j'ai mis le mot « objet » entre guillemets pour indiquer qu'il ne fallait pas l'entendre en son sens

Du parti pris éthique à l'engagement « politique »

usuel. A vrai dire « objet » désigne ici une région (un « point », si on préfère) du champ symbolico-charnel pris comme source (respectivement but) de flèches de renvois symboliques. Pris en dehors de cette fonction et extrait de ces renvois, un tel « objet » ne comporte aucune espèce de propriété. Concrètement cela veut dire que, dans le cas qui nous intéresse, les flics qui étaient là n'étaient pas effectués comme « élément de l'ensemble des flics », ni l'arme absente comme « élément de l'ensemble des armes individuelles disponibles ce jour ». Que représentaient-ils donc qui leur fût substituable si je me suis trouvé fondé à penser ce jour-là : « *le* flic » et à désigner ce qui s'offrait là devant comme *le* Mal, qu'il convenait d'effacer ?

Le style de la réponse peut presque se déduire, pour peu que l'on se pose cette question : qu'est-ce qui fondamentalement et en premier peut être dit « substituable » selon les exigences du champ symbolico-charnel ? D'abord certainement les sources et buts de renvois circulaires stratifiés au sein du bassin de capture. En second lieu (et nous l'avons indiqué plus haut à propos des croyances) les bassins de capture eux-mêmes codésignés dans le jeu des flèches à boucles, constituant ainsi ces régions stratifiées mais toujours fragiles du champ, où semble résider le sens. Enfin ces régions stratifiées elles-mêmes codésignées à leur tour dans le jeu des flèches de renforcement (le « semblant solide » nommé encore, rappelons-nous, de ce nom barbare : « subjectité [1] »). L'instabilité de la relation d'appartenance n'est que l'expression au niveau de la « subjectité » (au niveau de ce qui toujours paraît *demeurer* comme support des renvois) de l'essentielle fragilité des systèmes de flèches et de leur incessant remaniement. « Substitution » signifie donc ici (si du moins

1. Cf. *supra*, p. 119.

Un Destin philosophique

nous nous en tenons aux exigences de cette structure) : « codésignation dans le jeu circulaire des flèches à boucles des régions du champ où ces flèches s'articulent mais où elles peuvent tout aussi bien se défaire ». X est substituable à Y veut dire ici : X et Y sont codésignés dans le jeu des renvois qui renforce leur propre relation de renvoi réciproque en une région de stratification du champ, où « semble » demeurer le sens dont ce jeu de renvois est le germe.

Je n'ai ici que le « style » de la réponse, ou sa forme si l'on préfère : c'est-à-dire ce à quoi elle *doit* être conforme en fonction de la structure du champ dans lequel les effets que nous analysons sont *accessibles* pour un « sujet ». Or, de la forme de la réponse à la réponse elle-même, il n'y a qu'un pas, que nous n'allons pas tarder à franchir. Auparavant cependant séjournons un temps encore dans la forme et demandons-nous quelle peut être, en vertu de la forme du champ, la forme des « effets » qu'il permet. Il est bien clair que ces « effets » ne sont rien d'autre que des modes d'organisation, de désignation réciproque, de stratification, de fermeture et d'ouverture des systèmes des flèches de renvois. Avons-nous des raisons de penser que la forme des effets permis par le champ est l'ordre *(au moins* dense) de la succession des instants ? Faut-il ici répéter la leçon de Kant : tout ce qui peut s'offrir à l'expérience s'organise en premier selon la forme du sens interne (qu'il nommait « temps ») ? Je ne le pense pas. Nous avons toutes les raisons de penser le contraire : l'ordre des flèches de renvois symboliques est indifférent à l'ordre du temps. En vertu de sa forme : circularité des flèches dans l'organisation des bassins de capture. Il n'y a rien de bien neuf dans ce que j'énonce ici. Freud (que tu détestes) l'avait dit voici bien longtemps dans son langage lorsqu'il attribuait à cette structure, dont nous ne savons pas grand-chose,

Du parti pris éthique à l'engagement « politique »

et qu'il nommait « inconscient », le caractère essentiel de l'indifférence à l'égard de la forme usuelle du temps. Pour ce qui nous concerne nous dirons que la forme selon laquelle s'organisent les effets permis par le champ symbolico-charnel est définie par la relation des germes de bassins de capture des flèches symboliques (circularité du manque, écart essentiel jamais aboli). Dois-je ajouter qu'il en est de la représentation linéaire du temps, ce support continu du cours des choses, comme de la relation usuelle d'appartenance : qu'elle s'effondre selon l'ordre symbolique et en son sein ? Je l'ajoute sans remords. Mais je précise aussitôt (et voici Kant qui ressuscite) : ce qui s'effondre, selon les exigences propres à un certain espace, demeure, bien sûr, en son espace propre. Cela veut dire très concrètement que ce qui se produit selon l'ordre symbolique se passe toujours dans le laps de temps sans lacune qui sépare la naissance de la mort. Je ne peux pas développer ce point qui n'a que peu de rapport à notre objet. Mais ce qui se montre ici c'est la triple appartenance de tout ce qui s'offre à l'expérience : à l'ordre du réel selon le cours des choses et l'inexorable flèche du temps ; à l'ordre de la désignation selon les strictes relations d'appartenance ; à l'ordre du symbolique selon l'ordonnance des flèches à boucles. Que ces ordres soient compatibles n'est pas douteux. Les confondre ou les mélanger ne peut conduire qu'à des contresens. Quant à chercher leur degré de compatibilité dans le domaine de leurs connexions, je ne le tenterai pas maintenant. Ce que j'en ai dit suffit pour ce que nous cherchons.

Rappelons-nous : nous cherchions les modes de correspondance qui, en leur espace propre, et selon sa structure, produisent des effets de discontinuité : en particulier, dans le cas qui nous intéresse, l'effet de « *détemporalisation au présent* » du « sujet ». Nous sommes maintenant en mesure de l'affirmer : ces modes de correspondance sont ceux-là mêmes dont j'ai esquissé la description, dans la première partie de cette longue lettre (mais tu m'avais concédé trois cents pages, je m'en souviens) ; en dernière analyse, flèches de renvois symboliques articulées en des germes de bassins de capture. Peut-être m'eût-il suffi de le dire. Mais il valait mieux, pour ce cas aussi, tenter de le vérifier. Les effets de discontinuité laissent inentamé le cours sans lacune du temps public. Ils laissent inentamé le mode de représentation qui supporte ce cours et que le sujet qui vit s'attribue comme forme du « sens interne ». Mais ce qui s'est offert et toujours s'offre selon ce cours entre la naissance et la mort, tout cela qui advient, est advenu et peut advenir, est toujours et sans cesse désigné à neuf et réarticulé dans le jeu des renvois symboliques selon une ordonnance que l'ordre successif du « temps » ne domine plus. Les « discontinuités » sont ces régions désignées et codésignées ; des régions dont la singularité tient au caractère des flèches et, si l'on permet cette métaphore mathématique, à leur degré d'accumulation au voisinage d'un attracteur.

Telle est la forme à laquelle doit être astreinte la réponse à la question que je pose : qu'est-ce qui s'est effectivement passé ce jour de juillet à six heures trente du fait de la relation manifeste entre ces trois termes : l'arme, le flic, l'enfant ? C'est le dernier pas qu'il nous faut franchir.

E. L'ARME ET LE MAL

Ce qui s'est passé selon l'ordre des événements c'est la rafle des 16 et 17 juillet 1942. Selon l'ordre des événements nous avions été avertis de cette rafle quelques jours auparavant. Un ami de la préfecture de police, à

Du parti pris éthique à l'engagement « politique »

qui nous devons beaucoup, nous avait alertés, Dominique et moi : « Dites aux juifs que vous pouvez toucher de se planquer sans tarder. Cachez-les par tous les moyens. » Depuis trois jours nous parcourions le quartier Saint-Paul. Nous ne pouvions qu'avertir au hasard des rencontres, n'y connaissant presque personne. Et nous n'avions aucun contact avec une organisation capable de tenter quelque chose de sérieux. Nous étions des isolés, de vrais « francs-tireurs ». Mais enfin, aller par les rues, parler aux gens, alerter, c'était un projet dont le gestuel s'organisait selon une continuité en somme relativement satisfaisante. On ne pouvait pas faire grand-chose — mais ce peu on tentait de le faire. Nous *savions* où était le mal. Du côté des SS et de leurs amis. Aucun problème sur ce point. Ce n'est donc pas l'événement qui m'a surpris, le matin à six heures trente. Il était attendu. Seul son spectacle a brisé l'habituelle continuité des projets (j'allais dire la routine) du « résistant ». C'est donc que la scène visible ce jour-là mettait en mouvement d'autres « personnages » que ceux qui y jouaient leur rôle manifeste.

Le « flic » d'abord. Ceux que je voyais là et que je ne connaissais ni d'Ève ni d'Adam, contre lesquels personnellement je n'avais rien qui appelât au meurtre, renvoyaient sans doute aux figures symboliques du militaire et du chanoine, et ces figures avaient contribué à creuser le vide où s'était abolie la Loi. C'était donc de nouveau la Loi qui revenait ici, menaçante ? C'était elle qu'il me fallait maintenant abolir de nouveau ? Et ce que j'ai nommé « désir de meurtre » était-il seulement l'expression présente de cette exigence d'annulation dont la réalisation, maintenant, n'incombait plus qu'à moi ? C'est bien ainsi que je peux aujourd'hui me représenter les choses. Mais à y réfléchir, je ne crois pas qu'elles aient été aussi simples.

Je t'ai parlé du militaire qui m'a porté à aimer

Un Destin philosophique

« Biribi ». J'ai peu parlé de l'autre figure nommée « chanoine ». C'était un saint prêtre *(un santu prete,* disait-on dans la famille, car il était bien entendu que l'officier était « glorieux », le prêtre « saint » et le bagnard « misérable »). Le saint homme souriait toujours. Il tenait à la main une fine baguette d'olivier.

Et il posait des questions : « Qu'est-ce que Dieu ? » « Qu'est-ce que le péché ? » « Pourquoi le péché déplaît-il à Dieu ? », etc. Il fallait répondre sans se tromper. A chaque faux pas, pan ! un coup de baguette sur les mollets. Le coup de baguette était le prix du mot mal dit. Il m'arrivait de penser : « Pourvu que le Diable existe. Certainement, il doit exister. » Je priais le Diable de faire un miracle ; que je devienne tout d'un coup très grand, très gros, gigantesque, là devant le chanoine qui mourrait de saisissement, étouffé par son sourire. Et je rêvais que, reprenant ma taille d'enfant, je retournais à la maison pour annoncer la nouvelle : « Le saint prêtre est mort. Il est mort brusquement pendant le catéchisme. » Et j'imaginais la suite : la scène du rite funéraire, parfois vécue dans ma petite enfance. On ramènerait le corps dans son village du Cruzini, loin derrière Vico, dans la montagne. Là vivaient encore des pleureuses. Elles se balanceraient autour du cercueil ouvert, chantant les louanges du mort. Parfois elles s'interrompraient pour pousser de longs cris et se griffer le visage (ou faire semblant, elles étaient payées pour cela). Elles diraient tout le bien qu'il avait fait, chaque jour, de l'aurore au soleil couché, et tous ses mérites, morts comme lui. Oui, je le voyais mort, le chanoine, ces matins-là. Or, le saint prêtre ne mourait jamais. Il n'y avait là ni Dieu ni Diable ; rien qu'un gros homme avec une baguette d'olivier, un gros homme qui croyait tout savoir sur le péché. *Tout cela* me suggère que la loi avait quelque chose à voir avec la mort.

Du parti pris éthique à l'engagement « politique »

Ce n'était donc pas seulement la loi annulée qui faisait irruption ce jour-là sous l'espèce de ces flics. A vrai dire elle ne pouvait faire irruption, n'ayant nul lieu où s'inscrire. Elle n'avait pas laissé de vide : pas de place pour autre chose, ni même pour son propre retour. Là réside la « complication » que j'annonçais. N'oublions pas ce que j'ai formulé plus haut. C'est l'espace symbolique entier où s'était inscrite la loi qui s'était trouvé (passe-moi l'expression) « nullifié » : aboli dans le moment qui le ferme, ineffectuable pour le « sujet ». Cette abolition ne laissait aucun vide : elle était le « vide » (marque d'un manque absolu, comme on l'a reconnu déjà). Ce qui faisait irruption c'était son caractère de nullité, et encore une fois l'absolu du manque. Ce qui avait ouvert la voie à la vie éthique se trouvait ainsi codésigné et surdésigné. Marque sur marque. Les flèches de renvois symboliques stratifiées (toutes ces « figures » que j'ai nommées, y compris sans doute celle du manchot) se réarticulaient en ce point, et donnaient leur poids spécifique, celui de la Mort, aux flics qui étaient là ce matin, et qui, eux, n'y pouvaient rien. Ainsi se constituait dans ce qui se présentait là une région d'accumulation de flèches symboliques. Mieux encore : « les flics » étaient eux-mêmes source de renvoi, vers la connexion des bassins de capture où s'était désignée, comme manque absolu, l'unité de la mort et de la Loi : le manque qui avait ouvert à la vie éthique se trouvait « surdéterminé au présent ». Cela veut dire que le sujet qui vit en ce moment est « comme mort ». Ce mot « mort » ne désigne pas ici la circonstance factuelle de la mort d'un tel ou d'un tel. Cette circonstance on la découvre quotidiennement dans la chronique dite « mondaine » des journaux : une lecture qui laisse le sujet inentamé le plus souvent. Selon le « cours du monde », ça vit et ça meurt. Cela est bien connu. Le mot désigne tout autre chose : l'extrême pro-

Un Destin philosophique

ximité d'une rupture radicale, la présence là du point de non-retour, où se montre la nullité de ce qui fut la plénitude du temps. Telle est la première marque de discontinuité dont j'ai dit, par abus de langage, qu'elle paraissait s'inscrire « dans » le cours du temps. Tout ce dont le « sujet » a vécu ou souhaité l'anéantissement se réveille alors et, de nouveau, le marque au présent. Un présent qui, tel un but ultime de tous ces renvois, se referme sur sa nullité.

Cette nullité n'était pas un « rien » : une lacune, dans le cours des choses. Elle était le caractère de ce présent (sa couleur, si l'on préfère) avec son environnement propre : la place, la rue Soufflot, les rares passants. Tout ce qui s'offrait là portait ce caractère de la discontinuité. Et c'est pourquoi le « sujet » se disait « plus mort que vif » (rappelons-nous aussi les paroles du manchot : « Tant que tu n'as pas trouvé le moyen, tu n'es pas vivant »), tout en continuant de vivre, de marcher, de marmonner, comme si de rien n'était. Le corps, présent au monde, et pour qui, selon les rapports du voisinage, se nouait la relation entre les éléments de ce spectacle, le corps s'inscrivait lui-même dans cette discontinuité et prenait son caractère. Cela veut dire qu'il devenait à son tour but de renvois pour des flèches symboliques qui avaient, selon quelques relations et après bien des « voyages », concerné au plus près tout ce qui s'était, selon l'ordre symbolique, articulé autour du « flic ». Et c'est pourquoi, sans doute, l'arme, que le sujet ne portait plus depuis longtemps, est devenue brusquement « absence d'arme », affectant le corps de cette « incomplétude ». L'arme, dans sa singularité familière, désignait ainsi une région de condensation des flèches de renvois déjà marquées du sceau des cibles annulées. Et si je me pose cette question : « De quoi l'arme que je n'avais plus était-elle le substitut ? », je n'entrevois selon l'ordre symbolique

Du parti pris éthique à l'engagement « politique »

qu'une réponse : elle était le substitut des figures symboliques qui avaient produit les effets de discontinuité propres à « nullifier » l'ordonnance symbolique de la Loi. Le « sourire » du bagnard peut-être en premier, ce « semblant sourire » dont je t'ai dit qu'il avait fait « basculer le monde ». Mais bien d'autres choses encore, à quoi ce « semblant sourire » était lié selon la force de sa négation. Tout ce que ce sourire avait cassé se réveillait donc à nouveau sous ce nom l' « arme » et se réveillait pour détruire. Détruire. Soit. Mais que détruire ? Le « flic » bien évidemment. C'est-à-dire encore ? Rien d'autre que l'ordre symbolique de la Loi déjà annulée, mais qui, faisant retour dans son néant, frappait de nullité le présent même que vivait le « sujet » jusque dans son corps. C'était donc cette nullité qu'il fallait abolir. Et le « sujet » ressentait dans sa main inutile cette exigence, sous ce nom « pas d'arme ». Qu'attendait-il alors sinon une autre continuité qui naîtrait de cette discontinuité même ? Quelque chose comme un enchaînement d'actes qui, se renouant à eux-mêmes, donneraient de nouveau au temps sa plénitude et au présent son poids.

Ce que je dis ici peut paraître opaque à qui n'a pas vécu dans son adolescence les mêmes circonstances, ni subi les mêmes espèces de rites. Cette histoire d'arme absente risque de lui sembler des plus étranges. Il faut savoir ce que voulait dire, en certains coins de Corse, à la fin des années 20 de ce siècle, l'accès à la possession d'une arme à feu. C'était le signe d'une mutation par laquelle on sortait de l'enfance. A peine passé seize ans certains d'entre nous allaient chez l'armurier. On avait économisé l'argent, et on choisissait sur ses conseils une arme à feu : généralement un pistolet automatique 7.65. On n'avait pas le droit à un plus fort calibre. C'était une longue délibération, accompagnée de nombreux essais. Auparavant on n'avait possédé en propre

Un Destin philosophique

que des couteaux ou des carabines de salon (appelées « Flobert ») à un seul coup. Maintenant on était à égalité avec les adultes. A quoi servait cette arme ? A rien, généralement, sauf pour certains, « tordus de la gâchette », et qui en moururent vite, s'étant entre-tués « pour voir », comme si on pouvait se tuer « à l'essai ». Habituellement on s'exerçait au tir sur des troncs d'arbre, des bouchons ou des bouteilles flottant sur la mer. Avant tout elle servait à être portée, à être là. Elle transformait l'image du corps, comme la cigarette ou la pipe. Elle complétait le corps qui, de ce fait, n'était plus vécu comme un corps d'enfant. Un rite d'initiation en somme, mais dont l'initiative était laissée aux seuls initiés. Cette initiation née du port d'arme entraînait ainsi toute une éducation. Le manchot dont il a été question plus haut m'en avait dit les règles, un de ces rares soirs où il parlait. Selon le code qui convenait à ce lieu et à sa « folie ». « L'arme, disait-il, c'est un secret dont tu es responsable. Tu la tiens cachée. On doit savoir que si tu la montres, c'est seulement pour t'en servir. Tu ne dois jamais faire un geste de menace. Si on t'insulte, tu ne réponds rien. Tu laisses dire. Toi, n'insulte jamais personne. Si quelqu'un t'insulte trop et trop souvent, tu ne dis rien non plus. Pas un mot. Un geste suffit et un regard. Ça veut dire : " Prends garde à toi. " Le type s'arrête alors. Il sait ce qu'il risque. Jamais un mot plus haut que l'autre. C'est très important. Tous ces crétins qui braillent en agitant les pistolets chargés, ils ne sont pas dignes de l'arme qu'ils portent. Ne te mêle jamais à eux. Ils ne valent pas le prix d'une cartouche. Une arme ça n'est pas fait pour ça, pour faire le fier-à-bras. C'est fait pour indiquer qu'il faut respecter la limite après laquelle on risque la mort. C'est très sérieux et c'est comme ça que font les gens qui ont l'habitude. Tu vois, ici tout le monde est calme et poli avec moi. Et tu ne m'as jamais entendu

Du parti pris éthique à l'engagement « politique »

prononcer une parole de travers. Fais bien attention aux visages, aux yeux surtout. Les gens vraiment dangereux, ceux qui portent la mort, on finit par les reconnaître. Il y en a partout. En petit nombre heureusement, et c'est bien trop déjà. Le mieux est de les éviter. Eux ne disent jamais rien et ne provoquent jamais personne. Ils attendent. » Ainsi apprenait-on à vivre « civilisé » selon l'étrange code de ce lieu. Dans la défiance réciproque, on s'efforçait de différer l'usage de la violence (fût-elle seulement verbale) jusqu'au point de non-retour, qu'on espérait bien ne jamais atteindre. Sinon, à chacun son destin.

L'essentiel, pourtant, ce jour dont je te parle, n'était ni l'image du corps, ni cette retenue dans la violence. Il y avait bien longtemps, ce matin de juillet, que le « sujet » dont il est question ici avait, sinon aboli, du moins refoulé cette image. Il n'était pas en état de manque à l'égard de l'arme comme pourrait l'être, relativement au tabac par exemple, quelqu'un qui en aurait été privé. Depuis longtemps déjà il avait dépouillé à l'égard des autres toute défiance. Et à vrai dire, jamais il n'avait guetté sa mort dans les yeux d'autrui. En vérité tout se nouait pour lui, et jusqu'à l'effet de discontinuité dont il vient d'être question, autour du troisième élément de la scène : l'« enfant captif ». De quel nœud de relations, depuis longtemps stratifiées dans le champ symbolico-charnel, ces enfants étaient-ils le substitut ? L'important était leur présence ici, en chair et en os, leur présence corporelle, et l'état d'abattement passif où ils étaient réduits. Ils ne faisaient rien, ne disaient rien. Ils étaient là. C'est tout. Mais qui était là sous leur nom (enfant-victime) et selon leur mode d'être ? Encore une fois la Loi ? Comme on l'a vu à l'instant, la Loi ne pouvait pas faire retour pour le « sujet », son abolition n'ayant pas laissé de place vide, ni pour elle-même, ni pour autre chose. Ce qui avait fait

Un Destin philosophique

retour sous les noms d'un « flic » et de l' « arme » c'était la nullité même. Pourtant il n'en était plus de même devant la présence de l'enfant captif. La Loi cette fois faisait retour : mais pour d'autres qui dans leurs corps étaient devenus sa proie. Les enfants étaient-ils alors le substitut du « sujet » lui-même ? Sans doute mais le substitut d'un moment depuis longtemps dépassé dans ce qu'il se représente aujourd'hui de son histoire propre. C'était comme une répétition au présent de ce qui l'avait, lui, autrefois brimé et nié au plus profond de ses désirs. « Répétition » ne veut pas dire que le sujet vivait à nouveau ces moments où il avait subi, sous certaines figures et certains noms, l'agressivité de la Loi. De tout cela il ne se rappelait rien, en cet instant du moins. Il n'avait qu'une pensée : le manque d'arme. A la vérité la présence des enfants exerçait à son tour la fonction d'une cible ultime pour les flèches de renvois dont la connexion avait entraîné pour lui, « sujet », la « nullification » de l'espace symbolique de la Loi.

Ainsi s'animaient dans ce présent toutes les « figures » dont je t'ai parlé, et beaucoup d'autres encore qui leur étaient proches (tous ceux qui, depuis des années déjà, m'avaient montré leur visage « fasciste »). Et au moment même où s'y animaient, elles y trouvaient leur mort. Seules vivaient ici les victimes. Et leur vie était cette mort. La « Loi » faisait-elle retour en cet instant ? Oui. Mais dans la nullité. Or cette nullité était celle de son espace symbolique. Elle faisait donc retour, privée de cet espace. C'est-à-dire encore ? Ineffectuable pour le sujet. « Ineffectuable » veut dire que le sujet n'y trouvait nulle place, nul point d'insertion. Quelle était alors la marque de ce retour ? Rien d'autre que l'absolue gratuité de la violence. La Loi faisait retour comme « scandale absolu » de sa propre violence ; si bien que ce que le sujet n'avait jamais vécu,

Du parti pris éthique à l'engagement « politique »

cette pureté « a-symbolique » de la violence, il le vivait à cette heure par la médiation de ces enfants. « Médiation » n'est ici qu'une commodité de langage (encore un abus) pour désigner la double fonction exercée ici par les victimes : celle de cible pour les flèches de renvoi et celle de source de renvois vers le mode de présence, en ce voisinage, du « sujet » lui-même.

En cette région morte de l'espace symbolique s'assemblaient le flic, l'arme et la victime. La victime était ici l'indice de la présence du « sujet ». Cela veut dire que comme cible de flèches de renvoi elle était son « substitut » et que comme source de renvoi elle le désignait au présent. Il me faut ajouter alors que du « sujet » à la victime le rapport était d'équivalence, relativement à la pure violence a-symbolique de la Loi annulée. C'était du « sujet » aux « victimes » comme une « équivalence symbolique », une quasi-identité, selon laquelle le sujet se découvrait, en vertu de sa seule altérité, comme le même que les victimes. Étrange situation que je peux tenter de formuler ainsi : j'étais ceux que je n'étais pas et ne pourrais jamais être. J'étais là où étaient les autres depuis le lieu même où je me tenais et qui n'était pas le leur. Là est l'essentiel et c'était là que je voulais parvenir : la « structure du signal » qui appelle à la « solidarité ». Comment nommer ce qui anime cette structure ? Proposons un nom : ubiquité symbolique du corps. Ce nom est-il de nature à nous étonner ? Nullement. Cette ubiquité nous l'avons déjà rencontrée dans des cas « bénins ». Nous la rencontrons maintenant en une situation dramatique, où il y va de la vie. Cette ubiquité n'est que l'expression locale et toujours renouvelée de la structure globale du « champ symbolico-charnel » au même titre que l'instabilité de la relation d'appartenance. C'est pourquoi il faut se garder d'entendre le mot « équivalence », que j'ai utilisé faute de mieux, au sens strict

Un Destin philosophique

qu'il a pour les ensembles stables, les relations bien définies et les objets explicitement désignés auxquels nous avons affaire lorsque nous pratiquons la logique formelle et l'algèbre. « *Nous sommes tous des juifs allemands.* » Rappelons-nous ce cri de mai 68. C'est à cette revendication d'identité qu'il faut penser lorsqu'on entend ces mots « équivalence symbolique », « ubiquité symbolique des corps ».

Dans le cas présent, cette « ubiquité » affectait le « sujet » dans son corps. Incomplétude, discontinuité, détemporalisation, tout cela s'articulait en cette « région morte » où seules vivaient les victimes. Ce qu'il convenait d'annuler c'était donc cet espace mort. Annuler une nullité. Telle était l'exigence. Mais l'indice de cette nullité était cette violence absolue. Or l'indice de cette violence était le mode d'être des victimes. Qu'annuler dès lors, sinon l'état de victime ? Dans l'enfant captif, le sujet vivait donc la gratuite violence de la Loi. L'enfant était comme son reflet symbolique. Détruire ce reflet était continuer de vivre. Là où étaient les victimes, devant l'absolu de la violence, là serait le « sujet ». D'une certaine façon, il y serait comme destructeur de soi-même, de nouveau meurtrier de la Loi annulée. C'est-à-dire ? Meurtrier des figures charnelles qui portaient l'image de cet injustifiable absolu de la violence.

Tu vois, je n'ai rien fait d'autre que de chercher le sens que pouvait avoir cette proposition si simple que je formulais en commençant : « Tuer afin que cela se sache que tout n'est pas permis contre des innocents. » Ou encore : « Effacer le mal, sans bavure ni pardon. » C'est pourquoi je t'ai dit un peu plus haut je : « L'arme et le mal sont liés au plus profond. » Car le « mal » n'était rien d'autre que cette nullité même, ce « non-vivre » dont le sujet était affecté. Son évidence tenait à ceci que, selon l'ordre des rapports symboliques que j'ai

Du parti pris éthique à l'engagement « politique »

cherché à décrire, le « non-vivre » du sujet n'était rien d'autre que la vie même des victimes qui se désignaient en ce lieu. Le mot « mal » ne désigne pas ici ce que habituellement on entend nommer par son usage : le caractère propre de ce qui inflige aux hommes ces souffrances dont l'accumulation se nomme « malheur ». De même que nous avons tout à l'heure distingué les « manques relatifs » (manque de ceci ou de cela), du Manque absolu que dévoilait la « nullification » de l'espace symbolique de la Loi, de même il nous faut distinguer ici les « maux », quel que soit leur degré, de ce qui se montre ici comme l'absolu du Mal : une nullité qui n'est pas rien. La mort dans la vie même — ou encore ce qu'un « sujet » est contraint de vivre sur le mode de sa propre mort.

Remarquons encore qu'il n'est nullement question ici de ce qu'on nomme habituellement « nature du mal ». De cette « nature » je n'ai rien dit et ne veux rien dire. Je déteste (et toi aussi, je sais) ces « morales » de matamore « fondées » sur ces sortes de discours que quelqu'un formule, quelqu'un qui croit tout savoir sur la distinction du Bien et du Mal. Je n'ai voulu parler ici que du signe par lequel un « sujet » reconnaît qu'il doit affronter le « mal ». Une chose est de savoir où est le mal. Savoir (ou croire savoir) d'où il prend sa source, qui le produit en ce monde, et décider, en vertu de ce savoir, de se battre contre lui. Autre chose est le *voir*, incarné dans son absolue gratuité, manifeste comme unité dans le présent de la Mort et de la Vie. Qui, fût-ce d'une façon fugitive, n'a pas vécu, dans l'éclat de quelque terrifiante présence, cette unité, pourra peut-être décider d'agir « à contre-mal ». Mettra-t-il pour cela sa vie dans la balance ? J'en doute. Peut-être s'y résoudra-t-il, porté par le poids des choses. Mais « le cœur n'y sera pas ». Il se résignera à risquer la mort, mettant, tout le temps qu'exige l'entreprise, sa vie entre paren-

Un Destin philosophique

thèses. Ce qui peut passer en effet pour la marque même du courage. Mais ce n'est pas tout à fait de cela qu'il s'agit dans le cas présent. Mon analyse est-elle complète (relativement du moins aux questions que je pose) ? Pas encore. Il me faut éclaircir davantage le sens de ce que j'ai nommé « solidarité ». N'oublions pas que c'était là le point que j'avais décidé de distinguer ; et c'est pour cela seulement que je me suis laissé conduire par le fil de mon discours. Il fallait comprendre la structure du signal qui m'avait fait certain jour « solidaire à contre-mal ». Sur la structure du signal nous en avons assez, il me semble, maintenant. Mais qu'en est-il de *l'effet* : cette « solidarité » ? Le point demande encore examen.

F. Etre « solidaire »

Je répète donc. Par « solidarité » je n'entends pas désigner ici le caractère *solide* des relations réciproques de dépendance qui s'instituent toujours au sein de ce que nous nommons « vie sociale ». Il est bien connu qu'il n'est au pouvoir de personne de s'abstraire de ce « caractère solide », qui constitue l'horizon, nécessaire et déjà là d'avance, de tout acte, de tout projet et de toute décision. Je tiens cela pour acquis. Mais ce n'est pas, en ce moment, ce point qui m'occupe. Ce qui doit maintenant m'inquiéter, c'est la structure de la *réponse* à ce signal dont nous connaissons à peu près l'allure.

C'est là le point décisif. Si je ne m'acquitte pas de cette tâche d'une manière cohérente avec ce qui précède, tout ce que je t'ai écrit jusqu'à présent compte pour rien, ou demeure gratuitement refermé sur son seul contenu, inutile par conséquent.

A nous en tenir, au départ, à un point de vue pure-

Du parti pris éthique à l'engagement « politique »

ment formel (c'est-à-dire suivre les indications que donne la forme du « champ symbolico-charnel »), la mise en œuvre de cette question n'offre aucune difficulté particulière. La réponse au signal doit être conforme à la structure du signal lui-même. Et ce qu'il importe de chercher c'est le caractère propre à une telle « conformité ». Encore convient-il (et là est le point difficile) de s'assurer que le « signal » exige une « réponse » conforme. Car, après tout, pourquoi ne pas laisser les « choses en l'état » ? On peut parfaitement souffrir d'un spectacle : le juger intolérable, et, peu après, l'abandonner à son sort, ou s'en remettre à d'autres du soin périlleux d'affronter la part de mal qu'il comporte. On pourra aider « ces autres » à l'occasion, de plus ou moins près. Mais quant à soi, on demeurera en retrait, concerné certes, mais en retrait. Situation usuelle, tu en conviendras. Ce qui nous permet de préciser notre problème : il nous faut comprendre pourquoi, en vertu de sa forme, le « signal » excluait *absolument* que le « sujet » qui en était affecté pût se retrouver mis en situation de retrait.

Le phénomène qui doit ici nous servir de guide se laisse aisément désigner. La forme du « signal » nous l'impose. Je l'ai nommé déjà : « ubiquité symbolique du corps ». Dans le cas qui nous occupe ce « corps » était « incomplet ». Telle était la « couleur » de la discontinuité dont nous avons parlé. Mais comme au voisinage de cette « discontinuité » se constituait (selon les exigences propres à l'espace symbolico-charnel) une région d'accumulation des renvois symboliques qui codésignaient ce moment de discontinuité et le surdéterminaient au présent, et que la *source* de ces codésignations était, en dernier ressort, la coprésence des victimes, la relation d'équivalence entre le sujet et les victimes était absolument indéchirable. Cette « incomplétude du corps » (symboliquement l' « absence

Un Destin philosophique

d'arme ») devait donc être vécue jusqu'au bout sur le mode même qu'imposait cette codésignation et qui prenait source dans les victimes. Cela veut dire : *plus* le « sujet » se retirait en soi-même, dans le sentiment qu'il avait de son incomplétude, *plus* prenait de poids (en raison du jeu des rapports symboliques déjà analysé) l'exigence d'assumer cette relation d'équivalence. Pourquoi ? Simplement parce qu'elle désignait le « sujet » lui-même. Mais elle le désignait *depuis* la place des autres (l' « enfant ») que lui, « sujet », n'occuperait jamais « *par corps* » (si tu me permets cette expression de pisteur de gibier). Ce que j'entends par là est simple, bien que le jeu de relations qui permet cette « simplicité » soit fort complexe. Cela veut dire : le sujet voyait « par corps » les enfants captifs ; et quiconque passait les voyait aussi, mais nul ne pourrait (ni les enfants, ni les flics, ni nul autre) voir le « sujet » « par corps » en position de captif. Et cependant, en vertu de cette différence même, et selon le jeu des renvois qui s'ouvraient en son sein, le « sujet » se trouvait, dans la conscience qu'il prenait de sa différence, désigné au lieu même où étaient les victimes. Non pas comme victime. Mais précisément comme ce « *sujet* » qu'il avait à être. C'est-à-dire ? Comme ce « sujet » qui ne pourrait survivre, dans sa plus extrême singularité, qu'en assumant jusqu'au bout cette équivalence symbolique qui le surdésignait au présent. Et la réponse au signal serait fondamentalement le déploiement de cette exigence : réponse conforme au mode de manifestation du signal lui-même. C'est bien à dessein que j'emploie ici l'expression « déploiement ». Car c'est seulement à partir de ce qu'elle désigne que nous pourrons cerner de plus près le caractère de cette « conformité ». Et de fait, l'état de compulsion du sujet (cette quasi-hébétude qui l'enveloppait brusquement) n'était pas la réponse conforme. Elle était, comment dire, la « queue » du

Du parti pris éthique à l'engagement « politique »

signal, sa retombée, ou encore la trace qu'il laissait, selon sa forme. Pris dans le cours des choses, le spectacle qui avait fait fonction de signal allait bientôt disparaître, laissant derrière lui cette trace : l'hébétude mécanique et répétitive. Un jour peut-être, bien plus tard, le « sujet » (comme moi aujourd'hui) pourrait penser à cette trace, comme à une cicatrice, et rien de plus. Aucune réponse en cela. Rien qu'un signal abandonné et enfoui.

Or, si contingent et fugace qu'ait été le spectacle, le signal quant à lui ne supportait ni l'abandon ni l'oubli. C'est que la trace elle-même qu'il laissait, cette « hébétude » était à double face. Elle marquait une fin, une clôture et, du même coup, portait l'indication d'un commencement. Il ne pouvait en être autrement. En tant que « clôture » du signal elle était marquée et surmarquée selon tout le jeu des relations symboliques que nous avons déjà dégagées. Ce moment de clôture pouvait-il dès lors demeurer fermé sur lui-même ? Pas du tout. Et cela en raison de la structure du signal qu'il fermait et qui portait l'indication du manque, de la nullité qu'il fallait annuler. C'était là, ne l'oublions pas, le caractère de la discontinuité dont il a été question plus haut : une nullité qui n'est pas « rien ».

C'est pourquoi j'ai utilisé l'expression « déploiement » pour désigner le caractère de la « réponse » exigée. Cette exigence de déploiement le « sujet » se la représente, sous une forme qu'il croit simple : « Dorénavant il me faudra changer de projets, se dit-il, et me réaménager selon ces choix. Mon futur ne sera plus dans la suite exacte du passé qui me tient encore. » Et maintenant que je pense à ces événements c'est bien cela que je me dis aussi : j'ai dû changer de projets en ce temps-là. Bien sûr. Mais avouons que lorsque les projets en question concernent au plus près la vie ou la mort du « sujet » et aussi celle de certains autres, le

« changement » est une opération plutôt lourde. Il faut, comme on dit, des motivations extrêmes. De toute façon, ce langage de la représentation n'a que valeur de symptôme. Il est à déchiffrer. Et tu remarqueras que tout au long de cette lettre j'ai passé le plus clair de mon temps à déchiffrer des « données » apparemment simples.

Ce qui m'importe de « déchiffrer » ici c'est ce petit mot très anodin « dorénavant ». Le déchiffrer veut dire le rapporter à la structure symbolique du signal qui nous a fait souci, et qui imposait à ce signal cette forme particulière de clôture : la discontinuité radicale qui affectait la conscience intime du temps. La possibilité de dire « dorénavant » surgirait-elle donc de cette discontinuité même ? En porterait-elle la marque ? Est-ce bien selon cet écart que naîtrait le germe du déploiement ? Exactement. N'oublions pas en effet ce qui a été déjà reconnu du caractère de cet effet de discontinuité. Il tient au mode de connexion des flèches au sein de l'espace des renvois et n'a rien à voir, quant à sa racine, avec le « cours du temps », ni avec sa structure d'ordre, bien qu'il puisse s'y trouver rapporté selon les représentations que le « sujet » en prend, bouleversant ainsi les modes d'accès de ce sujet aux contenus que lui offre sans cesse la « conscience intime » du temps. Que le « sujet » affecté d'une telle discontinuité (au point de se découvrir au bord de la mort, selon l'ordre symbolique) puisse penser : « Dorénavant je... », cela veut dire alors qu'un bouleversement *se produit* dans l'ordonnance des flèches symboliques qui le désignent en son présent. Une autre morphologie s'institue au sein de l'espace des renvois. C'est une articulation nouvelle et inédite des chaînes symboliques. Rassemblées selon la connexion des figures que j'ai nommées (l'arme, le flic, l'enfant), elles désignaient ce point zéro (cette violence a-symbolique de la Loi) que le sujet ne pouvait vivre en

Du parti pris éthique à l'engagement « politique »

sa pureté, à moins de ne le voir à son tour s'annuler. Penser « dorénavant », c'était en ce cas assumer la possibilité de cette annulation. Vivre en ce point zéro donc, mais en suspens, pris dans les réseaux de cette morphologie naissante.

Je ne dirai pas de cette morphologie qu'elle restituait en sa continuité le « cours du temps », puisque celle dont elle prenait naissance, ayant engendré l'effet de discontinuité, ne l'avait, comme nous savons, nullement abolie. Ce qui allait se déployer depuis ce point zéro ce n'était donc pas le « temps » ; il n'avait pas interrompu son cours. C'était une réarticulation des chaînes symboliques qui se mettait en mouvement autour de ce point nodal : l'équivalence symbolique, selon l'ubiquité du corps incomplet, du « sujet » et des victimes. Ainsi ce qui fermait le signal, lui imposant sa forme, l'ouvrait tout autant. Vers quoi ? Vers la réponse qu'exigeait cette forme. C'est-à-dire encore ? Vers la vie du sujet. Ce qui s'offrait selon la forme du signal, comme unité de la vie et de la mort, il fallait « dorénavant » le vivre sur le mode qu'allait imposer cette équivalence symbolique. Le déploiement de cette morphologie neuve donnerait « de nouveau » au temps sa couleur et au présent son poids. Le sujet se projetterait au futur. Selon un enchaînement temporel plein. Plus d'effet de discontinuité, jusqu'à nouvel ordre du moins.

Ce que j'ai nommé « solidarité » n'est, dans ce cas qui nous occupe, rien d'autre que l'effet de surface engendré par ce déploiement, dont l'équivalence symbolique était le principal germe. Ou encore, si tu préfères, quelque chose comme un résidu explicite que le « sujet » accueille et dont il dit qu'il doit se soucier. Se soucier, c'est-à-dire reconnaître ce qui s'annonce ainsi, effectuer ce qui convient, entrer sur les chemins qui s'ouvrent, à l'issue incertaine. Accueillir cet effet était

Un Destin philosophique

pour le « sujet » la seule réponse conforme à la structure du signal qui l'avait accablé un jour de juillet où il marchait désarmé. Le signal désignait un point de non-retour, et la radicale impossibilité du retrait. Il n'était pas question seulement de compassion en ce cas. Ni même du désir de se trouver à la place des victimes et de partager leur sort. Il était question d'effacer dans sa racine le mal qui se montrait là.

Bien sûr tout cela se manifestait sur le fond préconstitué de la socialité. *Il y avait* les juifs. *Il y avait* les nazis. On était du côté des juifs. On était contre les nazis. Mais être « du côté de », être « contre », qu'est-ce que cela veut dire au juste ? *Socius* en un sens pâle, tout homme l'est pour tout autre, fût-il « nazi ». Ce qui compte c'est la manière de l'être au plus près (au voisinage) ; et celle-ci ne saurait offrir un sens pâle. Effacer, par violence, le mal que comporte une présence, la menace mortelle qui naît d'elle, c'est aussi se désigner, de cette façon elle-même meurtrière, comme le *socius* de l'autre qu'il faut affronter. Dans cette relation où chacun tour à tour est gibier et chasseur, les partenaires sont inséparables.

Inséparable du « nazi » et du « juif » (avec tout le poids symbolique qui s'attache à ces mots), le « sujet » dont on a parlé ici devait le devenir en ces jours dont il a été question. Il serait, selon « son corps propre », présent du côté que désignaient les juifs. Présent, « armé à contre-mal » : « solidaire en cela » : inséparable.

Si je récapitule maintenant les conditions qui ont entraîné un engagement de ce type, je dirai sans doute en premier : « Ce furent les circonstances. » Le « sujet » en question se trouvait pris dans un nœud de situations historiques dans lesquelles il n'était pour rien, et dont il a jugé à un moment qu'il devait les affronter. De ces situations, de leurs connexions, des constella-

Du parti pris éthique à l'engagement « politique »

tions qu'elles formaient, des possibilités d'action qu'elles appelaient, et des décisions qu'elles permettaient, de tout cela je n'ai rien dit. Ce n'était pas « mon problème ». Ce que je voulais éclaircir était ce point : que veut dire « juger qu'il faut affronter » ? On croit pouvoir répondre en énonçant : « Il était impossible de faire autrement. La situation l'exigeait. » On répond aussi : « C'était l'intérêt commun. Le sort de la communauté nationale était en suspens. » Ou encore : « L'avenir l'exigeait ; le sort du peuple était en jeu. » Rien n'est faux dans ces réponses. Je dirai même qu'elles éclatent de « vérité ». Malheureusement cette « vérité » est insignifiante ; ou du moins son sens est à ce point recouvert qu'il faut le déchiffrer. Et donc se poser ces questions : que veut dire « exiger » ? que veut dire « impossible de faire autrement » ? que veut dire « intérêt commun » ? L'exemple d'engagement extrême dont j'ai esquissé le traitement rassemblait des données du problème. Encore faut-il bien saisir le sens que comporte la forme de la question « *que veut dire ?* ». Elle peut se traduire ainsi : « Comment, dans quel voisinage, selon quels chemins et quels jeux de rapports, un " sujet "singulier *accède-t-il* aux exigences de l'engagement ? » En dernier ressort en effet tout se décide au voisinage des « sujets » en fonction de sa structure et de ses possibilités de déploiement : le « croire » aussi bien que l'« agir » et le « faire ». Et c'est pourquoi pour l'un et pour l'autre de ces cas j'ai dû tenter de me rendre attentif aux formes du « champ symbolico-charnel ».

Ce fut là une nécessité de méthode. Dire ce *qu'est* le « sujet », je ne le peux ni le désire. Et si on me demandait : « Qu'est-ce qu'un sujet ? », je ne pourrais répondre que par des gestes ou des paroles de simple désignation. Je dirais sans doute : « C'est *cet* homme là-bas qui sourit et qui parle », ou encore : « C'est *toi à* qui je m'adresse », ou : « *Moi* qui parle. » Et si on insistait

Un Destin philosophique

encore : « Pourquoi nommer " sujet " ce qui se laisse ainsi désigner ? » je répondrais : « C'est parce que *je* ne suis rien hors de ces gestes de désignation réciproque. » Du *sujet* donc en tant qu'on lui chercherait quelque épaisseur ou nature, quelque chose comme une intériorité subsistante, je n'ai rien à dire qui puisse offrir l'apparence du vrai, bien qu'il me soit toujours possible (simple question de routine) d'en proposer quelque modèle non absurde. La tradition philosophique n'en manque pas, et il est toujours amusant de la bricoler. Mais en vérité, j'ignore de quoi il s'agit sous ce nom de « sujet ». Et je me demande même si chercher à le savoir, sous la forme que j'ai dite, constitue un problème abordable.

L'usage de la « structure symbolico-charnelle » n'a été qu'un détour pour suppléer cette ignorance, dans la nécessité où nous sommes de dire ce qui advient, pour des « sujets » dont nous ne savons rien, sinon qu'ils sont des corps singuliers et parlants. Or ce qui est advenu en ces jours, que tes questions m'ont contraint de me rappeler, ce fut un étrange phénomène de *répétition*. Ce qui s'est répété ne fut pas un événement (ils ne se répètent jamais, bien qu'ils puissent se ressembler, être du même ordre). Ce ne fut pas non plus la tonalité affective propre à telle ou telle circonstance qu'on croyait avoir oubliée, et qui tout à coup retrouvait, en d'autres lieux et d'autres temps, sa force première. On peut toujours se représenter les choses ainsi et se dire : ce que j'ai ressenti en ces temps lointains de mon enfance, je le ressens maintenant. J'en retrouve le poids. On le peut et j'ajouterai même qu'il est difficile de s'abstenir d'user de ce pouvoir. C'est de cette façon que l'on parvient à croire se connaître, en constituant, selon une trame temporelle supposée pleine, un schéma dynamique de son propre passé. Mais ce langage est celui de la simple réflexion et il est bien proba-

Du parti pris éthique à l'engagement « politique »

ble que rien jamais ne se passe selon les indications que suggère son usage.

Ce qui s'est répété ce fut une forme structurelle. Celle de la configuration régionale du champ symbolico-charnel où s'est manifestée la « nullité » de la Loi. Elle se désignait comme un point « zéro » et annonçait une exigence de déploiement à partir de cette nullité. Point de rebroussement, ai-je dit plus haut, par métaphore. Cette structure se reconstituait mais en une région beaucoup plus riche de renvois symboliques, en une région d'accumulation de flèches, comme nous l'avons reconnu, selon la connexion des trois « figures » qui se montraient là (arme, flic, enfant). Faut-il désigner cette « répétition » comme le « retour du même » ? N'était-ce point le retour du *point zéro* (la discontinuité radicale) ? Et ce *zéro* n'est-il pas toujours *le même* ? Je crains qu'il n'y ait là quelque confusion. Et puisqu'il est question de « zéro », prenons ce nom « zéro » dans son sens arithmétique usuel. Dans l'arithmétique usuelle (standard, comme on dit) des entiers naturels issue de Peano, on écrit : « 0 est un nombre ». Selon la relation d'ordre linéaire définie sur N, on écrira aussi : « Quel que soit x appartenant à N il est faux que x précède 0. » Et une fois qu'on aura défini sur N l'addition et la multiplication, on écrira : « Quel que soit x appartenant à N, $x + 0 = x$ et quel que soit x appartenant à N, $x \times 0 = 0$. » Tu remarqueras que la seconde de ces propositions individualise absolument le nombre que désigne la notation « 0 ». Ce nombre est le *seul* de toute la suite des entiers naturels à ne pas avoir de prédécesseur. En ce sens on dira : « Zéro est toujours le même : il vérifie en tous les cas cette propriété qui le caractérise selon la relation d'ordre. » Tu remarqueras cependant que ce zéro exerce des fonctions différentes selon la nature de l'opération qui le compose avec d'autres nombres. Ce que montre à l'évi-

Un Destin philosophique

dence la différence des deux écritures $x + 0 = x$ et $x \times 0 = 0$. Tu concluras donc sans peine que l'usage du « même » zéro exerce des fonctions différentes : il conserve selon l'addition ; il annule selon la multiplication. Si bien que nous dirions ici (ce qui rend un son bizarre et quasi absurde à une oreille mathématicienne) : « Le retour du même engendre de la différence. »

Ce n'est là qu'un artifice « pédagogique » pour rendre sensible ce fait de la répétition. La structure qui avait engendré le point zéro du champ symbolico-charnel, au moment même où elle se répétait, engendrait à son tour un point « zéro » (cette nullité qui n'était pas un « rien »). Elle y produisait un germe de déploiement d'une tout autre forme et d'un tout autre contenu que celui qu'elle avait produit au moment initial. Le premier moment avait ouvert vers la vie éthique. Le second allait ouvrir vers une autre vie. Nommons-la « politique ». Mais elle portait la trace de la première et devait demeurer fidèle à son « identité ». Ce qui se répétait comme le « même » allait, en raison du caractère de la discontinuité (ou de la région de singularité) produite, engendrer de la différence : une autre morphologie des formations symboliques, comme on l'a dit. C'était cependant une répétition. De même que le « semblant sourire » du bagnard avait fait « basculer » le monde, de même le monde devait « basculer » encore ce jour-là, et en vertu de la même forme, selon la conjonction des trois figures entrevues un jour de juillet.

Il basculait ; mais demeurait toujours là, menaçant, immobile et pesant.

Voici que s'achève cette partie de ma lettre. Je voulais éclaircir le sens de cette proposition si simple : « A l'origine de l'engagement politique il y a souvent (et ce fut mon cas) un parti pris éthique. » Proposition simple

Du parti pris éthique à l'engagement « politique »

qu'il eût été facile de commenter simplement. On eût dit : « J'ai pris parti contre l'injustice. J'ai pris parti pour ceux qui souffrent. J'ai jugé que la société qui engendrait ces injustices était intolérable. A un moment j'ai formé, avec d'autres, les projets nécessaires à sa transformation. » Et on s'exclamerait : « Quel bon garçon c'était là. Que de bons sentiments ! » Or je n'étais pas tellement bon garçon ; je n'avais que de bons sentiments. J'étais plutôt en mon premier mouvement, une nature violente et brutale, avalant ses fureurs et apprenant peu à peu à les tenir en laisse. Mais ni cette violence ni cette brutalité jamais n'auraient pu servir la Loi. Jamais je n'aurais pu devenir « fasciste ». Et tout cela par suite de la conjonction ancienne d'un militaire, d'un chanoine et d'un bagnard.

Ai-je bien éclairé ce qui m'importait : ce passage de l'exigence éthique à l' « engagement politique » ? Je n'en sais rien encore et ne peux dire : « A toi d'en juger. » Tu ne me répondras plus maintenant. Il me reste donc à poursuivre. Qu'en serait-il de la philosophie au sein de la morphologie nouvelle qui, du fait de cette *répétition* dont j'ai parlé, commençait à se déployer ? C'est le seul moyen qui se présente de vérifier mes analyses : les continuer pour voir où elles mènent, relativement du moins aux questions qui te faisaient souci.

VI

L'ÉTAT DE PHILOSOPHE

Revenons à la « philosophie ». En quoi le résultat où nous sommes parvenus (le déploiement de ce germe d'une autre formation symbolique) concerne-t-il la philosophie ou plutôt l'état de philosophe ? Bien entendu je ne peux parler que selon ma propre expérience. Et de ce point de vue les choses se présentent à peu près comme suit.

Rappelons-nous. L'état de philosophe se manifestait comme un état de *sunergos* (coadjuteur) et la tâche philosophique comme *sunergeia* (travail avec et selon). Or il se trouve que le germe de formation symbolique dont il vient d'être question allait exiger à son tour une forme spécifique de *sunergeia*... il fallait agir avec... et selon... Il en résulte qu'il me faut tenter d'éclaircir le mode d'articulation (ou si l'on préfère d'intériorisation réciproque) de ces deux formes de *sunergeia*, prises selon les exigences de leur développement propre. Pourquoi ? Parce que le « sujet » qui vivait ce mouvement et pour qui se déployait ce germe était et demeurait ce qu'il avait appris à être.

La formulation du problème entraîne l'enchaînement des démarches qu'il me faut mettre en œuvre.

213

Un Destin philosophique

1. Dégager du « quasi-récit » par lequel j'ai commencé la forme (ou structure) de l'espèce philosophique de *sunergeia*. Je m'étais contenté d'une description. Il me faut voir la chose de plus près.

2. Vérifier que la « formation symbolique » exigée par le germe de déploiement analysé tantôt est précisément celle que j'ai décrite à propos du « croire » : le « semblant solide » nommé encore « subjectivité ».

3. Rapporter ces deux structures l'une à l'autre et mesurer leur degré de compatibilité. Chercher à voir « ce qui peut se passer » en vertu de leurs connexions. Déterminer selon quelles relations et quels modes elles concernent l'unité du *croire,* du *penser,* de l'*agir* et du *croire savoir*. C'est là le point décisif. Alors seulement il sera possible de comprendre ce qu'a été ce détournement de l'exigence philosophique dont j'ai parlé. Et de comprendre aussi (ce qui est plus important encore) pourquoi ce détournement a laissé inentamée la forme même de cette exigence, lui permettant ainsi de revenir au jour (ce que j'ai exprimé dans un langage qui t'a tellement choqué : « J'ai dû mettre entre parenthèses ce que je tenais pour mes convictions matérialistes »). Il faudra veiller tout au long à tenir ferme la conclusion à laquelle nous sommes parvenus : le « signal » qui m'avait fait « solidaire » *excluait absolument le retrait,* et cela en vertu de sa forme. Trouver refuge dans quelque différence, fût-ce celle que conférait l'état philosophique, était impossible *absolument. Tel était l'effet de l'absolu du Mal.*

A. Parmi les choses selon les signes

Appliquée à l'état philosophique, l'expression « structure de la *sunergeia* » peut passer pour étrange et quasi insensée. On admet la possibilité de parler de la struc-

L'état de philosophe

ture d'une formation d'énoncés, de celle d'une formation économique et sociale, ou d'une configuration historique bien définie. On prendra en ces cas le mot « structure » dans son sens usuel, sans autre inquiétude que celle de dégager ce que le mot désigne, c'est-à-dire la structure « elle-même ». Il semble en revanche que les mots « structure » et « *sunergeia* » ne vont pas ensemble ; l'un désignant un système de relations stables et l'autre un enchaînement d'actes en devenir pour un « sujet ». Si j'allais me laisser intimider par cette difficulté académique, il ne me resterait plus, pour me punir de m'être mis dans ce cas pendable, qu'à planter là mon discours. Ce que je ne ferai pas. Tu comprends aisément pourquoi. Je ne m'intéresse pas plus ici à la structure des formations d'énoncés que je ne me suis intéressé tout à l'heure à la structure des formes sociales de la solidarité. Là n'est pas mon souci. Ce qui me préoccupe c'est la *forme* de ce qui peut advenir au voisinage d'un « sujet ».

C'est cette forme qu'il me faut dégager maintenant pour ces espèces très particulières de « voisinages » que nous nommons « cheminements » ou « visées » vers un état philosophique. Précisons encore que par ce mot de « *sunergeia* » je n'entends pas ce qu'on pourrait appeler aussi « polylogue » philosophique : ce discours à plusieurs voix par lequel ceux qui se nomment eux-mêmes « philosophes » organisent les formes de leurs échanges, soit qu'ils coopèrent, soit qu'ils s'affrontent ; l'affrontement étant d'ailleurs le chemin ordinaire vers la coopération : la « vérité » philosophique, on l'espère, sort de l'échange des arguments ; cet aspect professionnel et quasi institutionnalisé de l'activité philosophique ne me retiendra pas ici, en dépit de l'intérêt qu'il présente. De toute façon, ces gens-là n'auraient pas lieu de discuter s'ils n'étaient à un moment de leur vie devenus philosophes (ou du moins ne s'étaient fait reconnaître pour tels, selon les normes instituées). Je ne parlerai dans ce qui suit que du « devenir philosophe » et selon mon expérience seulement, c'est-à-dire relativement aux normes auxquelles j'ai dû, avec d'autres aussi, apprendre à m'astreindre. Pas plus maintenant que tout à l'heure, tu t'en doutes, je ne raconterai les « étapes » de cette « formation ». Ce qui m'intéresse, comme dans le cas de l'« engagement politique », c'est la forme de ce qui pouvait advenir au plus près d'un « sujet » pris dans cette exigence.

Bernard Groethuysen, qui avait été son élève, racontait que Georg Simmel commençait souvent ses leçons par ces mots : « *Que veut dire proprement... (eigentlich) ?* » Et Groethuysen ajoutait malicieusement : « Il faisait semblant de chercher ce qu'il savait fort bien. Mais il lui fallait se mettre en posture de philosophe. Sans cela il eût passé pour quelqu'un de peu sérieux. *Eigentlicher Sinn* (le sens propre et premier) c'est bien de cela qu'il faut avoir l'air de se soucier. Ne pensez-vous pas ? Mais s'en donner l'air seulement, ce n'est pas possible. On y croit à la longue. » Et lorsqu'on lui demandait : « Fallait-il y croire ? », Groethuysen répondait par une question : « Connaissez-vous un moyen pour faire autrement ? » Homme « socratique », il lui arrivait souvent au détour d'une conversation de dévoiler un problème dans toute sa force, et de laisser son interlocuteur en proie à la question posée.

Il est curieux que cette réponse de Groethuysen rejoigne ce que je t'ai écrit dans une précédente « section » de cette lettre. Je le répète ici, car c'est à cela qu'il nous faut réfléchir : « *Ce* "soi" (il s'agit du "sujet" qui accède à la philosophie) *ne sait pas encore exactement qu'il est. Il ne peut pourtant faire autrement que persister à vouloir être.* » Je parlais aussi de « *"noyaux de sens" dont l'articulation se constitue peu à peu* », et pour finir de la « *forme contraignante d'un pouvoir de pen-*

L'état de philosophe

ser qu'on ne peut plus décliner ». Et j'ajoutais (mais la proposition ne concernait que moi) que dans cette affaire je ne serais rien d'autre qu'un *sunergos*.

Ce n'était qu'une description de surface. Et lorsque je te dis maintenant : « Il nous faut y réfléchir », il n'est pas question de chercher à « savoir exactement » ce qu'est le « soi » qui *dit accéder* à la philosophie, c'est-à-dire qui rapporte l'expérience qu'il prend de cette exigence au « je » qui parle en première personne. Entendons par là que la phrase : « Je suis en train de devenir philosophe », si nous en cherchons le sens, ne nous apprendra rien qui vaille sur ce que désigne le petit mot « je ». Nous sommes (dans un autre « champ ») dans la même situation que tout à l'heure à propos de l'« arme manquante ». (« Même » voulant dire ici « homologue relativement à la forme de la question posée ».) Pas plus en cette occasion que pour la précédente je ne m'intéresserai à la « nature » de ce qui se nomme « sujet ». Mais de ce qui advient à « son voisinage » il est possible de parler. A ceci près : dans le cas qui nous occupe ces voisinages ne concernent plus seulement les « corps parlants ». Je dis bien « plus seulement ». Car ils les concernent aussi. Je pense à Cavaillès, à son sourire, et à tous les visages qui furent si présents, aujourd'hui disparus. Ce n'est plus de cela qu'il va être question maintenant. Pourtant c'est encore de « signal » et de « réponse », de la forme organique de leur unité, et de l'espèce de déploiement que cette unité exige, qu'il sera nécessaire de nous soucier. « Connaissez-vous un moyen pour faire autrement ? » C'était la question de Groethuysen. Elle demeure la nôtre ; sous cette forme : quel est le germe qui porte quelqu'un à s'installer pour son compte dans le champ de la philosophie, au point de ne plus pouvoir à un moment décliner l'exigence ?

Un Destin philosophique

Imaginons la fiction d'un être qui aurait la passion exclusive des choses au point d'être devenu leur proie. Nous pourrons nous représenter cet être comme s'il était un homme. A ceci près. Son seul intérêt serait les « choses ». Pour le reste (les paroles, les expressions...) il souffrirait d'une quasi-cécité : d'un état d'indifférence. Par exemple il saurait tout des lieux où il habite. Non seulement il pourrait tout décrire, différencier tous les objets, mais il ne pourrait s'en empêcher. Ce serait là sa suprême jouissance : voir, retenir, répéter les formes, les couleurs. Toute autre espèce de discours lui paraîtrait impossible et répugnante. Supposons qu'un tel être vive parmi nous hommes. Il nous reconnaîtrait certes et nous distinguerait les uns des autres. Mais selon notre aspect « chose » seulement : la forme du nez, la couleur des yeux, la coupe des vêtements, les chaussures. Chaque fois, pour parvenir à nous distinguer ainsi, il lui faudrait « passer la revue de détail » de chacun de nous, ce qui le réjouirait au plus haut point. Mais il ne verrait pas qui est gai ou triste. Peut-être même pourrait-il fréquenter les bibliothèques, aller au cinéma, ou au théâtre, etc. Mais il ne retiendrait que l'aspect « chose » et dans les discours même qu'il entendrait il ne retiendrait que les mots qui décrivent les choses qu'il connaît déjà. Par exemple si quelqu'un lui disait : « Hier j'avais faim et j'ai dû pourtant me contenter de fruits », il oublierait cette phrase. Pour lui cette expression s'effacerait d'elle-même. En revanche, si on lui disait : « Dans la boutique à devanture verte il y avait de grosses pommes rouges et le vendeur avait un tablier bleu », il accepterait la phrase. L'accepter voudrait dire pour lui « pouvoir décrire minutieusement toutes les pommes qu'il aurait vues, toutes les boutiques, tous les tabliers, tous les vendeurs... ». Laissons à un auteur de récit fantastique le soin d'imaginer comment ce « quasi-homme » pourrait survivre parmi

L'état de philosophe

ces « choses » dont il aurait l'exclusive passion. Il lui faudrait bien, admettons-le si nous le supposons vivant, en user quelque peu et par conséquent interrompre la jouissance qu'il tirerait de ses seuls jeux de mémoire, la sacrifier à certains intervalles. Ne pouvant faire autrement que « répéter les choses », il ne pourrait faire autrement non plus que de briser sa répétition, à moins que, par quelque ressort secret de sa nature, il ne puisse se donner le statut d'une machine à répéter, et en vivre, ce qui n'était pas notre hypothèse. Ainsi, pour cet être imaginaire, la même passion qui exige la répétition exige l'interruption, la cassure. Du moins si nous le supposons parlant et vivant.

Laissons-le, pour un temps, à son sort et imaginons la fiction inverse et symétrique : un « être semblable à un homme » mais pour qui ce que nous nommons les « choses » seraient comme si elles n'existaient pas. Il les verrait certes, les toucherait et entendrait leurs bruits. Mais elles lui seraient totalement indifférentes, en leur singularité. Il ne retiendrait rien de chacune d'elles et n'en pourrait rien dire. Elles seraient présentes mais en un état d'indistinction pâle dont il n'y aurait pas lieu de parler en détail. La seule et exclusive passion de ce « quasi-homme » serait l'expression. Il serait la proie d'un sens toujours absent, et vivrait en suspens dans les mots et les phrases, dans les gestes aussi, les signes et les écrits. Reconnaître ces suites et les compléter serait son unique souci, sa passion dévorante. Hors de ce rapport, il ne serait rien, et ne retiendrait rien. Imaginons-le encore vivant parmi nous qui nous nommons les « hommes ». Comment s'orienterait-il dans ce monde supposé commun ? Il lui faudrait sans cesse inventer des substituts « parlables » pour ces « choses » singulières dont il ne saurait rien. Il irait par les rues, entrerait dans les boutiques, ou au café pour boire un verre. Il rencontrerait des gens. On lui

Un Destin philosophique

demanderait : « Comment étaient la rue et les gens ? »
Et il répondrait : « "Comment", vous dites "comment",
qu'entendez-vous par là ? — Je veux dire : cette rue où
vous étiez, ces boutiques et ces gens. Qu'y avez-vous
vu ? — Rien qu'une rue et des gens et des boutiques.
Une rue c'est fait pour aller et venir, une boutique pour
entrer et sortir. Les gens y passent et y viennent. Certains marchent vite. D'autres lentement. Certains s'arrêtent au bord des trottoirs. Ils font des gestes. Que
voulez-vous que je vous dise de plus ? Il n'y a rien à
voir là-dedans. — Mais vous êtes entré chez le boulanger. Je vous ai vu. — Vous m'avez vu ? Et qu'avez-vous
vu ? — Vous. Je vous ai reconnu de dos. — De dos ?
Comme c'est étrange. C'est vrai, maintenant que j'y
pense je suis entré acheter un pain. — Et la boulangère ? Vous l'avez vue ? — Bien sûr, il y avait *une* boulangère, elle m'a parlé. Elle m'a dit : "Ça sera tout,
monsieur ?" Je me demande bien pourquoi. Si on entre
dans une boulangerie c'est pour acheter du pain. Elle
devrait le savoir. C'est un problème, tous ces gens qui
font semblant... vous ne trouvez pas ? — Mais elle avait
bien une tête, cette boulangère ? — Cette question ! une
boulangère sans tête ne saurait parler. — Quelle tête
avait-elle ? — Une tête comme doit être une tête, avec
tout ce qu'il faut pour qu'une tête soit une tête, du
moins je le présume, maintenant que vous m'y faites
penser. Même qu'elle avait l'air aimable. C'était une
tête comme doit l'être celle d'une boulangère aimable.
— Mais vous l'avez vue ? — Bien sûr. J'ai vu un air
aimable qui ne pouvait appartenir qu'à une tête. Et je
me demande bien pourquoi elle avait cet air. C'est un
problème, ces airs que les gens prennent avec des têtes
qu'on ne voit pas. Et cet air qu'ils se donnent de parler
en désignant ce qui n'est jamais là. » On pourrait imaginer d'autres dialogues du même genre et aussi former la fiction d'un monde dans lequel tous les êtres

L'état de philosophe

parlants seraient semblables à ce quasi-homme. Ce monde n'aurait pas été fait pour eux. Il comporterait des « choses singulières » auxquelles ces êtres auraient affaire. Eux-mêmes seraient des individus singuliers et séparés. Mais ces « singularités » leur échapperaient à jamais. Ne pouvant rien se montrer les uns aux autres, rien qui soit « ceci » ou « cela », ayant cependant sans cesse affaire à ce qui ne peut être que « ceci » ou « cela », ils seraient toujours en quête de procédures de désignation ; ils s'engageraient les uns devant les autres et les uns pour les autres, dans la constitution de longues chaînes d'inférences pour déchiffrer des suites de signes, chercher leur point de convergence et parvenir à donner consistance aux « objets » de leur monde : ces « singularités » dont ils ne retiendraient rien et qu'ils croiraient ne jamais voir. Ils ne pourraient faire autrement que de vivre selon leur passion des signes. Le pourraient-ils continûment ? Certainement non. Il leur faudrait, à certains intervalles, partager leurs imaginaires et tenter de les raccorder pour prendre pied en leur monde. Ils auraient beau ne rien dire des choses, les oublier, elles seraient là et les concerneraient, en leurs échanges réciproques. Et leur quête devrait aboutir à une sorte d'entente sur ce qui peut être ou ne pas être, sur ce qui peut ou ne peut pas constituer un monde dans lequel ils pourraient se repérer et communiquer. La même exigence, qui les portait à se mettre indéfiniment en suspens dans les chaînes de signes, interromprait tout autant cet état de suspens, dès l'instant où ils entreraient en dialogue. Chacun devrait pour soi et pour l'autre inventer de quoi remplir les présences muettes qui, toujours invisibles, leur faisaient souci. C'est sans doute ce qu'eût fait, poussé dans ses retranchements, l'un des acteurs de notre supposé dialogue. A la fin il eût inventé une « tête plausible de boulangère aimable », et eût dit : « Je n'ai

221

Un Destin philosophique

rien vu de ce que vous croyez. Mais si vous me dites qu'il y avait "quelque chose à voir" à part cet *air* que j'ai vu, alors mettons-nous d'accord. J'aurais dû voir *quelque chose comme* ce que je vous dis là. »

Ainsi dans chacun de ces « mondes quasi humains » opposés et symétriques, l'un dont les habitants seraient en proie à la répétition, l'autre dans lequel ils seraient voués au suspens dans des chaînes de signes, se produirait la même *forme* de phénomène : *cassure* de la chaîne répétitive en un cas ; *cassure* de l'enchaînement indéfini des renvois de signes dans l'autre. Et cela en vertu même de l'ordre de relations qui semblait assigner ces « gens-là » à leur sort et leur infliger leur exclusive passion.

Soit alors la question suivante : ces gens, à qui il manque juste quelque chose pour être tout à fait des hommes, pourraient-ils produire, en leur « monde » respectif, l'homologue de ce que nous autres, qui nous tenons pour des « hommes au sens propre », avons appris à constituer sous le nom de « philosophie » ? Je ne suis pas en mesure de répondre à cette question : il me faudrait pour cela développer la fiction de ces mondes, faire vivre ces gens et montrer (à condition qu'ils le puissent, « mutilés » comme nous les avons supposés) comment ils fabriquent, comment ils apprennent à savoir, et aussi tout ce qui peut naître, sous le nom de « culture », de leurs relations réciproques. A quoi je résisterai, laissant l'entreprise à quelque auteur de récit fantastique. Il me semble cependant voir apparaître quelque chose comme un germe inquiétant : cette cassure précisément qui, brisant ce qu'ils tiendraient pour la trame de leur « expérience », s'y insérerait cependant et les inviterait à en ébranler l'assise. Tu remarqueras que la cassure qui ébranle se manifeste en chaque cas au plus près de ce qui leur tient le plus à cœur : les choses qu'il faut répéter pour les uns ; les

L'état de philosophe

signes qu'il faut suivre pour les autres. Au sein de ce qu'ils ne pourraient s'empêcher de faire, il leur faudrait inventer un moyen de faire autrement. Tu remarqueras aussi que les seconds, qui sont en proie aux signes, sont, plus que les premiers, des « candidats sérieux » en vue de produire en leur monde quelque chose de semblable à de la « philosophie ». Leur souci de la désignation naît de leur dialogue et se déploie, à partir de ce germe de cassure, selon le partage qu'ils instituent de leur imaginaire réglé. Ils ne pourraient se repérer au plus près de ce qui leur échappe (les choses) que dans le jeu de leur réciprocité. Et à la fin c'est bien une image parlable de leur monde qu'il leur faudrait apprendre à partager. Un mot encore, avant d'abandonner ces fictions. Pourquoi les avoir proposées et que puis-je en espérer d'utile ? En quoi leur résultat nous prépare-t-il à mieux engager notre recherche ? En ceci. Notre fiction a laissé invariant le monde tel que nous croyons le connaître selon les expériences concordantes que nous en prenons. Simplement nous avons peuplé ce monde d'habitants hypothétiques, dont la notion a été forgée par « variation » à partir de ce que nous croyons connaître de nous-mêmes, habitants effectifs. Cette variation a été une suppression, un oubli de structure. Elle a consisté, chaque fois, à ne pas tenir compte de..., et à se demander ce qui se passerait, pour les habitants supposés, selon ces hypothèses restrictives. Si bien que ces « habitants », sans être des hommes, comportent presque toutes les possibilités qui leur conviennent. Ils sont pour ainsi dire des « hommes incomplets non impossibles ». Faire maigrir ainsi le concept du « sujet », dont nous croyons pouvoir disposer, ce n'est pas une mauvaise méthode. Rien, en tout cas, ne nous en interdit l'usage : une « expérience mentale », en quelque sorte, « pour voir ». Or ce qu'elle nous laisse voir ne nous sera pas inutile. Si maigres et

Un Destin philosophique

si astreints qu'aient été nos « sujets fictifs », du seul fait de les avoir plongés dans un monde invariant relativement au nôtre, ils ont dû s'y ménager le leur et pour cela briser leur astreinte, voir se casser la trame de ce qu'ils tenaient pour leur incontournable expérience. A chacun donc son écart qu'il lui faut assumer : écart au plus près de la chose, pour les uns ; écart au plus près du signe, pour les autres. Chaque fois l'exigence de l'écart était la marque de ce qui, pour ces sujets fictifs, tenait lieu du réel qui ne parle jamais, ce monde où nous les avons, par hypothèse, plongés. N'était-ce pas d'écart justement qu'il nous fallait parler, de cette espèce d'écart qui nous porte à nous dire « philosophes » ? Comment donc désigner ce qui, dans le cas qui nous occupe, tient lieu du réel que seul un écart parvient à marquer ? Quelles astreintes briser pour que cet écart parvienne au voisinage de quelqu'un qui y découvrira la forme de son futur discours ? Autre chose. Les « sujets » de seconde espèce, ceux qui étaient la proie de l'univers des signes, entraient dans l'écart qui les confrontait au réel invisible, selon le partage et le dialogue ; dans la réciprocité de l'échange, qui leur livrait un « monde » commun. Dans ce partage de l'imaginaire, où se cassait l'univers astreignant des chaînes indéfinies de signes, ils étaient, dirons-nous, les uns pour les autres *sunergoi* (coadjuteurs réciproques). Le germe de l'écart (pour ces « sujets » mutilés) était du même coup le germe de leur *sunergeia*. Or c'est bien cela que nous cherchons : la *sunergeia* prise dans l'*écart* où se manifeste son exigence. Mais pour qui la cherchons-nous ? Pour ces habitants que nous sommes, pris entre les choses et les signes, selon leur indéchirable relation. Que nous a appris ma fiction ? A mieux voir la forme de ce qu'il nous importe de chercher. Mais la forme seulement. Comment la repérer dans le champ de ce qui s'offrait sous ce nom : chemin vers

L'état de philosophe

l'état philosophique ? Qu'est-ce qui tient ici lieu du *réel*, pour qui s'ouvre l'écart et se met en mouvement la *sunergeia* requise, arrachant le « sujet » aux contraintes usuelles de ce qu'il tient pour la trame de son expérience et l'ordonnance de ses savoirs ?

B. L'étrangeté d'un texte

Je reprends donc mon propos au point où je l'avais laissé : cette lecture de Spinoza entreprise à grand-peine dans l'année 1934-1935 et de l'état où elle m'avait mis. Elle ne m'avait pas rendu « spinoziste » au sens où j'aurais pu penser : « Spinoza a énoncé le vrai. Et désormais je trouverai là mon inébranlable assise. » C'était bien plutôt le contraire. Je me demandais : « De quoi diable cet homme a-t-il bien pu parler ? Et d'où vient qu'il l'ait fait de cette façon ? Une façon telle qu'une fois entré dans son jeu, je n'y échappe plus. » Et je me disais en même temps : « C'est peut-être bien cela être philosophe. Lui non plus ne pouvait échapper à l'ordre de ses pensées. Cette nécessité interne : c'est ce qu'il faut atteindre : un état où rien ne puisse se dire qui paraisse gratuit. »

Tu remarqueras la dissymétrie entre la question posée et la réponse acceptée (laquelle n'était nullement la solution). La question était un constat d'étrangeté. Et la réponse témoignait d'un désir d'identification. De l'étrangeté à l'identification : c'est entre ces deux bornes (selon mon expérience du moins) que s'ouvre le chemin de la *sunergeia* « philosophante ». En quoi nous retrouvons la forme dégagée plus haut : l'*écart* ou la *cassure*. Tout se passe comme si l'on reconnaissait une parole philosophique à ce signe. Il en a été ainsi pour les propositions de *l'Éthique*. Il devait en être encore ainsi pour beaucoup d'autres qui n'étaient pas

Un Destin philosophique

de même style et n'offraient pas même contenu. Ce qui s'annonçait dans un constat d'étrangeté paraissait devoir se dénouer selon une procédure d'identification.

Alors ? Faut-il qu'il y ait toujours déjà « de la philosophie » pour que quelqu'un puisse concevoir ce projet : devenir *un* philosophe ? Pour nous oui. Il en est ainsi. Nous nous mouvons dans ce champ, répétant et recommençant sans cesse. Quant à désigner le moment inaugural, le commencement absolu, qui le pourrait jamais ? Notre aurore fut grecque. C'est bien connu. Mais c'est au soir où nous sommes parvenus que nous parlons d'aurore. Et il n'y a d'aurore que de ce jour dont nous vivons le soir, et bientôt (qui sait ?) la nuit. Je ne m'engagerai donc pas dans la démarche hasardeuse de chercher comment les choses ont dû se passer pour le « protophilosophe », quel qu'il soit (Thalès ou un autre). Car il est plus que probable que rien ne s'est passé pour lui de la façon dont nous croyons pouvoir le soupçonner aujourd'hui. Et lorsque j'emploie ces mots « pour lui », je ne dis rien qui vaille. Pourquoi ? Sans doute parce que le nom « protophilosophe » n'est le nom de personne. Le mot désigne une abstraction vide, le point de départ supposé d'un mythe d'origine qui ne vaut que pour nous autres, gens du soir. Dans l'expression « pour lui », « lui » n'est pas un pronom, mais le substitut sans cesse différé du « nous » qui parle aujourd'hui. Le « nous » qui, dans l'échange intersubjectif des mots et des signes, réfléchit, recommence et se voit penser, pris au sein des configurations problématiques que « son temps » lui livre. « Fils de son temps », comme le disait Hegel, nul ne peut faire autrement que de l'être. Ce qui nous ramène à la question qui m'occupe. Devenir « fils de son temps » sur le mode philosophique, dans le style de la philosophie et selon ses exigences, selon quels chemins y parvient-on ? Comment en dessine-t-on la nécessité ? Si je renoue

L'état de philosophe

l'énoncé de cette question au point où je suis parvenu de mon propos, pour moi elle se formule ainsi : quelle est la structure du signal qui, livrant l'étrangeté d'un texte (Spinoza, dans l'exemple choisi), exige la mise en mouvement d'un procès d'identification à la forme de discours qui s'y manifeste ? Il est prévisible que dans ce cas, comme pour le précédent (le « devenir solidaire »), c'est encore une espèce de jeu d'équivalences qu'il va nous falloir discerner. Encore faut-il, comme plus haut, tenter d'en déterminer le germe.

« De quoi diable cet homme a-t-il bien pu parler ? » Ainsi se montrait l'étrangeté du texte, qui mettait le « sujet » lecteur en posture d'inquiétude. Pourtant le texte était étalé devant ce « sujet » et il contenait toutes les indications propres à distinguer ce dont il y était question. Spinoza avait nommé et défini avec le plus grand soin les concepts qu'il assemblait, selon la règle de son discours : « substance », « attributs », « modes ». Et c'était précisément de cela qu'il parlait, de ces concepts et de leurs relations nécessaires. Le texte semblait devoir rendre ces relations manifestes et par conséquent livrer aussi le sens propre de ces concepts. Ce dont le lecteur ne doutait pas ; sinon que lire ? et à quoi bon ? D'autre part ce même Spinoza nommait des concepts « sous lesquels tombaient » sinon des « objets », du moins des formes d'expérience dont le « sujet » avait (ou croyait avoir) à quelque degré la connaissance : amour, haine, désir, servitude, liberté, de cela aussi il était explicitement parlé. Si bien que le lecteur se trouvait en droit de s'imaginer pouvoir trouver sans cesse, au fil de ce texte, de quoi se repérer. Et il se dirait à la fin : « C'est de cela que cet homme a parlé. De ce que je repère à sa suite. » Ce droit, le lecteur l'exerçait ; et sa lecture consistait en cet exercice. Sur ce point il n'éprouvait d'autre inquiétude que

Un Destin philosophique

celle de bien saisir les modes de cohérence du discours qui lui était proposé : un problème qu'en dépit de ses difficultés il pouvait supposer en droit soluble. Inquiétude salutaire et bénigne dont pourrait venir à bout une longue et entêtée contention de la pensée.

Ce n'était donc pas cela qui l'inquiétait sous l'apparence de cette question qui revenait toujours, quel que soit le degré d'intelligibilité prêté au texte. « De quoi diable parle-t-il ? » Plus le lecteur entrait dans le texte et plus ce texte lui devenait manifestement familier, plus il se refermait sur lui-même comme une « chose » opaque et étrangère, paraissant receler une altérité au-delà du discours, ce « quelque chose d'autre » dont il était parlé et qui n'était pas désigné par l'enchaînement, en droit explicite, de ce qui s'offrait à la lecture. Toujours surgissait cette inquiétante étrangeté. Inquiétude non bénigne cette fois puisqu'elle renvoyait le lecteur à sa distance, à son « être ailleurs », au point qu'il pouvait formuler son inquiétude par cette autre question : « Qu'est-ce qui est écrit là ? » Question apparemment absurde puisque « ce qui était écrit là », il le lisait. Or ce qu'il lisait l'expulsait du lieu de sa manifestation. Que lisait-il donc qui ait ce pouvoir : une attirance qui exclut, une intériorité qui chasse au-dehors celui-là même qu'elle enveloppe et retient ?

Rappelons-nous ici la situation de nos sujets fictifs et mutilés ; ceux qui étaient la « proie des signes » et croyaient ne pouvoir rien apercevoir de singulier. Ils étaient sensibles cependant à l'écart qui les séparait de ce qu'ils ne discernaient pas. Ce qui, les mettant en posture d'écart les uns relativement aux autres, les contraignait, pour régler leurs échanges, à proposer la forme du « quelque chose » qu'ils pourraient partager en ce monde commun qu'ils s'aménageaient. Le même mouvement qui les attachait à l'univers des signes les en expulsait tout autant, vers un « ailleurs » qu'ils ne

L'état de philosophe

verraient jamais face à face, mais qui pourtant les inquiétait. Cet ailleurs était le simulacre de réel dans lequel nous les avions plongés ; mais ce « simulacre » était « pour eux » leur réel même. Parler en désignant c'était pour ces gens-là se mettre en quête de ce « réel » nommé aussi impossible, invisible. Double suspens (au cœur des enchaînements de signes, au cœur de l'impossible) qu'il leur faudrait assumer sous peine d'être privés de « monde ». Ils ne pourraient donc se reconnaître et devenir réciproques en leur monde qu'en assumant ce double suspens.

Double suspens. Nous y voilà encore, dans cette relation du lecteur au texte. En suspens au sein de la contexture qui s'offre et selon les indications qui s'y enchaînent, le lecteur est par là même mis en suspens au sein de cet « ailleurs » vers lequel il est renvoyé. Écart à double couche dont il nous faut chercher s'il dévoile une structure unitaire et laquelle. Il le faut, pour moi du moins, qui ne peux poser ces questions que selon l'expérience du chemin qui m'y conduit. Mais c'était là, ne l'oublions pas, la règle de notre jeu.

« Ailleurs ». Que veut dire ce mot ? Usons d'une analogie simple. Supposons que je fixe les yeux sur un corps solide : un cube par exemple. Ce cube se montre selon une de ses faces, ou selon une de ses arêtes, dans l'espace du champ perceptif. Dans cet espace il coexiste avec d'autres objets qui s'offrent en une certaine perspective qui dépend de la position de mon propre corps parmi eux. Mais ce cube est un « solide » et il est perçu comme tel depuis le point où mon œil le repère. Qu'il soit un solide cela veut dire qu'il comporte un « espace interne » que mon œil ne voit pas. Je ne sais pas ce que contient le cube. Peut-être est-il creux. Peut-être est-il compact, constitué d'un matériau homogène. Peut-être est-il fait d'un assemblage de matériaux distincts.

Un Destin philosophique

Peut-être comporte-t-il un noyau fait d'une matière que je ne connais pas. Peut-être contient-il des billes d'acier qui se meuvent lentement. Peut-être... Peut-être... D'où je me tiens et si je me borne à le regarder, je ne peux que répéter « peut-être ». Je me trouve donc en suspens devant le cube : de quoi est fait son espace interne ? Supposons que je casse le cube en usant de moyens mécaniques ou d'autres plus élaborés. J'en extrais un morceau, arraché à ce que je tiens pour l'espace intérieur du cube. Ce « morceau » s'offre encore dans le champ perceptif comme un « petit solide », dont je ne suis pas sûr, à le voir, que son « espace intérieur » soit homogène. Et me voici encore en suspens... avec mes questions. Je pourrai alors m'adresser à un chimiste qui mettrait en évidence, selon les méthodes d'analyse qui lui sont propres, les espèces de molécules qui constituent le cube. Mais la question qui m'inquiétait ne serait pas résolue pour autant. Le chimiste aurait opéré dans l' « espace de son laboratoire ». Cet espace est-il bien homogène à l'espace interne de la molécule isolée ? Le chimiste ne pourrait qu'en formuler l'hypothèse, raisonnable en ce cas, et vérifiable à la limite. La bonne vieille géométrie euclidienne permet d'opérer le « raccordement », ou du moins d'en concevoir la forme. Mais si ce chimiste était aussi physicien nucléaire, il s'inquiéterait bien, à un autre stade de son travail, de la question de savoir si l'« espace interne » des « nucléons » est homogène (ce qui serait étonnant) à l'espace du laboratoire. Il s'inquiéterait même de savoir si les mots « intérieur » et « extérieur » gardent un sens lorsqu'il s'agit des « nucléons », lesquels pourtant lui sont tout à fait « extérieurs ». Si bien que s'il formulait l'hypothèse que ces sortes d'objets ne sont pas rien, il lui faudrait bien, s'il leur accordait quelque consistance, chercher un moyen de raccorder ce que l'expérience et la théorie lui ont appris de leur « spatia-

L'état de philosophe

lité » avec ce qu'il sait « par ailleurs » de l'espace du laboratoire. A quoi l'aiderait l'usage de certaines théories mathématiques.

C'est donc le supposé réel qui renvoie « ailleurs » celui qui regarde, observe, expérimente ou calcule, le mettant en « suspens » avec cette question : « Quel est ce non-rien que je ne discerne pas ? » « Ailleurs », ce mot désigne tout aussi bien « ici » : le point où se tient celui pour qui la question (qu'est-ce que ceci qui est là ?) se pose ; effet d'exclusion produit par le supposé réel. Et cela quel que soit le sens que l'on donne à l'expression « être là », qu'il s'agisse du sens tout à fait naïf du solide qui s'offre à la perception, ou du « quelque chose » que désignent les mesures raffinées et que présupposent les théories complexes. Je répète donc ma question, à propos cette fois de cette « sorte de solide » qu'est le texte de *l'Éthique* : « *Qu'est-ce qui est écrit là et de quoi y est-il parlé ?* » C'est bien le lecteur qui pose la question depuis le point où il se trouve : son « ici ». Ce point est d'abord intérieur au texte lui-même. Cela veut dire que le lecteur est toujours situé en une région du texte, qui s'ouvre à partir d'elle. Cette région porte les indications des connexions qu'il faut suivre. Et il ne peut en être autrement. Le lecteur suivra ces indications, de région en région. Jamais ne lui sera livrée la totalité organique du texte, comme un tout explicite qui serait devant lui. Ces écritures qui sont là, en leur unité donnée, et au sein desquelles le « lecteur » se trouve en suspens, sont donc *à écrire* encore et sans cesse ? Certainement. Et c'est bien cela que nous appelons « lire » (Spinoza ou un autre) : avoir à écrire encore ce qui est déjà écrit. Dans ce mouvement on soupçonne quelque chose comme une fermeture des contextes. Mais cette fermeture n'est jamais là. Elle exclut le lecteur, se reconstituant sans cesse en son secret. L' « ici » de ce lecteur, son point mouvant d'insertion, est par là désigné comme perpétuel « ailleurs », relativement du moins à cette altérité, dont il pourchasse le cœur.

Est-ce bien cette altérité (cette fermeture toujours différée) qui tient lieu en ce cas du « réel » qui exclut ? Ne nous hâtons pas de le conclure et regardons mieux en quoi cette altérité consiste.

C. L'Autre dans le texte

L'écrit c'est toujours l'autre. Cela ne veut pas dire seulement qu'il est fait d'un autre, dont éventuellement on connaît le nom propre ; mais qu'il est de sa nature de s'adresser à... fût-il anonyme. Supposons une inscription sur un caillou. Percevoir le caillou, discerner l'inscription, sont deux actes entièrement différents. Je peux manier le caillou, le retourner dans tous les sens, en faire le tour, le peser, le mesurer. Il demeure passif en son unité. Il n'en va pas de même des traces écrites. Leur ordonnance spatiale se donne en une totalité « intouchable » qui met le regard à distance et sollicite l'interprétation. Et cette sollicitation, cette « adresse » est un caractère de la « chose même » qui est discernée : l'inscription. Ne pas pouvoir déchiffrer, cela inquiète toujours, au point qu'on cherche la clef. Or pouvoir, ne pas pouvoir, c'est toujours être renvoyé à sa distance, à son ailleurs, à son état d'exclusion relativement au sens qui est déposé et qui se masque dans la lettre qui le montre. Si bien que la matérialité du signe paraît enfermer l'idéalité du sens. « *Qu'est-ce qui est écrit là ?* » C'est bien la question la plus inquiétante qui se puisse poser. Bien plus que cette autre : « Quelle est cette parole que j'entends dans cette langue que je ne connais pas ? » Pourquoi la plus inquiétante ? Parce que l'écrit insiste en sa com-

L'état de philosophe

pacte sollicitation. Cela veut dire que le sens que l'écrit renferme ne se manifeste jamais comme déjà partagé.

Je soupçonne que cet effet d'exclusion ne pourrait avoir lieu, si, dans sa production même, un *écrit* n'était mis en situation d'altérité relativement à lui-même. Je n'entends pas par là qu'il enchaîne des différences (ce qui est trivial), mais qu'il ne se constitue que dans le mouvement qui le fait étranger à lui-même. Et c'est pourquoi, pour qui le reçoit, il s'offre comme un en-soi (à prendre en bloc), privé du soi (nulle intériorité apparente). Il m'importe de vérifier ce soupçon. Et pour le tenter je ne vois rien d'autre que de m'attacher au caractère du texte qui s'écrit maintenant sous mes yeux : cette lettre que je t'adresse en sachant que tu ne la liras plus. Maintenant même où j'écris ces mots, je me trouve en situation d'exclusion relativement à ce qui déjà s'est écrit, et qui figure matériellement sur ce papier. Je ne veux pas parler ici du bloc de papier, ni de l'espacement des lettres qu'il contient. Mais de la situation de mon geste d'écriture (que me semble animer un certain « vouloir dire ») dans le champ des significations stratifiées au sein du texte qui se tient derrière ce geste et que celui-ci continue. Or ces significations, en raison de leur stratification, ne me sont pas entièrement transparentes. Elles ne sont même pas disponibles, dans l'immédiat du moins. Souvent il m'arrive de me « relire », pour vérifier le degré de cohérence de mes propos. Mais cette cohérence recherchée reste toujours de surface. Elle se manifeste au fil du discours seulement et selon la linéarité qui lui convient. Il m'est impossible, à la fois, de poursuivre cette cohérence et d'entrer dans l'épaisseur des significations stratifiées dans les mots que j'enchaîne. Si bien que le texte « écrit de ma main » (au sens propre) contient plus que ne peut m'en livrer la relecture que j'en fais. De là l'étrange statut des mots que je trace en ce moment

Un Destin philosophique

même sur le papier et qui forment cette phrase : « j'écris ». « J'écris et c'est écrit. » Expression « performative » donc ? Implicitement oui : elle accomplit cela même qu'elle énonce et le montre. Mais cette fonction performative ne s'exerce que dans le texte. Si quelqu'un me demandait maintenant : « Que faites-vous ? » je répondrais : « J'écris. » Et ma phrase n'aurait d'autre statut qu'informatif. Elle ne serait pas une phrase « intratextuelle » et n'exercerait aucune fonction performative. Le verbe « écrire » n'a pas lui-même ce caractère, en première personne (contrairement à d'autres, comme « promettre » ainsi qu'il est bien connu). Il n'a ce caractère que s'il figure dans le texte même qui s'écrit. Or il y figure toujours : mais pas nécessairement sur le mode explicite de l'autoréférence. En ceci : le geste d'écriture est l'écriture elle-même, il s'écrit et demeure, ne se montrant que dans l'écrit. Il s'y montre et cependant s'y enfouit, au point de disparaître. C'est pourquoi la phrase : « J'écris » ne m'apprend strictement rien ni sur le texte écrit, ni sur le « je » écrivant. Elle peut figurer dans l'écrit et l'indiquer. Elle y disparaît aussitôt, enchaînée au texte. Dois-je ici imiter un titre fameux et dire : « Ecrire c'est toujours faire » ? Oui, mais ce « faire » ne se montre que par écrit. Ainsi la phrase qui semblait aller de soi : « Le texte qui s'écrit maintenant sous mes yeux est de mon fait » est bien loin d'être aussi claire qu'elle le paraît. Elle *semble* témoigner pour une relation d'intimité, d'intériorité sans faille avec ce qui est à écrire et qu'un certain « vouloir dire » anime. Elle *semble* désigner comme son point d'origine le « maintenant » où j'écris. « Elle semble. » Cela veut dire qu'elle désigne ce qu'elle ne dévoile pas ; le geste d'écriture pris dans l'écart du texte et oublié en lui. Oubli toujours renouvelé et que celui qui se voit écrire exprime ainsi : « J'écris au présent. » Or ce présent n'est que l'écart lui-même qui s'in-

L'état de philosophe

dique « à la lettre ». Il n'est nullement cette origine qu'il paraît.

Relire ce que déjà on sait avoir écrit, c'est ainsi se trouver situé au sein de ces écarts du texte, au cœur de son altérité, et toujours on s'en inquiète, pris comme on est entre deux exigences : demeurer fidèle au déjà dit, entrer dans l'ouverture encore indéterminée de ce qui est à dire. Or le déjà dit contient *un excès de sens* dont on ne dispose jamais totalement. Ce qui donne le désir violent de réécrire le texte déjà écrit, comme s'il n'était qu'une « matrice » pour d'autres qu'on ne connaît pas. Mais ce qui, du même mouvement, impose à ce qui est à dire la forme de sa nécessité, dans l'inquiétude cependant. L'écrit c'est l'Autre. Cette phrase est à double sens : l'écrit s'adresse et produit pour qui l'aborde un effet d'exclusion ; l'écrit s'adresse à lui-même comme autre. Il se produit comme autre. A tel point que l'expression : « Ceci est *mon* texte » est profondément énigmatique.

Qu'en est-il alors du sens de cette expression : « Ceci est *son* texte » ? Pour bien faire, il me faudrait ici différencier les espèces de textes, selon la nature de l'*adresse* qui les manifeste. Le poème de Mallarmé ne s'adresse pas selon les mêmes modalités que *A la recherche du temps perdu.* Et dans le champ de ce que, dans notre culture, nous nommons « philosophie », Nietzsche ne s'adresse pas comme Kant, ni Spinoza comme Wittgenstein, ni celui-ci comme Husserl, et aucun de ceux que je viens de nommer ne s'adresse comme Hegel. Ce sont là des trivialités dont on peut dire qu'elles témoignent pour la diversité des styles. Et il y aurait grand intérêt ici à tenter de mener à bien une recherche du même statut que celle que mon ami Gilles Gaston Granger a consacrée aux mathématiques sous ce titre *Essai d'une philosophie du style.* Il me faut cependant renoncer à cette tentation. Je m'en

Un Destin philosophique

tiens donc à l'exemple que m'avait suggéré le mode d'expérience auquel je me réfère : *l'Ethique* et cette forme d'altérité dont témoigne la question : « *Qu'est-ce qui est écrit là du fait de cet autre ?* » Ou encore : « *Quel est ce "déjà pensé"* qui, livré dans une contexture *écrite*, me sollicite, m'inquiète et m'astreint ? » Tu remarqueras que ce que je cherche ici à serrer au plus près c'est encore une structure de signal. Comme tout à l'heure pour la circonstance contingente de ce jour de juillet, il me faut délimiter quelque chose comme la forme d'un appel qui n'était plus du tout le fait d'une personne vivante, d'une présence, mais d'une pensée qui gisait dans un livre, extérieure et massive : « coriace », comme on dit. Et cela dans l'état de dénuement où je me trouvais, relativement au texte, après l'échec bien prévisible des sottes tentatives de « mathématisation » dont j'ai parlé en commençant. Il a bien fallu qu'au cœur même de cette attente, et en raison même de son caractère étranger, quelque chose advienne comme l'exigence d'un sens partagé, sinon je n'avais plus qu'à me dire, pour parodier une parole célèbre : « *Lascia la filosofia e studia la matematica.* » Ce qui ne fut pas le cas, ou du moins pas tout à fait. Pas plus qu'il ne m'a été possible à un moment, en raison du signal qui s'offrait, de laisser fuir le « désir de meurtre », il ne m'a été possible de laisser fuir le désir de philosophie. C'est donc que le signal entrevu exigeait, selon sa forme, ce genre de réponse. Si je tiens compte du point où je suis parvenu des ruminations que tes demandes m'inspirent, ce problème se formule ainsi : comment, en raison de ses écarts, le texte qui s'offrait là et me situait « ailleurs » exerçait-il, au sein même de cet « ailleurs », une fonction de signal ? Un signal qui, me rappelant vers quelque sens déposé dans sa lettre, me contraignait à me définir comme l'*alter ego* inséparable d'un autre. Cet autre qui avait déjà

L'état de philosophe

pensé, mais qui, désormais absent, était présent sous cette forme : *son* texte. Or que veut dire ce « pronom » possessif en troisième personne ? Voilà le plus inquiétant de toute l'affaire. Laissons venir cette inquiétude et suivons les indications qu'elle nous donne.

Ce que le possessif désigne obliquement, l'auteur, on le repère toujours en droit pour peu qu'un nom propre lui convienne. Le seul obstacle ici est de nature « factuelle ». Que pouvons-nous dire de lui que nous ne sachions déjà avec certitude ? Ce point ne m'intéresse pas ici : savoir qui a été Spinoza. J'avais bien appris (très incomplètement) au moment de ma première lecture qui il était. Mais ce « savoir », demeurant extérieur à l'ordonnance du texte, me laissait tout à fait en repos. Aucun signal ne me venait de lui. Si bien qu'il m'eût été possible de chercher indéfiniment à compléter ce savoir sans jamais me dire : « C'est cela qui m'importe au plus haut point, cette sollicitation que produit *son* texte. » La vie entière peut se passer à combler les lacunes du savoir en ce qui concerne des gens que nous nommons « philosophes ». Rien n'empêche personne (et cela ne manque pas d'intérêt) de prendre sur les « philosophes » un point de vue zoologique. Cependant, nul zoologue n'est jamais devenu scarabée, du moins à ma connaissance.

Or en ce qui concerne cette région de l'univers des livres que nous nommons « philosophie », cette métamorphose est toujours possible, et le plus souvent requise. Quelqu'un dont nous disons : « Cela est *son* œuvre » nous sollicite comme un *alter ego*. « Quelqu'un », « son », « *alter ego* ». Il nous faut saisir la connexion de ce que désignent ces trois expressions.

Imaginons que je me trouve seul dans une pièce close : une chambre d'hôtel par exemple. Sur le palier, dans la pièce voisine, close également, j'entends des

Un Destin philosophique

gens qui parlent et je comprends leurs paroles. Je perçois qu'il s'agit d'un couple et qu'ils se disputent. J'ignore tout de leurs noms et de leurs visages : seules leurs paroles les manifestent. A ce moment je discerne un bruit, comme un coup sur un visage, et j'entends pleurer : c'est la femme. Je me dis : « Quelle brute. » Pourtant je ne *l'* ai jamais vu. Je ne *le* verrai sans doute jamais. Peut-être sont-ils en train de faire leurs bagages pour s'en aller et leur dispute aurait éclaté comme cela, sans motif, pour une chemise mal rangée, ou pour autre chose. Qui sait ? Je n'en saurai jamais rien. Je *le* désigne cependant par ces mots « quelle brute ». Et pour le désigner ainsi je n'ai nul besoin de savoir *qui* il est ni même d'assurer qu'il est effectivement tel que je le désigne. C'est lui qui s'est désigné ainsi, selon ce que j'ai pu entendre. Ces voix que j'ai perçues, ces bruits qui affectaient des corps que je ne voyais pas, ne flottaient donc pas, inertes, dans l'air de la chambre. Ils ne se refermaient pas sur eux-mêmes, glacés dans leur seul paraître. Ils portaient témoignage ; mais de quoi ? De l'appartenance indéchirable de la parole aux corps séparés. Le sens qui m'était donné en partage, dans ma chambre bien close, me donnait aussi en partage la distance qui s'ouvrait devant ces gens que je n'avais jamais vus. Il ne m'était pas nécessaire de raisonner pour cela. Les paroles entendues y suffisaient. C'est donc que, de ces « absents » à moi, les paroles ouvraient quelque chose comme un champ commun. Pas seulement le sens qu'elles offraient en leur enchaînement discursif. Mais autre chose : la coprésence, dans la distance, de ceux qui les prononçaient, une certaine épaisseur, que je ne pouvais voir, mais que ces gens comportaient puisqu'ils se parlaient. Et moi qui entendais j'étais renvoyé, par eux, et selon leurs paroles, aux jeux de mon imaginaire. C'est-à-dire ? A ce monde commun, bien au-delà de la chambre et de l'hô-

L'état de philosophe

tel, à ce monde que je partageais avec eux. Ce monde dans lequel, comme moi qui ne les verrais jamais, ils étaient nés, s'étaient rencontrés et vivaient encore. Et en me disant, sans rien savoir : « Quelle brute », c'était de ce monde que je parlais. Si bien que ces voix qui m'excluaient me concernaient tout autant, à la distance où elles me mettaient. Depuis ma distance, c'était bien la distance séparant ces gens qui se manifestait : cette distance qui signifiait leur épaisseur propre. Une épaisseur qu'aucun nom, aucun visage, ne désignaient cependant. Selon sa différence manifeste « *quelqu'un* », relativement à ce monde commun, se montrait dans *sa* parole, comme *alter ego* : dans sa distance à l'autre que concernait cette parole que, depuis *ma* distance, j'entendais.

En quoi cette fiction concerne-t-elle l'Autre qui habite le texte et à qui se rapporte le possessif ? En ceci, je crois. En ce cas il n'y a pas de voix qui se donne à entendre. Rien que des écritures enchaînées et en droit sensées. Refermées cependant sur elles-mêmes, elles laissent le lecteur à distance. Mais cette distance (qui met en mouvement la lecture) en indique une autre, sans laquelle rien ne pourrait se montrer qui pût ressembler à un texte : cet écart qui ouvre le texte et qui a dû s'offrir en original pour quelqu'un qui n'est pas là. Ce qui se rend manifeste au lecteur c'est cet écart de l'auteur, dont on sait peut-être beaucoup, peut-être rien, relativement à ce qui a été pour lui l'avenir d'un texte. Ce livre qui est là devant a donc été pour lui *quelque chose comme* ce qu'il est maintenant pour moi, quelque chose à lire et à relire ? Certainement. Et c'est en cela précisément qu'il peut s'adresser à moi. Le « quelqu'un » qui en est maintenant absent a dû s'efforcer de s'y trouver coprésent, sur le mode de la reprise et de l'effectuation du sens que véhiculait l'écrit. A un moment cet écrit s'est refermé sur lui-même et s'est posé comme autre, relativement à lui. Mais « autre », il l'avait toujours été. Toutes les possibilités qu'enfermaient les écritures enchaînées, lui non plus ne les avait pas épuisées. Il a laissé se fermer la chose écrite. Et maintenant qu'il a disparu, elle demeure. Mais elle porte la marque de cette non-coïncidence de l'écrivant et de l'écrit. De même que tout à l'heure les voix entendues ne prenaient sens que de l'indication qu'elles donnaient de la distance réciproque de ces autres qui parlaient, en quoi précisément elles sollicitaient l'auditeur, de même ici. Toutes voix éteintes désormais, le texte « parle » sans rien dire : il signifie en raison de cette extinction même. Extinction de la parole qu'a dû subir celui, quel qu'il soit, qui a écrit. Cette distance qu'il avait à son parler et à son vouloir dire, c'est elle qui à nouveau, dans l'enchaînement donné et irrémédiable des écritures, s'adresse au lecteur qui, lui, n'y est pour rien, étant assigné à son propre suspens. A lui maintenant, et à lui seul, de parler ce qui est écrit. Une autre parole va surgir du texte : une parole en première personne. *Alter ego* de celui qui n'est plus là, c'est cela que le lecteur aura à devenir. *Alter* au sens propre, autre à jamais. *Ego* cependant : parlant pour soi-même ce texte qui n'a pas de voix. Relation réciproque mais non symétrique cependant (généralement du moins). Cette non-symétrie tient à l'épaisseur du texte : à la chair des mots, lorsque le texte est le fait d'un mort. Ce mort sans voix est présent dans le texte. *L'alter ego* que je deviens pour lui, il l'est tout autant pour moi. Mais jamais en personne. « Pour lui », ce que désignent ces mots ne pourra se vérifier que dans le texte, selon la trace qui s'y est inscrite et qu'ont manifestée ces écarts qui, me renvoyant à ma distance de lecteur, portent l'indication de *sa* distance à cela même qu'*il* écrivait. C'est donc pour moi seulement, en tant que j'ai à parler l'écrit, que j'ai à devenir « pour lui » l'*alter ego* qu'il

L'état de philosophe

est pour moi. Et c'est bien ce que signifient ces mots : « Cela est *son* texte », une dissymétrie dans la réciprocité. Cela veut dire : « Dans les écritures de ce texte et relativement à leurs écarts *quelqu'un* se montre en une radicale situation d'altérité. » Qui s'adresse au lecteur alors ? Qu'est-ce qui l'inquiète ? Rien. Sinon le fait même, au cœur du texte, de cette altérité : une non-coïncidence, enfouie dans l'écriture et dont elle porte la trace. Non-coïncidence qui s'énonce sous cette forme : un *alter ego* a écrit et, fût-il anonyme, il manque à cet écrit de la manière même dont, du temps qu'il écrivait, l'écriture lui a manqué.

Il est possible (mais je ne veux pas m'y attarder) que le caractère de cette altérité, le mode d'adresse qu'elle institue depuis le texte, soient de nature à nous rendre capables, nous lecteurs, de distinguer des « espèces » parmi les textes. Ces distinctions sont peut-être seulement le fait de réponses spécifiques dont le germe se déploie à partir de la nature chaque fois singulière de cette réciprocité dissymétrique, par laquelle le lecteur découvre en ce qui se donne à lire la marque vide laissée par un *alter ego*. Qu'il s'efforce de combler ce vide, et le voici qui met en mouvement son imaginaire propre. Mais le caractère de cette réponse dépend de celui de la marque.

D. LA MARQUE VIDE

De quelle marque, de quelle forme d'imaginaire, de quelle espèce de relation de réciprocité est-il question dans le cas présent : la lecture de *l'Ethique* ? Il y avait une marque vide. La question : « De quoi diable a-t-il parlé ? » en portait témoignage. La marque se manifestait dans la lettre même du texte. Soit, par exemple, la fameuse définition : « J'entends par substance ce qui se

Un Destin philosophique

conçoit en soi et par soi. C'est-à-dire ce dont le concept n'a pas besoin du concept d'autre chose à partir de quoi il doive être formé. »

Considérons cette phrase dans le temps où le lecteur la prononce. Et posons-nous d'abord cette question : « Que veut dire "je" ? » « Je » s'adresse au lecteur. « J'entends par... » peut se comprendre : « Tu ne dois pas entendre par substance ce que toi ou d'autres avez coutume de désigner par ce nom, mais cela seulement que je dis ici. » L'usage du « je » inaugure une rupture dans l'ordre du déjà pensé et amorce une provocation, qui pourra solliciter un dialogue. Le lecteur est d'emblée renvoyé à sa distance. Aussi répétera-t-il la phrase en la lisant, et lui-même dira « je ». Il lui sera possible de « prendre sa distance » en formulant : « Je suis ce "*tu*" à qui *il* s'adresse en disant "j'entends" et si je ne réponds pas à la sollicitation il n'y a plus d'adresse. Ce qui est écrit là compterait pour rien. » Première marque vide, que désigne l'usage du « pseudo-pronom » en troisième personne : « *il* ». Ce que désigne « il » prend place dans ce vide qui sépare un « je » d'un « tu » ; et tant que le « tu » ne se constitue pas à son tour comme « je », le mot « il » ne désigne rien. Ou du moins il n'est qu'un « nom » pour la marque vide : « celui qui parle ici et qui se désigne par "je" ». Dissymétrie dans la réciprocité donc. Ce qui dans sa lettre est une référence directe au « scripteur » (« je ») est obliquement une référence au lecteur « tu » ; et par là même se pose l'énigme de la troisième personne (« il »). C'est bien un *alter ego* qui inaugure l'adresse et sollicite le dialogue. Mais dans la relation du « je » au « tu », il doit, comme *ego* justement, se constituer comme tierce personne, et cela seulement pour cet *ego* qui s'était obliquement désigné comme « tu ». Relativement à cette tierce personne, la phrase lue et entendue prend son statut de proposition. La « tierce personne » que désigne le mot

L'état de philosophe

« il » est tout aussi bien moi qui lis que l'autre qui a écrit. En ce sens du moins : si je me pose la question : « Ce qui est écrit là est-il vrai ou faux ? », la seule chose qui importe est que « ce qui est écrit » désigne un contenu de pensée. La question de savoir « qui a prononcé ce qui est écrit, moi ou cet autre ? » est alors sans importance. Pourtant la question me sollicite encore, et puisque je la pose, il *me* faut réfléchir au statut de la phrase et *me* demander : quelle sorte de définition est-ce là ? comment puis je en effectuer le sens ? Or le mot « je » désigne ici tout aussi bien l'autre, dans la mesure où le sens que je dois effectuer doit être celui-là même que la phrase (qui vient d'un autre) propose comme effectuable, ou mieux encore, désigne dans sa lettre comme déjà effectué. Telle est l'énigme de la troisième personne. Son existence vient de la structure dialogique de la lecture, de la réciprocité dissymétrique qui la dévoile. Mais la question : « *Qui* est la troisième personne ? » ne comporte aucune espèce de réponse. Elle est moi, l'autre ou tout aussi bien quiconque aura à partager le sens que la phrase propose. Quiconque, et cependant toujours quelqu'un que la lettre du texte sollicitera. Le caractère de cette énigme apparaîtra mieux si je la formule ainsi : « *Il* a pensé ce que je n'ai pas pensé et *il* m'invite en écrivant "je" à penser ce que je n'ai jamais pensé, mais *peux* penser. » Le dialogue nous laissera toujours à notre distance réciproque ; la dissymétrie sera toujours respectée. Mais de lui à moi s'ouvre un champ qui n'est ni de lui ni de moi, ce « pouvoir penser » qui cependant ne s'effectuera par moi que s'il est effectué par lui. Cette marque vide que laisse l'usage de la troisième personne n'est donc pas seulement celle que pourrait offrir un nom propre. Celle-ci on peut toujours la contourner, comme on l'a dit plus haut. Il suffit pour cela de chercher à remplir ce que le nom propre désigne. Le mot

Un Destin philosophique

« il » est alors naturalisé. On sait beaucoup sur Spinoza, son temps, et on n'a pas fini certainement d'en apprendre encore. En quoi on a tout à fait raison. Mais là n'est pas la question qui m'occupe : en savoir davantage. La marque vide à laquelle je pense, si elle peut se contourner, demeure toujours avec son caractère : une lacune dans le « pouvoir penser ».

L'usage du « je » dans « j'entends par » était-il proprement une provocation ? Sans aucun doute, de mon point de vue. C'est ainsi du moins que je l'ai reçu. Une provocation à pouvoir dire pour *mon compte* « il » et à saisir ce qui désignait « il », comme l'indication, dans une réciprocité dissymétrique, d'un pouvoir de penser, fondamentalement lacunaire mais dont celui qui avait écrit « je » m'offrait l'épreuve.

Comment serait-il lacunaire pour moi, s'il ne l'avait été pour lui, et si le texte même qui m'était livré dans sa lettre ne manifestait ces lacunes ? Cette non-coïncidence de lui à moi devait surgir d'une autre non-coïncidence, celle-là même dont la stricte textualité portait la marque : non-coïncidence à cela même qu'il cherchait à penser et que sa provocation à penser m'offrait à mon tour. Et de fait, cette phrase inaugurale, et presque brutale en son expression « j'entends par substance... », faisait bien violence à l'ordre du penser. C'est à lui-même qu'il l'adressait en même temps qu'à moi (ou à quiconque) qui le lisais. C'était bien quelque chose comme un manque à penser devant quoi, brutalement, il manifestait son « pouvoir penser ». « Substance », disait-il, ne désigne pas ce qui a été pensé sous ce nom. Et en proposant sa définition, c'était tout le champ de ce qui lui serait pensable qu'il entendait rendre manifeste. Mais ce champ n'était pas sous ses yeux ; du moins il n'était pas entièrement explicite. Il serait question pour lui de ce qu'il nommait « substance ». La définition restait cependant en partie mystérieuse ; elle

L'état de philosophe

ouvrait un problème en même temps qu'elle délimitait un champ. Elle posait une frontière en deçà de laquelle il y aurait lieu de penser, mais au-delà de laquelle rien ne pourrait être pensé dans la forme requise par le style de la définition. Le problème était le suivant : qu'est-ce qui est « substance » ? A s'en tenir à la seule définition proposée on peut répondre d'une façon « négative » : rien ne peut être substance de ce dont le concept a besoin du concept d'autre chose pour pouvoir être formé. Ce qui veut dire : rien de ce qui est ordinairement pensable dans l'ordre des savoirs constitués ne sera « substance ». Dans le champ des savoirs en effet, dans la physique naissante aussi bien que dans la mathématique constituée (la géométrie à laquelle sans doute pensait Spinoza), il n'y a pas de concept qui ne soit constructible (formé) à partir du concept d'autre chose. L'usage du nom « substance », s'il doit être conforme à la définition proposée, exerce une fonction fondamentalement critique à l'égard des savoirs constitués ; en ceci : il y introduit la cassure qui les rappelle vers leur fondement. Positivement cependant la définition laisse ouverte la question : qu'est-ce qui est substance ?

Tu remarqueras aussi que la définition utilise des termes non définis. « Concevoir », « concept », « former ». Ces termes non définis dont Spinoza ne nous dit pas explicitement qu'ils sont « *per se nota* », connus par eux-mêmes, se rapportent, sans autre examen, au champ supposé commun, du « scripteur » et du « lecteur ». C'est le langage de la « philosophie » dont on suppose *a priori* qu'il n'est pas insignifiant et que ses référents ne sont pas vides. Au cœur de ce langage, l'usage du mot « substance » introduit encore une rupture. « Concevoir », « concept », « former », ces mots désignent-ils, lorsqu'il s'agit de la « substance », ce que

Un Destin philosophique

suggère leur usage commun ? La définition proposée ouvre encore ce problème.

Ainsi une seule phrase exerçait la fonction d'une provocation au penser. Elle n'apprend rien à personne, au sens où par exemple la définition du cercle apprend à qui la lit ce qu'est un cercle, et comment en user avec lui. Elle apprenait cependant quelque chose ; ceci : tout ne va pas comme il semble dans l'ordre du déjà pensé. Cette provocation au penser, celui qui, dans l'attaque de sa phrase, disait « je » se l'adressait à lui-même. Du même coup il se manifestait comme *alter ego* de qui le lirait un jour, lui adressant cette même provocation. Relation dissymétrique cependant : le lecteur demeurait à jamais livré à lui-même. Quand bien même il eût été contemporain, il fût demeuré à distance. A lui de répondre à la provocation et à lui seulement. La réponse à ce signal constitue le premier pas de ce que j'ai nommé *sunergeia*. Le champ où elle s'exerce est défini par cette relation dialogique qui rassemble, en leur distance, un *alter ego* enfoui dans un texte et un *alter ego* qui reçoit la provocation, depuis le texte, de cet autre qui a pensé. La tierce personne, l'anonyme qui a à s'y reconnaître, est ce pouvoir commun et cependant lacunaire de penser, dont l'épreuve doit être subie. Dans la réciprocité dissymétrique où elle prend naissance, elle repousse la distinction du « je » et du *tu*. « Je » et « tu » ne désignent plus alors que des figures transitoires, des configurations possibles, d'un penser qui habite la lettre de ce qui est écrit. Ce qui faisait violence à l'ordre du penser, selon la lettre même de la définition de la substance, c'était donc ce tiers, le penser lui-même, qui, s'ouvrant dans la relation du *je* au *tu*, les neutralisait dans l'anonymat de son pouvoir. Ce qui « se passe » au voisinage du « sujet » pour qui ce signal se manifeste prend alors la plus étrange des formes. Une forme, cependant, que nous connaissons

L'état de philosophe

bien, puisque nous l'avons distinguée plus haut, pour une autre espèce d'expérience (celle du « devenir solidaire »). Ici encore, dans sa plus extrême singularité (désigné comme « tu »), le « sujet » est investi par l'autre. Mais cet « autre » n'est plus seulement « celui-ci » ou « celui-là ». Cet autre c'est le penser même en tant qu'il brise, en son seul paraître (sa lettre intra-textuelle), l'ordre du déjà pensé. Cet autre est tout aussi bien moi qui lis que celui qui a écrit. Et le manque dont il souffre (le quelque chose à penser) n'est ni le mien, ni le sien : il est manque dans le seul penser.

Manque dans le seul penser. C'était bien cela que désignait la courte phrase qui m'a servi d'exemple. « Par substance j'entends... » D'elle je dirai : « Elle a un poids et un statut philosophiques. » Non pas parce qu'elle assemble des mots appartenant à la langue traditionnelle de la philosophie. Mais en raison du manque qu'elle désigne, de la rupture qu'elle dessine et de la discontinuité qu'elle introduit dans le champ réflexif de qui la déchiffre. Discontinuité redoutable et qu'exprimait tant bien que mal ma question : « De quoi diable peut-il bien parler ? » A dire vrai, en ce point où exigeait de prendre sens la parole issue de *l'Ethique*, tout autre sens s'effondrait. Et il s'effondrait à tel degré que j'étais bien tenté de me dire : « Cet homme ne parle de rien. » Et c'était vrai, en un sens. Relativement à ce que je croyais savoir ou pouvoir dire, il ne parlait de rien. Mais quelque chose comme une menace née d'ailleurs, depuis un autre ordre du discours, venait compromettre la quiétude du penser quotidien. Perte de sens dans l'ordonnance des discours, région singulière où s'effondrait l'évidence, voilà ce qui se manifestait du fait de cette adresse qui venait d'un texte depuis longtemps déjà médité et écrit. Pourquoi ? Au temps dont je te parle (cette année 1934-1935) j'étais bien incapable de le dire. Comme « lecteur » je ne pouvais qu'exprimer ma situation d'inquiétude sous cette forme naïve (de quoi parle-t-il ?). J'ai tenté simplement de le comprendre aujourd'hui, puisque c'est cette inquiétude qui m'a décidé à me reconnaître philosophe. L'inquiétude n'était pas mon fait. Elle était, pour ainsi dire, à fleur de texte. Elle vivait en lui. Ce qui se manifestait sous la forme de ma question naïve c'était simplement le signal qui venait du texte : l'indication du penser comme manquant à soi-même dans l'écrit où il demeure. Répondre au signal c'était tenter de devenir dans sa singularité (sous forme de ce « tu » qui était concerné) l'habitant anonyme du penser qui était figuré là. Le « sujet » qui était désigné comme « tu » se devait de parler en première personne, puisqu'il lui fallait répondre à la provocation. Or, dans cette réponse, il avait à devenir d'une certaine façon l'autre qui avait déjà pensé. Cet Autre sans chair ni présence n'était plus qu'un texte. C'est-à-dire ? Un sens à poursuivre, une lettre à réécrire, un écart à combler ; et dans cet écart, le manque à penser. C'est-à-dire encore ? Quelque chose dont il était question et dont les mots mêmes du texte portaient le poids. Quelque chose dont le penser qui se trouvait pris dans ces mots manifestait le souci et qui tenait en suspens, du même mouvement et dans la même épreuve, le « lecteur » qui répondait et l'« auteur » qui interpellait. Devenir d'une « certaine façon » l'autre, le sujet ne le pouvait qu'en se laissant pleinement investir par ce manque et qu'en assumant sans détour ce suspens. Il lui fallait faire sienne la question qui vivait dans le texte et selon ses mots. Cette question n'était plus : « De quoi parlé-t-il ? » mais bien plutôt : « Qu'est-ce qui exige d'être pensé ? » Ainsi s'ouvrait le chemin qui, de l'« étrangeté », conduisait à l'« identification ». Je te l'avais annoncé plus haut : dans ce cas aussi (dans le cas du « devenir philosophe », comme dans celui du « devenir solidaire ») il me

L'état de philosophe

faudrait repérer un jeu d'équivalences. C'est bien quelque chose comme un tel jeu que nous voyons se manifester ici, dans la relation qui s'institue, au sein du champ de ce qui exige d'être pensé, entre un « je » qui interpelle et un « tu » qui répond. Dans le mouvement qui inaugure la réponse, « tu » devient en première personne le substitut anonyme du « je » qui lui a parlé. Le texte c'est toujours l'Autre. C'était notre point de départ. *L'Ethique* était l'Autre. Mais cet Autre, par sa seule parole, avait compromis tout l'ordre du discours. D'une certaine façon, le « pensable » allait changer de forme, et le langage même trouver une autre assise. Les significations reçues ne contenaient plus aucune voie d'accès vers leur sens et leurs connexions. Et tout cela du fait de l'irruption dans l'ordre du discours de cet Autre qui avait déjà pensé.

Je te répète encore que je ne peux parler du « devenir philosophe » que selon mon expérience. Il me semble cependant que la forme qui se dégage de cette expérience ne me concerne pas seul. Cette forme se montre comme une disponibilité à penser. Cette disponibilité naît du manque. Le sens reçu a couru à sa perte, et cela jusque dans le texte même de l'Autre qui a déjà pensé. Assumer la perte, sans contourner la discontinuité qui s'ouvre de son fait, c'est se trouver en suspens vers la question : « Qu'est-ce qui est à penser qui puisse survivre à la perte ? » Mais là où ne se manifeste pas la perte, là ne paraît pas non plus la question. Assister à la naissance de la question c'était se vouloir « philosophe ». C'est-à-dire entrer dans le champ de la *sunergeia* : devenir *sunergos* de quiconque ayant vécu la perte cherchait à rencontrer, aux limites du pensable, le sens devenu muet.

Il arrive que les textes (ou fragments de textes) capables de produire cet effet soient « écrits dans la langue de la philosophie ». Mais cette condition n'est nulle-

Un Destin philosophique

ment nécessaire. Il arrive aussi que ces textes soient produits selon une forme systématique — et méthodique. Mais cela n'est pas nécessaire non plus. Si court soit-il, et si insolite en son langage, je dirai « philosophique » tout fragment d'écrit qui, suscitant la limite au-delà de laquelle rien ne peut plus être pensé comme il semble, brise l'ordre du discours reçu, efface le sens accepté.

Tu vois à quel point les choses que l'on se met à écrire deviennent étranges au fur et à mesure de l'écriture. Il n'est pas question de symbolico-charnel ici. Tout se passe dans le seul univers du sens et des signes. Toute décision ici peut s'exprimer sans dommage : demain je reprendrai l'examen au point où je l'ai laissé — et, sinon moi, un autre. L'autre qui adresse et brise l'ordre du penser est sans corps — ou tout comme. Il n'est plus que le sens de son dire. Dans le discours même, il désigne un point de fuite, une discontinuité qui compromet l'ordre, une impossibilité de répétition. Il n'y a pas de symbolico-charnel en ce cas. Et pourtant, dans le champ où se produit cet effet, se manifeste la même structure de discontinuité et de « nullification ». Et chaque fois un « signal » en annonce la venue. Un signal qui a quelque chose à voir avec la perte de ce qui est là, au voisinage du sujet. Cette perte était plus haut celle de l'arme symbolique. Dans le cas présent cette perte affectait l'usage du langage. Cela ne veut pas dire que le sujet ne parlait plus. Il parlait selon le sens commun des mots, de tout et de rien. De même que, plus haut, le sujet dont le corps se trouvait nullifié marchait dans la rue et marmonnait des paroles de mort. Rien ne s'effaçait de la compacité des choses. En ce cas non plus rien ne s'efface de la compacité des mots. Mais c'est de leur excès que naît la rupture et que surgit le « signal d'inquiétude ». Un

L'état de philosophe

écart entre le signe et le sens : un écart devant lequel la forme des discours constitués paraît frappée de nullité. Si bien que le sujet qui parle, tant qu'il n'a pas assisté depuis cette nullité au surgissement d'un sens, parle en absent du langage. Ce qui ne l'empêche nullement de parler ainsi qu'il est requis pour la « communication ». Mais que le langage, avec son « trop-dit », son « trop-plein » de sens, l'investisse de tout côté, c'est cela précisément qui l'inquiète et l'annule en un point comme sujet parlant. L'expression « point » désigne ici une région ramifiée de l'univers du discours, une région (qu'un mot peut-être, « substance » par exemple, suffit à indiquer) où s'annoncent les multiples chemins capables de produire du sens. Ils s'annoncent et se recoupent, se recouvrant alors : si bien que le sens produit est à chaque pas enfoui dans les chemins qui l'indiquent. Mais cette structure ramifiée ne suffirait pas à annuler le sujet parlant si elle ne témoignait pour autre chose. Elle pourrait tout au plus engendrer une inquiétude concernant le sens caché : « Ceci n'est pas clair et demande à être éclairci. » Et le sujet parlerait pour éclaircir : il s'efforcerait de débrouiller l'écheveau des chemins. Mais il n'éprouverait pas cette radicale incomplétude du parler. Bien au contraire : il s'insérerait bravement dans l'ordre du déjà dit et y trouverait de quoi parler pour son compte. Ce « point d'annulation » doit donc témoigner pour autre chose que pour la stratification du sens. D'une certaine façon, il doit contenir l'indication de sa perte : une perte qui affecte l'usage même de la parole au point de la révéler fondamentalement inadéquate. Cette indication est donnée dans la ramification elle-même et de son fait. Les chemins qui ouvrent vers le sens s'articulent et se recouvrent. Mais si loin que l'on poursuive ces articulations, ce qui est désigné, ce vers quoi ces chaînes de discours semblent converger, tombe au-dehors du champ dans

Un Destin philosophique

lequel l'ordonnance des chaînes peut désigner un sens accessible. Autrement dit rien de ce qui est accessible dans le champ, rien de ce qui peut y être nommé ne suffit à remplir le vide que laisse le sens absent. Ainsi ce « point » d'annulation n'est pas seulement une région ramifiée de l'univers du discours. Il est l'irruption dans cet univers d'un « ailleurs », un « au-delà » ; l'indication d'une frontière dont cet univers porte la marque. Cette frontière se présente ainsi : le sens de ce qui est à dire selon cette région n'appartient pas à la sphère de sens qui la délimite. Tout se passe alors comme si tous les gestes d'éclaircissement, accomplis en cette sphère et selon ses exigences, aussi loin qu'un « sujet » les poursuive, laissaient en dehors le sens chaque fois pressenti. Le sens de ce qui est à dire et à penser est alors expulsé du domaine même où il paraît se constituer. C'est tout l'univers des formations discursives qui, à ce moment, se trouve compromis. Le « sujet « ne peut plus parler de ce qui peut offrir du sens dans la forme où il en était parlé. La voix lui manque pour cela. Précisons cependant que ce « point limite », point de ramification des chaînes discursives, appartient au champ intersubjectif dont la structure dialogique esquissée plus haut nous a suggéré la forme. Cela veut dire que ce qui se noue en lui c'est aussi, selon l'ordre du discours et le souci du sens, la relation de « moi » à l' « autre ». L'autre, ce peut être quelqu'un de vivant dont on écoute la parole et dont on déchiffre l'écrit. Ce peut être un ami disparu et toujours présent selon sa parole, comme tu l'es maintenant pour moi. Ce peut être (et c'est le cas usuel) un texte, un fragment d'écrit. C'est à ce dernier cas que je me suis attaché, parce que, selon mon expérience, c'est la lecture de *l'Ethique* qui m'a privé de voix, relativement à l'expression de ce qui pouvait avoir ou ne pas avoir de sens. L'« Autre » était ce manque à penser dans le texte

L'état de philosophe

même : manque à penser qui était le fait de quelqu'un qui avait déjà pensé. Mais il me concernait selon la relation du « tu » au « je », instituée depuis le texte. Cette relation, comme je te l'ai dit, me rendait anonyme.

Dans le champ où je me découvrais anonyme vivait cette région de discontinuité qui venait de l'autre. Cette région, dans laquelle venaient s'abîmer mes formations discursives usuelles, mes *habitus* de pensée, m'offrait le signal d'une tâche : celle qui me ferait « philosophe ».

Ce que j'ai nommé *sunergeia* est justement la réponse conforme au signal reçu. Si j'ai nommé cette réponse de ce nom c'est pour rendre sensible le fait qu'elle trouve son germe dans la structure dialogique où s'est présentée la provocation à penser. Ce qui exige que cette réponse se déroule dans le champ intersubjectif où se noue la relation de qui provoque et de qui répond : cette réciprocité dissymétrique dont il a été question plus haut. « Réciprocité » me semble convenir : celui qui a reconnu le signal (le « lecteur » ou l'« auditeur ») provoque à son tour la parole qui l'a provoqué. Comme on dit, « il fait travailler le texte ». « Dissymétrie » convient également : dans cet échange des rôles *celui qui* a provoqué est toujours absent. Seul a affaire au texte *celui qui* répond. J'ai bien conscience qu'en usant de ces mots : « celui qui », mon langage est inadéquat. Il est bien possible en effet que cette expression ne soit qu'un autre nom pour désigner le phénomène de la réciprocité dissymétrique que j'énoncerais ainsi : « Moi, un autre, je pense dans ce texte pour l'autre qui a déjà pensé. » Or : « Je pense dans ce texte » veut dire en premier : « J'assume l'annulation qui m'y est proposée de mes formations discursives usuelles. » Là est le germe de la *sunergeia* ce travail avec et selon.

Décrire la façon dont ce travail s'est déroulé pour moi n'aurait d'autre intérêt que biographique, c'est-à-

Un Destin philosophique

dire nul ou peu s'en faut. En revanche, il m'est possible d'en dégager la forme et d'en formuler les exigences, telles du moins qu'elles se sont manifestées du fait du point de départ que je t'ai dit. Encore un peu de patience donc et j'en finirai sur ce point.

E. Une langue dans la langue

Précisons d'abord que ce que je vais tenter d'exprimer maintenant était loin d'être clair pour moi au temps dont je parle (la fin des années 30 pour fixer la période). L'année où tu es entré à l'École, 1938, fut celle où j'ai commencé à m'intéresser à la phénoménologie, sous l'influence de Merleau-Ponty. Je ne crois pas en avoir discuté avec toi, en ce temps. Tu étais rebelle à ce genre de démarche. Pour ma part, je découvrais qu'elle me convenait. En ce cas aussi, ce fut un texte qui donna le signal : la lecture des *Méditations cartésiennes* de Husserl. A y penser maintenant, je me dis que ce fut une folie d'avoir commencé par là. Ce texte est peu intelligible pour qui n'a pas déjà une longue familiarité avec les thèmes husserliens. A l'époque ce n'était pas mon cas. Pourtant cette lecture m'a frappé au plus profond, en raison même des mystères auxquels elle me confrontait et, au-delà, du style réflexif qui y était proposé. Ce qui s'offrait là n'avait pas la forme du système. C'était un mouvement de pensée qui habitait le texte. Celui qui parlait, l'*alter ego* méditant, s'adressait au lecteur en sollicitant, à chaque pas, de sa part un acte spécifique de vérification. Si bien que le lecteur (et cela me rappelait les mathématiques) ne pouvait avancer dans le texte qu'en effectuant (ou en tentant d'effectuer) par lui-même les actes d'intellection qui y étaient indiqués, et développés de façon patiente et explicite. En dépit des difficultés rencontrées à chaque page je

L'état de philosophe

ne pouvais m'empêcher de me dire : « Voilà la philosophie : cet entêtement patient et méthodique dans l'éclaircissement. »

Relativement à la lecture de *l'Éthique* (et à la question qui en surgissait : « De quoi parle-t-il ? ») c'était un renversement complet. « Il » parlait de ce dont je ne pourrais faire autrement que parler à mon tour. Dans le champ réflexif qui s'ouvrait ainsi entre le lecteur et le texte s'offrait d'*alter ego* à *alter ego* une transparence de droit, malgré la dissymétrie toujours présente. C'était du moins de cette façon-là que se développait ma relation de lecteur à l'égard de cette espèce de texte.

De quoi cette relation était-elle le symptôme ? Sur quoi portait-elle témoignage ? Je n'en savais rien à l'époque et ne cherchais pas à le savoir. Je la subissais seulement, avec quelque satisfaction et beaucoup d'outrecuidance, pensant y trouver mon chemin, selon l'« air du temps ».

C'est cela pourtant qu'il m'importerait maintenant de savoir. Ce que j'ai esquissé dans les pages précédentes me le permet-il ? Il me semble.

En effet, la sensibilité au signal qui venait du texte husserlien était la réponse conforme au premier signal. Elle n'était certainement pas la seule possible. Elle appartenait cependant au champ de ce que le « sujet », au voisinage de qui se montraient ces exigences, attendait du fait de cette « incomplétude du parler » qui lui était advenue. Je ne sais trop comment désigner ce qui était attendu ici. C'était quelque chose comme une autre langue dans la langue elle-même : une langue qu'il faudrait apprendre à constituer par soi-même, d'une manière explicite, sur le fond du parler commun. De ce parler commun on avait fait l'apprentissage et il comportait en son sein le langage même dont on avait subi l'épreuve : celui de la « philosophie » sous les

Un Destin philosophique

apparences et selon les exigences de ce qu'on avait lu, *l'Éthique* en particulier. Or (et c'est bien ce qui ressort des analyses précédentes), lorsque, dans le rapport dialogique dont il a été question, le « sujet » s'efforçait de satisfaire ces exigences, il se trouvait confronté à un manque à penser. Il était privé, comme on l'a vu, de ses formations discursives usuelles, relativement à ce manque du moins. Contourner ce manque eût été possible. Il eût suffi pour cela de l'oublier et de chercher refuge dans le « savoir ». La plaie ouverte dans ce texte de *l'Éthique* et de son fait se fût cicatrisée sans doute. Le « sujet » fût devenu « commentateur », « interprète », « historien ». Il est toujours possible de parler autour du manque à penser, dans les formes du langage propre au texte et à son auteur, sans autre inquiétude que celle de dire ce qui convient, et dont on suppose que, si on ne le sait pas aujourd'hui, on le saura demain. Il suffira de lire mieux, et davantage. Mais il faut pour cela supposer que le texte peut se réduire à une trame compacte au sein de laquelle toute signification demeure accessible « de proche en proche ». Que devient alors la structure dialogique qui institue le sujet comme lecteur ? Que deviennent les écarts et les éclatements ? Ils comptent pour rien. Ou du moins sont-ils recouverts selon les exigences de cette trame conceptuelle supposée compacte. Ce qui suppose encore que tout va pour le mieux dans le langage. Pas d'inquiétude. Il suffit de dire — et ce qu'il faut dire, on se croit toujours en mesure de l'atteindre. Ce qui n'est pas le cas, comme nous l'avons vu, du fait de l'irruption nécessaire, dans le texte et le parler, de l'autre qui a déjà pensé et qui toujours provoque.

Entendra dès lors la provocation quiconque éprouve comme une faille dans son parler ; quelqu'un pour qui quelque chose ne va pas dans l'usage du langage. Tel était le cas, tu t'en souviens bien, des « sujets mutilés »

L'état de philosophe

dont, plus haut, j'avais proposé la fiction « pour voir ». Tel était encore le cas du « sujet » dont il est question ici. Il ne lui manquait ni les mots ni les choses. Mais il souffrait de leur relation. C'était une situation difficile à supporter : l'inquiétude refoulée alors (il fallait bien vivre et communiquer) mais constante à propos de la « rectitude des noms ». Nommer lui avait toujours paru une opération mystérieuse. Résigné, puisqu'il parlait, à l'usage des noms, parfois tout basculait pour lui dans une sorte de néant. C'était comme une perte de sens. Ce que je nomme « chien », est-ce bien ce que cet autre qui me dit : « Tiens, voilà un chien » entend désigner par cette émission de sons que j'entends ? Comprends bien qu'il ne s'agissait pas là d'un « problème philosophique » que le « sujet » en question se posait explicitement et qu'il entreprenait de mettre en œuvre d'une manière méthodique. C'était une manière de prendre conscience de la distance du mot à son « référent » supposé. Une inquiétude interne au langage lui-même et que semblait renfermer son usage. Parler en usant des noms habituels, entendre en comprenant leur sens, lire en effectuant ce sens pour s'en assurer, c'était en ce cas ajourner la question : « Qu'est-ce que nommer ? », la laisser en suspens. Entre mots et choses se manifestait ainsi comme une région d'indétermination, que le sujet dont je parle abandonnait à son sort puisqu'il parlait, mais dans laquelle son parler demeurait en suspens, sans qu'il puisse s'en évader. Cette inquiétude qui concernait les noms concernait tout aussi bien les « choses ». Que peut être cela qui n'est ni nommé ni dit ? Double inquiétude que le sujet se gardait bien d'affronter, usant pour cela de tous les détours possibles : les mathématiques furent sur ce point, et pour un temps, un « divertissement » adéquat. Les noms y étaient, selon toute apparence, explicitement univoques. Quel repos ! Mais, réduite au silence, l'inquiétude demeurait.

Je crois savoir aujourd'hui que cette inquiétude prenait naissance dans l'imaginaire du sujet, tel qu'il se déployait du fait de son rapport aux autres, dans l'usage commun du langage. Une représentation mythique qu'il se forgeait de son intériorité propre, du fait de la distance à l'autre qui parlait. Mais cet effet imaginaire n'en était pas moins produit, et l'inquiétude qui en résultait était, elle, bien réelle, en dépit des détours qui ajournaient le moment où il faudrait l'affronter. La tentative malheureuse et courte de « mathématisation » de *l'Éthique* fut un de ces détours (le dernier peut-être) propre à rassurer sur le bon usage des noms, sans autre examen.

Je suppose (et comment faire autrement ?) que si j'ai été sensible, dans le texte de *l'Éthique,* davantage aux manques qu'aux pleins, davantage aux écarts qu'aux chaînes compactes, ce fut en raison de cette situation inconfortable où je me trouvais dans le langage. Ce que j'ai appelé « provocation » a réveillé l'inquiétude enfouie dans l'usage des mots. C'était là, comme je l'ai montré plus haut, une des possibilités qui vivaient dans le texte. Elle portait la marque de l'autre qui y avait pensé, écarté de soi-même en cela, jusque dans les définitions qu'il proposait. Il n'était plus possible alors d'ajourner. Il n'était plus possible de refouler le champ d'indétermination (le penser même) qui semblait séparer mots et choses. Ce champ vivait dans le texte et affleurait sous ses expressions. « Vivre dans le texte » n'est qu'un abus de langage. Il vivait dans le domaine intersubjectif et anonyme où se constituait et se renouait à elle-même la relation dialogique dont je t'ai parlé plus haut. En ce domaine il venait au grand jour, dans une pureté désertique qui laissait le sujet démuni, c'est-à-dire libre pour l'expression, en attente.

L'état de philosophe

Une autre espèce de silence surgissait alors. Ce n'était plus le silence de l'inquiétude refoulée, réduite au mutisme, écrasée sous le poids des discours supposés sensés. Mais un autre silence. Tout brusquement semblait s'être renversé. Ce qui gisait au fond venait à la surface, dans une indétermination de principe qu'aucun usage du langage n'avait encore su lever, semblait-il. *Ce qui avait inquiété le « sujet » se tenait devant lui et le mettait en attente.* Mais vers quoi ? Vers rien qui puisse se désigner précisément. Dans ce champ indéterminé ne demeurait pas, caché, quelque chose qu'il importerait d'atteindre, qu'on pourrait nommer et exprimer, quelque nom qu'on lui donne, « vérité » ou « être ». Ces noms aussi étaient effondrés. Et le « sujet », qui en ce temps-là lisait beaucoup le vieux Parménide, ne pouvait prendre à son compte l'antique sentence qui, dans leur identité, avait posé l'unité du penser et de l'être. Les vers fameux résonnaient à ses oreilles encore comme une provocation : une invitation à assumer l'irrémédiable distance du mot à la chose. Ce « penser de l'Être » lui semblait situer le langage dans un « entre-deux » impossible. Non, décidément, il n'y avait rien à attendre qui puisse advenir de « soi-même », comme un plein propre à combler le vide. Et pourtant le « sujet » se trouvait en attente. Devant quoi ? Rien, semblait-il ; rien qu'une absence. Ainsi se répétait, dans ce domaine en apparence purement spéculatif, la situation qui l'avait arraché à la « morale » et mis en suspens au cœur de la « vie éthique ». Encore un affrontement de la nullité. Seulement ce qui s'annulait maintenant n'était plus la Loi en ses figures charnelles ; c'était le déjà dit, ou plutôt ses formes. Maintenant comme alors rien n'était aboli de ce qui se montrait annulé. Pas plus que n'avait été aboli le poids quotidien des interdits, ne disparaissait maintenant le poids des mots, ces mots qui sem-

259

Un Destin philosophique

blaient livrer les choses. Parler n'était pas un rêve, ni lire, ni apprendre, ni partager le sens. De tout cela, de tout ce qui s'offrait dans ce champ où se nouaient ses perpétuels dialogues, le « sujet » n'était pas privé. Il lisait, parlait, s'informait, au point d'en être accablé. Si riches pourtant qu'aient été ces savoirs partagés, ils s'effondraient sur place dans une nullité qu'on ne savait comment nommer. Et cela se comprend. Le « vide », tu le nommes selon le plein qui lui manque. Or ici rien ne se laissait entrevoir qui puisse paraître plein : nulle terre de vérité où l'on puisse attendre d'aborder. C'était l'excès lui-même, le trop-plein du dit qui était nullité. Mais dans ce trop-plein, le « sujet » se trouvait comme inhumé. Il ne pouvait le déplacer.

L'entrée dans la « vie philosophique, l'entrée dans la « vie éthique », s'opéraient donc selon la même structure ? Oui ? Je crois bien qu'il en a été ainsi, selon mon expérience, la seule dont je puisse te parler. Je ne sais (et ne peux entreprendre de chercher maintenant) jusqu'où peut aller cette « homologie » de structure. Le fait est qu'elle affectait aussi le « dire je », et cette intériorité mythique que le « sujet » s'attribuait comme lui appartenant en « propre ». « Je », « je ». Le sujet pouvait le répéter. « Je pense ; je sais ; je ne sais pas ; j'attends de savoir », etc. Aucune de ces paroles ne déplaçait jamais l'espace « nullifié » où se partageait le sens du déjà dit. Et cette intériorité même dont il croyait jouir n'était qu'un effet de langage. Elle n'était pleine que de ce qu'il entendait dire — et par conséquent annulée comme le reste. Assiégé par l'excès de ce qui n'était rien. Tel était le « sujet » dont je te parle ici, en ce temps. Ou du moins tel il m'apparaît avoir été, maintenant que je t'en parle.

Le silence du déjà dit. Sa nullité. Voilà ce qu'avait réveillé la lecture de *l'Éthique.* Je n'en savais rien en ce temps et j'imaginais tout autre chose. Je croyais avoir

L'état de philosophe

été réveillé moi-même, comme si un « pouvoir de penser » enfoui exigeait de venir au jour. Un effet de mon imaginaire qu'il me fallait mettre en mouvement au sein des écarts dont je t'ai parlé plus haut, et selon cette « incomplétude » dont la racine m'échappait. Peut-être m'échappe-t-elle encore. Mais je ne la pourchasserai pas plus longtemps. Ce que j'en ai dit suffit, il me semble, à faire comprendre quelle espèce d'attrait a exercé, dans cette situation d'attente où je me croyais, l'entrée dans le texte husserlien. J'ai cru devoir m'y reconnaître comme si tout cela était écrit dans une autre langue, une langue qui *par essence* ne pourrait plus m'être étrangère. C'est-à-dire une langue dans laquelle mes gestes d'expression pourraient être rapportés explicitement (en droit du moins) à une région privilégiée du discours. Depuis cette région se manifesterait, dans la clarté de la distinction, la constitution de toute signification accessible. J'ai désigné plus haut par le nom d' « outrecuidance » le caractère exorbitant d'une telle croyance. Certains nommeraient cela « audace spéculative ». Ce qui a suivi ce moment dont je te parle m'a appris à être plus modeste. Je persiste donc à user du mot que j'emploie aujourd'hui : « outrecuidance ». Je me croyais capable d'atteindre l'impossible : l'explicitation, sans faille ni distance, de tout sens accessible ; et cela dans une relation de transparence relativement à l'*alter ego* qui avait pensé dans le texte qui m'était livré : les *Méditations cartésiennes,* comme tu sais. A vrai dire le nommé « je » n'y était pour rien. Cet état de croyance n'était qu'un effet, une réponse au jeu de relations qui se constituait dans le champ inter-subjectif (un domaine inter-textuel, en l'occurrence, pour l'essentiel du moins). Dans ce champ, la nullité du déjà dit en venait à s'annuler à son tour. Là où venait au grand jour l'inquiétude du rien, là s'insérait et devait prendre racine (dans ce silence) le « sujet » mis

Un Destin philosophique

en attente. C'était ce « sujet » même qui devenait pour soi maintenant le vide et le rien : une pure possibilité de parole née de ce rien. Encore une substitution symbolique. Le « sujet » supposé parler venait occuper la place de la nullité qui, de ce fait, ne l'assiégeait plus. La « nullité » n'était donc plus la même ? Non. Elle devenait le silence exigé par la parole qui aurait à dire le sens. Sans cette « outrecuidance » le « sujet » en question fût demeuré dans la nullité du déjà dit, indéfiniment. Il lui eût été possible de parler des « philosophes », et de beaucoup d'autres choses indéfiniment encore. Mais à quoi bon ?

Tel fut le rapport de ces deux signaux : *l'Ethique* et les *Méditations cartésiennes*. Le second a été une réponse au premier. L'annulation d'une nullité. Et le « sujet » dont je te parle ici devait nommer « philosophie » la prise en compte réfléchie de cette annulation. Ce mouvement se passait entièrement dans le champ de l'échange intersubjectif et selon les exigences de son expression. Ce « sujet » serait donc, comme je te l'ai dit, *sunergos* et rien de plus : coadjuteur dans la détermination du sens accessible des expressions partagées. Ce sens devait se constituer depuis le silence du déjà dit annulé, comme si toute l'aventure de l'expression devait, sans cesse, se recommencer à neuf. Tâche par définition interminable, mais qui astreignait le « sujet » à sa forme. Ce « sujet » ne voyait pas que cette forme avait pris naissance au sein des écarts du langage : cet état lacunaire des chaînes d'expressions désignant un sens. Elle était née d'une « *maladie congénitale* » en somme. Elle en était l'expression relativement aux espèces d'écritures (ces chaînes d'expressions précisément) auxquelles le « sujet » se trouvait confronté. Par un effet en retour que produisaient ces espaces lacunaires, il en venait à penser que cette forme naissait de lui seulement, de ses seules exigences. Mais peu importe

L'état de philosophe

ce que le « sujet » voyait ou croyait voir. Cette forme ne s'en imposait pas moins. Elle l'astreignait à une interrogation sans fin. Une destruction méthodique et entêtée des formations d'énoncés ; longue quête au bout de laquelle pourrait seulement advenir ce qui lui aurait survécu : le sens même. Or il en est de l'énoncé comme du texte. Il est l'Autre. N'est-il pas vrai ? Ce « sujet » aurait donc affaire à l'Autre, selon les lacunes de l'expression, au sein du domaine qu'ouvrait la réciprocité dissymétrique dont j'ai déjà parlé. Telle serait la *sunergeia* : une complicité dans la destruction ; et, sur le chemin (je n'ose dire « au bout »), le partage du sens constitué dans la clarté et la distinction, autant que possible. Or, une autre espèce de *sunergeia* devait venir au grand jour. Elle devait se déployer à partir du germe de formation symbolique dont les circonstances de juillet 1942 m'ont suggéré la structure. En elle ne devait pas se produire seulement un ajournement des exigences propres à la forme de *sunergeia* que j'ai tenté de décrire. Celle-ci devait s'y enfouir et s'y masquer. Elle n'y mourrait pas cependant. Il eût fallu pour cela guérir de la « *maladie congénitale* », qui s'est révélée inguérissable. L'exigence philosophique (donnons-lui ce nom) devait être détournée sans s'abolir tout à fait. Comment ?

VII

LA PENSÉE CAPTIVE

Je dois désormais me mouvoir dans le domaine de connexion de deux structures. L'une est le champ symbolico-charnel, dont je t'ai beaucoup parlé. En elle se développe le germe de morphologie symbolique d'où devaient s'engendrer ces sortes d'engagements dits « politiques ». L'autre vient à peine de montrer le « bout du nez ». C'est le champ, dit intersubjectif, dans lequel se rend manifeste le signal de l'Autre *(alter ego)* qui a déjà pensé, selon une relation explicitement dialogique. En elle se développent les chaînes de formations discursives qui tiennent un « sujet » en suspens vers un sens à découvrir, une « vérité » à énoncer. Dans la première, par exemple, prenait corps cette exigence : « *Il faut tuer la figure charnelle du mal.* » Dans l'autre celle-ci : « *Il faut remplir la distance qui sépare un nom de concept, "substance" par exemple, de ce qu'il désigne.* » Un flic gardant des enfants juifs, et Spinoza, qui a déjà pensé, cela n'est pas pareil, tu en conviendras sans peine ; et « il *faut* » ne peut présenter en ces deux cas le même sens. C'est pourtant la connexion entre ces deux exigences, et donc celle des « structures » qui les supportent, qui doit maintenant m'inquiéter.

Un Destin philosophique

Je m'en inquiète en dépit d'une certaine tradition philosophique, propre, pourrait-on penser, à nous rassurer. Cette tradition s'est déposée en nous comme une sagesse des nations. Il est bien entendu qu'il y a deux « moi ». Celui qui « souffre » et celui qui « pense », et qu'il ne faut pas mélanger torchons et serviettes. Distinguer et hiérarchiser : voilà ce qui convient. Plate retombée d'un platonisme qui permet de distribuer les hommes entre ces deux catégories : les « bons » et les « méchants ». La « méchanceté » n'est alors qu'un désordre de l'âme. A ce compte-là je dois t'avouer que je n'ai jamais connu que des méchants, l'ayant toujours été moi-même. Et nous sommes tous des « méchants » : des gens pour qui le « moi supposé penser » et le « moi supposé pâtir » ne font pas bon ménage. Laissons ces balivernes à leur sort. Elles ont peu de chose à voir avec l'origine qu'on leur suppose : Platon tel qu'il fut en son temps. Quant à chercher ce qu'il en est effectivement de cette origine, ce n'est pas pour l'heure notre problème.

Donc, je ne déposerai pas mon inquiétude et n'ajournerai pas l'examen qu'elle appelle. Pourquoi ? A cause des « mots » tout simplement. C'est leur nécessaire usage qui nous astreint, nous qui nous disons « sujets », aux nœuds qui se forment selon la connexion des deux structures en question. Nos mots ne sont pas désincarnés et nos corps ne sont jamais muets. Ce dont témoignent, trivialement, les techniques « langagières » des psychanalystes, et aussi (moins trivialement) l'essor, depuis Austin, de la « pragmatique » : l'usage du langage met les « sujets » en posture les uns pour les autres. Il arrive qu'une phrase, de statut purement informatif en apparence, « signifie » un ordre, un souhait, une crainte. Exemple fameux proposé par Austin :

La pensée captive

« Le taureau est dans le champ[1]. » Le locuteur peut donner par là une simple information, mais aussi (et cela dépend de sa situation relativement à un autre) un avertissement : « Méfiez-vous, il n'est pas commode. » Ou un ordre : « Amenez-lui la vache », etc. Et pourtant celui qui entend la phrase en question ne dispose pas, à s'en tenir à sa seule forme grammaticale, d'un critère lui permettant de distinguer à coup sûr qu'elle lui signifie une mise en garde, si tel est le cas. Depuis Jean-Louis Austin (et plus exactement depuis la publication, en 1962, un an après sa mort, sous le titre *How To Do Things With Words*[2], des conférences prononcées en 1959 à Harvard), nous appelons « illocutoire » cet aspect de la parole. Rassure-toi, je n'ai pas l'intention de m'embarquer dans la « pragmatique ». Il existe (en français aussi) de bons livres qui en exposent les principes et les méthodes. Je te ferai remarquer cependant qu'en deux occasions au moins, je me suis référé (sans le nommer) à cet aspect « illocutoire ». Une fois lorsque j'ai analysé les paroles prononcées par un dirigeant du P.C.F. (« nous ne pourrons pas faire ce que tu demandes »). C'était une phrase qui semblait donner une information : mais elle renforçait un pouvoir et formulait une menace. Ce qui lui donnait sa plénitude était cette « force illocutoire ». Une autre fois lorsque, quelques pages plus haut à peine, j'ai parlé de « provocation » dans le texte de *l'Éthique*... Et la phrase qui « provoquait » avait la forme d'une définition. Elle était comme on dit de « statut théorique » et concernait un « objet idéal », un nom de concept, « substance ».

Dois-je ici m'écrier : « Mon Dieu comme c'est étrange ! Et quelle coïncidence ! » ? Nullement. Je dirai

---

1. Variante plus anodine : « Le chat est sur le paillasson. » *(The cat is on the mat.)*
2. Traduction française sous le titre : *Quand dire c'est faire* (le Seuil, 1970).

le contraire : « Il est tout naturel qu'il en soit ainsi. » Ce dont témoigne le « détournement » de l'exigence philosophique dont, pour finir, je veux te parler. Car tout, en dernier ressort, allait non pas se diluer en mots, mais se rendre manifeste et se maintenir vivant selon des exigences d'énonciation.

A. DE QUELQUES PROVERBES...

Un proverbe en forme d'axiome me servira de point de départ : « *La vérité est révolutionnaire.* » Je le choisis parce qu'il rassemble deux mots « vérité » et « révolution » qui ne trouvent pas leur plein emploi dans le même champ. Si je prends chacun d'eux en son sens strict, l'énoncé en question se réduit à une sottise. Toute proposition pour laquelle je dispose d'une preuve n'est pas, par cela seul, révolutionnaire. Tout révolutionnaire n'est pas, par cela seul qu'il l'est, astreint à n'énoncer que des propositions vraies. Voilà donc une phrase « mal formée ». Elle ne l'est pas cependant au point d'être rejetée comme insensée par tout auditeur de langue française. Au contraire, elle a été reçue, répétée, revendiquée, enseignée. Beaucoup d'autres proverbes « en forme d'axiome » ont circulé de la sorte : « Les faits sont têtus » ; « Un révolutionnaire a droit à l'erreur pourvu qu'il la corrige », etc. Certains n'ont circulé qu'un temps : « La fidélité des communistes envers l'Union soviétique est la pierre de touche de leur fidélité à la classe ouvriere. » D'autres courent encore et courront longtemps. En faire le compte n'offrirait que peu d'intérêt. Généralement ces sortes d'énoncés présentent ce caractère : leur signification s'écroule dès qu'on la précise ; ils ne résistent pas à l'examen logique ; et pourtant, ils sont compris, acceptés, comme valables ; leur usage produit l'effet pour

La pensée captive

lequel ils ont été formés ; il comporte une issue « heureuse » dans le champ qu'ils concernent. Sans doute ont-ils été fabriqués *ad hoc,* fût-ce (et c'est le cas ordinaire) selon des procédures non explicites.

Supposons maintenant que, voulant parler *sur* ces énoncés, je déclare : « Ils n'ont d'autre fonction qu'idéologique. » La « quasi-proposition » que je formule ainsi n'est-elle pas exactement de même statut que les énoncés sur lesquels elle parle ? Je le crains. En raison de la marge d'indétermination dont souffre l'adjectif « idéologique ». Cette indétermination (fût-ce dans les textes du « père fondateur » Marx) est telle qu'il est impossible de concevoir, pour un tel énoncé, une procédure stricte de vérification ou d'infirmation. La validité que je pourrais lui accorder reposerait sur un ensemble de présuppositions concernant l' « idéologie » et dont je considérerais, au moment où je parle, qu'elles sont partiellement partagées par ceux à qui mes paroles s'adressent.

Plus que l' « état de choses » (en ce cas un caractère convenant à certaines espèces d'énoncés), ma phrase concernerait la situation réciproque des « sujets » parlants. En dépit de sa forme déclarative elle ne constituerait pas une « proposition », mais plutôt une prise en compte de la situation des « sujets », au sein du champ où s'instituent leurs échanges. Il y a des cas où l'expression : « Le chat est sur le paillasson » entend concerner non seulement le chat mais le vétérinaire, si le chat se traîne, tout malade, sur le paillasson. Et l'auditeur pourra la comprendre : « Pitié pour le chat ! » Reproche ou exhortation ? C'est selon.

« Selon. » Tout au long de ces pages, l'usage de cette préposition n'a cessé de m'inquiéter. Et qu'elle m'inquiète encore me délivre d'un souci académique. Je ne m'engagerai pas dans l'élaboration d'une « théorie » de la production des idéologies et n'en utiliserai aucune. Il

Un Destin philosophique

n'y a pas de prêt-à-porter en notre affaire et le sur-mesure me semble hors d'atteinte. Je m'en tiens donc aux exigences de la « surface » sur laquelle j'ai décidé de me mouvoir. La question qu'elle m'impose est celle-ci : selon quelles relations et en quelle région devrait se manifester, au voisinage du « sujet » qui te parle ici, la nécessité de prononcer, d'entendre et de croire des énoncés de cette sorte ? En quoi le domaine de sens qu'ils semblaient désigner devrait-il s'intégrer au champ des énonciations possibles au point d'y engendrer le détournement d'une exigence philosophique qui se montrait, pourtant, en ce temps, forte et irrécusable ?

B. La double vie d'un « clandestin »

Il me faut bien dire quelque chose des circonstances. En septembre 1942 nous dûmes, Dominique et moi, partir en zone sud (dite libre). Ça sentait beaucoup le brûlé à Paris, pour nous. Et le père de Dominique avait été arrêté — en zone sud justement. Il fallait s'en occuper. Je fus nommé professeur de philosophie (ô ironie !) à l'annexe de Vichy du lycée de Clermont-Ferrand (Blaise-Pascal). C'est à Clermont-Ferrand que nous avons adhéré au P.C.F. en février 1943. Un clandestin dont nous ne connaissions qu'un prénom recueillit nos adhésions, nous fit rédiger une « bio » et choisir un pseudonyme. C'était une étrange situation. Dans la « bio » il fallait tout expliquer en clair ; tout dire de sa vie, de ses amis, de ses idées politiques. Et au même moment il fallait renoncer au nom qu'on portait (dans l'organisation du moins). L'identité du militant devenait un secret dont seuls le Parti et lui-même étaient les dépositaires. Ceux qui plongeaient totalement dans la clandestinité devaient s'en arranger. Ils changeaient

La pensée captive

de peau en changeant de nom. Ils n'avaient qu'une vie clandestine, et cela devait être plutôt rassurant. Il n'en fut pas de même pour nous. On nous a demandé de conserver notre façade professionnelle au grand jour. Double nom, double vie : ce fut notre lot, sauf pour certaines périodes pendant lesquelles on nous « retirait de la circulation », en vue de tâches précises dont l'exécution exigeait du temps. A mener cette vie on prend de drôles d'habitudes, nécessaires pour survivre. Encore maintenant quand j'entre dans un café je me place d'instinct là d'où je peux surveiller la porte. Je ne peux m'empêcher de payer les consommations au moment où on me les sert. Ce qui, parfois, irrite mes compagnons. En quelques circonstances, ces précautions m'ont sauvé la vie.

De ce qui s'est passé au fil des jours je ne parlerai pas. Telle est ma règle. Mais le phénomène de la « double vie » demande examen. Je ne peux pas faire en sorte de n'avoir pas adhéré au P.C.F. dans la clandestinité et selon les formes exigées par elle, ou du moins par l'espèce de clandestinité à laquelle m'astreignait la nature particulière de nos activités. Et je n'ai pu faire autrement qu'en subir les marques. La trace laissée par ces marques et leur nature sont-elles indifférentes à notre sujet ? Il s'en faut. Elles le concernent, et au plus près. C'est d'une espère de *sunergeia* (travail avec et selon) qu'il nous faut parler, en effet, ne l'oublions pas. Or, cette *sunergeia* manifestait son exigence sous la forme d'une double vie. En cela précisément elle ne pouvait que développer le germe de morphologie symbolique dont je t'ai parlé plus haut. De là devait s'engendrer une autre formation symbolique qui allait affecter jusqu'aux possibilités du discours et bouleverser, au voisinage du « sujet », les voies d'accès à l'univers du sens. Sans s'inverser tout à fait le champ de ce qui était « pensable » et les « valeurs » qu'il comprenait

Un Destin philosophique

(« vrai », « faux », « véridique », « mensonger », « croyable », « incroyable ») allaient devenir « autres », ou du moins se présenter comme « autres ».

La « double vie » du semi-clandestin offre ce caractère : une moitié du temps de vie est partiellement frappée d'irréalité. Ce n'est pas la moitié où on risque délibérément sa vie. C'est l'autre. Celle qui se produit au grand jour. Elle devient, dans le champ manifeste où les autres la perçoivent, quasi insignifiante, marginale en quelque sorte. Ainsi tous les matins on se lève à six heures. Certains jours (le mardi par exemple) on va à la gare, pour le train de sept heures quarante-cinq. On doit à huit heures trente être au lycée, à Vichy. D'autres jours (disons le mercredi), il faut à sept heures se trouver en tel lieu pour telle mission. Le mardi, on se dit, dans le train : « Je n'ai pas eu le temps de penser hier à ce que je vais dire tout à l'heure. J'espère que l'inspecteur général n'a pas choisi ce jour pour visiter ma classe. » Le mercredi, on se dit : « J'espère que les copains ne se sont pas trompés sur l'heure de passage de la patrouille de la Feldgendarmerie. Sinon ça ne va pas être commode de se tirer d'affaire. » Et on pense à des tas de choses agréables comme : « Vaudrait mieux ne pas se faire prendre vivant, etc. » Avouons qu'en ce cas, même si on aime son métier, ni le lycée, ni l'inspecteur général ne pèsent lourd. Et pour tout dire, on s'en fout. Tu me diras : c'est parce que dans un cas on risque sa vie et dans l'autre rien. C'est vrai. Mais les choses ne sont pas si simples. Car dans ce genre de vie, tu risques tout autant au grand jour que dans la clandestinité. Davantage peut-être dans le quotidien qu'au cours d'une action bien préparée où sont assurés les arrières. Après tout ce peut être la Gestapo qui attend au lycée et non l'inspecteur général. Entre la vie clandestine et la vie manifeste il n'y a pas de frontière nette. Mais

La pensée captive

c'est toujours la première qui « colore » la seconde. Celle-ci serait donc, par elle-même, décolorée ? Bien sûr. Et c'est ce point que je veux éclaircir.

Remarquons que je peux feindre une réponse qui pourrait passer pour la bonne. Je dirais : d'un côté j'agis pour une « cause » historique dont le destin vaut ces sacrifices ; de l'autre j'accomplis au jour le jour les tâches que définissent des institutions que je veux, avec d'autres, abolir. Ce qui, pour moi, prend valeur et couleur ce sont ces autres et ce que je projette de faire avec eux. De leur côté se dessine le sens du futur, celui d'un monde où l'on pourrait vivre. Je suis bien persuadé que c'est cela que l'on pense dans ce genre de vie. J'ai rencontré en effet bien des gens que l'on nommait « révolutionnaires professionnels ». Ils étaient beaucoup plus vieux que moi et avaient connu les temps héroïques du Komintern. Ils avaient parcouru le monde pour la « cause ». Ces gens éprouvaient à l'égard des exigences ordinaires de la socialité une indifférence de principe. Ce n'est pas qu'ils s'absentaient des rapports quotidiens avec autrui. Ils étaient attentifs et présents. On sentait pourtant, à les voir et à les entendre, que leur vie se passait ailleurs. Son sens n'était pas là où ils semblaient se trouver astreints aux normes de la vie sociale. Ils s'y pliaient. Mais elles comptaient pour rien. Du moins jugeaient-ils qu'il devait en être ainsi. Et ils se donnaient l'air qui convenait à ce jugement : l'indifférence précisément. Pour eux les rôles sociaux étaient interchangeables, sauf un qui était sérieux : le service de la « cause ». Être banquier (il y en avait) ou être plombier c'était tout comme, à leurs yeux. Aucune importance intrinsèque. Ils étaient prêts pour tous les rôles. Tu conviendras cependant que cette observation n'éclaircit rien de ce qui nous importe. Notre problème en effet n'est pas de relater ce qu'on croit penser mais de comprendre comment on est parvenu à le croire.

Un Destin philosophique

C. D'un « arrière-monde » qui colore le « monde »

Pour nous le côté clandestin de la vie prenait son sens dans un « ailleurs » qu'on ne connaissait pas. Et c'était lui pourtant qui était proche. Une étrange inversion se produisait ainsi au voisinage du « sujet ». Ce qui se montrait sans cesse à portée de main, la profession, les gens qu'on y côtoyait, les rues, les cafés, les boutiques, tout cela paraissait lointain. Ce qui se révélait proche était hors de vue, comme si un « arrière-monde » devenait le monde et prenait son poids. « Arrière-monde » ne désigne pas ici un fond mystérieux, par essence inaccessible, où régnerait quelque puissance occulte. C'était plutôt un réseau de relations, un système de chaînes d'informations dont nous étions le point d'arrivée. Le réseau traversait le monde ambiant, au point d'y définir nos actes et d'y délimiter nos voisinages. Nous ne pouvions faire autrement que de le supposer non lacunaire. Dans le vocabulaire du clandestin, cela se dit : « ne pas se tenir coupé ». « Être coupé » c'est ne plus savoir que faire ; se dire que tout est à recommencer à la base. Très désagréable lorsque ça se produit. Ne pas se sentir coupé c'est croire que le réseau fonctionne sans qu'il y ait trop de « parasites » sur la ligne. Peut-être n'en était-il pas ainsi. Il y avait certainement du bruit, des pertes d'information, des coupures parfois. Mais on n'en voulait rien savoir. Le réseau était supposé compact. De lui, pourtant, nous n'avions qu'un « savoir » local. Tout se manifestait à notre voisinage. Il nous fallait cependant croire que, du local au global, les connexions s'opéraient au mieux[1]. Or, par définition, de ces connexions nous ne savions rien. J'ajouterai maintenant : « per-

---

1. Je précise que cette description ne vaut que pour le genre d'activité dont j'ai eu l'expérience, la seule dont je puisse parler.

La pensée captive

sonne ne savait rien ». Même ceux dont je devais apprendre plus tard qu'ils dirigeaient le Parti en ce temps, Duclos et Frachon, du fond de leur retraite secrète. Sans doute disposaient-ils d'un « organigramme ». Mais ils avaient à décider dans le temps. Et leur schème d'organisation était terriblement vide eu égard aux enchaînements concrets d'actes et aux décisions répercutées de proche en proche en cet univers cloisonné, par des gens qui, en dernier ressort, n'avaient, comme nous, affaire qu'à leur voisinage, quel que soit son échelon... Imagine quelque chose comme une structure en arbre, dans laquelle les gens situés à un nœud ne savent rien de ce que font ou décident ceux qui sont situés aux nœuds de même étage, rien non plus de ce qui se passe aux nœuds situés à l'étage supérieur, et ne peuvent tout savoir de ce qui advient aux nœuds situés plus bas. Si on ajoute à cela que la « rétroaction » était pratiquement impossible (j'appelle « rétroaction » la modification depuis une information venue de la base d'une décision absurde prise au sommet), on comprend bien que la connexion du local au global ait échappé, en toute rigueur, aux opérations usuelles de la connaissance. De cette connexion, à prendre le mot savoir en son sens propre, nous ne savions rien, et personne ne savait tout. Il fallait pourtant la supposer et y croire, sinon renoncer. Pourquoi n'avoir pas renoncé ? Je t'en développerai un peu plus tard les raisons. Mais déjà je t'indique leur source, en ce qui concerne du moins le « sujet » qui te parle. Elle réside dans le germe de formation symbolique qui l'avait fait se reconnaître « solidaire » d'une manière, pour lui, encore inédite, et dans cette impossibilité de « vivre en retrait » qui s'y était manifestée. J'y reviendrai. Pour l'heure je m'en tiens à cet « arrière-monde » qui « colorait » le monde. Être privé de lui était impossible. Y entrer pour le « connaître » était exclu par son caractère même. Vivre selon lui était nécessaire. Il fallait donc lui accorder attention. Y penser, comme à quelque chose ayant consistance. Sous quel mode ? Telle est ma question. Que veut dire « prêter attention » et « y penser », si ni l'attention ni le penser ne peuvent, par situation nécessaire, déboucher sur la connaissance ? Que peut signifier cette consistance qui se dérobe au savoir et qui cependant concerne au plus près la manière d'être du « sujet » lui-même, son monde et ses voisinages, au point qu'il décide d'y compromettre sa vie ? En un mot, comment cet « arrière-monde » se maintient-il consistant pour qui (et tel est le sort du clandestin) n'en connaît *jamais* la contexture ? A cela je répondrai de la façon la plus brutale et, pour toi, peut-être la plus choquante : devant ce dont tu ne peux rien savoir mais qui te demeure cependant très proche, tu ne peux rien faire d'autre qu'imaginer et parler ; et cela selon des exigences de la passion enracinée qui te lie à ces autres dont tu ne sais jamais tout ; dans le cas présent, ces autres du côté desquels on se trouvait, armé maintenant. Et de fait la consistance désirée de cet « arrière-monde » devait se nourrir d'imaginaire et de parole. Or (et là est le « point ») cette parole, cernée par l'imaginaire, ne se déployait jamais entièrement en son sein.

D. La réciprocité dans la confiance

C'étaient des paroles que l'on prononçait pour soi-même et pour d'autres. La plus forte résonnait ainsi : « J'ai confiance et je peux faire autrement. » Ou encore : « Confiance, camarades. » Et cela se disait ou se donnait à comprendre sur bien des modes. « Tu sais », me disait, vers le milieu des années 50, un des dirigeants historiques dont je t'ai parlé à l'instant,

La pensée captive

« lorsque les camarades venaient nous voir, Jacques et moi, dans notre planque, on avait toujours un bon coup à boire pour eux. Il fallait leur donner confiance dans le Parti, leur montrer qu'on était comme on avait toujours été, pleins de confiance. » Et il ajoutait : « Dans le fond de moi, je n'étais pas tellement rassuré. Il m'arrivait la nuit de rêver qu'on m'avait pris et qu'on me conduisait au lieu où on devait me fusiller. Je dois te dire que ça ne me faisait du tout plaisir. » Le même homme devait pourtant confier, un autre jour : « Lorsqu'on a arrêté ma collaboratrice, j'ai refusé de changer de planque. Si je l'avais fait j'aurais eu le sentiment d'une trahison à son égard. J'avais confiance. » Et de fait, elle n'a rien dit. Si je rapporte aujourd'hui ces paroles c'est qu'elles semblent témoigner pour ce que je veux dégager ici. Pour ces hommes, pleins d'intelligence et de courage, le signe du réel était bien cette angoisse qui, en de telles circonstances, vit toujours au cœur du clandestin. Ce réel les menaçait dans leur être. Eux aussi, cependant, étaient plongés dans un « arrière-monde », où prenaient sens le rite du vin partagé et la réciprocité dans la confiance. Cet « arrière-monde » dont les réseaux de significations traversaient leur réel menaçant, ils croyaient l'avoir devant eux, comme si tous les fils qui s'y assemblaient se nouaient en leur voisinage. Eux aussi le tenaient pour consistant, sans pouvoir vérifier cette consistance, toujours absente par nature. Dans cet « arrière-monde » où ils étaient plongés, selon ses exigences et en vertu même de ses lacunes, ils jouaient leur rôle. Par leurs paroles, leur gestuel, leur maintien, ils s'affirmaient comme substituts de cette consistance nécessaire, qui se dérobait pourtant. Ils donnaient confiance et faisaient confiance. Là où ils étaient, là devaient également vivre et se développer les signes de la solidité du Parti, cette réciprocité dans la confiance qu'il fallait tenir à bout de bras. J'ai

Un Destin philosophique

dit « leur arrière-monde ». Je devrais dire plutôt « leurs arrière-mondes ». Ils en avaient d'autres que nous, qu'ils ne donnaient pas en partage. Toutes ces « choses » que nous devions apprendre plus tard, sur la pratique réelle des communistes, dont ils savaient beaucoup, et qu'ils devaient feindre de découvrir en même temps que nous. En pareille matière eux- mêmes étaient orfèvres. L'un d'eux n'avait pas son pareil pour machiner des pièges politiques, parfois mortels. Je ne vois pas pourtant comment ils auraient pu si longtemps persévérer dans leurs mensongers silences, si leurs « arrière-mondes » ne s'étaient articulés les uns sur les autres, selon cette dialectique du symbolico-charnel que j'ai esquissée plus haut, et qui les laissait à la fois lucides et aveugles. Ils se taisaient au nom du rôle qu'ils jouaient en cet « arrière-monde » qu'ils voulaient consistant dans la réciprocité de la confiance. Inspirer confiance et faire confiance les condamnaient au mensonge. Un « arrière-monde » masquant les autres, je soupçonne qu'ils soutenaient ce masque des jeux de leur imaginaire, en arrivant à croire que ce qu'ils savaient fort bien, et pratiquaient parfois, comptait pour rien : des détours en somme qu'il convenait d'oublier, des secrets « sans importance historique ». Et dans ce futur partiellement indéterminé où ils projetaient leur personnage, les mots « importance historique » prenaient en partie, dans leur seul imaginaire, le poids qu'ils leur donnaient. Ce que je dis là n'est de ma part que conjecture et soupçon. Je ne saurai jamais rien de ce qui se passait « dans la tête » de ces gens-là, dont les paroles et les confidences mêmes étaient toujours mesurées à l'effet qu'elles devraient produire. Je ne peux qu'interpréter leur gestuel manifeste. Ils vivaient pourtant en jouant leur rôle. Ils n'étaient pas des figures peintes. Je suppose donc qu'ils devaient y adhérer, et par conséquent être astreints, comme cha-

La pensée captive

cun, au jeu des rapports symboliques qui définissent une telle adhérence. Cette astreinte était aussi la nôtre, à l'autre bout de la chaîne. Quelle forme d'adhérence définissait-elle et selon quelles relations ? De cela je peux parler d'après mon expérience seulement, mais sans conjectures je crois. Reprenant donc mon langage, je rapporterai mes paroles au « sujet » qui a vécu ce temps, le même qui s'exprime ici maintenant.

Pour ce « sujet » l'arrière-monde était un monde « dans » le monde. J'écris la préposition entre guillemets. Déjà une fois son usage m'a inquiété, à propos de la « discontinuité " dans " le temps », rappelons-nous. Il m'inquiète encore dans le cas présent. D'autant qu'ici aucun effet de discontinuité ne se produisait. Bien au contraire : cet arrière-monde était souhaité sans lacunes (compact comme je l'ai nommé). Il n'était pas cependant semblable à une région du monde dont on pourrait délimiter les frontières et déterminer le style. Il n'en va pas ainsi pour le demi-clandestin. L'arrière-monde l'accompagne partout. Il colle à sa peau. Et pourtant il est ailleurs : un ailleurs essentiel à sa nature et où il n'y a pas lieu d'aller voir. Présence d'une absence qui exige d'être pleine. Nous connaissons cela. C'était le germe d'où se manifeste la structure nommée « symbolico-charnelle » et que nous voyons reparaître ici. Et de fait cet « ailleurs toujours présent » allait prendre la consistance d'un monde selon les jeux de renvois circulaires propres au champ symbolico-charnel. En quoi, précisément, me paraît lui convenir le nom que je lui ai donné, « arrière-monde ». Rien en effet, dans les circonstances que je relate, ne pouvait être ni projeté ni entrepris, si ne se constituait, au voisinage des « sujets », et selon la forme de ce qui s'y manifestait, quelque chose comme un champ de réciprocité dans la confiance. Ou bien on renonçait (ce que je t'ai dit avoir été impossible pour le « sujet » qui te parle), ou bien on se pliait aux exigences apparentes de ce champ. Et dès qu'on s'y pliait elles n'étaient plus représentées apparentes, mais nécessaires. Il n'y avait pas moyen de faire autrement que d'accorder confiance. Mais à qui ? Et selon quels modes ? A la première de ces questions le « sujet » ne pouvait en ce temps s'abstenir de répondre. La seconde le concerne encore ; mais aujourd'hui seulement. En ce temps il ne pouvait répondre à la première qu'en repoussant la seconde. Tel était l'effet de l'arrière-monde qui se manifestait à lui.

A qui ? Toujours et en premier à quelqu'un et à quelques-uns. A un autre et à des autres, à qui on parlait et avec qui on avait à agir. Un cas pur est celui de l'autre clandestin, du relais rencontré à certains intervalles. Toujours selon le même rituel : un rendez-vous avec repêchages. « Tel jour à telle heure en tel lieu. Sinon tel autre jour, etc. Si au troisième coup, tu ne trouves personne, tu coupes tout, tu te planques et tu attends. » Il s'appelait Pierre ou Paul ou Damien. Prénoms fictifs. De lui on ne savait rien que son visage, son maintien, ses gestes. On ne lui demandait jamais plus d'explications qu'il n'en donnait. Si quelqu'un a été « autre », radicalement « autre » pour le « sujet », c'est bien cet homme-là. Et pourtant, ces jours de rencontre, il était tellement présent et tellement proche, *crédible absolument*. Était-ce parce que ses paroles débouchaient toujours sur du possible ? Les actions proposées pouvaient être difficiles. Elles n'étaient jamais impossibles. Mais sur ce « possible » nous ne disposions pas l'un et l'autre d'un savoir partagé et vérifiable. Lui n'expliquait pas le « pourquoi » et ne s'inquiétait pas du « comment » qui ne le concernait pas (sauf rares exceptions). Avec qui l'action projetée serait-elle conduite ? Il n'avait pas à le savoir, ni même à le demander de sa

La pensée captive

propre autorité. En suspens entre deux incertitudes nous demeurions cependant proches et confiants l'un dans l'autre. Ce qui était entre nous, dépendant de cette réciprocité, nous touchait au plus près : c'était la vie ou la mort, dont on ne parlait jamais. Mais cette présence silencieuse séparait plus qu'elle ne rassemblait. A chacun son risque. Cela restait son affaire de s'arranger avec la mort. Pas de réciprocité possible en cette circonstance extrême.

La réciprocité, la proximité prenaient donc naissance en un autre domaine que celui où s'organisaient nos rencontres. Un domaine dans lequel « être voisin », « être lointain », « être en réciprocité », « appartenir à » devaient trouver un plein sens. Mais un domaine cependant dans lequel ces relations, bien qu'elles y fussent définies, n'avaient que peu de chose à voir avec le sens qu'elles prenaient d'ordinaire dans le monde ambiant : celui des rues, des maisons, des champs et des forêts. Elles avaient peu de chose à voir aussi avec les formes d'un savoir supposé les vérifier. « Être proche » n'était pas une propriété que nous aurions partagée comme « être chauve » ou « avoir les yeux bleus ». Et pourtant ces relations se manifestaient avec une force telle que, sans cette force, la vie clandestine eût été annulée. Et comme, aux yeux du « sujet » qui en éprouvait l'exigence, cette force n'était pas l'expression d'un lien naturel ou social préétabli, dont il avait connaissance, il était en situation de se poser cette question et d'avoir nécessairement à y répondre : en *quoi* ai-je confiance sous l'aspect et selon la fugitive présence de cet homme que je ne connais pas ?

En qui et en quoi ? Les deux questions devaient se prendre ensemble et les réponses exigées marcher du même pas. Le « *qui* » et le « *quoi* » devaient se rapporter l'un à l'autre selon une relation circulaire qu'il nous faut maintenant dégager. Elle était en effet constitutive du domaine dans lequel étaient définis nos rapports de voisinage et le caractère de notre réciprocité : l'arrière-monde justement.

E. Le quasi-monde de la réciprocité

Ici encore je peux feindre une réponse d'apparence satisfaisante. Je dirais : le « sujet » avait confiance dans le « Parti » et dans ses membres. Cette confiance lui semblait justifiée en raison de ce qu'il « savait » de ce parti. Il en connaissait les statuts et les buts. Il les jugeait conformes à un certain idéal. Il en savait l'histoire et approuvait les actions qui lui étaient, maintenant, attribuées, bien que d'autres, accomplies dans le passé, par lui ou en son nom, lui eussent paru contestables et, parfois, condamnables. De plus il connaissait le type idéal à quoi se conformait l'organisation interne de ce parti. Il savait dans quel champ « théorique » (le marxisme-léninisme) ce type idéal avait été conçu, et ce qui fondait cette conception : l'exigence de conduire jusqu'au bout des luttes de classe. Oui, cela est vrai. Le « sujet » en question formulait, pour lui et pour d'autres, des énoncés de ce genre : des énoncés de justification. Mais était-il en mesure de les vérifier à la façon dont il vérifiait d'autres propositions, de statut théorique, dont il avait fait l'expérience ? Nullement. Il leur « faisait crédit » simplement. Or « faire crédit » cela suppose la constitution, quelque part, d'un « capital de confiance ». Si bien que cette « réponse » pose encore le problème même qu'elle est supposée résoudre. Celui de définir le « quelque part » où se constitue, vit et se renoue à elle-même la « réciprocité dans la confiance ». Et cela d'autant que les énoncés que je viens d'évoquer, et que pourrait formuler quiconque connaissait l'his-

La pensée captive

toire du mouvement ouvrier, pris en leur seul contenu, pouvaient engendrer la défiance, aussi bien que la confiance. Ce qui a été le cas, comme on sait. Ainsi « Parti » était bien le nom de « ce à *qui* et à *quoi* » le « sujet » accordait confiance, relativement à ce qu'exigeaient les circonstances de ce temps. Quiconque use d'un nom s'attend à ce qu'il désigne quelque chose, même s'il semble vide, ou ne pouvoir désigner qu'une abstraction. Dans le cas présent, le sujet était toujours en mesure de définir ce que désignait le nom. Il ne manquait pas d'énoncés propres à lui donner sur ce point l'assurance nécessaire. Il lui était toujours possible aussi de penser ces énoncés ensemble, en un discours dont il cherchait la cohérence. Cependant ce n'était pas à cela qu'il pourrait faire confiance : à ce qu'il se représentait selon ces énoncés et cette exigence de cohérence dans le discours. Et tu comprends bien pourquoi. Ce qui était représenté comme propre à donner au nom sa plénitude n'était ici qu'un pôle idéal : une « unité objective » posée par provision et animant les chaînes de discours où seulement elle pouvait trouver consistance : une « idéalité » impure en somme. Or avoir confiance en une « idéalité » ne veut rien dire. On ne peut que « faire crédit » aux énoncés qui sont supposés la constituer. Si bien que nous nous trouvons devant cette situation : ou bien l'expression « faire confiance au Parti » ne voulait rien dire ; ou bien ce qui était représenté comme donnant au nom sa plénitude était tout autre chose que ce pôle d'idéalité soutenant la cohérence recherchée d'un discours.

Et c'était bien autre chose en effet, bien qu'elle eût porté le même nom. « Autre chose » que je désignerai ainsi : un *quasi-monde* plus riche à nos yeux que le monde même. Un quasi-monde qui était le cœur de notre arrière-monde, et où se manifestait l'unité circulaire du « *qui* » et du « *quoi* ».

Un Destin philosophique

F. L'ESSENCE BÂTARDE ET LE DÉLIRE DE LA PAROLE VRAIE

La pleine référence du nom offrait effectivement tous les caractères d'un monde. A la *façon* d'un monde le « Parti » environnait le « sujet ». Ce mode d'environnement comportait, *tout comme* un monde, ses horizons, proches ou lointains et, à son tour, ses « arrière-mondes ». Il déployait, *comme* un monde, ses perspectives, ses régions d'ombre, ses points de lumière aussi. Et *à la manière* d'un monde, il manifestait sa consistance et son unité, au point que le « sujet » pouvait s'y référer selon les modalités spécifiques d'une relation d'appartenance, qui le portait à penser que ce « quasi-monde » était le sien.

Les expressions que j'utilise (« à la façon », « comme », « à la manière ») s'imposent du fait que ni cet environnement, ni ces horizons, ni cette consistance, ne pouvaient se vérifier selon les exigences et les modalités propres au monde, c'est-à-dire dans le champ de perception qui livrait les choses, pour le corps propre ; les choses et aussi les autres ; en particulier ces gens, rencontrés au coin des rues, que l'on voyait et entendait « par corps » et qui parlaient. Eux-mêmes pourtant, ces clandestins, n'étaient pas reconnus selon leur seule proximité physique, mais selon une autre proximité, comme on l'a vu plus haut. En tant que « corps parlants », ils témoignaient de leur appartenance à ce qui représentait la plénitude de ce nom : « Parti ».

Ce qui représentait cette plénitude était-il entièrement de l'ordre de l'imaginaire ? Ce qui environnait ainsi le « sujet » à la façon d'un monde était-il de même statut que, par exemple, le « monde de Balzac », dont il pouvait dire qu'il l'environnait le temps d'une lecture ou d'une rêverie ? Nullement. De la manière dont était représenté ce « quasi-monde », du degré de consistance qu'on lui accordait, dépendait en effet le sort d'actions

La pensée captive

longuement machinées et au bout desquelles, en dernier ressort, se décidait toujours la question de la vie ou de la mort. Si bien que ce « quasi-monde » se trouvait concerner au plus près le monde même, le seul où « vivre ou mourir » avait un sens. Et pourtant les caractères qui le manifestaient comme « monde » ne pouvaient se vérifier selon les modalités qui permettent de constituer l'expérience concordante de ce monde où il y a lieu de vivre ou de mourir. C'était un irréel-réel. Mais un irréel-réel dont dépendait la vie ou la mort, et qui par conséquent devait, avec une évidence au sens propre aveuglante, se montrer plus réel que le réel même.

Je dis bien « aveuglante ». Car la consistance de ce quasi-monde ne pouvait se maintenir sans ce « surplus » de réalité que lui accordait le « sujet » ; un surplus qui échappait cependant à toute espèce de vérification que ce même « sujet » eût projetée selon les normes usuelles propres à engendrer des effets de connaissance. Il n'y avait pas lieu de savoir, au sens propre, depuis le point où se tenait le « sujet » du moins. Et pourtant cet irréel-réel devait offrir toute la plénitude d'un monde. Il devait contenir en lui la connexion sans rupture du local et du global. Il devait articuler en son sein toutes les formes de réciprocité, tout ce jeu de relations locales qui, en dernier ressort, concernait, au voisinage immédiat du « sujet », la vie ou la mort. En ce voisinage, le quasi-monde trouvait toujours sa clôture : sous la forme d'une chaîne de décisions dont seul, en dernière analyse, le « sujet » avait à porter le poids. Et c'est en cela précisément que consistait, pour lui, l'expérience qu'il prenait de son environnement au sein du quasi-monde. Toujours clos à son voisinage pouvait-il, lui « sujet », le penser ouvert et éclaté ? Pouvait-il en venir à croire qu'il échappait, par nature et en raison même de l'aléatoire connexion de ses réseaux, à

Un Destin philosophique

toute transparence ? Pouvait-il lui donner, *en soi,* cette opacité qu'il avait *pour lui* ? Nullement, car, à son voisinage même, se fût alors effondrée la clôture, dans l'avortement de toute décision. Pas de « juste milieu » en cette affaire. C'était tout ou rien. Or « rien », cela ne pouvait être, pour le sujet qui te parle, comme nous l'avons reconnu déjà. Restait donc « tout ». Ce qui fut le cas en effet. Il fallut donc se représenter, dans sa plénitude, ce que désignait, sous le nom de « Parti », le cœur de l'arrière-monde. Ce fut comme une inversion de perspective ; ou mieux, une annulation de perspective. En ceci. Ce que le « sujet » voyait et expérimentait depuis son lieu, ce qui se montrait pour lui de ce quasi-monde, se trouvait rapporté, comme objet, à un autre regard que le sien. Ce qui se montrait opaque devait se constituer dans la transparence, depuis un autre lieu. Ce qui se manifestait à l'envers devait se constituer à l'« endroit ». Tous ces points de clôture locale, ces lieux de risque et de décision, devaient donc s'articuler par la médiation nécessaire d'un autre point de clôture : un « ailleurs » essentiel où devait se constituer « en soi et pour soi » l'unité du savoir et de la décision.

Ainsi ce quasi-monde n'était pas imaginaire, puisque localement il se clôturait toujours sur un risque de mort. Mais il était, en sa contexture essentielle, imaginé : consistant, transparent, organique. En cela il offrait son « surplus de réalité ». L'exigence d'avoir à se représenter ce surplus se manifestait sous la forme de conduites tout à fait banales et, pour ainsi dire, bébêtes. La plus connue et la plus quotidienne était la « transfiguration du centre » et celle de la « direction ». Cette transfiguration devait, comme on sait, affecter la personne même des « dirigeants ». Mais elle n'était que l'expression de cette inversion des perspectives par laquelle un « sujet » local imaginait le surplus de réel propre au quasi-monde où il était plongé. C'est pour-

La pensée captive

quoi j'ai nommé « aveuglante » l'évidence qui manifestait le surplus de réalité de cet « irréel-réel ». « Aveuglante » au sens propre. Du lieu supposé de la transparence, du centre de la perspective, le « sujet » était toujours absent. De ce fait allait se forger et survivre sous ce nom « Parti » la notion d'une « essence bâtarde », idéale et concrète, imaginaire et présente, mythique et rationnelle. Relativement à cette « essence » supposée habiter son monde le « sujet » allait réarticuler ses univers de croyance, et cela précisément dans la mesure même où elle manquait au savoir. La situation qui l'avait fait se désigner comme « philosophe », à la façon dont je l'ai raconté, allait se trouver inversée. Dans le quasi-monde de la réciprocité qui était son irréel-réel allait vivre une parole, toujours déjà parlée, c'est-à-dire l'« en-soi pour soi » imaginé de l'arrière-monde, ou encore son « endroit supposé », dont seul l'« envers » était le côté visible. Penser selon l'« endroit ». Cela était exigé par la nécessité même où se trouvait le « sujet » d'avoir à se représenter la plénitude de l'arrière-monde, dans la double vie à laquelle, en ce temps-là, les circonstances et un engagement plus ancien l'avaient assigné. Faire autrement il ne le pouvait. Tout ce que je t'ai dit concernant le jeu des rapports symboliques qui lui avait offert sa consistance trouvait ici son point nodal. Selon ce nœud où s'assemblaient certains des fils qu'il croyait tenir de son passé, le « sujet » lui-même se trouvait noué. Je ne chercherai pas maintenant à définir la structure d'un tel nœud. Mais il me paraît clair aujourd'hui que les flèches de renvois symboliques qui l' avaient ouvert à la vie éthique et l'avaient fait se reconnaître « solidaire » atteignaient ici, en ce qui se nommait « Parti », leur cible. Mais une cible où elles allaient demeurer captives. Elles se réarticuleraient désormais, mais en leur point d'arrivée seulement. Toutes ces figures symboliques dont je t'ai

Un Destin philosophique

parlé allaient s'abolir en cette cible comme en un lieu de repos. En s'y abolissant elles accomplissaient cependant leur fonction de flèches, qui est de demeurer recouvertes par le sens qu'elles déposent, oubliées en quelque sorte. Ce qui, dans le moment de la « nullification » de la loi, s'était offert comme manque absolu ; ce qui dans l'équivalence symbolique s'était ouvert comme impossibilité de retrait en un désir de meurtre, tout cela maintenant venait s'accomplir et s'exténuer dans la plénitude supposée d'un arrière-monde. La perte de la relation instrumentale qui avait affecté le « sujet » certain jour où il manquait d'« arme », cette « détemporalisation au présent » faisait retour maintenant. Mais elle faisait retour au positif ; en une région fermée de stratification des flèches de renvoi ; un lien circulaire en quelque sorte. Ce qui avait été vécu comme vide se manifestait comme plein, selon l'ordre symbolique du moins. L'incomplétude du corps vécue un jour de juillet s'abolissait dans cet arrière-monde qui, jamais, ne pourrait pour le sujet être pensé comme un instrument, « un outil pour la révolution ». Il était présent à la manière d'un monde : selon une plénitude où semblaient s'abolir tous les manques. Peut-être, mais je ne le saurai jamais, cette plénitude n'était-elle que l'effet de cet accomplissement, comme si tout le poids symbolique que portaient ces figures d'autrefois était maintenant passé en d'autres. Peut-être. En tout cas, en ce point d'arrivée, allait se mettre en mouvement, sur place pour ainsi dire, le manège du croire et du faire croire, cet « éternel retour du semblant » dont, au début de cette lecture, j'ai essayé de montrer le jeu — et je n'y reviens pas. Tu remarqueras cependant que la situation qui avait ouvert le « sujet » à la vie éthique se trouvait maintenant inversée. Il ne vivait plus l'absolu du manque mais la plénitude de l'arrière-monde. La loi revenait donc ? Oui, mais transfigurée. « Il

La pensée captive

faut » : cela retrouvait un sens. Cet « autre côté du monde » dont un visage de bagnard avait porté la marque, une parole venue du cœur de l'arrière-monde le soutenait maintenant de ses dures exigences. Une parole qui parlait à l'« endroit » : celle du « Parti ». En cela consistait le « semblant ». Or, comme nous savons déjà, rien de plus solide que ce semblant-là. Conformément à ses exigences et selon sa solidité allait se produire, pour moi, le détournement de l'exigence philosophique qui, en ce temps même dont je te parle, me demeurait proche et vivante. Je ne te dirai pas : « J'avais d'autres chats à fouetter et au diable la phénoménologie transcendantale. » Ce n'est pas de cette façon que se présentèrent les choses : un abandon ou un ajournement. Pas du tout. Il fallait d'autant plus penser qu'on se sentait plus menacé. La vie précaire, cela se soutient. On pense, on réfléchit, on rumine. Sinon on a le sentiment d'être mort avant d'avoir été tué. Ce qui est désagréable. Non, il n'y eut pas d'ajournement. Mais un bouleversement du champ réflexif. Quelque chose comme un effondrement des médiations usuelles vers le sens énonçable. Un changement de forme dans les modes d'accès au pensable. Ce qui fut plus lourd que tout ajournement et était exigé par la *forme d'appartenance* au « Parti ». Quelques mots encore sur ce point et j'en aurai fini.

G. Un « autre » quasi-monde : le champ réflexif

Où demeurait le « sujet » supposé penser ? Là où, toujours, il avait été : entre mots et choses. Ou mieux : parmi les choses selon les mots. Ce qu'il avait appris à pratiquer sous le nom de « philosophie » concernait cette situation. L'intérêt pour la phénoménologie husserlienne avait ouvert le chemin vers son explicitation.

Un Destin philosophique

Ce chemin manifestait lui aussi son tracé dans un « quasi-monde ». Mais ce quasi-monde n'était pas de même statut que celui dont je viens de parler : aucun arrière-monde ne lui était constitutivement associé. J'entends par là que la relation à l'Autre, relativement du moins aux exigences de l'explicitation, était en droit posée comme de pure transparence. Ce qui, sous le nom de « monde », advenait sans cesse depuis son secret se trouvait par principe déplacé vers ce « quasi-monde » de la transparence. En ce cas aussi j'utilise l'expression « quasi-monde ». Ce dans quoi se traçait le chemin offrait tous les caractères d'un monde, mais selon les modalités spécifiques qui me portent à le dire « quasi ». C'était un domaine ouvert de significations idéales, en droit promises à l'éclaircissement. D'un « monde » il exigeait la consistance : l'organisation de ces significations en constellations accessibles à la détermination du sens ; il s'offrait d'avance comme le champ de leur coexistence possible : il avait en somme la structure apriorique d'un espace abstrait : un champ dans lequel devaient nécessairement s'articuler les chaînes d'énonciations propres à rendre manifestes les évidences recherchées. Comme un monde il renvoyait à une communauté intersubjective : les « habitants », eux-mêmes idéaux et posés transparents, dans la réciprocité de la réflexion, et qui toujours pourraient, en droit du moins, vérifier d'une façon concordante leur accord ou leur désaccord à propos du « sens » ou du « non-sens ». Comme un monde, il comportait ses régions différenciées, ses lieux de stratification, ses points nodaux et problématiques ; en lui les expressions « ici », « là-bas », « maintenant », « tout à l'heure » prenaient un sens spécifique, lié à l'enchaînement des projets et des actes d'éclaircissement, comme si ses constellations de significations y demeuraient « en attente ». A la façon d'un monde il comportait ses che-

La pensée captive

mins spécifiques propres à donner accès à telle ou telle région du champ qu'il constituait. A la manière d'un monde il donnait l'indication d'espaces de parcours, proches ou distants, selon des relations qui avaient peu de chose à voir avec le sens usuel de ces mots. Riemann y était proche d'Archimède et Spinoza de Parménide. Pas toujours cependant. Proximité et distance dépendaient des noyaux de sens recherchés. Il reste que les rapports temporels ordinaires devenaient indifférents. Ce « monde » comportait ses horizons propres, ses masques et ses dévoilements, selon la relation, sans cesse parcourue, de l'implicite à l'explicite. Comme un monde aussi il engendrait des états de croyance, des procédures propres « au faire croire » et à assurer la consistance du « croire ensemble ». Ces états de croyance ne se soutenaient que de la possibilité, en principe toujours ouverte, de mettre en œuvre des enchaînements d'actes de vérification concordants propres au style de ce « monde-là ». Dans la recherche d'une telle coïncidence, le « sujet » qui te parle (et en cela il n'était pas « phénoménologue » de stricte observance) pensait devoir mettre en œuvre les procédures raffinées de la logique mathématique, seules capables, à son jugement, d'y apporter la précision désirable. Mais il pensait aussi qu'il était nécessaire de déterminer, selon un autre langage que celui de la pure logique, la structure de la « région » du « quasi-monde » d'où ces procédures tiraient, sinon leur validité, du moins leurs conditions de production. Comme un monde enfin ce domaine comportait ses archives et ses monuments. Non qu'il se fût réduit à n'être qu'une cité des livres. Bien davantage il était le lieu d'articulation et de stratification du déjà pensé ; il portait toujours la marque de qui avait pensé et pensait encore. En lui le « sujet » pouvait se mouvoir selon une ubiquité déracinée qui le faisait, relativement à la recherche du sens

Un Destin philosophique

déposé, le parent et le complice de tous. Il s'offrait comme le champ nécessaire à la réanimation des noms propres. A tel point que la réalisation de l'espèce de « *sunergeia* » en quoi consistait pour lui l'état de « philosophe » passait par sa médiation.

C'était pourtant un *quasi*-monde. Il ne comportait nulle urgence. Il s'offrait *pour* le « sujet », mais jamais le « sujet » ne pourrait se reconnaître comme étant et vivant *dans* ce « monde ». Ou du moins il ne pouvait s'y reconnaître « présent » qu'à titre d'idéalité problématique, comme si, sans cesse, le champ réflexif qui s'ouvrait devant lui capturait une image des actes qu'il rapportait à son unité supposée, et par conséquent capturait aussi la représentation de cette unité même, à la fois « pensante » et « pensée ». Or « pensée » elle ne pouvait l'être que selon la forme et les exigences du champ. Si bien qu'être « présent » à ce « monde » signifiait pour le « sujet » se donner la tâche d'avoir à le constituer et à s'y désigner lui-même comme pôle constituant.

Tu reconnaîtras ici la « croix » des philosophies dites transcendantales. Je n'ai nullement l'intention de m'y attarder. D'autant qu'aujourd'hui, et depuis longtemps déjà, en ayant fait l'épreuve, j'ai laissé ce projet se perdre en ses propres sables. Ou, pour mieux dire, j'ai assisté à sa perte.

De toute façon ce n'est pas cela qui importe à notre propos : le piège que cachait ce mode d'attaque. Mais plutôt ceci, que je voulais seulement souligner : la médiation de ce « quasi-monde », lieu de la transparence intersubjective et de l'engagement réflexif, était ce qui donnait à l'exigence philosophique sa forme et son poids. Là seulement pouvait se tracer le chemin vers le « pensable » pour celui qui vivait ainsi « parmi les choses et selon les mots ». Si bien que la « philosophie » apparaissait comme le champ où devait nécessai-

La pensée captive

rement s'exercer une liberté qui n'aurait d'autres limites que la validité, toujours posée vérifiable dans l'évidence, des démarches qui en instituaient les procédures.

Or cette « médiation » devait à son tour être « médiée » selon les exigences de l' « arrière-monde » dont je t'ai dit la structure. En cela a consisté le bouleversement du mode d'accès au pensable. Ce fut comme une annulation de ce quasi-monde de la transparence exigée. Ce n'est pas qu'il eût disparu ou se fût émietté. Il s'est montré masqué, comme si « autre chose » l'enveloppait. « Autre chose » qui jamais ne se laisserait désigner dans son champ, ni ramener au jeu de ses possibles. L'autre « quasi-monde », cet « irréel-réel » venait maintenant l'habiter, sans le détruire pourtant. C'est ce phénomène que j'ai nommé « détournement de l'exigence philosophique » : un simple déplacement de médiation en somme. Au temps dont je te parle je n'en soupçonnais ni le poids, ni les suites. Ce poids était présent pourtant et ces suites déjà inscrites : avant la fin du jour elles se feraient connaître. Histoire triviale et qui, vue de l'extérieur, ne peut passer que pour celle d'un trop long égarement. Or, extérieur à soi-même, nul ne peut accepter de l'être entièrement devenu. Et c'est pourquoi il me faut dire aujourd'hui ce que fut ce « détournement » selon l'expérience que j'en ai eue du moins.

H. Le détournement

Je me souviens d'un jour (je crois bien que c'était en 1954 mais je n'en jurerais pas) où j'ai rencontré, boulevard Saint-Germain, au coin de la rue Saint-Benoît, Maurice Merleau-Ponty. Depuis des années, je ne le voyais plus. J'avais pour lui la même affection que je

Un Destin philosophique

gardais secrète : « Parti » oblige. « Je suis sûr, m'a-t-il dit, que tu ne penses pas un mot, tel que je te connais, de ce que tu écris dans *la Nouvelle Critique.* » Je me rappelle ma réponse, *proprement inhumaine* : « Ce que je pense, cela me regarde. Mais mon problème n'est pas de paraître penser ; il est de faire penser ce qu'il convient qu'on pense. » J'adhérais à cette fonction cléricale : faire penser ce qui convient. « Ce qui convient. » A qui ? En vue de quoi ? Sur ces points je ne m'interrogeais pas. C'était donné. Or cette donation n'allait pas sans donateur.

Depuis dix ans déjà nous étions sortis de la clandestinité. Il n'y avait plus, apparemment, de double vie. On ne risquait plus, en France, la mort au coin des rues. L'arrière-monde avait, semblait-il, dépouillé son secret. Plus de réseaux en arbre, tout était manifeste, et tellement « clair » — n'est-il pas vrai ? On criait au grand jour, au vu et au su des « masses ». Et le Parti était comme une « maison de verre ». « Nous n'avons rien à cacher, camarades ! » Et c'était vrai, en un sens. Tout un gestuel manifeste, fait d'assemblées, de discours, d'écrits, d'actions et d'échanges s'inscrivait à la surface du monde. Il était visible. Bref, le Parti s'affichait. Sur cette surface il dessinait sa propre forme, et la mettait en scène ; statuts, instances, décisions, dirigeants, « organisations de masse », tout cela, inscrit en surface, se montrait comme une configuration sans masque, que chacun pouvait voir de ses yeux.

Sur cette scène publique le « sujet » devait se produire à son tour : parler, écrire, agir ici et là, décider (très peu), accomplir au grand jour les gestes de la « vie militante ». Sur la surface visible où s'inscrivait la forme du Parti, lui-même s'offrait au regard et au jugement des autres. Il était vu et désigné comme « membre du Parti », et acteur dans ce théâtre. Il pouvait se déclarer ouvertement comme tel, dire par exemple :

« J'ai adhéré au P.C.F. à telle date pour telles et telles raisons, etc. » Il pouvait expliciter publiquement ses raisons ; argumenter à leur sujet ; expliquer pour convaincre, mettant en œuvre une rhétorique jugée adéquate.

Tout cela est vrai. Mais là n'est pas le « point ». « Adhérer » est un verbe. Le substantif correspondant n'était pourtant pas « adhésion » seulement, mais « adhérence » : une relation interne et substantielle, définie au voisinage du « sujet », et qui n'était pas, elle, un effet de scène. J'énoncerai donc cette proposition en forme de paradoxe : ce à quoi le « sujet » adhérait sous le nom de « Parti » n'était pas cette forme visible, inscrite publiquement sur la surface des choses ; c'était bien autre chose. Mais quoi ?

Cela même dont j'ai parlé plus haut : un quasi-monde au cœur de l'arrière-monde.

A ce point de mon discours, et une fois encore, me voici au pied du mur. Je m'y suis trouvé, rappelons-nous, au moment où, ayant raconté une situation de manque où j'étais, il me fallait dire le sens de ce manque : chercher le jeu des connexions qui le désignaient dans l'espace symbolique. M'y voici encore maintenant. Rien de ce que je pourrais rapporter des circonstances, des pratiques manifestes, des engagements subis, des égarements masqués, des couleuvres avalées, des erreurs endossées, rien de tout cela ne pourrait m'éclairer, même si j'entassais récit sur récit. Ce n'est pas de cela qu'il est question. Il est question de la solidité du lien d'adhérence, dont il faut rendre compte. Solidité sans laquelle tout ce qui s'est passé et que je pourrais raconter eût glissé comme une eau sur la peau. J'ajoute que l'examen de la manière d'être de cette région d'adhérence concerne très exactement le problème que j'ai posé au début de cette « section ». J'annonçais devoir

Un Destin philosophique

chercher le « mode de connexion de deux structures », le champ symbolico-charnel et le champ, en droit explicite, des idéalités. Nous y voilà. C'est de cette façon seulement que je pourrai comprendre comment j'ai pu prononcer, en réponse à la perplexité de Merleau-Ponty, la phrase (typique pourtant) aujourd'hui reconnue « inhumaine ». Je t'ai dit aussi que je ne pouvais contourner ce problème ; et j'ajoutais : « à cause des mots ». Si tout, en dernier ressort, s'est manifesté en des agencements de mots (discours, résolutions, documents, mots d'ordre, écrits « théoriques », etc.), alors il faut bien chercher à savoir d'où venait au « sujet » le poids des mots à la connexion desquels il croyait devoir s'astreindre. Et la réponse abrupte que j'ai formulée à l'instant, « *d'un quasi-monde au cœur d'un arrière-monde* », est simplement indicatrice du point vers où il convient de nous diriger.

Tout ce que j'ai essayé de montrer à propos des « bassins de capture », des « attracteurs de flèches de renvoi » et de la fonction des « flèches de renforcement » va ici trouver son plein emploi. Et j'ajouterai aussi son mode de vérification *in concreto*. Notre problème est en effet de chercher le statut d'une relation d'appartenance, instable et fragile au voisinage du « sujet », essentiellement mobile, comme nous savons, du fait de la relation « ouverture-fermeture » propre au champ symbolico-charnel. Rappelons-nous que, localement, ce champ ne se ferme que de son ouverture. Or cette relation d'appartenance se montrait solide et substantielle, enracinée dans une « région d'adhérence » que le « sujet » ne pouvait récuser, ni tenir éloignée de son voisinage. C'était la conclusion vers laquelle m'avait conduit l'analyse de la « double vie » du clandestin : la constitution d'une cible des renvois symboliques au sein de laquelle les flèches de renvoi demeu-

La pensée captive

raient captives. C'est cette *capture* qui doit maintenant m'inquiéter, ainsi que la structure du « sous-espace » symbolique qu'elle constituait. Je voudrais bien comprendre comment ce « sous-espace » a survécu et s'est maintenu ferme, au point que le « sujet » était pris dans les nœuds qui s'y manifestaient, partiellement du moins. Je crois avoir à peu près compris comment il s'est constitué du fait des conditions de la vie clandestine, exigeant la naissance de la notion d'une « essence bâtarde » nommée « Parti ». Mais, dans la vie politique manifeste et ouvertement conduite qui a suivi ce temps, dans cette vie qui offrait des choix en apparence clairs et des actions explicitement délibérées, sur cette scène publique où le Parti se produisait, le jeu des renvois symboliques et, par conséquent, la région où ils s'articulaient et demeuraient captifs ne pouvaient plus être exactement les mêmes. Ce qui s'énonçait très clairement. « Le Parti a changé », disait-on. Ou du moins : « Il se doit de changer. » Ceux qui, en son sein, s'attachaient encore aux pratiques, aux manières de sentir du « temps de guerre » passaient pour des attardés. Et, bientôt, ils devaient être désignés comme des désadaptés, des sortes d'invalides, marqués par la clandestinité et qui ne comprenaient pas que le Parti devenait « un autre ». Sans doute y avait-il dans cette dénonciation, de la part de la direction du Parti, une part de calcul politique. C'est bien certain ; et la suite l'a montré. Mais ce n'est pas cela qui m'importe : cette histoire des « mutations » politiques du P.C. et celle des diverses « affaires » internes qui en ont résulté. Ce qui m'importe c'est la permanence de la forme. *Ce qui « devenait autre » ne pouvait le devenir qu'en demeurant « le même ».*

Ici encore je pourrais feindre une réponse satisfaisante. Il me suffirait de voir les choses en extériorité. Je dirais : « à travers ces variations la " structure " était

Un Destin philosophique

restée invariante ». Et de fait le groupe social organique nommé « Parti » a traversé comme tout groupe de cette espèce divers « états de groupements ». A travers la succession de ces états on peut repérer l'invariance de certaines fonctions et de certaines formes d'organisation. Ou mieux, d'un état de groupement à l'autre, on peut désigner des homologies de fonctions, qui se correspondent. Ce qui nous permet de dire, sans grand risque, qu'au cours de ses mutations politiques, de ses réorganisations même, le Parti est resté « analogue à lui-même », conformément aux relations d'homologie fonctionnelle selon lesquelles ses « états de groupement », variables dans le temps, se rapportent les uns aux autres. Bien sûr. Et n'importe quel étudiant en sciences politiques n'aurait aucune peine à le vérifier. Je ne vois d'ailleurs pas comment sans cette répétition de la structure nous aurions pu accorder le moindre sens à cette expression usuelle : « le Parti des fusillés », qui désignait l' « état de groupement » du Parti à la Libération en le rapportant à un autre : celui de la clandestinité. Tout cela est trivialement vrai.

Pourtant, quitte à insister lourdement, je te le répète encore : *là n'est pas le « point »*. Et c'est bien évident si tu te réfères à ce que j'ai essayé d'expliquer tout au début de cette lettre, sur le caractère mobile et instable de la relation d'appartenance dans tout « état de groupement ». Je crois me souvenir que, si j'ai proposé le nom de « symbolico-charnel » et esquissé la description du domaine que ce nom désigne, ce fut pour rendre compte de cette mobilité et de la forme des rapports qui, éventuellement, stabilisent la relation d'appartenance au point de la faire paraître substantielle et solide. Il en résulte que tout ce que je pourrais dire de vrai sur la « structure interne » du Parti, sur la relative invariance des espèces de fonctions qui la définissent, ne m'apprendra jamais rien sur ce que je cherche : la

La pensée captive

constitution et la manière d'être, au sein d'un « état de groupement », de la *région d'adhérence* depuis les voisinages d'un « sujet », c'est-à-dire depuis ce que ce « sujet » croit, ici et maintenant, devoir faire, dire et penser, au plus près des autres.

Même si je te disais : « Je suis resté marqué par le mode d'adhérence propre à la vie clandestine et par conséquent la notion de l' " essence bâtarde " demeurait forte pour moi », je ne pourrais me satisfaire de cette réponse. Je ne pourrais la considérer que comme une échappatoire propre à retarder le moment de l'éclaircissement. Le problème n'est pas de formuler une condamnation avec « circonstances atténuantes », mais de comprendre ce qui s'est effectivement passé. Marqué je ne pouvais pas ne pas l'avoir été. Mais que veut dire « demeurer » pour une telle marque ? Il fallait qu'elle fût accueillie selon les exigences de la vie politique, conformément au jeu de rapports symboliques qui s'y constituaient. Il fallait aussi que de ce jeu même naquît une région d'adhérence spécifique. Sinon le « retour du même dans la différence » eût été impossible et le « sujet » n'eût pas persévéré. C'est cette persévérance qu'il faut comprendre, au-delà des raisons explicites que le « sujet » pouvait s'en donner : par exemple, la « situation politique » du temps et les solutions que le « Parti » en proposait. Si je dis « au-delà de ces raisons » c'est qu'elles étaient celles du Parti. Et que le « sujet » les ait prises en compte ne fait que poser le problème qui nous occupe.

Prise dans sa généralité formelle, une « région d'adhérence » se présente comme une structure stratifiée au sein de laquelle est renforcée la relation d'appartenance d'un « sujet » à un groupe, par la médiation, tou-

Un Destin philosophique

jours locale, d'un état de groupement. Le caractère de l' « adhérence », en particulier la force du lien qui la manifeste, dépend du degré de stratification des flèches de renvoi. Condition minimale sans laquelle jamais un « sujet » ne pourrait en venir à penser : « Ce que font les gens qui sont là, et que *je dois* faire avec eux, me tient à cœur ; et si je ne le faisais pas avec eux, ma vie serait perdue à mes yeux. » C'est le mode de représentation de « ce devoir faire avec » qui distingue, pour les « sujets », l'appartenance à une secte religieuse, par exemple, de l'appartenance à une association de pêcheurs à la ligne. Or, d'où vient la stratification des flèches ? Nous le savons déjà : de ce que les cibles qu'elles désignent, et qui exercent à leur tour la fonction de source, sont codésignées par d'autres flèches de renvoi, et par là constituées en un « sous-espace » relativement stable du champ symbolico-charnel. « Relativement stable » veut dire : les renvois symboliques propres au sous-espace n'ont plus à être réactivés. Il leur suffit d'être désignés, « en bloc » pour ainsi dire. Ils sont en repos : présents sur le mode de l'oubli. C'est ce phénomène de « recouvrement » que j'ai nommé « stratification ».

Le degré de stratification des flèches de renvoi dépend alors :

1. de la richesse du (ou des) sous-espaces « stabilisés » (du degré de connexion des flèches qui les constituent, si l'on préfère),

2. (et c'est la condition essentielle) de la possibilité pour ces sous-espaces de renfermer une région capable d'exercer la fonction de source vers une cible non désignée en eux, mais qui peut, par essence, remplir à leur égard la fonction d'une source de flèche de codésignation. Pour dire la même chose en un langage équivalent nous énoncerons : le sous-espace symbolique doit contenir un « attracteur » de flèches pour une région

La pensée captive

au moins, qu'il ne contient pas, de l'espace symbolique ; et cette région doit elle-même exercer la fonction d'un « attracteur » pour des flèches de renvoi que le sous-espace ne contient pas. Si bien que la cible désignée à partir d'une source du sous- espace de départ est elle-même une région d'accumulation de flèches de renvoi : mais elle l'est en « son espace propre ». C'est pourquoi j'ai dit tout à l'heure que cette cible pouvait, *par essence,* exercer la fonction d'une source de renvoi qui prendrait cette fois, pour cible, le sous-espace « en bloc » et le laisserait en repos : désigné seulement.

Tu remarqueras que je ne fais ici rien d'autre que rendre compte du résultat de ma description du caractère propre au lien d'adhérence constitué dans la clandestinité, lorsque j'ai dû reconnaître que les germes de formation symbolique que je tenais de « mon passé » trouvaient, dans la consistance d'un arrière-monde, leur déploiement circonstanciel. Ces germes demeuraient en repos, oubliés, codésignés cependant. Présents sous le mode du recouvrement, selon un degré de stratification qui dépendait en dernier ressort des jeux de renvoi symbolique que l' « arrière-monde » exigeait en son espace propre. La solidité accordée au lien d'adhérence n'était rien d'autre que l'accueil fait à ce degré de stratification, son effet local en quelque sorte. Et pour le « sujet » qui vit ce mouvement et se trouve pris dans ce jeu de relations, le lien d'adhérence va de soi. Il est. C'est tout.

Que veut dire alors « persévérer » pour un tel lien, dans les conditions de la « vie publique » ? Demeurait-il simplement déposé dans un fond, immuable comme un minéral ? Nullement. C'était exclu par la dialectique de l'ouverture et de la fermeture propre au champ symbolico-charnel. Je répéterai ici ce que j'ai déjà dit pour d'autres circonstances. La région d'adhérence où s'était constitué ce lien a été à son tour codésignée, recouverte

Un Destin philosophique

selon les exigences et les formes de stratification propres à un espace symbolique où elle n'était plus qu'un sous-espace désigné. Sa teneur symbolique passait ailleurs. Une autre région d'adhérence allait se constituer. Et le lien, loin de s'y abolir, devait s'y renforcer. Il se renforçait à la mesure du degré de stratification des flèches de renvoi qui le désignaient, en codésignant sa racine, maintenant muette, comme une origine oubliée, et que seule peut aujourd'hui réveiller l'exigence de mon discours. Oubliée mais, puisque codésignée, survivante en ce que j'ai nommé sa « teneur symbolique ». La « même » donc, en tant qu' « autre » pourtant. La région codésignée demeurait en repos. Jamais plus n'y seraient réactivés les renvois symboliques qui s'y étaient articulés. Mais la forme de la relation d'appartenance qui s'y était stabilisée devait demeurer, en un autre champ, et survivre.

Devait demeurer aussi en ce champ, celui de la vie militante au grand jour, la structure de quasi-monde en un arrière-monde, au sein de laquelle s'était, sinon constituée, du moins désignée et définie la relation d'appartenance. Et cela selon la même teneur symbolique, mais dans un autre jeu de renvois. De ce jeu de renvois je t'ai beaucoup parlé déjà, dans la première partie de cette lettre, lorsque j'ai essayé de comprendre ce que veut dire « parler au nom de » et « agir avec et selon ». Je ne pourrais maintenant que le répéter, presque mot pour mot. Mais au point où j'en étais alors il n'était pas encore question de « quasi-monde », ni d'« arrière-monde », ni même de « région d'adhérence » comme support du caractère stable d'une relation d'appartenance. Sans répéter ce que je t'ai dit alors, il me faut le rapporter aux étranges structures auxquelles je me trouve confronté. Et de fait, « parler au nom de », « agir avec et selon », « être dans et avec », bref les moments enchaînés et distincts de la *sunergeia* politi-

La pensée captive

que, devaient s'offrir comme l'expression d'une exigence essentielle ; une exigence vivant dans un arrière-monde que soutenait la consistance d'un quasi-monde. Un quasi-monde qui comportait comme un point aveugle. Mais en vertu même du jeu de renvois qui manifestait l'arrière-monde, ce point aveugle était représenté sur une autre scène comme la source même de la lumière : ce que j'ai nommé plus haut la « parole à l'endroit ». En cela se trouvait maintenue et sans cesse reconduite à neuf la teneur symbolique du lieu d'origine : cette cible immobile où s'était solidifiée l'adhérence. L'irréel-réel de l'essence bâtarde nommée « Parti » trouverait de quoi s'enrichir.

Les considérations « formelles » que je viens de présenter (et que tu aurais pu « déduire » sans peine) me ramènent ainsi au cœur du concret et elles le concernent au plus près : cette vie militante dans laquelle les paroles qui étaient à dire semblaient toujours naître du lieu où, déjà, leur sens possible était disponible. Comme si un autre « sujet parlant », unité du savoir et du dire, en était l'essentiel énonciateur. Or quelque nom qu'on lui ait donné, Staline ou un autre, ce « sujet parlant » n'était personne, absolument personne. Une possibilité de parole seulement. Une marque vide dans l'espace symbolique. Un bassin de capture pour des flèches de renvoi. N'importe quelle figure charnelle l'eût remplie. Celle de Staline ou une autre. Aucune importance. De toute façon, elle eût été transfigurée selon « sa place ».

Des flèches de renvoi. Un bassin de capture. Quelles flèches et quel bassin ? Il nous faut bien tenter de les cerner. Une absence supposée parler : c'est bien étrange, avoue-le. L'irréel-réel affectait donc le « sujet » jusque dans ses possibilités de parole ? Exactement. Comprendre cette « affection », c'est le cœur du pro-

Un Destin philosophique

blème qui m'occupe : la nature du « détournement » de l'exigence philosophique. Je suis très près, du même coup, de saisir la connexion des deux « structures » : le champ symbolico-charnel où prend corps la région d'adhérence, le champ d'idéalités où se meut quiconque énonce, cherche à savoir, à définir et à convaincre. Et tu comprends pourquoi : ce qui se trouvait « capturé » au point aveugle dont je parle était manifesté comme exigence de discours : un « en soi-pour soi » de la parole. Or, ce « point aveugle » se constituait dans un effet de perspective propre à l'arrière-monde. Il se constituait donc selon des exigences de la région d'adhérence, c'est-à-dire conformément au degré de stratification d'un sous-espace symbolique du champ symbolico-charnel. Mais certaines des possibilités d'énonciation du « sujet » s'y trouvaient captives. Ce point se trouvait donc « situé » dans l'intersection pleine des deux structures en question, puisqu'il « capturait » des possibilités d'énonciation. Et de fait, depuis ce point seulement, pouvaient être effectués des énoncés tels que : « Le Parti a toujours raison » et : « Quiconque parle en son nom est, fondamentalement, sous la garde de la vérité. » Ce n'était pas là un énoncé de circonstance. Le « sujet » savait bien que le Parti s'était trompé en bien des occasions et qu'il se tromperait encore. L'énoncé en question ne se laissait pas traduire sous cette forme : « Le Parti ne s'est jamais trompé et ne se trompera jamais. » Il signifiait tout autre chose pour le « sujet » qui l'énonçait : il exprimait la situation de ce « sujet » au sein de l'essence bâtarde, au cœur de l'irréel-réel, dans la pleine intersection où vivait la connexion du champ symbolico-harnel et du champ idéal des énonciations possibles. Explicitement et en surface cette situation se manifestait ainsi : « Le Parti peut se tromper, mais l'erreur n'est qu'un écart relativement à l' "essence du Parti". S'il demeure conforme à cette "essence", il est dans la vérité. » Or d'où se constituait la notion de cette « essence » ? Depuis le point aveugle justement ; depuis la « marque vide » supposée habitée par un « sujet » parlant, quelque nom qu'on lui donne. Pour les uns ce nom fut « Staline », pour d'autres « Mao », pour d'autres un autre. En ce qui concerne la nature de ce phénomène d'inversion de la parole, les noms propres sont sans importance. L'essentiel est le caractère de la « marque vide » que ce qu'ils désignent est supposé venir occuper. De cette marque vide le « sujet » était toujours absent. En cela justement consistait le « vide » : un manque à savoir, au moins. Un autre donc devait y être et y savoir. Sinon la région d'adhérence se fût effondrée sur place. La relation du global au local se fût brisée au lieu même où elle se manifestait, là où le « sujet » avait à parler et à communiquer. Cette *sunergeia* politique accomplie au grand jour, la vie militante, passait donc par la médiation d'une autre forme de *sunergeia*. Devenir *sunergos* de cet Autre qui « parlait à l'endroit », le sujet pouvait-il faire autrement que le vouloir ? Nullement. Et pourquoi ? Parce que subsistait l'arrière-monde et son quasi-monde et qu'en lui se réarticulaient sans cesse les jeux de renvoi symboliques qui le situaient, lui, « sujet », en un lieu d'adhérence où s'était stabilisée, en un temps maintenant passé, sa relation d'appartenance.

Le lien d'adhérence survivait. La relation d'appartenance se renforçait depuis ce point d'où parlait cet Autre. Dans ce mouvement, cette parole était reçue par le « sujet » comme la sienne propre. Les « flèches » que capturait la « marque vide » (des possibilités d'énonciation) faisaient ainsi circulairement retour vers la région d'adhérence où était noué le « sujet » : la seule pour laquelle il y avait une « marque vide », un « manque à savoir ». Quelque chose de la teneur symbolique

Un Destin philosophique

de cette région passait alors dans les possibilités d'énonciation elles-mêmes. Et ce qu'elles venaient renforcer (l'adhérence) les renforçait à leur tour. Ce que le « sujet » exprimait « en surface » sous cette forme : « Je pense ce qui convient. Et quand bien même je me tromperais souvent, mes erreurs ne seraient qu'un écart relativement à une Autre parole, qui, si elle demeure conforme à ce qu'elle se doit d'être, ne se trompe pas. »

Tu vois. Ce n'est pas tout à fait le Dieu non trompeur car cet Autre « peut se tromper ». Il peut ne pas coïncider, toujours, avec ce qu'exige l' « essence » qu'on lui prête. Mais il est de la nature de la « marque vide » d'accueillir une parole qui ne se trompe pas. Une parole que le « sujet » se doit d'accueillir lui-même : non pour la répéter, ni pour la vérifier, mais pour parler à son tour depuis ce qui toujours et déjà en elle a été dit et se dit encore. Telle est la circularité selon laquelle vit cette « essence bâtarde » et selon laquelle se montre, persévère et se renforce sa notion, cet irréel-réel dont je t'ai parlé : idéal, symbolique et charnel, pour un même « sujet » et à son voisinage ; imaginé dans la forme du savoir. Depuis cette marque vide supposée pleine, et selon les relations circulaires qu'elle instituait, devait se manifester au « sujet » le poids des mots à la connexion desquels il se trouvait astreint.

« Parmi les choses selon les mots » : il y demeurait. Mais sur un autre mode, dans la mesure du moins où ces mots portaient quelque chose du poids de sa région d'adhérence. Si bien que toute cette histoire, qui, dans l'ordre de la pensée, ne peut passer que pour celle d'un égarement, a été vécue par le « sujet » comme l'enchaînement nécessaire des moments d'une rééducation. C'est-à-dire ? La prise en compte par lui du déplacement de médiation dont je t'ai parlé tout à l'heure. Un

La pensée captive

déplacement qui, s'étant annoncé dans la clandestinité du temps de guerre, devait au grand jour, dans la vie publique, sur la scène de l'Autre, déployer ses propres médiations, et affecter l'autoconscience du sujet, son parler pour les autres, son parler pour soi-même.

Chose apparemment étrange, le « sujet » vivait ce mouvement de rééducation en continuité avec ce qu'il avait été et pensé. Comme si ce qu'il tenait du passé (tout ce dont j'ai essayé de te montrer le mode d'agencement symbolique) l'avait conduit là où il se voyait être. Par un effet de retour le cheminement de sa vie lui apparaissait avec une sorte de nécessité. La cible qui avait capturé les flèches symboliques avait été bien frappée. Et maintenant elle se refermait sur elle-même renforcée par cette « parole à l'endroit » ; un « ailleurs » où le « sujet » trouvait symboliquement sa place, sous le nom de l'Autre qui savait. Ce qu'il avait cherché à devenir dans l'ordre de la pensée, « philosophe », allait donc trouver là, dans le champ où s'opérait ce déplacement de médiation, quelque chose comme son nécessaire accomplissement. Il demeurait donc ce que toujours il avait cherché à être. « Un philosophe ». « De type nouveau », ajoutait-il. Quelle histoire ! — Sois tranquille, je ne la raconterai pas. Seule, dans cette « vie de philosophe », m'intéresse aujourd'hui sa forme.

I. Frontière et capture

« Ce que je pense me regarde. Mais mon problème... etc. » En me rappelant cette réponse, adressée irrémédiablement à l'inquiétude d'un ami aujourd'hui disparu, je suis bien tenté de me dire : « Tu n'étais qu'une brute, en ce temps. Une brute pensante et parlante. Mais une brute qui cassait la relation à l'autre et brisait toute proximité, dès que, de son fait, était menacé

Un Destin philosophique

ce qui te tenait à cœur, cette adhérence. » Pourtant, cette brutalité n'était qu'un effet de surface. Elle n'était pas le retour de la brutalité d'autrefois, dont j'ai dit à un moment qu'elle m'avait été « naturelle ». Elle n'était qu'une posture du parler et du penser. Et si je réfléchis maintenant au sens de mes paroles, je découvre qu'il ne résidait pas seulement dans le contenu explicite qu'elles entendaient communiquer. Elles signifiaient l'exclusion de l'autre qui m'avait parlé et résonnaient plus comme un avertissement que comme une information. « Tu ne peux pas comprendre. Reste à ta différence. Cette frontière qui est entre nous tu peux la franchir si tu veux. Mais le mieux pour toi est de ne pas le vouloir. Tu ne sais pas de quoi il retourne. Reste où tu es. Va-t'en. » C'est parce qu'il m'était si proche que j'étais, en paroles, tellement brutal. Il importait de bien marquer les frontières, comme si la « région d'adhérence » ne pouvait se maintenir en sa fermeté que protégée dans sa différence.

Que veut dire ici « frontière » ? Les communistes ne portaient pas de signe distinctif ; ils n'avaient pas d'uniforme. Ils vivaient disséminés parmi les autres, plus denses en certains lieux qu'en d'autres. Jamais, en France, ils ne s'étaient constitués en « communautés », que l'on pourrait reconnaître et désigner à leur habitat, leur mode de vie, leur parler ou leur costume. Ils étaient ouvertement « comme tout le monde ». Il le fallait bien, puisque, agissant en tant que communistes, ils se présentaient et se représentaient comme agissant pour d'autres : en dernier ressort pour les plus démunis, les pauvres, les opprimés. Ils s'adressaient donc à ces autres pour les éveiller au sentiment de leur solidarité « de classe ». « Je suis comme toi. Tu es comme moi. » Pourtant cette proximité sans cesse affirmée n'abolissait nullement la frontière, au contraire.

A la vérité, la « frontière » n'était qu'un effet de sur-

La pensée captive

face : un effet de cette circularité qui toujours, selon la structure de l'arrière-monde, désignait le « sujet » en ses lieu et place, le ramenant sans cesse, par médiations répétées, au cœur de sa région d'adhérence. La « frontière » n'était nulle part. Rien ne la dessinait qui demeurât visible. Elle tenait au « sujet », et l'accompagnait toujours. Si je cherchais une métaphore pour exprimer ce phénomène, je dirais qu'il en allait de cette frontière comme de la peau. Nul n'a jamais vu en totalité, et d'un seul regard, sa propre peau. Pourtant chacun sait qu'elle le sépare et qu'il ne peut en sortir. Où qu'il aille, elle sera sa frontière. Et s'il parle c'est depuis sa peau. La différence est que pour me déposséder de ma peau il faut me tuer. Mais pour me déposséder de ma « région d'adhérence », parfois il peut suffire d'un mot. La « frontière » qui la délimite et la renforce, il faut donc la renforcer à son tour. Sans cesse. Elle ne se voit nulle part mais se reproduit partout, et ne peut survivre que de son renforcement. Si bien que parler aux autres, fût-ce pour les convaincre d'adhérer, ne pouvait se faire que depuis cette frontière renforcée : « C'est " nous " qui te parlons. Nous autres, les communistes. Sais-tu ce que cela veut dire ? » Comme si la parole ne pouvait trouver sa force qu'en prenant racine dans l'orgueil de la différence.

Orgueilleuse et brutale, telle avait été ma réponse à Merleau, en ce temps-là. Sa demande était-elle pour moi à ce point menaçante ? Oui. Elle l'était. Car tout n'allait pas tout seul dans le manège de la croyance. Il fallait y penser. Ce semblant solide, cet irréel-réel, cette voix de l'arrière-monde, il fallait les maintenir devant soi, explicitement fermes. Demeurer « philosophe » donc ? Évidemment. C'est-à-dire ? Renforcer cette frontière mobile. Ce qui s'accomplissait au jour le jour. Et c'est pourquoi j'ai commencé par évoquer cette « *nébuleuse dont les contours se précisaient au coup par*

Un Destin philosophique

coup ». Effet des médiations propres à l'arrière-monde, elle venait à la rencontre du « sujet » et l'enveloppait de demi-ténèbres. S'en évader, il ne pouvait le vouloir. Restait donc à s'y installer, entre mots et choses, devant les autres et pour eux, sur le mode du « penser ».

Quelque chose comme un « chemin pour la pensée » s'ouvrait donc en ce champ ? Oui. Il ne pouvait en être autrement, pour le « sujet » qui te parle du moins. Mais ce chemin ne pourrait *jamais* le conduire « hors frontière », sauf à laisser s'effondrer, muette, cette région d'adhérence, si hautement stratifiée, comme nous savons déjà.

Circularité ? Bien entendu. Le chemin de la pensée faisait retour à sa source et n'était jamais renforcé que de ce que renforçait son parcours : la frontière précisément, c'est-à-dire, en dernier ressort, la région stratifiée et surdésignée de l'adhérence, où se jouait le sort du sujet, du moins en ce qu'il aurait à penser et à dire.

Qu'en était-il de ces pensées et de ces paroles, sur le chemin circulaire ? Le « sujet » savait-il que ce chemin était circulaire et qu'en dernier ressort tout ce qu'il entreprenait en le parcourant n'avait, dans l'ordre de la pensée, qu'une fonction de renforcement ? Savait-il que ce qu'il formulait, par-delà le sens explicite de ce qui était dit, concernait toujours autre chose et se trouvait substantiellement lié à la région d'adhérence précisément, qui ne subsistait, ferme, que de ces désignations répétées ? Savait-il que comme « sujet » parlant il était toujours ailleurs que là où manifestement il parlait et agissait ? Savait-il qu'il ne pouvait parler et agir que toujours déplacé vers cette région de l'arrière-monde : la « marque vide », ce bassin de capture de ses possibilités d'énonciation ? Le plus drôle de l'affaire est qu'il n'en savait rien et n'en pouvait rien savoir. Il lui semblait qu'il avait à se mouvoir sur un plan dans ces

La pensée captive

demi-ténèbres de l'arrière-monde qui venaient à sa rencontre. Il pensait que les choses s'éclairciraient à mesure du parcours, selon les exigences des rencontres, au gré de ce qui était attendu de lui. Il ne pouvait en être autrement : le mouvement, qui, en sa circularité, astreignait le « sujet » au jeu de ses médiations, masquait ces médiations dans le moment même où elles s'exerçaient. Simplement parce que l'arrière-monde retenait toujours sa structure : il ne pouvait se montrer comme « objet ». Tel était l'effet de déplacement de médiation dont je t'ai parlé plus haut. Le champ réflexif du « sujet » n'était pas aboli : il était médié par l'arrière-monde, depuis la « marque vide ». Je formulerai la chose ainsi : ce qui portait à penser et ouvrait les chemins du penser ne pouvait en aucun cas s'offrir au penser. Il était donc de l'essence de la circularité de n'être jamais reconnue comme circulaire.

Nous sommes aujourd'hui le 8 novembre 1981, vers la fin de la matinée. Je viens d'écrire cette page. Et je veux te raconter mon étrange rêve de la nuit. J'étais très occupé hier soir de tous ces problèmes de circularité, de frontières et de bassins de capture, et ne savais trop comment me tirer du mauvais pas où m'avait conduit l'enchaînement de mon discours. Tu sais qu'une bonne partie du travail d'un philosophe consiste à déjouer les pièges qu'il s'est posés à lui-même. J'en étais là hier soir, dans l'embarras, cherchant comment continuer. Or tu vois ce matin j'ai continué de la façon même qui convient à ce que j'entends dire encore. Et je me demande si ce n'est pas la suite de ce rêve.

C'était une clairière habitée par des lapins (j'ai souvent des rêves animaliers). Cette clairière était entourée, « circulairement », d'une impénétrable barrière, faite de plantes agressives, enchevêtrées et vénéneuses. Longtemps les lapins avaient vécu dans la clairière

311

Un Destin philosophique

comme si elle avait été le seul monde. Mais ils y avaient tout mangé. Et il n'y avait plus rien depuis des semaines ; affamés, ils cherchaient comment en sortir. Ils s'étaient avisés que quatre chemins s'ouvraient dans la barrière. Ils s'étaient aventurés sur ces chemins, mais toujours ces chemins, qui se rencontraient par endroits, les ramenaient à la clairière où ils étaient condamnés à périr. C'étaient des chemins circulaires. Mais les lapins n'en savaient rien ; et ils recommençaient sans cesse dans l'espoir de rencontrer une autre clairière, un nouveau monde. Toujours ils étaient ramenés au néant. Alors ils entendirent une voix, celle d'un corbeau peut-être, ou d'un geai : « Pauvres bêtes, lapins imbéciles. Vous avez oublié votre nature à vivre dans cette clairière. Vous ne savez donc plus creuser la terre, vous qui viviez jadis dans les terriers ? Creusez et vous sortirez. Le chemin dépend de vous. » Je ne sais si les lapins creusèrent. Mais je me suis réveillé en me disant : « Tiens ! la circularité, ça doit être assez fragile... On peut la casser. Et si on ne la casse pas, c'est qu'on y est astreint sans la voir... » Et mieux réveillé, j'ajoutai dans mon langage : « Il est certainement de la nature des flèches de renforcement de se masquer dans ce qu'elles renforcent. Sinon elles ne renforceraient rien. Elles ne feraient que porter l'indication de libres chemins, qu'on pourrait prendre ou ne pas prendre. Elles n'exerceraient aucune contrainte aux frontières et le " sujet " qui vit dans leur champ demeurerait dans l'indécision, comme un vagabond libre de ses pas. Ce qui n'est pas le cas, car toujours la parole est captive du lieu où elle s'exerce ; et dans l'espace de son discours, là où il croit s'entendre penser, le " sujet " lui-même est capturé plusieurs fois, et il ne peut en faire le compte. »

Et maintenant qu'il est près de midi et que me voici tout à fait réveillé, je me surprends à écrire ce rêve et à

La pensée captive

m'occuper de ce que j'ai commencé à penser à sa suite : cette histoire de capture du « sujet » dans le champ de ce qu'il croit devoir dire ; une capture qui lui masque nécessairement le jeu circulaire des renvois qui l'assignent. Et je me dis : « Tu es tiré d'affaire maintenant. Tu te trouves devant le point où vont se renouer tous les fils de ton discours. Et tout cela parce que tu as rêvé que des lapins avaient oublié leur nature, et qu'un oiseau attentif le leur avait crié. » Moi aussi un ami attentif m'avait averti : « Tu as oublié ta nature. » Mais je l'avais repoussé sans même l'entendre en renforçant mes frontières. Je pensais pourtant. Et cela me regardait, me disais-je. Je pensais librement, ayant devant moi ce qu'il y avait lieu de penser et de dire. C'était tout un travail. J'entrais sur ces chemins, localement divergents, parfois enchevêtrés, convergents toujours à leur arrivée. Des flèches de renforcement. Mais masquées au cœur de ce qu'elle renforçaient (l'adhérence). Je ne les voyais pas. Seule était visible l'ouverture des chemins. Chaque pas du « sujet » renforçait sa capture. Mais du jeu de médiations qui l'assignait à ses lieux de capture, il ne pouvait rien savoir. Il persévérait, au prix de bien des ruses et de bien des détours. Il y était condamné en raison d'un manque à voir essentiel né de la teneur symbolique de sa région d'adhérence. Cette teneur l'avait institué coadjuteur de l'Autre, la figure symbolique du médiateur englobant. Que vienne à manquer cette « parole à l'endroit » et tout s'écroulait de l'arrière-monde. La marque vide était un bassin de capture absolu. Le sujet même s'y trouvait capturé, jusqu'en ses possibilités d'énonciation, mais dans un essentiel manque à voir. Il lui fallait donc renverser tout le jeu des médiations qui l'assignaient. Les renverser c'est-à-dire les penser à l'envers, depuis son voisinage, comme si leur consistance ne dépendait plus que du « sujet » seul. Il lui fallait donc aussi se représenter

Un Destin philosophique

la scène où s'opérait ce renversement, la maintenir ferme et présente, dans l'oubli inévitable des médiations constitutives de l'arrière-monde. Sur cette scène, qu'il fallait au jour le jour construire et maintenir, la langue que parlait l'Autre devenait celle du « sujet » lui-même, la seule qu'il pourrait parler à son tour.

En apparence c'était un retour du champ réflexif, une répétition de ce qu'avait été, dans le passé, l'exigence philosophique. Mais ce champ ne s'offrait maintenant que pour un « sujet » capturé selon un jeu de médiations qui jamais ne se montrerait dans le champ lui-même. Ce retour de l'exigence réflexive pour un « sujet » captif, c'est cela même que j'ai nommé « détournement ».

Il en résulte que le « sujet » ne pouvait jamais se poser la question : « Qu'est-ce qui m'astreint et où suis-je capturé ? » Il lui fallait « théoriser » et se poser d'autres questions sur cette scène où il construisait une représentation de ses actes. Celle-ci, par exemple : « Quelle est cette langue qu'il me faut parler et comment est-elle construite ? Pourquoi son usage est-il le seul qui puisse me permettre de m'y reconnaître sur ces chemins où je m'engage et qui, sans cesse, m'invitent à penser et à parler ? » Cette question était bien le substitut symbolique de l'autre que le « sujet » ne pouvait entrevoir. Le fait même de la poser n'était qu'une procédure de renforcement, un effet des médiations de l'arrière-monde. Je le sais maintenant. Mais sur la scène où elle se formulait, elle était la plus sérieuse qui soit. Elle mettait le « sujet » au rouet. Elle en engendrait d'autres aussi. Par exemple : « Comment puis-je faire en sorte qu'elle ne vienne jamais à me manquer ? Comment puis-je me rendre maître de ses procédures ? » Ou encore : « Que désignent les expressions qu'elle articule ? N'est-ce pas cela précisément qui me

La pensée captive

tient le plus à cœur, ce que j'ai à dire et à faire, avec ces autres qui sont là ? »

De toute façon les réponses à ces questions seraient conduites de façon à renforcer *toujours* la région d'adhérence et à réeffectuer sans cesse les médiations propres à l'arrière-monde, les médiations masquées par cela même qui les renforçait. Devenir « marxiste » pour le « sujet » qui te parle a consisté à machiner soigneusement la scène où prenaient corps ces questions. Ça n'allait pas tout seul. Et c'est pourquoi, sans doute, j'ai dit à Merleau, ce jour-là : « Ce que je pense me regarde... » Et cela me regardait en effet. Nul ne pouvait s'installer à ma place sur cette scène où il fallait m'assurer que je parlais la « bonne langue ».

J'ai beaucoup relu Marx en ce temps. Mais je ne le lisais plus du tout comme j'avais lu Spinoza, ni même comme j'avais lu Husserl. Ce n'était pas seulement une question de contenu. Ce texte (ce n'était qu'un texte, après tout, n'est-il pas vrai ?) s'inscrivait autrement au voisinage du « sujet lecteur » que j'étais. Je ne posais plus la question : « De quoi diable a-t-il parlé ? » Je ne cherchais plus, vivant dans ce texte, l'*alter ego* qui avait déjà pensé. Rien de tout cela. Il n'y avait pas d'*alter ego*. Le texte m'offrait la langue que j'avais à parler et les choses mêmes que j'avais à connaître, sur cette scène qu'il me fallait construire. Sans doute le texte était-il lui-même *médié* par le jeu des relations de l'arrière-monde. Si je te disais : « Je le croyais sur parole », je mentirais. Mes « habitus » mathématiques me rendaient insupportables bien des confusions et aussi ce que j'appellerais son « pathos conceptuel ». Pourtant je gommais systématiquement ces manques, et, dans cette lecture, je cherchais et croyais trouver l'assurance de la langue qu'il me fallait parler. Non ! il n'y avait pas d'*alter ego*. Mais l'Autre, qui habitait la « marque vide », devenait là présent en personne, comme si ce que je lisais en ce texte faisait retour en ce lieu de l'essentielle capture. Encore une fois la circularité masquée ? Exactement. Un renforcement explicite de la région d'adhérence, un renforcement instruit. Sur cette scène qui naissait « pour le sujet » du jeu des rapports symboliques qui faisaient la consistance de l'arrière-monde, cet arrière-monde lui-même se trouvait représenté. Mais comme un monde qu'il fallait penser et parler dans la forme d'un supposé savoir. Dans ce monde, l'arrière-monde trouvait à la fois sa représentation et son masque. L' « essence bâtarde » y trouvait sa vérité et l'irréel-réel son assise. Tout paraissait bouclé. Il n'y avait plus qu'à chercher comment dire cette « vérité-là ». Le manège du croire et du faire croire devenait explicite et ne se fondait plus que de son seul mouvement. Il n'y avait rien à fonder à la racine. Ça l'était toujours déjà ; par nature. Ce n'était pas seulement le « sujet » qui était capturé, mais son champ réflexif même, c'est-à-dire son accès aux formes du pensable. Et ce monde supposé plein où se dessinaient ses actes, ce monde qu'il avait à penser, n'était qu'un effet de cette capture. Or cela, à aucun degré, il ne pouvait le savoir. Le jeu des médiations qui l'astreignaient à ce nœud, et que j'ai tenté de dégager, jamais ne pouvait, sans se détruire, s'ouvrir devant lui.

En manière de conclusion

Il est toujours facile de feindre une bonne réponse aux questions que j'ai posées ; on se référerait aux circonstances, aux apparentes exigences de l'Histoire et à l'air du temps. Si j'avais décidé de m'en tenir à ce point de vue, mon discours eût été des plus simples. « Il y avait » le combat de classe. « Il y a eu » la guerre d'Espagne. « Il y a eu » la guerre et la Résistance. « Il y

La pensée captive

avait » les communistes. « Il y a eu » la guerre froide. « Il y a eu »... « Il y a eu », etc. J'aurais ajouté : « Il fallait prendre parti dans tout cela. » Et j'aurais raconté comment cette prise de parti a entraîné une « réforme » de la pensée. Oui. Ces données sont simples en apparence. Cependant je doute fort qu'aucune des phrases que je viens d'écrire (et qui commencent par « il y avait ») offre d'emblée un sens simple. Rien de plus difficile que cet « il y a ». Et tu remarqueras que tout au long de ces pages je me suis occupé à en chercher le sens. Dans la même veine de facilité il m'aurait été simple de boucler sans peine la question de la « philosophie ». De lui « régler son compte ». J'aurais dit : « On ne pouvait faire autrement que de lire Marx à la lumière de Staline, ce qui a entraîné les conséquences que l'on sait. » En exposant « ces conséquences » je serais entré dans le « contenu ». En quoi consistait cette « philosophie » marxiste dont on faisait profession ? « Matérialisme dialectique ». Quel sens ces mots avaient-ils pour nous ? Quelle sorte de doctrine désignaient-ils ? Quelle était sa structure ? De quel statut étaient ces énoncés ? En quoi le fait de la professer exigeait-il une reprise du champ de la philosophie traditionnelle ? Quelle sorte d'intervention permettait-elle et exigeait-elle dans le champ des savoirs, dans celui des stratégies politiques ? Il est toujours possible de répondre à ces questions par le récit réfléchi des événements et la description des « productions culturelles » qui les ont accompagnés. On peut même dégager l'apparente nécessité de leur enchaînement. J'ajouterai que ce genre de travail, partiellement entrepris d'ailleurs, est nécessaire. Pourtant il ne constitue pour moi que le « degré zéro » de l'analyse. Pourquoi ? A cause de ces quelques mots par quoi tout commence : « On ne pouvait faire autrement. » « Il y a eu. » « On ne pouvait faire autrement. » Si on ne comprend pas ce que cela

Un Destin philosophique

veut dire au juste au plus près des « sujets » pour qui de telles exigences ont existé, alors, je n'hésite pas à le dire, on ne comprend rien à ce qui s'est passé. S'en remettre à ce qu'on tient par le « cours des choses » est toujours paresseux, quel que soit le degré de précision selon lequel on croit le connaître.

C'est pourquoi je n'ai rien dit des circonstances, sauf quelques-unes que j'ai choisies en raison de leur valeur signalétique, de leur poids symbolique. C'est pourquoi aussi je ne dirai rien non plus du contenu doctrinal propre à l'espèce de « philosophie » à laquelle je m'attachais au temps dont je parle. A quoi bon répéter ce que tout le monde sait, ou peut, s'il l'ignore, apprendre par ailleurs ? Aucune difficulté à cela.

En revanche, comprendre la genèse d'une *posture de pensée*, comprendre par quels chemins ce que l'on croit penser (ce « contenu doctrinal » précisément) est représenté comme pensable, c'est la chose la plus difficile qui soit et la plus nécessaire aussi. C'est cette question qui m'a inquiété ; et je crois qu'elle m'inquiète encore, dans d'autres champs maintenant, pour la part de temps qui me reste. Répondre à cette inquiétude, tu vois où cela m'a conduit, relativement aux problèmes que tu m'as posés. A dégager ce phénomène que j'ai nommé en dernier lieu : la capture du champ réflexif d'un « sujet » dans l'espace symbolique où se renforce sa région d'adhérence. Je ne savais pas, en commençant, que je parviendrais là ; seul m'a conduit le fil de mon discours.

Il me faut maintenant rompre le fil. Tu m'avais concédé trois cents pages. Je crois bien les avoir dépassées. Tout à fait arbitrairement je décide donc de mettre un terme à mon propos. Arbitrairement, car je n'ai aucune raison de m'arrêter où je suis parvenu : ce champ réflexif captif. Si je suivais ma pente je m'y attacherais longuement. Peut-être le ferai-je en une

La pensée captive

autre occasion. Mais ce que j'ai essayé de dire de la façon dont il s'est montré nous apprend déjà quelque chose de sa structure et des chemins qui s'y tracent.

Comme tout champ réflexif, il s'offrait avec tous les caractères d'un champ de liberté. Le « sujet » pouvait se porter ici et là, selon des exigences qu'il pensait siennes. Les domaines de savoir dont il avait fait l'expérience, sa mémoire culturelle, s'y dessinaient comme autant de configurations qu'il aurait à reprendre, à réfléchir. Selon cette apparence tout allait pour le mieux. Seulement ce champ de liberté n'était qu'un effet de masque. Ce que le « sujet » ne savait pas, ce qui ne s'inscrivait jamais dans le champ, c'était le lieu de sa capture. Phénomène d'inversion : ce qui était médié dans l'espace symbolique (le champ réflexif précisément) s'offrait comme médiateur dans l'espace, en droit explicite, des énoncés pensables. Si bien que ce « sujet » qui se voyait libre ne pensait jamais que comme « sujet » astreint. Sans l'inversion qui lui masquait cette astreinte, il n'eût rien pensé, ou du moins rien ne se fût offert devant lui comme exigeant de l'être.

De là, sans doute (mais c'est un point qui demanderait un long examen), le caractère *hybride* des « notions » qui étaient enchaînées dans ce champ, et le caractère toujours oblique des énoncés qui y étaient formulés. Ces « notions » (nommons-les des « quasi-concepts ») ne se réduisaient pas à leur apparente teneur intelligible. Et ces énoncés ne disaient pas seulement ce que leur contenu explicite signifiait. Pourquoi ? Parce que, dans cette inversion qui masquait le poids symbolique de la région d'adhérence, ce poids se trouvait toujours renforcé. Si bien que ces quasi-concepts, ces énoncés de « statut théorique » qui semblaient ne devoir s'enchaîner explicitement qu'en vertu

319

Un Destin philosophique

de leur intelligibilité même, ne formaient corps que par l'effet de la teneur symbolique qui y était masquée.

Les mots n'avaient donc pas le même sens pour les communistes que pour les autres. Ni les concepts non plus que nommaient ces mots. « Paix », cela pouvait désigner aussi bien la « guerre ». Ce qui est bien connu. Mais pour le « sujet » qui vivait captif en ce champ, « paix » signifiait explicitement la paix. Il reste que c'était la guerre qui se trouvait obliquement nommée. Tel était l'effet de l'irréel-réel pensé selon des médiations qu'il engendrait lui-même. A « essence bâtarde » « pensée captive ». Le paradoxe, l'effet de l'inversion, est que cette pensée capturée se voyait libre et s'exerçait selon cette apparence.

La posture de pensée qui se désignait en ce champ et les conduites qui la manifestaient ont été nommées de bien des noms. On a dit « sectarisme ». On a dit « dogmatisme ». On a répété « double pensée ». On a ajouté, pour qualifier le tout, *fides quaerens intellectum* (la foi en quête de l'intellect). Ces dénominations conviennent en un certain sens. Mais elles ne concernent que la surface de la chose, sa face visible. Elles laissent le phénomène à sa distance, comme s'il suffisait de le nommer pour le circonscrire et s'en débarrasser.

J'achève maintenant. Je laisse en suspens ce qu'il me faudrait éclairer encore : le mode de connexion de la teneur symbolique propre à la « région d'adhérence » et de la teneur intelligible propre au champ des énoncés possibles, à leur exigence de « systématicité ». Trois cents pages encore y suffiraient à peine, je le crains. J'ajourne donc sans oublier. J'achève et pourtant j'ai conscience du caractère partiel de mon propos. Je n'ai répondu qu'à une seule de tes questions. Celle qui concernait les « convictions » et le scandale qu'était à tes yeux leur « mise entre parenthèses ». C'est pour satisfaire ta demande que j'ai dû mettre en mouvement

La pensée captive

toute cette machinerie. En vue aussi de m'expliquer à moi-même comment et selon quelles formes j'ai pu me reconnaître « philosophe » et le demeurer, fût-ce dans le « détournement ». Comprendre cela m'importait beaucoup. Bien plus que de comprendre la suite : la cassure de la région d'adhérence, l'écroulement des « flèches de renforcement ». Autre histoire et qui ne tient pas aux seules circonstances.

Une remarque encore. Dans tout ce qui précède, sauf omission, j'ai mis le mot « sujet » entre guillemets. Je voulais par là lui conserver le caractère « problématique » qu'il a toujours gardé à mes yeux. Je ne l'ai utilisé que par provision : il désigne autant moi qui parle que le lecteur supposé qui, s'insérant dans des écarts de mon discours, aurait à s'y reconnaître.

Quant à savoir si j'ai éclairci ce qui me tenait tant au cœur, seul un autre pourra me le dire. Or cet autre ne sera plus toi.

Paris, 10 novembre 1981.

RÉPONSE À LA PREMIÈRE LETTRE

Je serai bref sur la première question. Oui, j'ai proposé sans ironie le titre *les Idéalités mathématiques*. J'avais mis entre parenthèses en cela ce que je tenais pour mes convictions « matérialistes ». Je m'imposais ici une contrainte : interdiction d'importer dans l'examen du domaine d'objets dont l'analyse m'incombait les exigences propres à une « théorie » préconstituée. C'était là une prescription d'hygiène philosophique, pour ainsi dire : laisser de côté ce qui, peut-être, n'est qu'opinion, pour donner libre accueil à la chose même dont il était question (les objets et les théories mathématiques) et la laisser se manifester selon sa propre manière d'être.

Où m'ont conduit de telles analyses, menées au plus près des procédures mathématiques ? Négativement à ceci :

1. Il n'y a pas de Dieu calculateur : notre mathématique n'est pas le fragment péniblement épelé d'une mathésis infinie et divine, non écrite mais achevée. Nous ne sommes pas les bègues d'un Dieu mathématicien.

2. Pas davantage les « structures mathématiques » que nous avons appris à définir à grand-peine ne sont préconstituées et muettes en un monde naturel, où

Un Destin philosophique

elles mèneraient, jusqu'à ce qu'on accède à elles, la sage et tranquille vie de formes éternellement organisatrices des choses.

3. Impossibilité (ou du moins difficultés insurmontables, si l'on se veut fidèle au statut des objets concernés) de présenter une genèse des structures mathémathiques explicitement et inconditionnellement compatible avec les strictes exigences *empiristes* : ne partir que des *data* repérables de l'extérieur selon la relation stimulus-réponse (cf. déjà les avatars du béhaviorisme de Skinner en matière de théorie du langage : or, à *sa racine*, un empirisme conséquent ne peut échapper au béhaviorisme, du moins aujourd'hui).

Positivement je n'ai rencontré que des problèmes, dont le noyau se ramène à ceci. Comment un *sujet* faiblement normé peut-il dans son rapport corporel et socialisé à ce qui est radicalement *son autre* en venir à proposer les unités symboliques et les champs d'idéalités dont la manière d'être des mathématiques porte l'irrécusable témoignage ? J'insiste sur « faiblement », pour bien marquer qu'un tel sujet n'est nullement le substitut du « Dieu mathématicien » : il ne comporte pas, inscrite en ses ultimes possibilités, la racine de toutes les formes possibles de ce qu'il pourrait un jour nommer « ses savoirs ».

C'est la conjonction de mon négatif et de mon positif qui délimite à mes yeux un matérialisme minimal et que j'appellerai volontiers « problématique ». Minimal en ceci que je ne m'assigne pas la tâche exorbitante d'une explication totalisante et qui, de ce fait (compte tenu de nos lacunes), ne saurait être que réductrice. Problématique en ceci qu'il m'importe, en partant de contraintes passablement draconiennes (interdiction du recours platonisant et du recours au sujet tout armé), de chercher ce qu'il m'est possible de dire (d'articuler en un enchaînement de propositions au moins

Réponse à la première lettre

sensées) sur le mode de manifestation de ce que nous nommons « monde », « expérience » et « savoirs ». Avec de plus cette autre contrainte (positive celle-là) d'avoir à *respecter* la manière d'être spécifique (quels que soient leur degré de complication et leur niveau d'idéalité) des champs d'objets et des domaines de sens que ce monde, cette expérience et ces savoirs dévoilent en leur connexion.

Si je me suis intéressé aux mathématiques c'est parce qu'elles constituaient, au cœur de cette expérience, un cas pur pour commencer à mettre en œuvre une telle démarche.

Voilà ce qui me ramène à ta seconde question.

J'évite le recours à deux mythes et je me refuse (elle me dégoûte, t'ai-je dit, avec quelque véhémence) à ce qui pourrait passer pour la voie du salut. Premier mythe : le « concept totalisant » (qu'il soit pris en sa forme pure ou à travers ses multiples déguisements). Second mythe : l'*ego* itinérant, fondateur, omniregardant, omniprésent, omniparlant et, pour tout dire, omnidigérant : admirable constructeur de discours marginaux. Sur ces points il me semble peu utile d'insister ici. Quant à ma répugnance à l'égard de la « voie du salut » (je veux dire l'empirisme) elle doit (du moins je le soupçonne) s'expliquer par l'écart qu'il m'a été donné de constater entre les exigences qui lui sont propres et les caractères spécifiques des objets idéaux dont j'ai dû principalement m'occuper. Pour l'essentiel ces exigences sont analytiques et réductrices. Les lourdes et complexes machineries théoriques sont pulvérisées et le « produit » ainsi obtenu est rapporté à un lieu supposé d'origine radicale et incontournable : les « données », reconnaissables, dit-on, en ceci que parvenu en ce lieu plus rien, selon toute apparence, ne se laisse pulvériser. Ce qui m'inquiète (et je ne suis pas le

Un Destin philosophique

seul, il s'en faut) ce n'est pas seulement la perte de sens et de connexion (disons la perte de « structure ») dont on a ici à souffrir. C'est plutôt la question de savoir si ce lieu où on croit pouvoir trouver, pour un temps, le repos, n'est pas lui-même un construit — obtenu par décret. Une sorte de postulation d'arrêt. (L' « anagké stéra » fonctionnant à l'envers.) En bref la question se pose : n'est-ce pas à l'intérieur d'un champ théorique présupposé, non interrogé, mais dont les contraintes pèsent, que s'articulent et se fondent les démarches empiristes ? Ce qui me porte (et je le répète, je ne suis pas le seul) à penser que les *data* sont repérés et construits *ad hoc*. J'ajoute que la tâche redoutable de devoir, à partir de là, mettre en œuvre les procédures de construction de ce qui avait été pulvérisé (et il le faut, sinon à quoi bon l'empirisme ?) est des plus hasardeuses et à son tour peut-être productrice de mythes (cf. les difficultés rencontrées par Rudolf Carnap lorsqu'il a écrit *la Construction logique du monde*).

Il me paraît utile cependant de préciser un point. Qu'il soit impossible de remplir jusqu'au bout un programme empiriste, sans avoir à éprouver en route d'irrémédiables pertes de sens, la chose me paraît claire. Pourtant je n'hésiterai pas à prononcer, d'un certain point de vue, l'éloge de l'empirisme, du moins sous la forme extrêmement raffinée qu'il a prise aujourd'hui (chez certains Anglo-Saxons par exemple). Pourquoi ? En raison du caractère instructif de la performance qu'il entreprend de réaliser : obtenir le maximum avec le minimum d'hypothèses de départ. Même si l'entreprise n'aboutit pas, il importe pour la mettre en œuvre d'être extrêmement attentif aux procédures de construction et de définition des objets, d'éviter de multiplier les instances explicatives (ou interprétatives) inutiles, d'être toujours soucieux de formuler avec la plus grande précision les règles de formation des énon-

Réponse à la première lettre

cés susceptibles de présenter un sens : en bref de déployer au plus près de ce qui se dit un appareil de contrôle des formes et des connexions du discours. Si Hume a réveillé Kant du sommeil dogmatique, disons qu'aujourd'hui, en dépit de sa fondamentale lacune (absence de sol), l'empirisme raffiné des logiciens peut nous délivrer du pathos et des entraînements d'une rhétorique, d'autant plus efficace qu'elle est plus aveugle. Faire fonctionner sans pitié le rasoir d'Ockham, ce n'est pas une mauvaise chose, ni une mince entreprise. Appelons-la, si l'on veut, « toilette de la pensée ». Pourquoi devrions-nous nous résigner à garder la langue embarrassée et le teint brouillé ? Réduire la philosophie à cette entreprise de purgation, à cette catharsis du parler, serait la réduire au jeu futile d'une autorépression du sujet parlant. Mais il me semble qu'on ne peut en faire l'économie. Il faut traverser ce continent (ou ce désert) et passer ses frontières.

En cela, je le répète, je me tiens comme je te l'ai dit un jour pour un « homme des lumières ». Non pas au sens de la « philosophie des Lumières » avec les connotations qui, du fait de notre histoire européenne, s'attachent à ce nom (bien que ce point demande examen). Mais au sens qui me paraît se dégager aujourd'hui de la configuration philosophique où nous sommes et qui exige qu'il soit « fait lumière ». Pas de refuge dans le prêt-à-porter théorique, quels que soient son nom et son prestige historique (marxisme ou autre...). Mais tout au contraire (et à contre-courant) s'efforcer d'exténuer et d'épuiser en tout lieu (et fût-ce localement) les possibilités d'expression. Accomplir, sans trêve ni repos, l'épreuve des formations discursives, les ramener à leurs procédures, annuler, s'il se peut, les représentations mythiques et les images spéculaires que toujours y produit le « sujet » qui, ici, s'entend parler. Conduire tout cela au point critique, au point extrême,

Un Destin philosophique

au cœur muet auprès de quoi il sera temps, tout discours étant épuisé, d'apprendre enfin à penser ce qui, dans la forme du déjà dit, ne peut se dire (pour autant qu'il y ait encore lieu de parler...).

Voici qui me conduit à tes deux dernières questions — celles que tu tiens pour essentielles — et qui le sont en effet, puisqu'elles concernent les problèmes dits d'« origine ». Question préalable (et que je poserai à propos des mathématiques, puisque aussi bien c'est d'elles que j'ai pu dire : « Elles ne sont ni du ciel ni de la terre ») : de quoi convient-il de chercher l'origine ?

Si l'on part des théories bien constituées (les théories des espèces élaborées de structures propres à notre mathématique ; en gros structures algébriques, structures d'ordre, structures topologiques), on peut certes se poser et traiter le problème de leur genèse ; mais jamais, en cette recherche, on n'atteindra un point d'origine radicale. La raison en est que toute théorie renvoie toujours à un « état de théorie » dont elle a à assumer et à réeffectuer les concepts et les procédures — et cela, *in infinitum*. Bref jamais, à vouloir mener à bien une telle entreprise, on ne sortirs du mathématique. Les gestes (fussent-ils nommés « transcendantaux ») constitutifs d'une telle genèse se meuvent et sont appris dans un horizon toujours et sans cesse « intra-théorique » Bien entendu, il demeure possible dans une telle recherche de marquer des points d'arrêt, des nœuds de problèmes, que l'on désignera comme « origine » de telles ou telles exigences théoriques (ex. : certains problèmes de théorie des fonctions ont exigé, pour pouvoir être traités, la constitution de la théorie des ensembles de points et la définition des concepts topologiques qui lui sont liées). Mais il s'agit de « lieux d'origine » relatifs à tel édifice théorique et qui sont eux-mêmes produits à l'intérieur d'un champ

Réponse à la première lettre

théorique bien déterminé. Je tiens pour assuré qu'en partant des théories bien constituées, on n'obtiendra jamais plus que cela : des points d'origine produits dans un mouvement de constitution théorique déjà disponible. D'où ma conclusion (négative) : chercher l'origine radicale de ce que nous nommons « théories mathématiques » est un projet, au sens propre, absurde, c'est-à-dire fondamentalement incompatible avec le mouvement (qui se laisse repérer et articuler) constitutif des théories elles-mêmes. Ce n'est donc pas pour elles que je poserai le problème d'origine qui ici te fait souci.

Il y aurait cependant de ma part aveuglement (ou au moins mauvaise foi) à ne pas m'inquiéter du discours que je viens de tenir et à passer outre, sans autre examen. Il me faut m'interroger ici sur l'étrange statut du « mathématique », toujours intérieur à lui-même, au point de repousser comme absurde l'idée de *sa* propre et radicale origine. N'est-ce pas l'usage inconsidéré du possessif « *son origine* » qui fait ici problème ? N'est-ce pas une *autre origine*, qui n'est nullement celle du « mathématique » au sens où, nous autres, êtres historiques et cultivés, avons appris à le pratiquer, dont il est ici question ? Ce que nous cherchions sous le nom d'« origine radicale des édiffices théoriques », et qui fuyait à l'infini sous nos pas, n'est-il pas le déguisement d'autre chose — profondément enfoui au cœur de notre expérience, et qu'il nous faudrait (toute théorie mise à part, fût-elle mathématique) tenter de réveiller ?

Remarquons que la mathématique n'est pas, il s'en faut, la seule structure d'expérience à n'être repérable que de l'intérieur d'elle-même. Il en va ainsi du langage, de ce que nous nommons « pensée » — et aussi du temps. — Le cas du temps est particulièrement instructif pour notre propos. En chercher l'origine radicale, qu'est-ce que cela veut dire, s'il est vrai qu'on

Un Destin philosophique

n'échappe jamais à la forme (au moins) de sa manifestation ? Quelque chose d'autre est cherché et a toujours été cherché sous ce nom : une structure ultime, ou du sujet ou du monde ou de leur médiation, en vertu de quoi seulement il pourrait être dit : « Il y a ce qui toujours est, à savoir du temps. » La mise en œuvre de ce genre de questions, à propos du temps, n'entrave en rien la recherche de la genèse (transcendantale au besoin) des formes différenciées de représentation du temps, ni la description des modalités de l'expérience d'être au temps (dont il faut dire qu'en général la philosophie, aujourd'hui, se contente). Tout ceci pour dire que lorsque nous cherchons quelque source où articuler ce qui pour nous ne se manifeste sans cesse que de l'intérieur de soi-même, ce n'est jamais la chose qui se manifeste ainsi qui suffit à nous conduire à la source — mais il y faut autre chose, dont la chose même qui est en question porte la marque ou l'indication.

Or voici qu'à ce point se présente à moi le souvenir d'un étrange et très vieux discours. Celui de Plotin au chapitre XI de la troisième partie de sa septième Ennéade. Ayant déjà parlé de l'éternel et montré ce que le temps n'est pas, il se pose la question de chercher ce qu'il est et d'où il vient, s'il est vrai que l'éternité ne le comporte pas. Nous pourrions, dit-il, interroger les Muses sur ce point. Mais il n'y a pas de Muses dans l'éternel : nul ne récitera jamais l'éternité puisqu'il n'y a de récit que de ce qui supporte la mémoire et le temps. Cependant il nous faut parler du temps et de son avènement. Qui parlera ? Qui devrons-nous interroger ? A cela Plotin répond : interrogeons le temps lui-même et, lui donnant la parole, écoutons ce qu'il a à dire de son surgissement et de sa propre manière d'être. Il dira qu'il était là, dans le repos de l'être, tout ramassé selon l'Unité, « n'étant pas temps ». Mais quelque nature inquiète et affairée, secret habitant de

Réponse à la première lettre

l'Unité, l'a mis en mouvement, en se mouvant elle-même à la mesure de son souci.

Ce discours de Plotin est-il à ce point étrange qu'il faille le rejeter loin de nous comme une parole exotique et à jamais abolie ? Nullement, je le crois du moins (toutes muses écartées). Il me semble nous apprendre quelque chose : qu'il est parlé du temps selon le temps et selon son autre et qu'il porte la marque de cet autre, au plus profond de la parole qui le dit, au cœur de ce qui se manifeste, maintenant, en un inévitable intérieur, celui du temps lui-même qui est là.

Ce discours nous apprend encore autre chose et qui concerne au plus près le sens de ce que nous nommons « origine » et la façon dont il est possible d'en parler. Ce qui se manifeste là, en sa forme propre (temporalité — langage — ou mathématique — peu importe pour l'instant), et à quoi nous n'échappons pas, se trouve pour ainsi dire déplacé à l'intérieur de soi-même, au point que, depuis le lieu de la manifestation, il en est parlé sur le mode du non-être, je veux dire de son propre non-être (le temps parle de lui-même comme un non- temps). Encore faut-il que ce qui est là dans le poids de sa présence porte la marque essentielle de son « n'être pas ce qu'il est ». C'est là, à mes yeux, ce qui, de l'intérieur de la manifestation, se laisse reconnaître comme chemin vers la question de l'origine : articuler toute présence à son essentiel non-être.

Voilà qui est bien trivial, me diras-tu. Et en un sens tu serais fondé à le dire. Des plantes, des animaux, de la terre et du ciel, nous parlons comme de ce qui est advenu. Mais nous en parlons selon le monde qui est plein. Et selon cette plénitude le non-être de ceci se désigne comme l'être d'autre chose. En ce lieu du monde, il n'est pas d'origine radicale. Il reste cependant que s'y indique toujours l'exigence d'avoir à repérer le moment (nommé « ce à partir de quoi ») où s'annonce, pour tout ce qui se manifeste, le point d'articulation de son « être un ceci » et de son « n'être pas ». En quoi nous ne cessons, sur ce point du moins, de répéter Aristote.

Distinguons cependant « être assigné au monde selon le cours des choses » et « être présent au monde selon le langage et le temps ». Et, fidèles en cela à la leçon de Kant, accordons aux modalités irrécusables de la forme de présence à... un privilège transcendantal minimal. Cela veut dire au fond : défions-nous de ce que nous nommons « cours des choses » et « plénitude du monde ». Reconnaissons plutôt que ce que nous repérons comme forme de notre présence au monde ne peut simplement s'épuiser dans la simple indication de son avènement au sein de cette plénitude. C'est bien le contraire qui se manifeste : c'est selon la présence à, et conformément à ce qui s'indique en elle, qu'est reconnu quelque chose comme un « cours du monde », et qu'il est parlé de lui. (Demandons-nous, par exemple : « D'où savons-nous que nous sommes nés ? ») Nous voici en présence d'une sorte d' « originel ». Or c'est lui précisément qu'il importe d'interroger à son tour sur son « origine ». C'est-à-dire le rapporter à ce qu'il indique de son essentiel non-être — ou du moins de tenter l'épreuve. Ajournons pour le moment cette recherche, et demandons-nous en quoi ce qui vient d'être dit concerne ce qui nous occupe : les mathématiques (qui ne sont « ni du ciel ni de la terre » — c'est-à-dire ni « divines » ni « empiriques »).

Retenons l'étrange situation où nous sommes.

1. Selon le « cours du monde », le point d'origine des mathématiques fuit à l'infini (ou du moins s'estompe, comme on dit, dans la « nuit des temps »). Nous n'arrivons jamais qu'à des « états de théorie » — si embryonnaires soient-ils — et nous les reconnaissons, depuis « aujourd'hui », comme tels, c'est-à-dire comme

Réponse à la première lettre

« mathématiques ». A cela rien de fondamentalement inquiétant, pour autant du moins que nous tenons pour acquis le sens de l'expression « cours du monde » (qui seul nous autorise à parler de « mathématiques indiennes », de « mathématiques grecques » ou du système de numération propre à telle ou telle culture). Conclusion : nous nous mouvons toujours au sein du « déjà mathématique ».

2. Selon ce que j'ai nommé « *aujourd'hui* » et qu'il nous faut désigner en son sens propre (effectuation des propriétés d'objets, dans le champ d'une théorie mathématique au moins), nous n'échappons pas non plus au domaine intra-théorique. Conclusion : la recherche *d'origine* paraît se dévoiler comme « absurde ». Le « passage » du non-mathématique au mathématique ne se laisse pas voir de l'intérieur des mathématiques elles-mêmes. Quant à demeurer à l'extérieur et à les voir selon le « cours du monde », leur point d'origine échappe tout autant. Sauf à forger des mythes, nous ne parlerons donc pas de « passage au mathématique ».

3. Nous voici sur la corde raide puisque, nous l'avons reconnu, de ce qui se manifeste là, il y a aussi essentiellement non-être, et cela au moins sous cette forme : « n'être pas autrement ». En ce sens il n'est pas de chose manifeste qui ne porte quelque marque d'origine, c'est-à-dire l'indication d'un rapport constitutif à ce qu'elle repousse d'elle-même pour paraître et subsister (fût-ce le temps d'un éclair) en sa manifestation. Déceler un rapport ce n'est pas se référer à quelque « devenir autre » qui prendrait place dans le « cours des choses », et assister en cela à l'inassignable moment du passage. N'est-ce pas plutôt, avant tout devenir, saisir le *fait d'être* de la différence qui est là ?

Or en ce qui concerne la mathématique qui est là disponible, en son perpétuel aujourd'hui, en la conne-

Un Destin philosophique

xion de ses différences constitutives, qu'avons-nous à dire de ce qui se trouve repoussé pour qu'elle subsiste en sa différence, persévérante et entêtée en ses manifestations ? Cela d'où elle provient sans cesse (comme l'endroit de quelque envers) faut-il le maintenir, comme elle le fait pour n'être pas autrement qu'elle est, soigneusement caché et le laisser silencieux ? Ne convient-il pas au contraire de chercher au sens propre à le découvrir ? Je crois qu'il le faudrait. Sans illusions cependant. Car jamais, à jouer ce jeu (chercher la marque d'origine, l'altérité repoussée), nous n'assistons à la moindre naissance, ni à la moindre genèse. La seule chose que nous pouvons ici espérer repérer est ce « dont il est question pour nous qui sommes présents au monde du fait que la mathématique y est coprésente ». Ainsi ce qui s'efface sous nos mots c'est bien ce que désigne l'expression « origine ». C'est un mauvais nom pour ce qui nous concerne ici, puisque au sens où il est requis que nous en parlions il ne signifie ni « commencement » ni « principe » (quand bien même on le voudrait absolu) ni moment de passage. Rien ne commence à vrai dire absolument : ni le savoir, ni la philosophie, ni la mathématique, ni même la parole. Il n'y a pas, pour rien, de moment inaugural. Mais que s'ouvre l'éclat du paraître et le voici qui refoule cette autre différence en quoi il se manifeste comme éclatant. Nommer cela « origine » et « originaire » n'est que le jeu de mots d'une conscience affairée qui vit et parle selon le cours des choses et ne peut s'en déprendre entièrement, ni consentir à le voir brisé. Je le conserverai cependant, ce nom, avec quelque humour comme on le ferait d'un abus de langage auquel un long usage nous a appris à nous résigner. Et pour marquer cette distance, j'y mettrai des guillemets. Formulons donc encore une fois le problème d' « origine » : *chercher ce dont il est question, pour nous qui sommes présents au*

Réponse à la première lettre

monde, du fait que la mathématique y est coprésente.

A cela je t'ai répondu une fois, fort brutalement je crois, et sans avoir vraiment élaboré la chose : « C'est de notre corporéité qu'il est question. » Maintenant que j'y repense, il me semble l'avoir dit spontanément avec la forte conviction qu'il m'était impossible de dire autre chose, comme ferait quelqu'un qui, ayant essayé bien des chemins, et se trouvant à la fin confronté au dernier qui s'offre, ne peut, pour continuer sa route, que tenter de s'y engager, même s'il ne sait d'avance où cela le conduit. Les motifs de ma réponse étaient donc proprement négatifs ; elle signifiait : « Je ne vois pas de quoi il peut être question ici, sinon de cela, que nous sommes : " notre corporéité ". »

Toute la difficulté, nous le soupçonnons, vient ici du sens que nous devons donner au possessif « notre ». Je dis bien « nous devons », s'il est vrai que le premier moment, au moins, de la réponse (l'ouverture du chemin où peut-être nous nous égarerons) doit s'articuler sur la nature de la question posée.

C'est pourquoi je la répète encore, en m'attardant un peu aux termes qu'elle rassemble. *Premier point* : que veut dire « question », dans l'expression « ce dont il est question » ? Bien entendu il ne s'agit nullement de ce que nous nommons « objet » (dans le cas présent : « nombre », « système de numération », « structures d'espaces », « procédures de mesure », etc.), mais de bien autre chose : à savoir ce qui est concerné et cependant refoulé pour que soit maintenue et reproduite la *différence* propre au « mathématique ». C'est-à-dire *au moins* (et « au moins » veut dire ici : « même pour les formes de mathématique que nous considérons aujourd'hui, du point de vue historique, comme non " théoriques " au sens grec du mot, la codification des procédu-

Un Destin philosophique

res propres à produire pour la question " combien " ?, par exemple (mais elle n'est pas la seule), une réponse exacte. (Cf. par exemple les problèmes traités dans l'arithmétique des Égyptiens.) Cela veut dire que, jamais, quoi que nous puissions entendre sous ce nom : « notre corporéité », nous ne parviendrons à y lire du « mathématique ». Ce que je dis ici n'a d'autre intérêt que de bien baliser mon chemin en indiquant au moins ce que je ne saurais chercher.

Deuxième point : « pour nous qui sommes présents au monde ». « Nous », qu'est-ce que cela veut dire, s'il faut que ce « nous » soit articulé sur le mode d'une « présence à... » ? Faut-il raffiner ici, à l'infini, à la manière husserlienne (cf. la dernière des *Méditations cartésiennes* ? Il faut raffiner, mais juste un peu : le temps de briser ce miroir où nous feignons de voir ce que précisément nous nommons « cours du monde », et à quoi ici, si massive que paraisse notre certitude, il importe de ne pas nous abandonner simplement. « Nous présents au monde. » Que penser sous ce « nous » ? « Toi et moi » certes qui parlons maintenant. Mais aussi, dans une médiation circulaire indéchirable, le toi qui est comme moi — et qui parle en moi puisque je t'écoute — et le moi — qui est comme toi puisque nous nous parlons. Et quand bien même nous ne parlerions pas ? D'où pourrais-je tirer cette certitude où je me tiens sans cesse que toi — qui n'es pas moi en ta singularité — te trouves présent au monde comme j'y suis moi-même ? Est-ce du savoir que j'ai de toi ? Je peux nommer ton père, et ton lieu de naissance, et bien autre chose encore qui te concerne — mais voilà cela te concerne. Et que cela (qui est le monde) te concerne, aucun événement dans le monde ne pourrait me l'apprendre, si déjà le fait irrécusable et brutal de ta seule présence au monde ne portait l'indication de la mienne, et ne s'y articulait sur le mode d'une copré-

Réponse à la première lettre

sence — que je nommerai « notre ». Même si je ne savais ni ton nom ni ton lieu, ne t'ayant rencontré qu'une fois, sans geste ni parole, sans échange, furtif au détour d'une rue, je ne t'en verrais pas moins (et selon ma propre présence au monde), le temps de cet éclair, concerné par la rue comme je le suis moi-même, du point où toi tu te serais trouvé (marchant, regardant, te penchant, bref, *en posture* au monde où je suis présent moi-même). « Toi » et « moi » nous voici donc comme deux figures de cette indéchirable circularité du soi et de l'autre par laquelle toute présence au monde est coprésence et se désigne comme un « nous ».

Voilà qui est trivial, certes. Mais il convient de répéter la trivialité en s'installant au lieu où elle se manifeste et en s'efforçant de le discerner tel qu'il se montre : sans importations ni adjonctions. Ici gardons-nous (sous peine de changer de terrain) d'adjoindre, au « nous » qui se montre en sa nudité, le lourd vêtement de la culture, des savoirs et de l'histoire. Ne nous hâtons pas de charger le « nous » qui montre ici son nez de tout ce que nous savons des hommes. Retenons-nous même de dire : « Voilà l'homme. » Nous n'avons d'autre droit ici que d'énoncer : « Présent au monde veut dire : coprésent dans une incontournable circularité de présence à l'autre. » Mais la question se pose alors (et je l'ajourne parce qu'elle ne concerne pas directement ce qui nous occupe à l'instant) : qu'est-il possible de dire du monde si l'on s'en tient au champ de ce qui se manifeste et s'ouvre selon cette seule coprésence ? Sur ce point nous reviendrons lorsqu'il sera temps de parler de « notre corporéité ». Ce qui pourrait se dégager là est quelque chose comme une « esthétique » au sens que nous tenons de Kant (répété, bien sûr, et toute « géométrie » mise hors circuit).

Troisième point : « du fait que la mathématique y est coprésente ». Ici il nous faut marcher à pattes de

Un Destin philosophique

velours et nous demander : « nous être coprésente » qu'est-ce que cela veut dire quand il s'agit de cette énorme machinerie nommée « mathématique » ? Pouvons-nous dire que la mathématique nous est « coprésente » au sens où toi et moi sommes coprésents au sein de notre présence *propre* au monde ? A cela je ferai une réponse de Normand. D'une certaine façon « oui », de l'autre « non ». Toute la difficulté tient au mode d'articulation de ce « oui » et de ce « non ». « Oui » puisque les mathématiques nous sont coprésentes à la manière dont le sont les formations culturelles, que nous nommons des « œuvres ». Soit, par exemple, ta Basilique, celle de Vézelay où tu vas chaque jour, peut-être. Que tu la retrouves en toute occasion, voilà qui l'inscrit dans l'ordre des choses, où elle demeure en son unité. Mais elle n'y demeure pas comme un objet que tu peux simplement, l'ayant désigné par son nom, abandonner à son sort. Elle y demeure comme une présence qui s'adresse à toi et qui exige, pour subsister, de ta part aussi un certain mode de présence. Elle appelle l'enchaînement approprié des gestuels qui la dévoilent en son maintien. Et l'unité qu'elle manifeste ainsi te rassemble devant elle. Elle te parle, comme on dit (et la métaphore usuelle est ici loin d'être insignifiante). En sa silencieuse présence elle donne à déchiffrer, en son seul paraître, les indices de son propre enracinement au lieu où tu la vois. Et si tu demeures sourd à cette demande, elle n'est plus rien qu'un assemblage de pierres. Coprésente au monde où nous sommes, elle ne peut l'être donc qu'en tant qu'elle porte au jour, de notre part, le mode de présence qu'elle appelle. Un triple domaine de synthèse se constitue ici :

1. L'organisation temporelle et stratifiée (traditionalisée dans la pierre) des indices d'enracinement : ce qui, portant la marque de la main, renvoie au temps propre

Réponse à la première lettre

et vivant, qui fut présent, où la basilique fut portée au jour, et aux morts aussi qui, en ce même lieu où nous pouvons être, quelque jour y ont eu affaire comme nous. En ce domaine ce que nous désignons comme « synthèse » se révèle comme un procès essentiellement passif relativement à la forme de *notre* présence : il s'indique au cœur de la transcendance du monde, selon le temps de l'autre. D'une manière plus triviale nous disons que la basilique a pris naissance et nous en reconnaissons la marque ; mais cette marque est encore celle d'une « présence à... ».

2. Le domaine d'organisation du gestuel de parcours : la prise en charge des accès et des vues (disons des perspectives) dans lesquelles la basilique s'offre, toujours autre, comme une et la même cependant, et porteuse du même poids d'existence et de passé — synthèse active ici en ceci qu'elle se constitue, au moins, en un perpétuel déplacement du regard. Domaine à double couche ou, si l'on préfère, articulé selon un double horizon : a) l'horizon temporel, ouvert sur la transcendance du monde, et dans lequel le regard se déplace ; b) l'horizon du champ perceptif, du champ de présence de la chose qui est là pour le corps propre. Ces deux couches elles-mêmes articulées en un domaine un dans lequel précisément se donne à déchiffrer le sens de ce qui se maintient là.

3. Le domaine des synthèses de *recouvrement* (« recouvrement » renvoie ici non à « *recouvrir* » mais à « *recouvrer* », comme lorsqu'on dit qu'on « a recouvré la santé «) par lesquelles se constitue et se reconstitue sans cesse l'unité de ta (de notre) présence à ce qui demeure là, un, avec tout son poids d'existence. Ce que j'ai nommé plus haut « rassemblement devant... ». C'est seulement en ce moment de synthèse par laquelle ce qui est rassemblé là, devant toi, exige que tu t'y rassembles, que tu peux, du moins je le soupçonne, toi qui es

Un Destin philosophique

chrétien, en arriver à penser et à dire : en cette pierre il y a aussi quelque chose qui regarde le Christ. Synthèse active essentiellement et qui se constitue entièrement dans l'immanence des modalités de ta présence à..., bien qu'elle concerne fondamentalement la transcendance de la chose — saisie dans l'enchaînement de ses « paraître » (*erscheinugen*, comme dit l'autre). C'est pourquoi je l'ai nommée aussi « synthèse de recouvrement », pour marquer que les manifestations de synthèse passive sont réanimées selon l'exigence d'avoir à nous trouver ici, toujours et sans cesse, rassemblés.

Quant à la question de savoir comment s'articulent les trois domaines que nous venons de discerner, et s'il convient d'y chercher quelque « originaire », il vaut mieux pour l'instant l'ajourner, pour revenir à notre problème. Les mathématiques, comme formation culturelle, peuvent-elles être dites coprésentes, selon les modalités que nous venons d'indiquer ? A cela je répondrai sans hésitation « oui », à condition d'ajouter : d'une manière spécifique de ce qui constitue leur « paraître », qui n'est pas de l'ordre de ce que nous nommons les « choses ». Je ne peux pas développer longuement ce point, dont l'examen a été précisément l'objet des *Idéalités mathématiques* : montrer et déployer les modalités du « coprésence », du « théorème » et de la « théorie ». Je me contenterai seulement d'un exemple, pour rendre sensible la manière spécifique dont les trois modalités de synthèse que nous venons de distinguer s'articulent, lorsqu'il est question de mathématique.

Supposons donc que je lise, aujourd'hui, les *Éléments* d'Euclide. Les lire veut dire « me rendre présentes les procédures qui y sont effectuées ». Et me les « rendre présentes » veut dire les « réeffectuer moi-même ». C'est ce qui distingue fondamentalement la « coprésence » de Vézelay de la « coprésence » d'Eu-

Réponse à la première lettre

clide. Nul, s'il n'est fou (mais pourquoi ne le serait-il pss ?), n'exigerait que, pour que tu demeures présent à la basilique, tu te donnes la tâche d'en reconstruire une réplique. Bien au contraire : c'est seulement en tant qu'elle demeure là, dans son épaisseur propre, qu'elle exige, comme on l'a dit, que tu aies à te rassembler là devant. Il en va autrement ici : nul ne se rendra jamais présent à Euclide s'il ne le recommence. Et pourtant la demande qui vient ici depuis le texte mathématique exige que quiconque a affaire à lui se trouve, de ce fait, sans cesse rassemblé devant l'enchaînement des énoncés et des procédures : rassemblé en ceci que pour peu qu'il s'en absente, ils ne vivent plus. Encore faut-il qu'eux-mêmes se rassemblent pour que sans cesse il les retrouve, aujourd'hui et demain, comme ce devant quoi il a à se trouver rassemblé, pour qu'ils vivent à nouveau. Retrouverons-nous ici les trois espèces de domaines de synthèse discernées plus haut ? Oui, il me semble :

1. D'abord la synthèse des indices d'enracinement — qui se donnent à déchiffrer dans la connexion des contextes qui manifestent ce que nous nommons les *Éléments*. De même que, dans l'exemple précédent, « l'avoir été présent » de la basilique se donnait à lire dans la pierre, ici il se donne à lire dans l'ordonnance des mots qui constituent les énoncés, des mots grecs : *grammè* (ligne), *euthéia* (droite), *séméion* (point), etc. En lisant de tels mots et en les référant à leur contexte, je ne peux faire autrement que d'en réaliser le sens en puisant dans un domaine d'intuition dont je saisis qu'il a dû aussi, au moins en l'une de ces couches, être également disponible pour le rédacteur des *Éléments*. A tel point que, si je comprends le sens de *grammè*, *euthéia*, etc., je présuppose par là même la donnée d'un domaine qui fut présent à Euclide dans le style même ou il est présent pour moi — et où il était possible

Un Destin philosophique

d'être concerné par des *droites*, des *points*... Si je ne suppose pas déjà constitué (et c'est en cela que j'ai nommé « passive » cette espèce de synthèse) le champ où se manifeste cette affinité depuis moi qui lis vers l'Euclide qui fut vivant, les *Éléments* restent à jamais, comme on dit, « lettre morte ». Imaginons par exemple que quelqu'un me dise : « Les *Éléments* d'Euclide ont en fait été écrits par une araignée géante. » Il n'y a aucune contradiction *logique* entre le concept d'araignée et celui d'écriture. Pourtant je ne croirai pas un mot de ce que cette phrase énonce. Et en admettant que mon interlocuteur ait donné par ailleurs des preuves de ce qu'on nomme ordinairement « bon sens », je prendrai à son énoncé un intérêt, mettons ethnologique, ou psychanalytique. Jamais je ne me poserai (moi lecteur d'Euclide) la question de savoir si cet énoncé est vrai ou faux. Mais je me demanderai plutôt ce que peut bien signifier pour mon interlocuteur ce nom « araignée » — bien persuadé, d'une manière pour ainsi dire constitutionnelle, qu'une araignée et moi ne pouvons pas puiser aux mêmes sources le sens des mots *grecs* qui désignent ce que nous nommons *droites, points, plans*, etc. Et si je parle ici d'araignée, c'est parce qu'elle passe pour « géomètre » : elle fabrique de belles surfaces. Ce dans quoi nous puisons, comme en un domaine préconstitué, cette communauté de sens et dans quoi il nous est toujours donné de la vérifier, en nous référant à lui comme à une source d'intuitions sans cesse disponible : telle est ici la manière dont se manifeste ce que j'ai nommé « champ de synthèse des indices d'enracinement ». C'est seulement selon cette référence que nous pouvons nous dire « présents » à Archimède, à Euler ou à Cantor — et à d'autres aussi qui sont nos contemporains —, parler de « fonction continue » au sens d'Euler, d'« ensemble » au sens de Cantor, etc., en bref nous manifester présents au

Réponse à la première lettre

champ mathématique à la façon dont ils le furent eux-mêmes. Remarquons au passage que c'est par référence à un domaine de même espèce (mais d'une autre contexture et d'une autre épaisseur) qu'il nous est permis de parler de « substance au sens de Spinoza », de « jugement au sens de Kant », de « concept au sens de Hegel », etc. Peut-être aurons-nous plus tard l'occasion d'examiner plus à loisir ce point — comment se constitue le champ intersubjectif et transtemporel de la communauté philosophante.

2. Le domaine d'organisation du « gestuel de parcours » qui, dans le cas présent, se constitue et se reconstitue sans cesse en un enchaînement d'actes de statut mimétique, par le moyen desquels les régions d'énoncés sont remises en mouvement. Ainsi s'effectue la mise en perspective des complexes de contextes en quoi consistent les *Éléments*. Dans ce mouvement d'effectuation, le lecteur d'Euclide devient lui-même mathématicien à la manière d'Euclide, articulant les unes dans les autres les vues qu'il en prend sans cesse, s'efforçant par là de se rendre présents (sans y parvenir toujours) les objets mêmes et les procédures de « l'Euclide vivant » (qui ne vit donc, comme plus haut la basilique, que dans l'enchaînement de ces gestes de synthèse active). Par exemple supposons que je lise cette fameuse définition de la ligne droite, « celle qui repose *(keitai) également (ex isou)* sur chacun de ses points ». Comprendre cette définition cela veut dire deux choses : *a)* Tenter de produire moi-même une procédure idéale et voir si l'objet que je produis ainsi est conforme à la propriété énoncée par Euclide. Ce qui exige que je reprenne et réanime le domaine des synthèses passives des « indices d'enracinement ». Il me faut en effet retrouver « ce qu'Euclide avait eu dans la tête », et le repérer, en puisant en ce champ intuitif préconstitué où s'offrent les communautés de sens,

Un Destin philosophique

comme étant l'objet même que l'énoncé que je lis me contraint de me représenter. Je me demanderai donc : « qu'a bien pu penser Euclide sous ces mots : "*ex isou*". Une égalité de distance ? Une uniformité de direction ? Quoi d'autre encore ? De toute manière il me faudra réanimer le champ intuitif dont je pose qu'il a été le sien — et où les expressions « distance », « direction » ont offert un sens pour lui. *b)* S'efforcer d'effectuer le contenu de la définition dans la connexion des contextes où elle est utilisée. Je me demanderai alors : que puis-je tirer de cette définition en vue de produire des démonstrations ? Si je tente ainsi de la mettre en œuvre, ce ne sont plus seulement les synthèses passives (dites d'indices d'enracinement) qu'il me faut réanimer, mais davantage les systèmes d'énoncés explicites pris dans le mode de constitution du domaine théorique auquel ils appartiennent, et cela conformément à sa forme (celle du système déductif.) Je ne tarderai pas dès lors à voir que la « définition » proposée ne sert strictement à rien — qu'elle demeure inerte du point de vue des démonstrations... et qu'Euclide utilise toujours en ce cas une autre propriété de la droite (énoncée comme postulat) : « Je demande que par deux points on puisse mener une droite et une seule. » Je pourrai alors me poser la question de la motivation de cette substitution de propriété. Il me faudra alors de nouveau remettre en œuvre les enchaînements démonstratifs, les refaire librement selon les indications que renferment les contraintes théoriques du texte euclidien. Ainsi, moi lecteur, j'ai à me déplacer continuellement au sein du domaine des sens effectuables conformément au style théorique et aux exigences de détermination d'objets que contiennent les enchaînements de contextes qui me sont, chaque fois, livrés. C'est dans l'effectuation de ces gestuels enchaînés que

Réponse à la première lettre

je vérifie la coprésence d'Euclide au champ d'expérience mathématique où je suis moi-même présent.

3. Encore faut-il que je puisse m'y vérifier présent, et cela au premier regard et une fois pour toutes. De même que, dans notre précédent exemple, tu te trouvais toi rassemblé comme chrétien devant la basilique présente (et en cela elle parvenait pour toi à sa pleine coprésence). De même ici : le texte mathématique s'efface si son lecteur n'y est rassemblé et désigné en ce rassemblement comme « mathématisant » — et cela au point même où il se trouve. Cela veut dire qu'Euclide ne demeurera jamais disponible pour moi aujourd'hui si je ne suis pas capable d'effectuer sans cesse *dans l'immanence* les procédures dont son texte porte l'indication. Sans cela je serais dans la situation de quelqu'un qui ne pourrait parler qu'en cherchant, à chaque instant, ses mots dans un répertoire — qui contiendrait tous les mots de la langue avec leur mode d'emploi. Dirions-nous de lui qu'il est présent à soi-même et à la langue comme sujet parlant ? Non, de toute évidence. Il en va de même ici. Il me faut effectuer les procédures dans l'immanence : c'est-à-dire les ressaisir en leurs phases constitutives en tant qu'elles me permettent de disposer toujours, les yeux fermés, et dans un champ d'effectuation qui m'est proprement livré en personne, des objets qu'elles construisent et des enchaînements de propriétés qui les concernent. Synthèse active et que je nomme de « recouvrement », en ceci que les domaines préconstitués dans les champs de synthèse passive se trouvent ici, pour ainsi dire, arrachés à leur sol, ramenés aux champs intuitifs et mathématiques où ils valent pour moi et où, sans cesse, je pense à nouveau les retrouver disponibles comme mathématicien actif. Champs essentiellement anonymes dans la connexion desquels je peux seulement faire l'épreuve de ce que les *Éléments* me livrent, m'as-

Un Destin philosophique

surer que je démontre précisément ce qu'Euclide a démontré, ou me donner la tâche de démontrer ce qui n'est pas démontré : marquer les inachèvements, les problèmes, les manques à voir. Ce qui est *écrit*, le texte, est pris ici par la médiation d'un champ théorique que je peux construire selon les exigences de ma propre pratique mathématique et dont ce texte ne me donne que la simple indication Métaphoriquement on exprime cela en parlant d' « intériorisation ». Mais bien sûr ce n'est là qu'une façon de parler. On ne peut pas plus s'intérioriser Euclide qu'on ne s'intériorise la basilique de Vézelay... Simplement on se trouve (d'une manière spécifique de ce qui est présenté) rassemblé devant ce qui se présente et pour lui. Ici c'est l'organisation des sens effectuables dans lesquels s'engendre un texte mathématique qui est tenue dans la puissance (les possibilités d'effectuation) et qui se tient devant. Que devient alors le texte qui avait été livré ? Un simple exemple de ce qu'un mathématicien peut faire — et qu'il appartient à tout autre de refaire.

Que les trois domaines que nous venons de distinguer (le troisième se constituant dans l' immanence à qui se tient présent à...) s'articulent en une connexion indéchirable, c'est ce qui demanderait à être élucidé. Mais laissons pour l'instant ce problème. Et concluons simplement sur le point qui nous intéresse et qui était le suivant : que veut dire (dans la formulation de notre question dite « d'origine ») l'expression : « les mathématiques nous sont coprésentes » ? Le sont-elles à la manière où toi et moi sommes dits coprésents ? A cette question j'ai bien répondu *oui* : elles le sont sur le mode de la relation indéchirable et circulaire du Soi et de l'Autre. Dans la connexion des trois domaines de synthèse qui nous permettent d'en disposer — là où elles se montrent (sur le mode de « l'Euclide qui demeure vivant pour moi »). Mais au même moment où

Réponse à la première lettre

je réponds « *oui* », me voici contraint (et en vertu du même « paraître ») de répondre « *non* ». Cela déjà l'exemple de la basilique nous portait à le soupçonner ce que j'ai nommé « synthèse de recouvrement », produite dans l'immanence des purs « paraître », concernant la « chose qui est là », dans sa transcendance (son altérité propre et radicale à quoi se rapportent sans cesse toutes les mises en perspective et tous les sens assumés). Autrement dit la « coprésence » de ce qui s'offre sur le mode de la *chose* est déjà *médiée* selon un mode de coprésence donné en propre : ce « nous » qui l'habite et qui s'offre pour être déchiffré. Ici se présente une relation analogue à ceci près qu'il n'y est plus question de transcendance sur le mode de la chose, mais d'objets idéaux et d'énoncés les concernant, ainsi que de valeurs idéales convenant à ces énoncés (vrai, faux, démontrable...). Il en résulte que ce que nous nommons « mathématique » ne peut être coprésent « comme formation culturelle » (dans l'unité des trois domaines que nous avons distingués) qu'à la condition de l'avoir été et de le demeurer sur le mode de l'idéalité. Cela veut dire que les synthèses de recouvrement par lesquelles, seulement, moi, lecteur des *Éléments*, me rends présent ce qui y est effectué, ont à constituer (dans l'anonymat et le déracinement, et cependant dans l'immanence) l'idéalité même (le théorème) qui est ici l'objet. « *Anonymat* » dans la mesure où, si ce qui est à constituer c'est le « théorème », le nom d'« Euclide » ne désigne nullement l'Euclide historique, qui s'estompe ici dans un horizon indifférent. Ce qui est désigné par ce nom c'est, pour ainsi dire, l'*alter ego* mathématicien quelconque, dont je ne peux même pas dire qu'il est « moi ». *Déracinement* du même coup : au sein des formes produites en cette synthèse de recouvrement les « indices d'enracinement », les « champs d'intuition propres » auxquels il me fallait me référer

341

Un Destin philosophique

sans cesse pour m'assurer qu'il s'agissait bien ici d'Euclide, tout cela passe dans l'horizon implicite, refoulé, stratifié, impensé. *Dans l'immanence cependant en ceci :* tout ce qu'exige l'effectuation de l'idéalité doit être opéré au plus près de ce qu'elle manifeste en propre, dans le champ des évidences enchaînées qui lui sont spécifiques, et cela (ce qui est le cas en mathématiques) selon toute la complexité des connexions et des modes de composition des objets qu'elle unifie.

Je ne veux pas poursuivre plus loin mon discours sur ce point. Mon seul but était de rendre clair le sens de la question que nous posions en commençant et que nous pouvons maintenant formuler d'une manière plus complète. Que la mathématique nous soit coprésente au monde même où nous sommes coprésents cela veut dire :

1. Elle se donne dans l'indéchirable connexion du Soi et de l'Autre (dans une immanence au Soi — sans cesse médiée dans l'Autre — et la relation est circulaire).

2. Cette connexion se montre d'une manière spécifique comme *accès* au sens de l'idéalité posée au sein de la relation, nécessaire au maintien de l'idéalité, des trois domaines de synthèse que nous avons désignés. Quant à l'expression « ce qui est en question *du fait de* », nous savons qu'elle *ne peut signifier* « ce qui fait l'objet de », mais bien plutôt « ce qui est concerné mais non posé ». Que devient alors notre problème ? Ceci à peu près est-il possible de désigner quelque manière d'être qui se manifestant dans l'extrême proximité, comme radicalement autre relativement aux positions d'idéalité, soit telle cependant que, dans la production des objets idéaux et des formes de synthèse qui les concernent, il y aille précisément de son sort et son perpétuel enracinement ? C'est cette « manière d'être » que j'ai désignée comme notre « corporéité », bien persuadé qu'il m'incombe de fonder mon droit à user

Réponse à la première lettre

d'une telle désignation. Remarquons cependant que le contenu des analyses que nous avons esquissées plus haut, et qui concernent les modalités de coprésence de l'idéalité nous contraignent d'une certaine façon à chercher dans cette direction, puisqu'elles nous suggèrent que les idéalités mathématiques ne préexistent pas à leur construction, sous la forme explicite où elles sont effectivement définies et conservées avec leur statut transtemporel. Du moins on ne peut pas désigner le lieu (supposé intelligible) où elles se présenteraient ainsi, ni comme Entendement divin, ni comme éternelle forme (au sens platonicien). On ne le peut sans pratiquer le coup de force métaphysique qui consiste à hypostasier le construit, ce que, avec beaucoup d'autres depuis le vieil Aristote, je refuse avec la dernière énergie — motivé en cela, dans le cas présent, par la manière de paraître des objets qui ici nous concernent. Selon la même exigence, je refuse aussi les formes détournées et usées d'hypostase qui consisteraient à porter au compte d'une « conscience unitaire » ou d'un « sujet », voire du corps lui-même, la possibilité constitutive et préformée de produire l'idéalité dans la forme même où elle se manifeste. Bref nulle part, ni au ciel ni sur la terre, ne peut s'offrir, comme garantie suprême et producteur essentiel, un *mathématicien* éternel ni même, peut-être (mais la chose est à vérifier), sa racine.

Si nous refusons ces chemins, alors la voie qui s'offre est la plus étroite qui se puisse imaginer. Ce que nous nommons « idéalité » il nous faut tenter de le saisir en sa différence, à partir de son absolu non-être : la présence du monde au corps, pour cet « étant » que nous appelons « homme », qui n'est que corps, et j'ajouterai (mais cela est la simple manifestation de mon *état* d'athée) corps fondamentalement mortel, corps précaire. Remarquons encore que la question ici posée n'est pas. « Que doit être l'homme pour que la mathématique (et plus généralement les positions d'idéalité) soit possible ? » Une telle question est fondamentalement absurde, en ceci qu'elle se donne d'avance la forme de la réponse : au moins sous les espèces du concept encore vide d'un « originaire » (appelé « homme ») et qu'il faudrait déterminer en ses possibilités ultimes. Ce sont là des structures de problème héritées d'une longue tradition et qu'il importe de renverser entièrement. En ce qui nous concerne elle se renverse de la manière suivante : comment, de la seule précarité du corps mortel qui est là, peut se manifester son autre radical sous l'espèce de l'idéalité mathématique ? Je dis bien « se manifester », car dire « se produire », je ne m'en reconnais pas encore le droit.

Encore convient-il de rechercher d'abord à repérer d'où peut s'éclairer, pour le corps, la mortelle précarité de sa présence là. N'oublions pas qu'en nous posant cette question nous avons d'avance brisé le miroir du cours des choses où nous croyons lire la réponse, selon l'ordonnance reçue de nos *habitus* et de nos « savoirs ». Que Socrate soit mortel parce que tous les hommes le sont, oublions-le donc maintenant. Que nous ayons un corps parce qu'il y a des corps au monde, oublions-le à son tour. Et répétons plutôt la question, que nous avions plus haut ajournée, mais qu'il nous faut déployer maintenant : se reconnaître corps dans notre coprésence et selon ce qu'elle montre, qu'est-ce que cela veut dire et comment cela peut-il se dire ?

Voilà ce à quoi me contraint, en premier, la question que tu me poses — sur le « ni ciel ni terre » qui convient aux mathématiques. C'est vers ce que l'idéalité n'est pas (mais qu'elle manifeste comme son autre) qu'il faut d'abord tourner les yeux. Vers quelque menace peut-être, dont nous autres corps portons la marque, et qu'il a fallu contourner, pour persévérer dans la mortelle corporéité.

Réponse à la première lettre

Par là j'entrevois la manière dont je pourrais aborder ta quatrième question : « En quel originel ? » Corps, monde, langage doivent se donner dans l'unité circulaire d'une même coprésence (qui est nôtre). Ce qui importe ici, ce n'est pas de chercher un *au-delà*, dont il y aurait à parler comme d'un *lieu* de naissance. Ne convient-il pas plutôt de demeurer installé dans la circularité même et d'interpréter son indéchirable unité ? Si, en un sens faible il est vrai, nous convenons de nommer *a priori* ce qui ne supporte pas que nous lui assignions un acte de naissance, alors cette circularité (monde, langage, corps) se désigne d'elle- même comme l'indépassable *a priori* selon lequel nous vivons et parlons. Mais tout ceci demande examen.

POSTFACE
DE MAURICE CAVEING[1]

Il existe, sur le sens de l'ouvrage *Un Destin philosophique*, un témoignage de Jean-Toussaint Desanti lui-même postérieur de quinze ans à la parution de celui-ci. Il est inséré à la fin des *Mémoires* de Dominique Desanti où l'on peut lire ceci :
> « Comment une même personne peut-elle assumer pleinement ses choix initiaux – l'engagement dans les luttes antifascistes dès 1935, l'adhésion au PC en pleine guerre – alors que le tour qu'a pris le cours du monde l'a contrainte aujourd'hui à récuser une longue plage de son passé qui ne fut pourtant que l'avenir de ses choix ? Sur ce point j'ai tenté de m'expliquer voici plus de quinze ans en réponse à une demande de notre ami Maurice Clavel… publiée sous le titre *Un Destin philosophique*. Il n'y a pas lieu d'y revenir ici.[2] »

1. Les 12 et 13 mars 2004 s'est tenu, sous l'égide du Collège International de Philosophie, un colloque « La place de Jean-Toussaint Desanti dans la philosophie française » organisé par Didier Franck, Dominique Pradelle, Jean-Michel Salanskis et François-David Sebbah. Le texte qu'on va lire fait partie des Actes de ce Colloque qui sont à paraître. Nous remercions les organisations et l'édition des Actes d'avoir bien voulu en donner la primeur aux lecteurs de la nouvelle édition d'*Un Destin philosophique*.
2. *In* Dominique Desanti : *Ce que le siècle m'a dit, Mémoires*, Paris, Plon, 1997, p. 668.

Un Destin philosophique

Ce témoignage semble pouvoir nous autoriser à penser que le titre annonce moins la description du mouvement par lequel vient à un sujet la destinée d'être philosophe que celle d'un certain destin qu'un philosophe, en tant que tel, a pu rencontrer. Non point que ceci n'implique pas cela, bien au contraire. Il faut assurément qu'un sujet soit devenu philosophe pour qu'un certain événement – en l'occurrence l'appartenance au PC – survienne pour lui comme un destin spécifique, un destin de philosophe – chose impossible *mutatis mutandis* dans le cas du fraiseur sur métaux qui, lui, n'est jamais concerné en tant que tel, mais en tant que prolétaire ou ouvrier salarié. Mais il demeure que le but poursuivi par le livre est bien l'élucidation des processus par lesquels un sujet philosophe peut finalement se trouver captif d'un système idéologique, mythologique et dogmatique – la production d'une sorte de phénoménologie de l'« être-philosophe-stalinien ».

C'est pourquoi deux mouvements d'analyse se trouvent pour ainsi dire entrelacés au cours de l'ouvrage, l'un concernant le devenir-philosophe d'un « sujet », en l'occurrence l'auteur lui-même, l'autre les voies et moyens de l'accomplissement du destin qui devait être celui de la pensée du philosophe, à savoir d'être capturée au bénéfice de l'organisme stalinien, le PCF. C'est en raison de cet entrelacs que l'ouvrage se développe en trois moments.

Dans le premier il est montré comment peut se constituer, à partir de la mise en connexion de relations symboliques, une structure stable et capable de « capturer » les chaînes symboliques dont vivent des individus en fonction des manques et des désirs qui les affectent, et comment une telle structure est à la racine de ce « penser pouvoir faire croire » sans lequel il n'y a pas de croyance. Ce moment occupe les trois premiers chapitres. Le deuxième moment est intercalaire et s'intéresse à ce qui sera l'objet de la « capture », la pensée du sujet en train de devenir philosophe, dans le cas singulier

Postface

qui est celui de l'auteur. Il occupe aussi trois chapitres consacrés le premier à l'entrée dans la culture philosophique, le second au cheminement qui mène de l'éthique à l'engagement politique, le troisième à l'état de philosophe propre au sujet confronté à Spinoza et sauvé par Husserl. Dans le septième et dernier chapitre l'analyse renoue avec son premier mouvement pour montrer comment s'effectue la « capture » et répondre à plusieurs questions : comment la pensée peut-elle s'exercer dans le champ réflexif placé en situation de « capture » ? comment le « détournement » de la pensée du philosophe s'opère-t-il ? quelle connaissance celui-ci peut-il en avoir ?

Nous ne pourrons, dans le cadre du présent texte, rendre compte dans leur détail des analyses du moment intercalaire, nous bornant à en relever les points essentiels, et nous attachant au courant principal qui mène l'ouvrage au but qu'il s'assigne.

I. Ce que croire veut dire

Tout militantisme implique croyance, car le rapport du sujet aux valeurs pour lesquelles il milite est un rapport de croyance. De la sorte s'institue une relation entre le croire et l'agir. De plus tout militantisme implique un prosélytisme, l'ambition de s'étendre à de nouveaux acteurs adhérant aux mêmes valeurs. C'est ainsi que se forme pour celui qui y croit la perspective d'y faire croire. Sur le fond de l'agir, le croire est organiquement lié à un faire croire. Sans doute le militantisme est-il une forme paroxystique de l'agir. Mais les relations qu'on vient de dégager à son propos n'en sont pas moins caractéristiques. Se pose alors la question : quelle relation y a-t-il inversement du faire croire au croire ? Je ne crois certes pas tout ce que je pense pouvoir faire croire. Le hâbleur, le bluffeur, le menteur, l'imposteur sont là, si l'on peut dire, pour en témoigner. En revanche, énonce Desanti, je ne crois que ce que je pense pouvoir faire croire. En effet il est nécessaire que je dispose d'indices ou d'arguments que je pense suffire à rendre crédible quelque chose à quelqu'un pour que j'y croie moi-même. Si je crois telle chose, c'est que je la juge digne d'être crue. Le « quelqu'un » à qui je pense que certains indices suffisent à rendre crédible quelque chose, ce peut être moi-même. Comme dirait un logicien, si ces indices ou arguments suffisent à me persuader, c'est que, par quantification universelle, ils sont censés suffire pour qui que ce soit. *A contrario*, là où ne s'entrevoit aucune façon de « penser pouvoir faire croire », il n'y a rien à croire ou à ne pas croire. Ainsi, par la liaison établie entre le croire et le faire croire, peut-on comprendre la thèse de Desanti que la croyance se joue sur la scène de l'Autre (cet Autre qui est tous les autres et qui peut aussi être moi-même), qu'elle établit le croyant dans le domaine de l'altérité. Ce que je pense pouvoir faire croire est en effet sans cesse mobile sous la dépendance de l'Autre parlant. « Ni du côté du seul *feeling*, écrit Desanti, ni du côté de l'intimité de l'idée à soi-même, nous ne trouverons l'origine du croire ». La médiation de l'Autre parlant (dont moi-même) est, dans l'exercice, concerté ou non, de la co-énonciation, le terrain de naissance des effets de croyance.

Ce qui n'empêche nullement que cette naissance s'effectue sur le fond de l'agir. Rien d'immédiat ni de simple ne se trame entre l'agir et le croire, car la croyance peut mûrir, se stratifier, s'invétérer, tandis que l'action peut se différer, se précipiter, s'ajourner. Il demeure toutefois que les valeurs objets du croire sont de puissants moteurs de l'action, alors qu'inversement les modalités de l'agir et ses succès divers renforcent ou affaiblissent les degrés de croyance. Mais rien de tout cela ne s'accomplit sinon par la médiation de la parole de l'Autre, sur ce que Desanti appelle la scène de l'Autre, de l'intersubjectivité. C'est en effet sur cette scène

Postface

qu'est la source de « la pensée de ce pouvoir faire croire » qui est nécessaire à l'éclosion du « croire ».

Or en quel point de cette scène faut-il situer cette naissance ? C'est, bien sûr, là où réside pour chacun le noyau essentiel de son identité, le point que chacun « habite ». C'est là que la croyance s'implante chez le croyant, et il ne peut en être autrement si par la croyance est concerné l'agir (ou le non-agir), c'est-à-dire l'existence même de chaque sujet, en tant que celle-ci consiste en une vie douée de sens. « Chacun habite le lieu de son croire » écrit Desanti et place ici l'histoire de l'ouvrier kabyle musulman, qui va faire apparaître trois « figures » de l'Autre.

Cet homme ne croyait pas que les Américains aient marché sur la Lune : « Ce n'est pas vrai, disait-il, ils ont fait semblant. » Et en effet le Prophète avait dit que c'était impossible, de telle sorte que sur ce point l'Autre qui parlait en lui, c'était l'Autre des « racines », celui qui parle dans le Livre, le Coran, parole en laquelle le sujet se rassemble tout entier, et en laquelle peut naître assurément la « pensée du pouvoir faire croire ». Mais cette croyance (en l'occurrence une non-croyance, une incrédulité) s'articulait en fait sur une autre : en effet elle concernait les Américains. Or l'homme avait été militant du Front de libération nationale, militant anticolonialiste, et du même mouvement anti-impérialiste. Or les impérialistes sont des menteurs, et les Américains en sont les chefs de file. On ne peut croire les Américains. Telle était la seconde figure de l'Autre, celle de l'adversaire, celle contre laquelle on parle et agit, en réponse à ce qu'elle-même dit et fait ; l'Autre du camp adverse, antagoniste, dont on ne pense pas pouvoir faire croire ce qu'il prétend, et qui redonne sa pleine crédibilité à l'Autre des racines, dont la parole était pourtant refoulée le dimanche quand l'ouvrier kabyle jouait de l'argent au poker en buvant son pastis. De fait il ne croyait pas que les Américains avaient fait semblant de faire la guerre au Viêtnam ; dans sa dénégation de la puissance américaine

Un Destin philosophique

à propos de la Lune, il ne faisait que persister dans son identité de combattant d'autrefois qui constituait encore pour l'essentiel le sens de sa vie d'aujourd'hui. Il le lui fallait, car il avait affaire maintenant au monde quotidien, au monde ambiant, foule anonyme, dont les uns pensent ceci, les autres cela, troisième figure de l'Autre, l'Autre du « on », massif et diffus, à travers lequel parvient le bruit du monde. C'est sur ce terrain-là qu'il lui fallait tracer son chemin, c'est-à-dire sauver son identité, en persistant dans sa dénégation, bravant l'indifférence, maintenant le sens de « son » monde : « Non ! Armstrong n'a pas marché sur la Lune ! »

Ainsi le croyable et l'incroyable ne se partagent pas comme font le visible et l'invisible (*Cf.* la parole dite à Thomas l'Apôtre). Pour l'ouvrier kabyle le visible est tantôt croyable, tantôt non : il avait vu des photos de la guerre au Viêtnam et avait cru ce qu'il voyait ; il avait vu aussi des photos des premiers hommes sur la Lune, c'étaient aussi des Américains, mais alors il n'avait pas cru ce qu'il voyait, pour lui c'était un montage ; l'état de sa croyance rendait pour lui cette scène impossible à croire, d'où l'interprétation du visible : la photo, c'est un montage. La scène elle-même était « impossible à voir », non visible. L'inverse n'est pas moins vrai. En ce lieu du croire, souligne Desanti, l'incroyable peut être cru. « Sur la scène de l'Autre, (...) le visible et l'invisible, l'audible et l'inaudible se déplacent, s'ouvrent et se masquent selon l'articulation des trois figures » (p. 55).

C'est alors que Desanti fait application de ces analyses à ceux qui, issus de la Résistance, se retrouvaient adhérents du PCF, c'est-à-dire en particulier à lui-même. Le cas est le suivant : certains de ceux qui s'étaient engagés dans la Résistance ne croyaient pas à la culpabilité des accusés des « procès de Moscou » et pas davantage au bien-fondé du pacte de « non-agression » de 1939 conclu par Staline avec Hitler. Pourtant, une fois engagés, ils se sont mis à croire à la culpabilité des uns et au bien-fondé de l'autre, et l'affaire

Postface

s'est terminée par leur adhésion au PC. Sans doute peut-on penser – mais après coup – que pareille certitude était nécessaire pour trouver la force d'agir. Mais surtout, sur la scène de l'Autre, la figure du PC s'était déplacée. D'objet d'observation pour le regard politique, il était devenu co-agissant dans l'acte de Résistance. Du coup ce qui était « visible » était devenu « invisible ».

Un voile est tombé devant l'ancienne vision des choses et tout le sens de ce que donnait à penser l'histoire écoulée se trouve de ce fait inversé. Un point aveugle s'est formé. L'ancien scepticisme a-t-il disparu ? Il faut plutôt dire qu'il a été masqué. Il subsiste muet sous le masque que lui impose la nouvelle croyance, car rien de ce qui constitue l'épaisseur du temps ne s'abolit pour autant. Cela persiste dans les couches sédimentées des croyances successives, ouvrant (ou fermant) le sens que les acteurs reconnaissent en ce qu'ils nomment leur « histoire ». Au lieu où se trouvait maintenant le masque s'était concentré, pour y demeurer vivant, le sens que les résistants concernés devraient désormais appeler « Histoire », – concentré pour s'y maintenir comme un substrat, un socle permanent pour l'appui des actions futures, un sol qui soutient les pas et jamais ne se dérobe. « En ce sol, écrit Desanti, demeurait l'inébranlable raison de nos actes les plus machinés, comme si, toujours disponible, s'y trouvait déposé en réserve un excès de sens » (p. 59). C'est par l'effet de cet excès que l'incroyable peut être cru : les verdicts sont validés, le pacte hitléro-stalinien aussi, cela appartient désormais au sens de l'Histoire.

Or c'est là précisément ce qu'il nous faut comprendre.

II. Ce que c'est que parler au nom d'un groupe

C'est ici que doit être affrontée la question de ce que les militants appelaient « le Parti », comme s'il n'y en avait qu'un, signe avant-coureur d'un monopartisme appelé à régner après la « Révolution ». Un parti est un groupe d'individus qui déclare publiquement ses fins, exclusivement politiques. Il ne peut se dispenser de se manifester sur la scène politique, qui est une région de la scène de l'Autre, où il a affaire à la figure de l'Autre, adversaire ou anonyme. Il est toujours assigné aux formes du dire (et de l'entendre), il est sans cesse sur cette scène mis en spectacle, il doit sans cesse s'y exprimer.

Alors « s'exprimer » veut dire, à la lettre, qu'en l'occurrence « le Parti exprime le Parti », phrase étonnamment creuse, ce qui est l'indice de l'impossibilité de substituer avec sens à l'expression « le Parti » l'indication de l'identité d'un sujet individuel effectivement réel capable à la fois de penser et d'en produire l'expression. Pourtant de l'expression se produit (discours, communiqués, manifestes, et manifestations, journaux, affiches, émissions, livres...) qui semble avoir sa source dans « le Parti ». Si « le Parti » s'exprime, où se trouve le « sujet » qui donne sens à cette expression, alors que le groupe est toujours absent d'un tel sujet qui serait censé « parler en son nom » ? En son nom, c'est-à-dire en fait au nom de ceux (ou de celui) qui sont censés « représenter le Parti », c'est-à-dire le groupe, lequel à nouveau est encore « absent » de ses représentants. C'est pourquoi ces derniers font face à cette situation en affirmant que « le Parti parle d'une seule voix », confirmant ainsi son monolithisme présupposé et y travaillant sans relâche.

Mais revenons au « sujet parlant au nom du Parti », journaliste, dirigeant, élu, conférencier, etc. Ledit « sujet » n'est lui-même qu'une abstraction. Multiple en effet, il est insaisissable, toujours mobile, toujours ailleurs qu'au « lieu » où il paraît se manifester. On est en présence de ce que Desanti appelle une « fuite » du sujet parlant. Chacun de ceux qui tiennent ce rôle souligne d'ailleurs que le Parti au nom de qui il parle, ce n'est pas lui, car « c'est moi qui parle au nom de... », c'est-à-dire que « c'est moi qui parle au nom de celui

Postface

qui vraiment parle, à savoir le Parti ». De plus, dans le discours qui est tenu, le sujet qui le tient n'est jamais tout entier présent à tout moment de ce discours, et cela en vertu de la structure même de toute expression linguistique, sujette à être temporalisée. Le sujet qui effectivement parle est toujours « en suspens » dans ce qu'il dit (qui n'est jamais achevé) et n'est jamais celui qui vraiment parle, celui-là même au nom de qui il parle (le Parti). Mais ce sujet « fuyant », sans cesse ajourné, vers quoi peut-il bien fuir ? Y a-t-il pour lui, en dernière instance, un lieu propre ?

Face à cette question, il y a nécessité de voir de plus près ce que c'est, pour un groupe, que s'exprimer. Desanti distingue alors trois modalités :

i) la parole a été déléguée, peu importe à quel degré d'« officialité » en rapport avec le statut du « porte-parole » dans le groupe ;

ii) le groupe paraît s'exprimer par lui-même ; le spectacle en a été donné en mai 1968 dans ces « assemblées générales » que Sartre avait par avance désignées comme « groupes en fusion » dans ses analyses de *Critique de la raison dialectique* ;

iii) la parole est solitaire, mais, annonçant quelque événement ou situation à venir, elle parle néanmoins pour autrui : annonçant l'hitlérisme, elle parle pour les futures victimes d'Auschwitz, annonçant le stalinisme, pour celles du goulag.

En présence de ces trois situations de prise de parole, le problème de Desanti est de rechercher si une structure unitaire se reconnaît au travers de ces trois modalités, structure telle qu'elle permette de comprendre comment se connectent l'une à l'autre, d'une part, la « fuite » du sujet parlant, d'autre part, la formation inévitable de ce « substrat », solidifié et subsistant, de ce « sol » porteur d'excès de sens, dont nous avons vu auparavant qu'en lui se situent les sources d'énoncés entraînant croyance.

Confrontons les cas i) et iii), en opposition symétrique.

Un Destin philosophique

Dans le cas i) le porte-parole délégué semble parler comme substitut explicite d'un autre sujet. Mais cet autre sujet est-il le foyer de l'expression possible ? Sans doute a-t-il pouvoir de délégation, mais de qui a-t-il reçu ce pouvoir ? Une réponse claire peut-elle être donnée à la question « qui délègue ? » ? En fait le mode d'existence du pouvoir qui délègue est par essence indéterminé. La volonté générale, pour le dire autrement, n'est ni celle de tout le monde ni celle de quelqu'un. D'où l'ironie de la question de ce sociologue, dans une enquête, qui demandait à un militant « l'adresse de la classe ouvrière ». Dans le cas iii) la *vox clamantis in deserto* semble ne parler au nom de personne d'autre qu'elle-même et pour personne, du moins pour le moment. Mais elle a pouvoir de rassembler, de susciter dans le désert l'oreille de l'Autre, au nom de qui finalement elle parle. Le sujet parle ici au nom de son écho possible.

On voit par là que, dans le premier cas, la présence du groupe est essentielle, puisque explicitement celui qui parle n'est que son substitut, mais sitôt qu'on demande « qui substitue ? », le groupe s'absente et l'on ne sait que répondre au juste. Dans l'autre cas, celui qui parle n'est explicitement le substitut de personne, mais l'Autre possible, en son essentielle absence, est pourtant co-présent à la voix qui s'adresse à lui. Ainsi, que la parole soit « ecclésiale » ou « prophétique », elle se manifeste relativement soit à la « présence-absente », soit à l'« absence-présente » du groupe. La question se formule alors ainsi : « Quel est le mode d'existence de ce qui s'offre immédiatement présent par la médiation de son absence, et immédiatement absent par la médiation de sa présence ? »

Examinons alors la situation ii), celle où le groupe pris comme tel semble parler en personne. Desanti modifie la scène du film *Les Temps modernes* où Charlot, s'étant emparé sans malice du chiffon rouge qui, fixé à un poteau, sert à signaler des travaux sur la voie publique, au moment où arrive

Postface

une manifestation, se trouve sans le vouloir en avoir pris la tête. Ici on suppose que la manifestation n'existe pas encore. Mais la rue n'est pas vide, il y a des terrassiers qui peinent à la tâche, des désœuvrés qui flânent, en fait des chômeurs, des « pauv'nèg' », assis sur les trottoirs jouant aux dés, bref une population de quartier miséreux de New York, flottante, disloquée, ne croyant plus à grand-chose. Soudain le chiffon rouge de Charlot, brandi d'un geste plutôt saugrenu, flotte en l'air. Des cris fusent, les têtes se lèvent, tout s'arrête, le travail, le jeu, la flânerie, tous se groupent autour du chiffon devenu drapeau, un mot d'ordre est crié, on ne sait par qui, et peu importe, il est aussitôt suivi : « Au commissariat, tous au commissariat ! », lequel s'annonce au bout de la rue. Par la médiation du morceau d'étoffe devenu drapeau et signal, le groupe s'est exprimé en se constituant et poursuit en « manifestant ». Le monde est brusquement devenu autre, bien que rien n'ait matériellement changé dans l'environnement. Mais quel est le ressort de l'« être-ensemble » des individus qui forment le groupe ? Celui-ci est-il simplement la réunion (l'addition booléenne !) de l'ensemble des ouvriers, de l'ensemble des chômeurs, de l'ensemble des « pauv'nèg' », etc. ? Ses membres ne sont-ils que cela, des éléments juxtaposés appartenant à des sous-classes différentes ?

En réalité le groupe se définit comme en mouvement dans un champ doublement polarisé par deux bornes symboliques : le rouge devenu drapeau de la révolte, le commissariat du bout de la rue depuis longtemps perçu comme symbole de l'oppression, et devenu but de guerre, car les deux pôles sont engagés dans un renvoi circulaire : il n'y a de drapeau que pour conduire au lieu du combat, il n'y a de point où donner l'assaut que pour une révolte. Le groupe en lui-même demeure métastable et flou, à tout moment des gens qui passent peuvent s'y agréger, d'autres le quitter. Il n'a d'unité que pris dans la double relation entre les symboles qui définissent son champ d'action. L'appartenance n'est donc pas ici la

Un Destin philosophique

simple relation d'un élément à un ensemble stable, qui partage une même propriété avec tous les autres éléments. « Être un de ceux qui acceptent de se diriger vers le commissariat » n'est pas une telle propriété, écrit Desanti, c'est « un moment constitutif du groupe en son devenir propre » (p. 68). Être membre du groupe signifie : « constituer par son comportement, sa parole, son mouvement expressif un état de groupement » (*ibid.*). Ici le groupe s'exprime en se formant, et se forme en s'exprimant.

Bien sûr ce mode d'appartenance n'abolit pas, mais au contraire suppose l'appartenance usuelle : « être ouvrier », etc. Mais celle-ci prend sens, ici et maintenant, dans le rapport circulaire du drapeau à la police, dans cet enchaînement de comportements qui, de l'un à l'autre de ses membres, est la vie du groupe manifestant, dans cette signification nouvelle que prend la rue elle-même qui, de lieu assigné d'une existence misérable, devient la rue occupée par les manifestants dont elle est le parcours. L'état de groupement s'y produit de proche en proche dans un réseau de relations de voisinage. Chacun est ici en son lieu propre, là où il a décidé d'être, à chaque pas à une place bien définie, et pourtant aussi partout où se déploie le cortège, car « être dans la manifestation », ce n'est pas seulement passer aux lieux où elle passe, mais être pris dans un jeu de renvois symboliques, en sorte que chacun se trouve, pour ainsi dire, doué d'une « ubiquité symbolique », c'est-à-dire symboliquement présent partout où la manifestation se doit de s'effectuer (ou, comme dit Desanti, à la Bastille en même temps qu'à la Nation).

Ainsi ce que cet exemple montre, c'est que le groupe « en fusion », qui semble s'exprimer « par lui-même », bien qu'il se forme comme enchaînement de voisinages spatio-temporels, n'a d'autre unité que symbolique. Il existe, certes, dans la rue ; il se déploie, certes, dans le temps ; mais sa « totalité », elle, n'existe nulle part. Cette totalité, dans son

Postface

absence, n'est justement rien d'autre que le « but » des renvois symboliques (« *tous* au commissariat ») par lesquels chacun se voit, dans sa différence, se manifestant comme signe de la différence de « tout autre » qui marche avec lui derrière ce drapeau. Le mode d'existence selon lequel chacun se voit appartenir à l'être-ensemble de tous est de l'ordre du symbolique.

À la question posée : « quel est le mode d'existence de ce qui se donne comme présent par la médiation de son absence, comme absent par la médiation de sa présence ? », l'analyse précédente répond que, ce mode d'existence, la forme d'expression du « groupe en fusion » nous l'offre *en personne* comme étant de l'ordre du symbolique.

Dans les analyses qui précèdent est apparue l'expression « renvoi symbolique » : elle ne s'y trouve pas par hasard, la notion aura au contraire dans ce qui va suivre un grand rôle à jouer. Un symbole renvoie à ce dont il est le symbole. Le terme « renvoi » désigne donc un lien fonctionnel, mais avec la connotation d'un mouvement par lequel le foyer du champ de conscience du sujet se déplace et est porté d'un point à un autre, comme vers le point-source du sens symbolisé. Le symbole renvoie vers le noyau de signification d'où lui survient son sens. On a donc la fonction :

X est symbole de Y,

qui peut être représentée graphiquement par une « flèche » orientée de X vers Y qu'on peut lire « est symbole de... ». Mais il faut prendre garde que cette représentation peut être trompeuse, en ce que la « flèche » n'est qu'un unique et simple segment de droite. Or rien n'interdit qu'une même chose soit symbolisée de plusieurs façons, ni qu'un même symbole soit employé dans des cas différents. En outre Y, dans notre formule, n'est astreint à aucune condition ; en particulier Y peut lui-même être le symbole de Z, auquel cas les flèches formeraient une chaîne. Mais cela est encore insuffisant pour représenter ce qui se passe dans la vie du groupe

Un Destin philosophique

dont la description a été esquissée ci-dessus. Les renvois symboliques qui en tissent la vie s'entendent de chaque individu à tout autre, au groupe, à la rue, au drapeau, au commissariat. L'appartenance de chacun à l'être-ensemble de « tous » étant de l'ordre du symbolique, chaque flèche peut se doubler d'une « flèche en retour », représentant une liaison symbolique inverse, et ceci à plusieurs reprises, jusqu'à ce que finalement elle revienne au but en se composant avec d'autres flèches, lesquelles auront parcouru un chemin analogue. Dans un cas comme celui-ci, les flèches de renvoi symbolique sont ainsi des « flèches à boucles multiples », organisées en un réseau complexe, et tel que l'ensemble des boucles reste ouvert.

En effet le but de ces multiples renvois comporte toujours une région d'indétermination. C'est la question de la « totalité » déjà évoquée précédemment. « Tout » ne peut se déterminer que de façon locale, ici et maintenant, dans l'évolution des « états de groupement ». « Tout » ne se détermine que pour autant que, pour chacun, se dévoile à cet instant la relation élémentaire d'appartenance de « tout autre » (« être ouvrier », etc.) selon le comportement expressif de cet autre, au point de fuite du tissu social. Ainsi ce que désigne ce mot, c'est justement la région d'indétermination qui subsiste au sein de ce qui devrait être le but ultime des flèches symboliques, et par laquelle l'ensemble de leurs boucles reste ouvert. Cette structure symbolique s'interprète métaphoriquement dans des « façons de parler » du type : « un pour tous, tous pour un », « chacun intériorise le projet de tous », « agis toujours comme si le sort du combat révolutionnaire dépendait tout entier de toi, ici en cet instant ».

Ainsi se trouve circonscrite la « structure unitaire » à la recherche de laquelle s'était lancé Desanti à partir de la distinction de trois modalités d'expression possibles pour un groupe. Reste à montrer qu'elle permet de saisir le point de connexion entre le caractère « fuyant » du sujet parlant et la

Postface

formation du « sol » porteur d'excès de sens où s'enracine la croyance.

III. Structure du champ symbolico-charnel

En ce point nous revenons vers le cas de la parole « ecclésiale » qui est précisément celui de Desanti, comme « philosophe qui parle au nom du Parti ».

Il importe de montrer d'abord que celui qui parle ainsi le fait selon la médiation d'un « groupe en fusion » possible – c'est d'ailleurs vrai aussi dans le cas de la parole « prophétique » – et cela confirmera la structure symbolique ci-dessus décrite comme unitaire pour les trois formes de prise de parole : le cas de la « fusion » est en effet d'une certaine manière présupposé dans les deux autres. Rappelons d'abord ce qui se passe dans le cas « ecclésial » : le groupe est toujours absent de qui parle en son nom. Absent, parce que « parler au nom de... », c'est parler en lieu et place de qui ne peut parler en personne. Or ce qui ne peut parler en personne (le « Parti » en ce cas, source de la délégation) est précisément ce qui est visé, comme « but ultime » des flèches, par le jeu des relations symboliques grâce auxquelles la prise de parole se fait reconnaître, c'est-à-dire que s'institue la posture publique de « parlant au nom de... ». Autrement dit, ce qui est absent est présent selon l'ordre du symbolique, c'est-à-dire visé dans son absence, à la façon (quoique plus compliquée) dont la totalité du « groupe en fusion », qui n'est jamais là – qui est dépourvue de *Da-sein* – est cependant concernée par chacun des acteurs qui, eux, sont bien présents dans le groupe. Qui peut dire « Le Parti est tout entier derrière moi », ou tout au moins le pense, c'est-à-dire « tout entier derrière » en son absence, est proprement englobé dans l'ordre du symbolique.

Quant à la médiation de « groupes en fusion » dans l'action qu'exerce la parole dite au nom du Parti, elle se montre aussi

Un Destin philosophique

bien dans le cas d'un texte à usage interne, destiné aux seules « instances régulières » que dans celui d'un discours sur la place publique. Dans un cas, malgré l'excès de fermeture et le caractère « statutaire » de l'auditoire, la parole dite se répandra nécessairement d'une façon ou d'une autre à l'extérieur pour y susciter la formation parmi les sympathisants ou les adversaires de groupes fusionnels, informels, dont l'existence fera pression, tôt ou tard, dans un sens ou dans l'autre, sur « le Parti » lui-même. Dans l'autre cas, malgré l'excès d'ouverture et d'indétermination d'un ensemble flou d'auditeurs, la parole dite suscitera pareillement des points de rapprochement, des plages d'approbation, des levées d'enthousiasme, qui finalement se traduiront par la mise en mouvement de « groupes en action » dans les rues et les usines, la force de tout parti de ce genre devant se mesurer aux « actions » qu'il doit se montrer capable de promouvoir occasionnellement hors de ses rangs.

Il est temps de donner un nom à la structure symbolique désormais mise au jour et Desanti propose l'expression « symbolico-charnelle ». L'analyse des renvois symboliques a jusqu'ici attiré l'attention sur le champ de conscience des acteurs impliqués dans les groupes identifiés, lequel semble le lieu de la relation symbolique. Mais on ne peut oublier, dans la description des groupes, l'exigence de s'offrir en personne sur la scène de l'Autre dans l'opération d'expression. Et là il s'agit bien des corps : comportements, visages, gestes, voix, rien ne peut être dissocié des corps, rien n'existe séparé, et c'est bien les corps qui finalement sont concernés par l'action que commande le symbolique, qu'il s'agisse du heurt prévisible entre la manifestation et la police ou de l'exécution des verdicts des procès de Moscou. Aussi bien n'est-ce rien d'autre qui en définitive parle, dès lors qu'il s'agit d'un corps humain, de même que le symbolique, qui est par lui-même sans visage, ne peut en trouver un que dans la parole d'un corps. Les « corps parlant » sont ainsi les

Postface

porteurs de la structure symbolico-charnelle. (Il faut se souvenir de la question posée par Maurice Clavel à Desanti sur la nature de son « matérialisme ».)

Avant de reprendre son analyse, Desanti prend soin de justifier la métaphore du « sol » désignant le lieu où finalement le sens (de l'existence, de l'histoire, etc.) se constitue. Un exemple y suffira : ceux des militants qui purent, les premiers, prendre connaissance intégralement du « rapport secret » fait par Khrouchtchev au XXe Congrès du PCUS sur les crimes du stalinisme, n'ont-ils pas dit qu'à sa lecture ils ont senti le sol s'effondrer sous leurs pas ? Ne dit-on pas aussi d'un projet dont le sens s'est brouillé qu'il s'est perdu dans les sables ? Le sol s'oppose aux sables mouvants.

Les articulations de la structure sont alors passées en revue.

1. La cible ultime de tous les renvois symboliques par lesquels se constitue l'appartenance à l'être-ensemble, cela est précisément ce qui toujours s'absente. Son lieu propre est inassignable, en ce que, sitôt supposé fixé en un point, il semble se trouver ailleurs.

Ainsi chez les anciens Babyloniens, adorateurs de Marduk, la liste des noms divins est interminable. En aucun lieu, bien sûr, ne réside sa divinité tout entière, que la litanie, si loin qu'on la poursuive, ne saurait jamais épuiser. Ailleurs le nom de l'Éternel est un chiffre, mais qui se déchiffre interminablement. Pour la théologie négative, aucune détermination convenant apparemment au divin n'est pourtant suffisante pour une désignation adéquate. Affirmer l'infinité de la divinité veut simplement dire que Dieu s'absente de toute finitude. Là où l'absence est poussée à l'absolu, là aussi est le plus puissant lien de l'être-ensemble, le lien religieux et le plus intense des états de croyance, la foi religieuse. La « fuite » de la cible ultime est une propriété d'essence, constitutive du caractère symbolique de la relation d'appartenance – symbolique en ce qu'elle ne dépend que du jeu des flèches, en raison précisément de la « dérobade » de la cible. Pour mieux

Un Destin philosophique

dire, ce que nous appelons ici « symbole » n'est rien d'autre que la marque de la « réception » de cette dérobade. Le symbole est l'absence de la cible fuyante devenue manifeste au regard, la plénitude d'un « ici » qui ne vit que de l'« ailleurs » hors d'atteinte ainsi désigné. Il est astreint à n'être qu'un support de flèches. Sans la relation que celles-ci indiquent, tout sens s'évanouit.

2. Si nous avions affaire à un système de flèches consistant en une seule chaîne linéaire, aux flèches disposées consécutivement, chacune connectée à une seule « en amont » (la précédente) et à une seule « en aval » (la suivante), la fuite de la cible serait irrémédiable, et avec elle la perte du sens devenu erratique. Aucun « sol » ne pourrait se constituer, la chaîne traçant un chemin qui ne mènerait nulle part. C'est pourquoi d'ordinaire les Églises se méfient des mystiques purs et solitaires, dont la foi, hors de toute doctrine, de tout rite, de toute « organisation » ecclésiale, se perdrait dans l'infini de façon imprévisible[1]. Mais telle n'est pas la situation dans le cas de celui qui parle au nom d'un groupe, que ce soit Église ou « Parti ».

3. Dans ce cas, comme il a été montré ci-dessus, nous avons affaire à des « flèches à boucles », comportant des retours en arrière, des circuits et des compositions de circuits. Ce qui est symbolisé renvoie à un symbole, mais celui-ci à son tour peut recevoir une marque symbolique qui le représente. Ainsi le rouge du drapeau renvoie au drapeau, lequel renvoie à sa couleur rouge, et couleur ou drapeau (rouge) symbolisent la

---

1. Les remarques sur les religions, dans ce paragraphe et le précédent, me sont suggérées par la lecture de Desanti, mais ne figurent nullement dans son texte. La « puissance » du lien religieux dont il est fait état ne concerne pas son efficacité à maintenir l'observance des prescriptions, mais le caractère *absolu* de l'absence de la cible. En effet dans ce cas la cible ultime se situe au-delà de la mort. La situation est la même pour qui affronte la mort pour un idéal temporel dont il ne verra – sans doute – pas la réalisation.

Postface

manifestation qui, à son tour, renvoie à l'un ou à l'autre. Ainsi les marques symboliques sont elles-mêmes symboliquement marquées, surmarquées si l'on peut dire, dans la mesure où elles résultent de renvois circulaires sédimentés. Si l'on demande quels sont les éléments qui, par leur composition, engendrent le contenu du « champ symbolico-charnel », il faut répondre que ces éléments sont des systèmes de flèches à boucles multiples connectés entre eux, ou encore que c'est le mode de composition de marques symboliques sans cesse surmarquées qui fixe le contenu de ce champ. Nous avons affaire à une « connexion ouverte de relations circulaires, mobiles et stratifiées » (p. 81).

4. Cette stratification est ici corrélative de la mobilité, s'il est vrai que, dans ce domaine de relations circulaires ouvertes sur un pôle d'absence, c'est cette ouverture qui rend mobile chaque relation, et cette mobilité qui exige la constitution et la connexion des flèches de renvoi à boucles, formant la trame de l'« appartenir à l'être-ensemble », déchiffré en chaque point du champ selon la marque surmarquée qui s'y manifeste.

Or ce déchiffrement ne saurait être effectué que par ceux qui « habitent » le champ symbolico-charnel, c'est-à-dire ceux qui sont pris dans l'ordonnance des systèmes de symbolisation. Cela signifie que le champ doit comporter, soit dit métaphoriquement, quelque chose comme une « épaisseur », offrant la possibilité de cheminements circulaires itératifs, tandis que le « texte » formé des marques à déchiffrer est toujours en état d'inachèvement et forme l'horizon unique de ceux qui ont à le lire. Le « sujet » est donc assigné à un domaine dans lequel, en raison de l'ouverture même qui lui est essentielle, il est astreint à des parcours, de symbole en symbole, avec comme seule perspective de les voir se renouer sans cesse à eux-mêmes, en dépit de leur mobilité. En ce sens il en est captif. Dans le cas précité de la scène de rue, Charlot est « capturé » par son geste sau-

371

grenu, et les autres qui se lèvent aussitôt sont aussi capturés par ce geste même, et dès cet instant « tous » sont liés ensemble dans un réseau symbolique qui concerne éminemment leurs corps.

5. Mais que faut-il entendre précisément par « capture » et sur quoi porte-t-elle ? S'agit-il en quelque sorte d'« habitants » (ceux du champ symbolico-charnel) qui seraient enfermés dans une frontière ? Nullement puisque ce champ est, par nature, ouvert. S'agit-il alors d'un effet de son « épaisseur », qui les ferait demeurer paralytiques, comme englués dans les réseaux de liaisons symboliques ? Ce serait trop concéder à la métaphore, car, comme il a été dit, la stratification est constituée corrélativement à la mobilité, liée à l'ouverture. Et pourtant, c'est bien parce qu'il y a, dans les trois cas de figure, appartenance à un groupe vivant qu'il y a capture. Car, par l'appartenance au groupe, il y a à parler, à agir, à témoigner, à se conduire de telle ou telle façon en tel ou tel cas, face à l'Autre, en fait devant tel ou tel autre – c'est-à-dire que se manifeste localement telle ou telle obligation. Cela signifie que, du fait des connexions multiples entre les circuits symboliques du domaine, se produisent des « points de suture », relativement stables et symboliquement marqués, des chaînes symboliques qui s'y composent. Ce ne sont donc pas les membres du groupe eux-mêmes qui sont capturés (précision par rapport au paragraphe précédent !), eux qui se disent pourtant lui être dévoués corps et âme. Seules sont capturées les chaînes ouvertes de renvois symboliques dont vit chacun d'eux, dans la mesure où elles se nouent symboliquement à celles dont vit, dans son unité, le groupe lui-même. Le lien d'obligation qui manifeste la « capture » est donc entièrement de l'ordre du symbolique (évidemment pas au sens vulgaire de « non suivi d'effet » !). Mais, pour qu'il en soit ainsi, il faut bien que se forment, au sein du champ symbolico-charnel, des régions de stabilité relative.

6. Ici encore le cas du groupe fusionnel, qui « coagule »

Postface

brusquement sur un geste inattendu perçu comme un signal, est éclairant. Car ce qui met en mouvement tous ces gens de la rue sans joie dont le lieu est un monde où rien ne leur « appartient », un monde fait de « vides », et qui se dressent à la vue de ce qu'ils prennent pour un drapeau rouge, c'est, selon Desanti, l'appel d'un autre monde où serait accessible ce que celui-ci refuse. C'est donc un « manque », mais un manque foncier, un manque de la « jouissance du vivre ». L'expression est à prendre dans toute l'extension possible. Elle se situe au-delà des doctrines particulières qui prétendraient désigner une jouissance fondamentale, permettant soit d'obtenir toutes les autres (par exemple le marxisme : « ... à chacun selon ses besoins »), soit de rendre compte de toutes les autres (par exemple la psychanalyse). La formule de Desanti est compatible avec l'une ou l'autre des théories de la jouissance, puisqu'il s'agit du manque à posséder sa propre vie, qui se manifeste jusque dans la menace de la mort, et que l'appel vers un autre monde peut alors aussi bien être celui de la foi religieuse.

Or le manque à jouir, le « non-avoir », forme le fond de ce monde-ci sur lequel seul peut se constituer pour chacun le domaine, mobile et temporalisé, des objets susceptibles de « donner satisfaction ». Ainsi les gens de la rue, dans notre exemple, sont-ils rappelés vers leur manque à jouir à l'instant où ils se rassemblent autour du chiffon rouge (s'ils savaient « s'exprimer », pour dire leurs raisons en paroles, c'est ce manque qu'ils décriraient). Ce vide dans l'être est ainsi l'« attracteur » des flèches symboliques : c'est là qu'elles se nouent toujours, car aussi dérobée que soit leur cible ultime, elle s'indique toujours comme absente au lieu du manque. Et celui-ci est aussi, en quelque sorte, le foyer de la co-présence de ceux qui se reconnaissent « être-ensemble », qui vit du jeu des renvois circulaires des marques surmarquées, dont les flèches sont ramenées en ce lieu comme en un point d'origine. Mais si l'ouverture du champ (la fuite de la cible ultime) ne se manifeste que comme retour au lieu du manque, alors ce mouvement d'ouverture est aussi celui selon lequel se produisent les points de solidification, où se fixent les connexions de flèches symboliques, où ceux qui « sont-ensemble » trouvent la racine de leur appartenance, où se conjuguent leurs raisons : « régions de retour et de suture, toujours locales, des marques symboliques sans cesse sur-marquées » (p. 89), régions de plénitude et de stabilité relative, que Desanti nomme « bassins de capture ».

7. La question se pose alors de savoir ce qui se constitue en ces bassins, ce qui se dépose en leur fond. Par l'effet local de la dérobade de la cible ultime, ce qui s'y laisse voir ne peut être que de l'espèce du « semblant », mais manifestant le sens de l'appartenance à l'« être-ensemble », donc une relation substantielle et première, à la racine de ce monde où nul n'échappe à son propre manque. Ainsi le croyant d'une religion se voit-il dans la parole de qui parle au nom de son Église : « Tu es un être spirituel, en transit ici-bas en cette vallée de larmes et promis à un séjour éternel d'absolue félicité dans un autre monde, et c'est en fonction de cette destinée que tu dois te conduire. » De même l'adhérent du PCF se reconnaît-il dans les propos du dirigeant qui est la voix du Parti : « Tu es un intellectuel petit-bourgeois réduit à la portion congrue par le capitalisme et privé de tout avenir, même en tant qu'intellectuel ; aussi n'as-tu d'issue qu'aux côtés de la classe ouvrière, dans le socialisme, et c'est en fonction du sens de l'Histoire que tu dois te conduire. » (Ces deux exemples ne sont pas dans le texte de Desanti.)

De la structure des bassins de capture découlent trois caractères :

i) les liaisons symboliques capturées demeurent fragiles ou plutôt changeantes, du fait que la stratification est fonction de la mobilité, liée à l'ouverture du champ dont le bassin n'est qu'une région ; par exemple ce n'est pas toujours par les mêmes formes « métaphoriques » de prise de conscience que les membres d'un groupe fusionnel occupent « le lieu de leur manque » ;

ii) ce qui se constitue au fond du bassin de capture est toujours but déterminé de renvoi symbolique, et non plus cible fuyante. Un signe repéré dans le champ symbolico-charnel, capturé par son « attracteur » de flèches, renvoie à un système enchaîné de renvois symboliques eux-mêmes capturés. Le système est alors « renforcé », stabilisé. Le « semblant » devient « solide ». Ce que les acteurs déchiffrent au lieu du manque leur apparaît comme « leur situation même » : une vie privée de sens à laquelle leur appartenance au groupe apporte le sens qui lui manquait, un avenir, une destinée heureuse, en sorte que le « semblant solide » devient leur vraie vie (voir les exemples ci-dessus) ;

iii) du fait de l'essentielle fragilité des liaisons symboliques et de leur « renforcement » non moins essentiel qui confère solidité au bassin de capture, il est justifié d'appeler « sens » ce qui se trouve sans cesse menacé et pourtant maintenu et sédimenté au sein des bassins de capture. Ce sens est constitué et la fermeture ne vient que du cœur du champ symbolico-charnel. Comme le disait un militant après lecture du rapport Khrouchtchev sur les crimes staliniens : « Si cela était vrai, ma vie n'aurait plus de sens. » (*Cf.* aussi *supra* le cas de l'ouvrier kabyle.)

8. Nous nous sommes ainsi approchés du point d'articulation entre, d'une part, la « fuite de la cible » et, de l'autre, la formation de ce « sol » ou « substrat » porteur d'un excès de sens. Il en est ainsi parce que la connexion des flèches symboliques est renforcée au sein des bassins de capture, ce qui ne peut être que si leur fragilité est annulée, c'est-à-dire si la dérobade de la cible ultime est compensée de quelque manière. Or cela suppose que les bassins de capture soient eux-mêmes désignés comme buts de flèches, et qu'en vertu de cette désignation soit désigné à son tour en leur sein un substitut de la totalité absente. Un autre jeu de flèches dans

Un Destin philosophique

ce cas se met en place qu'on peut appeler « flèches de renforcement » – renforcement nécessaire et corrélatif de la menace d'effondrement que fait peser toujours l'ouverture du champ.

Or la désignation des lieux de manque, c'est le propre d'un parti comme le PCF (sans qu'il en ait l'exclusivité), plus précisément de ses militants, en tant que ceux-ci « contactent », en vue de leur proposer telle ou telle action, des sympathisants – ou non – préciblés comme « mal logés », « mal payés », etc. Militer, c'est donc se mouvoir dans le champ symbolico-charnel, mais comme assigné aux bassins de capture, au moins potentiels, eux-mêmes prédésignés. Dans ce cas-là une expression comme « la classe ouvrière » prend – à tort ou à raison – un « visage » pour le militant, et par suite tout renvoi symbolique à « la classe ouvrière » pourra se représenter par une flèche à « but » déterminé, ce visage précisément, qui prendra place dans un système de flèches de renforcement.

Desanti donne l'exemple de la réponse d'un dirigeant au militant qui lui demandait de prendre acte du XXe Congrès du PCUS et d'en envisager les conséquences (c'est-à-dire rompre publiquement avec le stalinisme) : « Nous ne pouvons pas faire ce que tu nous demandes. Tu sais bien que (…) la classe ouvrière (…) ne nous supporterait plus (…) », etc. (nous abrégeons). Desanti montre comment, par les renvois symboliques circulaires du « nous » (le noyau dirigeant ? le Comité central ? le Parti ?) à « la classe ouvrière » (tous les ouvriers français ? ceux des membres du Parti qui sont ouvriers ? les représentants des ouvriers, cadres du Parti, syndicats ?), les deux « lieux » sont marqués et surmarqués sans pourtant être précisés, et le lieu de pouvoir renforcé plusieurs fois (six exactement dans la phrase complète) – comment d'autre part le jeu du « nous » et du « tu » combine allusions de complicité et de menace (toi et nous, nous savons ce qu'il en est, ne feins pas de l'ignorer !) – comment enfin la phrase

Postface

entière, qui ne répond pas à la question posée, ne contient pas une once de vérité, parce qu'elle ne veut rien dire, alors que le dirigeant ne ment pas parce qu'il « y » croit – et comment tout cela, qui ne consiste qu'en paroles sur paroles, constitue pourtant une procédure de renforcement du « semblant » solide, c'est-à-dire des liens symboliques de l'« être-ensemble » qu'est le Parti.

Si dans le champ symbolico-charnel peut se constituer la relation d'appartenance à un « être-ensemble en vue de... », par le fait même il se produira toujours de la prédésignation, car chaque acteur y est prédésigné dans une relation de réciprocité à « tout autre ». Il en est de même des attracteurs de flèches et des bassins de capture, mais pour que ceux-ci se fixent en un point de prédésignation, il faut qu'un substitut symbolique de la cible fuyante vienne s'inscrire en l'un d'eux. Dans l'énoncé « les prolétaires n'ont pas de patrie », le prédicat signifie que rien de ce qui est requis au nom de la patrie ne concerne l'état de prolétaire, car celui-ci est concerné par un manque essentiel qui vaut comme attracteur de flèches et relativement auquel se constitue ce qu'il éprouve comme sa condition ; par le jeu des échanges symboliques qui concourent à former son être social, il fait l'expérience de la réciprocité par laquelle il est reconnu par « tout autre » qui soit dans la même condition. Sa qualité de prolétaire quelconque – bien qu'un tel prolétaire n'existe nulle part – est donc prédésignée, et elle est, au sein du bassin de capture au « lieu » du manque, le substitut symbolique de la totalité absente. En dehors du jeu réciproque des renvois symboliques par lesquels se trouvent codésignés les lieux du manque, l'énoncé ne présente aucun sens (car alors il dirait qu'aucun prolétaire n'a ni père, ni mère, ni langue maternelle, ni lieu de naissance, etc.). À vrai dire, l'énoncé a une fonction de surdésignation, désignant de nouveau des lieux de manque déjà codésignés : « les prolétaires sont des prolétaires ». Dès lors les bassins de capture sont « fermés », ils

Un Destin philosophique

exercent la fonction négative d'un pouvoir d'exclusion du champ de certains supports de flèches, tels que « patrie » et, par cette exclusion, le sens déposé se trouve surdésigné. Le « semblant » devient le « sol », le substrat solide que nous recherchions. Tout se passe alors comme si le champ symbolico-charnel perdait son essentielle mobilité, immobilisé en certains points symboliquement fixés.

Ainsi, par l'effet des flèches de renforcement, les bassins de capture surdésignés demeurent comme « noyaux d'identité », et le champ symbolico-charnel, paradoxalement, oubliant son ouverture, produit quelque chose comme son envers, prenant l'aspect substantiel de ce qui est toujours déjà là, comme il est, source de la parole même qui énonce cette identité. Il se forme comme un système qui recouvre le champ, système quasi compact et fermé (par exemple il y a unité circulaire de la « classe ouvrière » et du « Parti », il y a une quasi-substance de « membre-du-Parti »...). Dans un tel système le symbolique recouvre le charnel, il porte en lui-même sa propre justification, sa propre vérité : « Nul, dit-on (en « réduisant » un propos de Trotski), ne peut avoir raison contre le Parti. » C'est le moment « ecclésial », celui de l'« être-ensemble » solidifié, du global symbolisé, suscitant un effet de pouvoir. Le charnel est refoulé, devient objet possible d'une violence, pour peu qu'elle soit exercée selon les formes du système symbolique (ainsi le condamné peut-il finir par croire à sa propre culpabilité, car l'incroyable peut être cru, et la croyance est un effet du système).

Qu'est-ce alors qu'« être stalinien » ? C'est, selon Desanti, accepter – en fonction d'un certain manque sans doute – comme solide et naturelle la prévalence (la dictature) du symbolique, la préassignation du corps vivant à cette structure, et s'y plier comme à une nécessité préinscrite, indépassable ; c'est donc s'accepter et se justifier soi-même comme support de flèches de renforcement, ce qui toujours entraîne une indifférence à l'égard de la singularité de l'autre. Il est visible

Postface

qu'en ce sens « symbolico-charnel », « être stalinien » n'est pas un prédicat réservé aux seuls communistes des PC dans l'obédience de Staline. Les autres exemples historiques ou sociologiques abondent.

Une dernière précision en conclusion. Ce qui est dénommé « semblant » n'est pas un monde d'apparences cachant le réel, mais bien un caractère du réel, une manière d'être, propre à l'« être-ensemble » des corps parlants (d'où les renvois symboliques) et souffrants (d'où les lieux de manque). C'est selon cette manière d'être que se constitue et se reconstitue l'unité du réel, de l'imaginaire et du symbolique, dont la consistance se soutient du fait de la circularité désignante des flèches de renforcement. Par elle, il est reconnu qu'il existe un « sens » partagé, déposé au fond des bassins de capture, lequel donne à croire des énoncés comme « vérités ». Ceux qui sont ainsi rassemblés se voient ressemblants. Ainsi vivent les militants d'un « Parti », sans cesse prédésignés par les procédures de renforcement, singuliers certes, mais symboliquement captifs, assujettis à l'« éternel retour » (la persistance) du « semblant » solide, fond inaliénable, situé au-delà des aléas de l'Histoire, des avatars de la « ligne » politique, des faits eux-mêmes, qui a la couleur du réel et porte son poids, comme si tout ce qui fait le monde humain y trouvait son sens authentique. Ce « semblant » est la « scène de l'Autre » et le « lieu du croire ». Que la compacité des flèches de renforcement se troue, alors le « sol » vient à manquer et le « croyant » entre dans le désert et ses sables mouvants.

IV. LE PHILOSOPHE

En suivant les articulations d'une structure, Desanti a aussi décrit la dynamique du champ symbolico-charnel, au moins dans une de ses régions et pour autant qu'elle engendre un système solidifié, un « semblant », tel que celui-ci caractérisé

Un Destin philosophique

dans un parti politique stalinien. Nous disposons ainsi de la description de ce qui, se trouvant sur le chemin d'un philosophe, pouvait se présenter comme un « destin », comportant un risque mortel. Ce qui a été décrit revêt en quelque sorte l'aspect d'un labyrinthe en quoi consisterait le Minotaure lui-même, et dans lequel s'accomplirait une sorte de dévoration symbolique de la pensée du philosophe. Le risque mortel qu'il courrait en tant que tel serait que la région la plus concentrée et la plus rigide du discours tenu au nom du « Parti », semblant apporter la justification ultime, « scientifique », de son action politique – à savoir son système doctrinal, idéologique, prétendant comporter une « philosophie » – parvienne à investir la pensée du philosophe, à la parasiter de proche en proche, et finalement à se substituer à elle, danger d'autant plus sérieux que le système est porteur d'un « sens » préinscrit formant un horizon indépassable pour la pensée. Bien entendu le succès définitif d'un tel processus dépend en partie de la dynamique propre à la pensée du philosophe. C'est pourquoi *Un Destin philosophique* aborde, au point où nous sommes, les chapitres d'analyse du « devenir philosophe » de l'auteur.

Il ne s'agit pas d'une biographie, ni de l'exposé d'une « formation intellectuelle », mais de la recherche d'un tout premier « désir de philosophie », puis de la genèse de l'exigence philosophique. De l'extérieur, ce qui s'introduit dans la pensée est présenté comme philosophie sous l'autorité d'un magistère. Dans un état de « sauvagerie de la pensée », ce fut le bergsonisme, et dans le rêve qui fut ainsi induit, le « penser philosophiquement » était vu comme une extrême contention d'esprit, propre aux intuitions révélatrices, objet du désir de philosophie, doublée d'un retrait dans l'immédiat de la réflexion qui n'était qu'ouverture sur un vide pris pour de la rigueur. D'un tel état ne pouvait sortir aucun discours personnel, encore qu'il en comportât l'ambition. Inconfort désagréable, portant en lui le vœu obscur d'en sortir, et donc

Postface

la disponibilité vers d'autres textes, avec lesquels la comparaison possible ménagerait le passage de la « sauvagerie » à la « culture ». Ce fut *L'Éthique* de Spinoza. L'incitation était différente : avec axiomes, postulats et démonstrations, le texte invitait à la vérification « par soi-même ». Malheureusement ce genre de travail formel ne pouvait atteindre ce qui était le plus charnel dans l'affaire : le mode d'engagement personnel du penseur le portant à construire un pareil édifice.

Il y avait là une inquiétude. Devant cet autre absent dont le texte exigeait de son lecteur que celui-ci pensât précisément ce qu'il avait pensé lui-même, le sujet se trouvait transporté sur la scène de l'Autre, qui était en l'espèce l'unité d'un nom propre et d'un sens à découvrir, c'est-à-dire un texte. En ce lieu il se trouvait pris entre une exigence : « il me faut lire *L'Éthique* » (si je veux – si je dois ? – devenir philosophe) et un constat : « je ne le peux pas tout à fait ». D'où les parcours multiples, entrecroisés, répétés, les chemins rebroussés, les reconnaissances avant-coureuses, comme en pays inconnu, moins pour découvrir un secret ultime, que pour assurer ses propres pas. Le travail qui s'accomplissait ainsi, modification de soi avec l'autre et selon l'autre, Desanti le désigne d'un mot « théologique » : devenir « coadjuteur » de la pensée de Spinoza, tout en étant en attente devant le projet de sa propre consistance. Telle était pour lui la « scène où l'on naît philosophe ».

L'« état philosophique » où il dit s'être alors trouvé avait pour signe le plus manifeste « le suspens né d'une sorte d'incomplétude de la parole entendue et dite » (p. 145). Les significations reçues ont disparu, le sens s'est absenté des mots entendus et le sujet est en attente pour pouvoir parler, des mots inédits sont à inventer qui seuls donneront la plénitude. Là est sans doute l'expérience cruciale qui, à la source du « devenir-philosophe », doit engager à recouvrer le sens perdu. Or quelqu'un, dans l'Histoire, a déjà médité le sens de

Un Destin philosophique

mots nouveaux et produit un discours qui se propose au travail de la pensée. En devenir le coadjuteur (*sunergos*), tel était l'un des côtés du choix, l'autre n'était que de se perdre dans l'insignifiance ordinaire du bruit du monde. Mais celui-ci allait bientôt se remplir de cris de souffrance et de mort. Il faudrait alors rassembler les deux côtés, aucun retrait au prix du malheur commun n'était possible. La philosophie ne pouvait être un point de fuite et un refuge.

Ici s'amorce un tout autre chemin, qui se déroule à travers le « bruit du monde ». Il part de l'enfance et de la famille, cette niche d'où suinte la « morale », pour décrire d'abord le « parti pris éthique ». Trois figures, prises dans la parentèle, marquent symboliquement l'enfant : le chanoine et l'officier de la Légion, figures de la Loi, et le marin-pêcheur, révolté de la mer Noire, bagnard à Toulon, le « disgracié » qui vit « à contre-loi », et avec lequel l'enfant a une secrète complicité. Le « parti pris éthique » prend naissance sur l'effondrement de la « morale ». Il consiste dans le renforcement incessant de ce grand refus du moralisme qui est l'annonce d'une autre vie où rien d'avance n'est décidé, ni choisi, où le sujet simplement laisse advenir « cette altérité radicale où se désigne la mort de la plate et oppressive moralité » (p. 166). Dès lors les événements historiques vont faire passer du parti pris éthique à l'engagement politique, pour autant qu'ils se présentent d'abord, quoique politiques comme manifestation du mal absolu. C'est le cas emblématique du rassemblement des enfants juifs raflés, assis sur leurs valises, gardés par des policiers français, place du Panthéon, en juillet 1942, dont Desanti est témoin. L'événement fonctionne comme signal – sur le fond de la mémoire du poilu corse de 1917 meurtrier d'un gradé – signal de meurtre potentiel. L'absence d'arme disponible en cette circonstance (en d'autres aussi dans la Résistance) est le point de départ de la fameuse analyse portant sur « l'arme et le mal » (p. 188-200), l'usage de l'arme n'étant « de règle » que lorsque doit être marquée la limite

Postface

que le « mal » ne doit pas franchir. Le chapitre se termine par l'analyse de la *solidarité*, c'est-à-dire le souci de la réponse à donner à un tel événement, à savoir effacer dans sa racine le mal qui s'y montrait.

On revient ensuite, dans un troisième chapitre, sur « l'état de philosophe » pour approfondir la notion de *sunergeia*. Cela conduit à une première méditation sur l'écart qui se creuse pour un « sujet » entre les choses et les signes, le réel et son expression (notamment philosophique), puis à une seconde sur l'écriture, qui pointe l'étrangeté d'un texte en chaque moment de son écriture où ce qui a déjà été écrit et fixé présente un « excès de sens » par rapport à celui qui demande à se continuer dans la poursuite de l'écriture. Ainsi dans le texte même s'ouvre, en chacun de ses moments, un écart par rapport à lui-même qui est l'espace où doit pouvoir venir se loger le travail de la *sunergeia*. Cet écart n'est pas rien, puisqu'il est écart du même à l'autre qui s'en écarte, car il s'ouvre au sein de l'expression même pour en faire surgir un autre sens. Mais cet écart n'existe que pour un lecteur, de sorte qu'il porte témoignage pour la présence de l'Autre dans le texte, mais d'un Autre qui par le fait même demeure énigmatique. Ainsi se présente pour le Desanti d'alors le texte de Spinoza. Non pas : « Spinoza a énoncé le vrai », et l'on peut en lui trouver le repos philosophique (la sagesse, comme disent les commentateurs), mais bien : « De quoi diable cet homme a-t-il bien pu parler ? », et de plus : « C'est peut-être cela, être philosophe : ne pouvoir échapper à l'ordre de ses pensées. » Dans la lecture, qui partage le texte entre son lecteur et son auteur, celui-ci est toujours l'*alter ego* de celui-là qui partage le texte avec lui, et qui doit en devenir le *sunergos*, mais il ne l'est jamais « en personne » : la voix vivante de Spinoza en est absente pour toujours.

En quel point – s'il y en a un – se situe donc l'énigme du texte, ce qui le situe « ailleurs », ce qui rend radicale l'altérité de l'*alter ego* ? Y a-t-il dans le texte une marque laissée

Un Destin philosophique

par cette altérité dans la suite indéchirable que constituent « l'ordre et la connexion des idées » ? Et cette marque était là, en effet, mettant le texte tout entier à distance ; c'était la célèbre définition : « J'entends par substance... », dans laquelle l'auteur engageait sa pensée tout entière par l'usage de la première personne (« j'entends... »). Or cette marque demeure vide tant qu'elle n'est pas remplie par le développement en son intégralité de l'ordre et de la connexion des idées. Ajouterons-nous que d'ailleurs cette connexion présente un point de raccordement qui renforce l'énigme de la substance : « *æternum (...) illud et infinitum Ens quod Deum* seu *Naturam appellamus (...)* » (*L'Éthique*, IVe partie, préface) ? Ce tremblement dans le discours renvoie au « vide » dont la définition de la substance est la marque – définition qui a un poids et un statut philosophiques, car elle engendre dans le champ réflexif la question : « De quoi parle-t-il ? » Que cette inquiétude ne se laisse pas éliminer, c'est le signe auquel le sujet reconnaît qu'il est devenu philosophe, qu'il a à se faire le « coadjuteur » d'une pensée qui est à poursuivre, à devenir d'une certaine façon l'autre qui avait déjà pensé.

La perte du sens que le texte de *L'Éthique* laissait fuir n'empêchait point que ce texte conservât sa vertu, qui était de disqualifier toutes les autres formations discursives usuelles. Peut-être le patient travail de « recollement » des commentateurs aurait-il permis de capter le sens perdu. En fait il était appelé à renaître, mais dans un autre langage, celui des *Méditations cartésiennes* de Husserl. Là le texte n'avait pas la forme du système. L'*alter ego* méditant, par son style réflexif, sollicitait du lecteur, à chaque pas, un acte spécifique de vérification. Une transparence de droit s'établissait entre auteur et lecteur, puisque le texte ne parlait que de ce dont il allait mettre aussitôt en mesure le lecteur de parler, puisqu'il exigeait de lui une réeffectuation immédiate pour soi-même du sens proposé. Le langage de la phénoménologie, semblant sortir sans cesse créé à neuf de la source même du sens, allait

Postface

être, au sein de la langue elle-même, l'opérateur du penser philosophique : un « entêtement patient et méthodique dans l'éclaircissement », antérieur à toute manipulation des noms prédésignés : « être », « pensée », dont, depuis le vieux Parménide, la philosophie cherchait interminablement à concevoir l'identité et à réaliser l'unité.

Militant venu au PCF par les voies de l'action résistante, à partir d'un parti pris éthique, philosophe praticien de la phénoménologie comme de sa « langue maternelle », après un séjour interrogatif dans le texte spinoziste, telle était la « double nature » de Desanti, à la veille de devenir « celui qui parle au nom du Parti ». Y avait-il homologie de structure entre les deux « modifications », et le « sujet » était-il unifié ? C'étaient là des questions qui, à l'époque, n'avaient pas de réponses pour lui.

V. La pensée captive

C'est pourquoi Desanti, au seuil de cet ultime chapitre, avertit qu'il va désormais devoir se mouvoir dans le domaine de connexion de deux structures : le champ symbolico-charnel décrit premièrement, le champ intersubjectif, dialogique, dans lequel pose question le signal de l'Autre (Spinoza) qui a « déjà pensé ». Refusant la dichotomie de « deux moi », l'un qui souffre, l'autre qui pense, il remarque que dans l'usage du langage, et parfois dans un même énoncé, le partage entre le sens « théorique » qui manifeste la pensée et le sens « illocutoire » qui anime la pragmatique n'est pas décidé d'avance. Ainsi en est-il d'un énoncé comme « la vérité est révolutionnaire » dont la consistance ne résiste guère à l'analyse logique, mais qui est parfaitement reçu, répété, revendiqué, et pas du tout jugé insensé. La question qu'il pose est celle-ci : d'où provient la nécessité de faire usage d'énoncés de cette sorte et de les croire ? pourquoi le

Un Destin philosophique

domaine où ils prennent sens devrait-il s'intégrer aux possibilités d'énonciation reconnues par le sujet au point d'y engendrer un « détournement » de l'exigence philosophique, dont nous avons dit la menace ?

Desanti revient alors vers la vie du clandestin qu'il fut, mais d'une façon particulière, puisque le PCF lui avait demandé de poursuivre sa vie professionnelle au grand jour tout en participant à l'action clandestine. Une telle situation signifie mener une double vie, de manière telle que la vie « visible » dans le réel est en fait « déréalisée » et vidée de son « importance », tandis que la « vraie » vie est celle de l'ombre, puisque c'est en elle que s'effectuent les prises de risque qui menacent la vie tout entière, mais que c'est en elle aussi que se dessine le sens du futur. Le côté clandestin de la vie prenait son sens « ailleurs » que dans les gestes quotidiens de la vie visible devenus insignifiants. Ce qui se manifestait comme le plus proche, le plus prégnant, c'était ce foyer d'où parvenait le sens, mais situé dans un « ailleurs » hors de vue et hors de portée. Le clandestin en effet ne se trouve en relation qu'avec un environnement clandestin minimal : ce qui se trouve du côté de la « source » de l'action « résistante » engagée, ce qui se trouve du côté du « but » de cette action. « Où » est la source ? qui sont les acteurs ? en quoi consiste l'action ? Sauf le cas où il est lui-même acteur, le clandestin n'en sait rien. Il est dans un réseau, supposé non lacunaire, compact, duquel « être coupé » est inquiétant, mais qu'il ne connaît pas, sinon d'un savoir étroit, « local ». Le global, quant à lui, constituait un « arrière-monde », devenu essentiel, et donnant au monde sa coloration, mais dont la nature excluait la connaissance : il fallait donc croire en sa consistance. Une telle situation suscite une foule de questions. Et d'abord comment un tel état de choses peut-il se maintenir et se reproduire ?

Au plan des paroles, chacun faisait confiance et se devait d'inspirer confiance ; telle était la forme immédiate des rela-

Postface

tions pour qui vivait dans l'astreinte de l'arrière-monde. Celui-ci, présence d'une absence qui exige d'être pleine, était bien le germe reconnaissable d'où peut se déployer la structure symbolico-charnelle que nous avons appris à connaître. L'« ailleurs toujours présent » prenait consistance selon les jeux de renvois circulaires propres à ce champ, et méritait ainsi le nom d'arrière-monde. Or rien ne pouvait être fait ni entrepris comme « action », si ne se constituait au voisinage des sujets un « champ de réciprocité dans la confiance ». Il n'y avait d'autre issue que renoncer ou se plier aux exigences apparentes d'un tel champ qui, du même coup, se révélaient nécessaires. La question est alors, face à qui se présente sous l'aspect de cet homme inconnu rencontré dans le rendez-vous clandestin codé par un mot de passe, en *quoi* ai-je confiance ?

Bien entendu, dans le « savoir » du sujet concerné se trouvait toute une série d'énoncés permettant de dire ce qu'« était » le PCF, historiquement, doctrinalement, sociologiquement, statutairement, etc. Mais aucun système d'énoncés prélevés sur ce stock ne pouvait répondre à la question, car tout autant qu'engendrer la confiance, il pouvait engendrer la défiance (*Cf.* le cas précité du doute concernant les « procès de Moscou »). Ou bien, par conséquent, « faire confiance au Parti » ne voulait rien dire, ou bien ce qui était désigné était tout autre chose qu'une « idéalité » formant pôle dans un savoir. Il s'agissait en effet, dit Desanti, d'un quasi-monde qui était le cœur de l'arrière-monde et qui procurait la plénitude du sens à l'expression consacrée « le Parti », à savoir le quasi-monde de la réciprocité.

Ce « quasi-monde » avait les caractères d'un monde : « le Parti », à la façon d'un monde, environnait le « sujet », comportait ses horizons, ses perspectives, ses régions d'ombre, montrait consistance et unité, accueillait une relation d'appartenance portant le sujet à le considérer comme sien, à ceci près toutefois qu'aucun de ces caractères ne pouvait se vérifier selon les modalités exigées par le monde

Un Destin philosophique

lui-même. Ce quasi-monde alors était-il imaginaire au sens du monde d'un créateur, comme par exemple *La Comédie humaine* ? Évidemment non, puisque de lui dépendaient des séquences d'actions au bout desquelles il était question de vie ou de mort. L'une ou l'autre dépendait, quant au risque, de cette sorte d'irréel-réel qui, par le poids même de cette décision ultime, devait s'avérer plus réel que le réel même. Le sujet lui accordait un surplus de réalité qui échappait à toute vérification, mais en même temps il le dotait de toute la plénitude d'un monde : la connexion du local et du global, l'articulation de toutes les formes de réciprocité, sa clôture enfin sous la forme des chaînes de décisions dont seul le sujet avait à porter le poids en dernière analyse. Le « sujet » qui faisait l'expérience de ce monde au plus près de lui-même comme opaque pour lui, pouvait-il en venir à croire qu'il échappait en-soi et par nature à toute transparence ? Dans ce cas en effet ç'eût été – pour Desanti – l'avortement de toute décision, et comme en la matière il y allait du tout au rien, et que le « rien », c'est-à-dire le retrait, comme il a été dit, avait été exclu, ce fut le « tout » qui l'emporta.

Ce qui veut dire que le cœur de l'arrière-monde, sous le nom de « Parti », dut être représenté. Ce qui se montrait opaque pour le sujet au lieu qu'il occupait devait pouvoir se constituer, depuis un autre lieu, dans la transparence : il devait exister un « ailleurs » essentiel où se réalisait, en-soi et pour-soi, l'unité du savoir et de la décision. Ainsi le quasi-monde n'était pas imaginaire, mais il était imaginé, et en cela il offrait son « surplus de réalité ». C'était notamment, bien connue, la « transfiguration », c'est-à-dire la maximisation des capacités de l'instance « centrale » et de « la direction ». De la sorte l'évidence éprouvée d'un « surplus de réalité » devenait « aveuglante », c'est-à-dire source d'aveuglement. Ce qui venait remplir le nom de « Parti » était la notion d'une « essence bâtarde », où se côtoyaient l'idéal et le concret, l'imaginaire et le présent, le mythique et le rationnel. Telle

Postface

était l'essence en fonction de laquelle le sujet allait voir ses univers de croyance bouleversés.

En effet, dans le quasi-monde de la réciprocité, irréel-réel, semi-imaginé, allait s'entendre une parole, toujours déjà parlée, celle de l'« en-soi pour-soi », l'« endroit » supposé à partir de l'expérience de son « envers ». Or il fallait penser « selon l'endroit » par la nécessité même d'avoir à se représenter, dans la double vie menée par le sujet, la plénitude de l'arrière-monde ; il fallait donc penser selon cette parole, alors que, comme philosophe, son « état » était celui précédemment décrit. Cela ne pouvait être autrement, en raison du jeu des rapports symboliques qui trouvaient leur point nodal en l'unité du sujet, où s'assemblaient certains des fils venus du passé. Notamment les flèches de renvois symboliques qui avaient ouvert la voie de la « vie éthique » et l'avaient fait se reconnaître « solidaire » atteignaient leur cible ici, en ce qui était nommé « le Parti », mais une cible où elles allaient demeurer captives. Elles ne trouveraient plus leur connexion qu'en leur point d'arrivée. Dans la cible allaient s'abolir toutes les figures symboliques évoquées à propos du meurtre, de l'arme ou du mal, y déposant le sens dont elles étaient porteuses comme point de départ de flèches de recouvrement. C'était le rôle de la plénitude supposée d'un arrière-monde que d'accueillir l'accomplissement, mais aussi l'exténuation, de tout ce qui s'était auparavant manifesté symboliquement comme manque ou comme désir. Ce qui avait été vécu comme vide se représentait comme plein, selon l'ordre symbolique du moins, en une région fermée de stratification de flèches de renvoi. C'est en ce point, écrit Desanti, qu'allaient se mettre en mouvement – éternel retour du « semblant » – le « manège du croire et du faire croire » et le « délire de la parole vraie » (p. 288). Et la situation qui avait ouvert sur la « vie éthique » se trouvait dès lors inversée. Le champ réflexif ne pouvait manquer d'en être atteint d'un profond bouleversement.

Un Destin philosophique

Revenant vers ce dernier, caractéristique de l'« état de philosophe », Desanti montre qu'il constituait lui aussi un quasi-monde, mais d'un statut différent en ce qu'il ne comportait pas un arrière-monde d'accès opaque, puisque la relation à l'Autre, si elle devait y être explicitée, était posée en droit comme de pure transparence. En lui se trouvait déplacé, sous l'effet de l'élucidation phénoménologique, tout ce qui advenait ou pouvait advenir sous le nom de « monde ». Il présentait ainsi tous les caractères d'un monde (Desanti le montre en détail) en tant que domaine ouvert de significations idéales, mais cependant un quasi-monde seulement, en ce que, offert *pour* le sujet, jamais celui-ci n'aurait pu se reconnaître comme étant et vivant *en lui*. Bien plutôt le sujet se trouvait-il devant la tâche d'avoir à s'y désigner lui-même comme pôle constituant. Desanti, qui mentionne ici la « croix » des philosophies transcendantales, reconnaît que depuis longtemps déjà il a assisté à la perte de ce projet « dans ses propres sables[1] ».

L'important était que ce quasi-monde était devenu, pour le philosophe, la médiation incontournable où pouvait se tracer un chemin vers le pensable et prendre sa forme et son poids l'exigence philosophique. Un tel chemin impliquait l'exercice d'une liberté limitée seulement par les procédures propres à la méthode mise en œuvre. Or c'est là qu'intervient, en vertu de son essence, la structure auparavant décrite. Cette « médiation » est appelée à être à son tour médiée par les exigences de l'arrière-monde, de telle sorte que le mode d'accès au pensable va être profondément atteint. Jamais en effet l'« arrière-monde » ne se laisserait désigner dans le quasi-monde réflexif ni ramener au jeu de

---

1. Sur la persistance du souci de l'analyse phénoménologique chez Desanti et sa signification, voir l'introduction qu'il a donnée en 1994 à son ouvrage *Introduction à la phénoménologie*, sous mention « Nouvelle édition revue », Paris, Gallimard, coll. « Folio Essais », 1994, rééd. 2005, p. 9-44.

Postface

ses possibles. Il devait le masquer, sans toutefois le détruire, mais en tentant de le frapper de paralysie. Déplacement de médiations donc, que Desanti nomme « détournement » de l'exigence philosophique, mais d'un poids tel que, vu de l'extérieur, il apparaît comme « l'histoire d'un trop long égarement ».

La scène se situe maintenant dans la vie politique publique, la clandestinité a pris fin. Mais Desanti note que la structure qui s'était mise en place dans ces conditions disparues, quant à elle, subsiste, en sa modalité essentielle, l'adhérence à un arrière-monde. Qu'une telle marque puisse se maintenir implique qu'elle soit accueillie selon les exigences de la vie politique conformément au jeu des rapports symboliques qui s'y constituaient, sinon nulle persévérance ne serait intelligible. Desanti appelle « région d'adhérence » une structure stratifiée au sein de laquelle est renforcée la relation d'appartenance d'un sujet à un groupe par la médiation locale d'un « état de groupement ». Son caractère dépend du degré de stratification des flèches de renvoi. Que le lien d'adhérence constitué dans la vie clandestine dût persévérer dans la vie publique signifie que la région d'adhérence correspondante devait être à son tour codésignée, recouverte selon les formes de stratification propres à un espace symbolique où elle n'était plus qu'un sous-espace désigné. Dans une nouvelle région d'adhérence le lien devait se renforcer. En effet dans le champ de la vie militante, la structure de quasi-monde en arrière-monde devait demeurer selon un autre jeu de renvois symboliques précédemment analysé : « parler au nom de... », forme d'expression d'un groupe, moment de la *sunergeia* politique. Nous savons que cette forme comporte en quelque sorte un point aveugle représenté sur la scène de l'arrière-monde comme la source même du « vrai ». Ainsi se trouvait maintenue la teneur symbolique du lieu d'origine, cible immobile où se solidifie l'adhérence. Les paroles à dire semblaient toujours naître du lieu où déjà leur sens possible

Un Destin philosophique

était disponible, comme si en ce lieu un Grand Énonciateur réalisait par avance l'unité du savoir et du dire. Or ce n'était qu'une marque vide dans l'espace symbolique, une possibilité de parole, car toute figure charnelle qui l'eût remplie eût été « transfigurée » par là même. L'irréel-réel affectait le « sujet » jusqu'en ses possibilités de parole.

Ce qui est ici à saisir, c'est la connexion entre le « champ symbolico-charnel » où prend consistance la région d'adhérence et le champ d'idéalités où se meut quiconque cherche à définir et à convaincre. En effet ce qui se trouvait « capturé » au point aveugle se manifestait comme exigence de discours. Or certaines possibilités d'énonciation du « sujet » s'y trouvaient captives : il était donc situé dans l'intersection des deux champs précités. Ce n'était que « depuis » ce point que pouvait être effectué (c'est-à-dire accueilli un sens) un énoncé comme : « Nul ne peut avoir raison contre le Parti », qui ne signifiait pas qu'il ne pouvait se tromper, mais que s'il demeurait conforme à son essence, il était dans la vérité. Or, de cette « essence », la notion se constituait depuis la « marque vide » supposée habitée par un « sujet parlant » (le nom, « Staline », « Mao », etc., étant sans importance). La marque est « vide » en ce que le « sujet » en est toujours absent ; le vide est au moins un « manque à savoir », d'où la nécessité qu'elle soit occupée par un « Autre ».

Ainsi se renforçait la relation d'appartenance en ce lieu d'où parlait cet Autre et le « sujet » recevait cette parole comme la sienne propre. Les « flèches » que capturait la « marque vide », c'est-à-dire les possibilités d'énoncés, faisaient retour, circulairement, vers la région d'adhérence où le « sujet » était attaché, la seule pour laquelle il y avait un « manque à savoir ». Les possibilités d'énonciation se coloraient donc de la teneur symbolique de cette région. L'adhérence qu'elles venaient renforcer les renforçaient à son tour. Le « sujet » pensait qu'il pensait ce qui convenait. Il est de la nature de la « marque vide » d'accueillir une parole qui ne se

Postface

trompe pas, que le « sujet » se doit d'accueillir lui-même pour parler à son tour depuis ce qui toujours et déjà en elle a été dit, circularité selon laquelle persévère l'irréel-réel, à la fois idéel, symbolique et charnel. Le « sujet » certes demeurait, en tant que sujet de son champ réflexif, parmi les choses selon les mots, à la connexion desquels il se trouvait astreint, mais sur un autre mode, car ces mots portaient quelque chose du poids de sa région d'adhérence, en sorte que le vécu du sujet fût celui d'une « rééducation. »

C'était là l'effet de la prise en compte du « déplacement de médiation » évoqué plus haut. Or ce mouvement de rééducation était vécu comme continuité par rapport à tout ce qui s'était symboliquement agencé dans la clandestinité, comme si le cheminement tout entier avait une nécessité. La cible qui avait capturé les flèches symboliques avait été frappée fortement. Ce que le sujet avait cherché à devenir dans l'ordre de la pensée, « philosophe », allait rencontrer, dans le champ où s'opérait ce déplacement de médiations, une sorte de réalisation bâtarde se présentant comme un accomplissement nécessaire. « Philosophe de type nouveau » il demeurait ce qu'il avait toujours cherché à être. Tel était le « détournement », le retour de l'exigence réflexive sur un sujet captif.

À Merleau-Ponty qui lui disait être sûr qu'il ne pensait pas un mot de ce qu'il écrivait dans *La Nouvelle Critique*, Desanti avait répondu – de façon « inhumaine », disait-il (p. 294) : « Mon problème n'est pas de paraître penser ; il est de faire penser ce qu'il convient qu'on pense. » Cette réponse, écrit Desanti, signifiait entre autres choses l'exclusion de l'autre et marquait une frontière, délimitant et renforçant la « région d'adhérence » du communiste – frontière qui doit donc être renforcée à son tour. Dans le champ clos ainsi défini, ne pouvait s'ouvrir de « chemin pour la pensée » qui ne fût circulaire, renforçant ce qui renforçait son parcours : la frontière. Le « sujet » savait-il que ce chemin était circulaire, que tout ce qui y était entrepris, dans l'ordre de la pensée, n'avait qu'une

Un Destin philosophique

fonction de renforcement, que comme « sujet parlant » il était toujours ailleurs que là où se manifestait son discours, déplacé vers cette région de l'arrière-monde, ce bassin de capture de ses possibilités d'énonciation : la « marque vide » – bref savait-il que sa pensée était captive ? Desanti explique qu'il n'en était rien, qu'en dépit des demi-ténèbres de l'arrière-monde rencontrées sur le parcours, il pensait que les choses s'éclairciraient au fur et à mesure. Par l'effet du « déplacement » des médiations, l'arrière-monde qui médiait le champ réflexif masquait cette médiation même, et ne pouvait se montrer comme « objet » : ce qui déterminait la pensée ne pouvait s'offrir à la pensée ; il était de l'essence de la circularité de n'être jamais reconnue comme telle. Ainsi se renforçait, à chaque acte de pensée, l'illusion de la pensée libre. Chaque pas du « sujet » renforçait sa capture, sans qu'il puisse rien savoir du jeu des médiations qui l'assignait à ses lieux de capture. Les flèches de renforcement étaient masquées, au fond de l'adhérence qu'elles renforçaient.

Il lui fallait donc effectuer ses possibilités d'énonciation comme si leur consistance ne dépendait plus que de lui seul. C'était en apparence un retour du champ réflexif, une réplique de l'exigence philosophique du passé, mais pour un sujet captif, astreint à produire un discours dans la langue de l'Autre devenue la sienne. C'était là le détournement : le sujet ne pouvait jamais se poser la question : « Qu'est-ce qui m'astreint ? » alors qu'il lui fallait s'interroger théoriquement sur la langue qu'il devait parler, son organisation, la raison de son usage, de sa fonction de guide sur les chemins qui s'offraient au parcours. De telles questions n'étaient que substitut symbolique de la précédente, mais les poser revenait à des procédures de renforcement. Elles n'en paraissaient pas moins comme les plus sérieuses et les plus urgentes, celles qui tenaient le plus à cœur face à ces autres à qui il fallait « parler au nom de... ». Cela s'appelait « devenir marxiste ».

Postface

Les réponses en effet ne pouvaient être données que de façon à renforcer la région d'adhérence. La scène où elles étaient produites était donc, selon le mot de Desanti, soigneusement « machinée », afin qu'y soit parlée la « bonne langue », et cela « n'allait pas tout seul[1] » (p. 315). La lecture de Marx ne s'effectuait pas selon les modalités décrites dans les cas de Spinoza ou de Husserl, mais comme renforcement explicite et « instruit » de la région d'adhérence. Elle servait à construire cette scène où l'arrière-monde trouvait à la fois sa représentation et son masque. Il n'y avait là nul *alter ego*, mais bien l'Autre qui occupait la « marque vide », et qui en avait chassé l'auteur du texte lui-même, Karl Marx. Une fois de plus la circularité était masquée. Ainsi se modelait un supposé savoir, où l'« essence bâtarde » trouvait sa vérité. La *Weltanschauung* dénommée « marxisme » s'y présentait comme une science, mais le monde à penser n'était qu'un effet de la capture, où se trouvait pris le champ réflexif lui-même. Il n'y avait rien à fonder, mais seulement à chercher comment dire ce genre de « vérité ». Le manège du croire et du faire croire s'installait (« faire penser ce qu'il convient qu'on pense »). La pensée était bien captive, mais cela ne pouvait être su du sujet.

Terminant son ouvrage, Desanti remarque qu'aux questions multiples et pressantes que se pose l'observateur de cette période sur la « possibilité d'avoir été communiste », il est toujours loisible de répondre – ou de croire répondre – en rappelant la violence de l'Histoire, le caractère drastique des choix qu'elle imposait, etc. Il ajoute qu'une telle analyse est nécessaire, mais que ce n'en est que le degré zéro, car elle

---

[1]. Vraisemblablement, l'allusion de Desanti est ici, entre autres choses, aux articles parus dans *La Nouvelle Critique*, auxquels la rédaction de la revue avait imposé le titre provocant : « Science bourgeoise, science prolétarienne » (titre du premier d'entre eux). Les articles sont réédités sous le titre *Une pensée captive*, textes publiés dans *La Nouvelle Critique* (1948-1956), Paris, PUF, coll. « Quadrige », 2008.

Un Destin philosophique

contient de façon latente l'assertion : « On ne pouvait faire autrement. » Or c'est précisément cet énoncé qu'il convient d'éclaircir. Si on ne comprend pas ce que cela veut dire au juste dans la plus grande proximité d'un sujet qui a rencontré de telles exigences, « on ne comprend rien à ce qui s'est passé ». C'est qu'il s'agit de comprendre la genèse d'une « posture de pensée », de saisir par quelles voies ce que l'on croit penser est représenté comme pensable. Le champ réflexif demeurait, avec tous les caractères d'un domaine de liberté, sauvegardant les contenus et les possibilités culturelles dont il avait été auparavant muni, mais ce que le sujet ignorait, c'était qu'un tel champ n'était qu'un effet de masque, dans lequel ne pouvait jamais s'inscrire le lieu de sa capture. Quant aux notions (« marxistes ») dont se montraient les enchaînements, elles étaient hybrides (de « quasi-concepts ») parce que le poids symbolique de la région d'adhérence s'y trouvait toujours renforcé en sorte qu'elles ne se réduisaient pas à leur teneur intelligible apparente. Et c'est par l'effet de leur teneur symbolique (masquée) qu'elles prenaient corps et acquéraient un « statut théorique » (« marxiste »). Les mots n'avaient pas le même sens pour les communistes que pour les autres : ceux-là parlaient une langue « capturée », fermée, bouclée sur son propre système symbolique. Pourtant c'est en labourant ce champ réflexif, aussi hypothéqué qu'il fût, que l'auteur parvenait à s'y reconnaître « philosophe » et le demeurer, dans le « détournement » même.

MAURICE CAVEING[1]

1. Maurice Caveing, philosophe spécialiste de l'histoire des mathématiques dans l'Antiquité, a été directeur de recherche au CNRS. Engagé dans la Résistance armée, il a été un des plus proches compagnons de route de J.-T. Desanti, avec lequel il a partagé la même aventure militante au Parti Communiste Français dont il a été adhérent de 1947 à 1963.

TABLE DES MATIÈRES

Avertissement	7
Avant-propos	11
Lettre de Bernard-Henri Lévy	13
Lettre de Maurice Clavel	15
Prélude	21
Réponse à la deuxième lettre	35
I. C*roire et faire croire*	39
II. L*e lieu du croire*	49
III. L*a scène de l'*A*utre*	57
A. Le « visible » devient « invisible »	58
B. « Être ensemble » et parler « au nom de »	59
C. Structure et dynamique du champ symbolico-charnel	78
D. Le renforcement	99
IV. L*a scène où l'on nait philosophe*	129
A. De la « sauvagerie » à la « culture »	132
B. La situation philosophique	140
V. D*u parti pris éthique a l'engagement* « *politique* »	149
A. Le prêtre, le militaire et le bagnard	150
B. A quoi rime ce discours	166
C. Signaux de meurtre	168
D. Le corps incomplet	177
E. L'arme et le mal	188
F. Être « solidaire »	200

Un Destin philosophique

VI.	L'ÉTAT DE PHILOSOPHE	213
	A. Parmi les choses selon les signes	214
	B. L'étrangeté d'un texte	225
	C. L'Autre dans le texte	232
	D. La marque vide	241
	E. Une langue dans la langue	254
VII.	LA PENSÉE CAPTIVE	265
	A. De quelques proverbes...	268
	B. La double vie d'un « clandestin »	270
	C. D'un « arrière-monde » qui colore le « monde »	274
	D. La réciprocité dans la confiance	276
	E. Le quasi-monde de la réciprocité	282
	F. L'essence bâtarde et le délire de la parole vraie	284
	G. Un « autre » quasi-monde : le champ réflexif	289
	H. Le détournement	293
	I. Frontière et capture	307
	En manière de conclusion	316

Réponse à la première lettre 323

Postface de Maurice Caveing 353

COLLECTION « PLURIEL »

ACTUEL

ADLER Alexandre
J'ai vu finir le monde ancien
Au fil des jours cruels
L'Odyssée américaine
Rendez-vous avec l'Islam
ATTIAS Jean-Claude,
BENBASSA Esther
Les Juifs ont-ils un avenir ?
BACHMANN Christian,
LE GUENNEC Nicole
Violences urbaines
BAECQUE (de) Antoine
Les Duels politiques
BARBER Benjamin R.
Djihad versus McWorld
L'Empire de la peur
BARLOW Maude, CLARKE Tony
L'Or bleu
BEN-AMI Shlomo
Quel avenir pour Israël ?
BERGOUGNIOUX Alain,
GRUNBERG Gérard
L'Ambition et le remords
BRETON Stéphane
Télévision
BRZEZINSKI Zbigniew
Le Grand Échiquier
BURGEL Guy
La Ville aujourd'hui
BURGORGUE-LARSEN Laurence,
LEVADE Anne,
PICOD Fabrice
La Constitution européenne expliquée au citoyen
CHALIAND Gérard
Guérillas
COHEN Daniel
La Mondialisation et ses ennemis
COLLECTIF
Le Piège de la parité
DAVIDENKOFF Emmanuel
Peut-on encore changer l'école?
DELPECH Thérèse
L'Ensauvagement
DELUMEAU Jean
Un Christianisme pour demain
ÉTIENNE Bruno,
LIOGIER Raphaël
Être bouddhiste en France aujourd'hui

FAUROUX Roger,
SPITZ Bernard
Notre État
GLUCKSMANN André
De Gaulle, où es-tu ?
Ouest contre Ouest
Le Discours de la haine
GRESH Alain
L'Islam, la République et le monde
Israël-Palestine
GRESH Alain,
VIDAL Dominique
Les Cent Clés du Proche-Orient
GUÉNIF-SOUILAMAS Nacira
Des beurettes
JADHAV Narendra
Intouchable
JEANNENEY Jean-Noël
(sous la direction de)
L'Écho du siècle
KAGAN Robert
La Puissance et la Faiblesse
LAÏDI Zaki
Un monde privé de sens
LAVILLE Jean-Louis
L'Économie solidaire
LE BONNEC Yves,
SAULOY Mylène
À qui profite la cocaïne ?
LENOIR Frédéric
Les Métamorphoses de Dieu
LEYMARIE Philippe,
PERRET Thierry
Les 100 clés de l'Afrique
MONGIN Olivier
De quoi rions-nous ?
MOREAU Jacques
Les socialistes Français et le mythe révolutionnaire
MINCES Juliette
Le Coran et les femmes
PROLONGEAU Hubert
Sans domicile fixe
RAMBACH Anne,
RAMBACH Marine
Les Intellos précaires
RENAUT Alain
La Libération des enfants
ROY Olivier
Généalogie de l'islamisme
La laïcité face à l'islam

ROY Olivier,
ABOU ZAHAD Mariam
Réseaux islamiques
SABEG Yazid,
MÉHAIGNERIE Laurence
Les Oubliés de l'égalité des chances
SALAS Denis
Le Tiers Pouvoir
SMITH Stephen
Négrologie
Oufkir, un destin marocain
Noir et Français
SMITH Stephen,
GLASER Antoine
Comment la France a perdu l'Afrique

STRAUSS-KAHN Dominique
La Flamme et la Cendre
TISSERON Serge
L'Intimité surexposée
TRAORÉ Aminata
Le Viol de l'imaginaire
URFALINO Philippe
L'Invention de la politique culturelle
VIROLE Benoît
L'Enchantement Harry Potter
WARSCHAWSKI Michel
Sur la frontière
WIEVIORKA Michel
La tentation antisémite

Psychanalyse / Psychologie

BARROIS Claude
Psychanalyse du guerrier
BETTELHEIM Bruno
Dans les chaussures d'un autre
Le Poids d'une vie
BONNAFÉ Marie
Les livres, c'est bon pour les bébés
BRUNSCHWIG Hélène
N'ayons pas peur de la psychothérapie
CRAMER Bertrand
Profession bébé
CYRULNIK Boris
Mémoire de singe et paroles d'homme
La Naissance du sens
Sous le signe du lieu
CYRULINK Boris,
MATIGNON Karine Lou,
FOUGEA Frédéric
*La Fabuleuse Aventure des hommes
et des animaux*
CZECHOWSKI Nicole,
DANZIGER Claudie
Deuils
DANON-BOILEAU Henri
De la vieillesse à la mort
DE MIJOLLA Alain (sous la direction de)
*Dictionnaire international de
psychanalyse* (2 vol.)
DUMAS Didier
La Sexualité masculine
FLEM Lydia
Freud et ses patients
GAVARINI Laurence
La passion de l'enfant
GAY Peter
Freud, une vie (2 vol.)
GREEN André
La Déliaison
Un psychanalyste engagé

GRIMBERT Philippe
Pas de fumée sans Freud
Psychanalyse de la chanson
HADDAD Antonietta,
HADDAD Gérard
Freud en Italie
HADDAD Gérard
Manger le Livre
HEFEZ Serge,
LAUFER Danièla
La Danse du couple
HEFEZ Serge
Quand la famille s'emmêle
HOFFMANN Christian
Une introduction à Freud
HUMBERT Élie G.
Jung
JOUBERT Catherine,
STERN Sarah
Déshabillez-moi
KORFF SAUSS Simone
Dialogue avec mon psychanalyste
LACHAUD Denise
L'Enfer du devoir
Jalousies
LAPLANCHE Jean,
PONTALIS Jean-Bernard
*Fantasme originaire. Fantasme
des origines. Origines du fantasme*
LESSANA Marie-Magdeleine
Entre mère et fille : un ravage
MIJOLLA (de) Alain
*Dictionnaire international de
la psychanalyse.* (2 vol.)
MORO Marie-Rose
Enfants d'ici venus d'ailleurs
MURAT Laure
La Maison du docteur Blanche

PERRIER François
L'Amour
PHILLIPS Adam
Le Pouvoir psy
PIGNARRE Philippe
Comment la dépression est devenue une épidémie
RIBAS Denys
L'Énigme des enfants autistes
SIETY Anne
Mathématiques, ma chère terreur

SINGLY (de) François
Les adonaissants
SUTTON Nina
Bruno Bettelheim
TISSERON Serge
Comment Hitchcok m'a guéri
TOMKIEWICZ Stanislas
L'Adolescence volée
VIGOUROUX François
L'Âme des maisons
L'Empire des mères
Le Secret de famille

Sciences

ACHACHE José
Les sentinelles de la Terre
ALLORGE Lucile,
IKOR Olivier
La fabuleuse Odyssée des plantes
ALVAREZ Walter
La Fin tragique des dinosaures
BARROW John
Les Origines de l'Univers
CAZENAVE Michel (sous la direction de)
Aux frontières de la science
CHANGEUX Jean-Pierre
L'Homme neuronal
COHEN-TANNOUDJI Gilles
Les Constantes universelles
DAFFOS Fernand
La Vie avant la vie
DAVIES Paul
L'Esprit de Dieu
DAWKINS Richard
Qu'est-ce que l'Évolution ?
FERRIES Timothy
Histoire du Cosmos de l'Antiquité au Big Bang
FISCHER Helen
Histoire naturelle de l'amour
GLASHOW Sheldon
Le Charme de la physique

KANDEL Robert
L'Incertitude des climats
LAMBRICHS Louise L.
La Vérité médicale
LASZLO Pierre
Chemins et savoirs du sel
Qu'est-ce que l'alchimie ?
LEAKEY Richard
L'Origine de l'humanité
NOTTALE Laurent
La Relativité dans tous ses états
PETIT Jean-Pierre
On a perdu la moitié de l'Univers
SCHWARTZ Laurent
Métastases
SEIFE Charles
Zéro, la biographie d'une idée dangereuse
SINGH Simon
Le Dernier Théorème de Fermat
Le Roman du Big Bang
STEWART John
La Nature et les nombres
VIDAL-MADJAR Alfred
Il pleut des planètes
WATSON James D.
La Double Hélice

Sociologie, anthropologie

ARNALDEZ Roger
L'Homme selon le Coran
AUGÉ Marc
Un ethnologue dans le métro
BADIE Bertrand,
BIRNBAUM Pierre
Sociologie de l'État
BAUMAN Zygmunt
Le Coût humain de la mondialisation
La Société assiégée

BEAUD Stéphane,
PIALOUX Michel
Violences urbaines, violence sociale
BIRNBAUM Pierre
La Fin du politique
Le Peuple et les gros
BOUDON Raymond
La Logique du social
L'Inégalité des chances

BOUSTANY Antoine
Drogues de paix, drogues de guerre
BROMBERGER Christian
Passions ordinaires
CALVET Louis-Jean
Histoire de l'écriture
La Guerre des langues et les politiques linguistiques
CASTEL Robert,
HAROCHE Claudine
Propriété privée, propriété sociale, propriété de soi
DIGARD Jean-Pierre
Les Français et leurs animaux
DUPUY Jean-Pierre
Libéralisme et justice sociale
EHRENBERG Alain
Le Culte de la performance
L'Individu incertain
ELLUL Jacques
Le Bluff technologique
FONDATION DES ÉTUDES DE DÉFENSE
Les Manipulations de l'image et du son
FOURASTIÉ Jean
Les Trente Glorieuses
GARAPON Antoine,
PERDRIOLLE Sylvie
Quelle autorité ?
GIDDENS Anthony
La transformation de l'intimité
GINESTE Thierry
Victor de l'Aveyron
GUÉRIN Serge
L'Invention des seniors
HIRSCHMAN Albert O.
Bonheur privé, action publique
KAUFMANN Jean-Claude
L'Invention de soi
Ego

LAHIRE Bernard
L'homme pluriel
LE BRAS Hervé
Marianne et les lapins
LE BRETON David
L'Adolescence à risque
LERIDON Henri
Les enfants du désir
MONOD Jean
Les Barjots
MUXEL Anne
Individu et mémoire familiale
PIKETTY Thomas
Les Hauts Revenus en France au XXe siècle
PONT-HUMBERT Catherine
Dictionnaire des symboles, des rites et des croyances
RAUCH André
Crise de l'identité masculine, 1789-1914
Vacances en France de 1830 à nos jours
ROSANVALLON Pierre
La Question syndicale
SAVIER Lucette
Des sœurs, des frères
SENNETT Richard
Respect
SINGLY (de) François
Les Uns avec les autres
SULLEROT Évelyne
La Crise de la famille
THÉLOT Claude
Tel père, tel fils ?
TIERNEY Patrick
Au nom de la civilisation
URFALINO Philippe
L'invention de la politique culturelle
WIEVIORKA Michel
La Violence

LETTRES ET ARTS

BADIOU Alain
Beckett
BAECQUE (de) Antoine
La Cinéphilie
BONFAND Alain,
MARION Jean-Luc
Hergé
CACHIN Françoise
Gauguin
CLARK Kenneth
Le Nu (2 vol.)
DE DUVE Thierry
Résonances du readymade

DELON Michel
Le Savoir-vivre libertin
FERRIER Jean-Louis
Brève histoire de l'art
De Picasso à Guernica. Généalogie d'un tableau
GIRARD RENÉ
Mensonge romantique, vérité romanesque
GOODMAN Nelson
Langages de l'art
GRAVES Robert
Les Mythes grecs (2 vol.)

GUILBAUT Serge
Comment New York vola l'idée d'art moderne
HASKELL Francis, PENNY Nicholas
Pour l'amour de l'antique. La statuaire gréco-romaine et le goût européen
HURÉ Pierre-Antoine, KNEPPER Claude
Liszt en son temps
JANOVER Louis
La Révolution surréaliste
LAZARD Madeleine
Rabelais l'humaniste
LIÉBERT Georges
L'Art du chef d'orchestre
LOYER Emmanuelle
Paris à New York
MESCHONNIC Henri
De la langue française
MICHAUD Yves
L'Art à l'état gazeux
Critères esthétiques et jugement de goût
L'Artiste et les commissaires
PACHET Pierre
Les Baromètres de l'âme. Naissance du journal intime

RANCIÈRE Jacques
La Parole muette
Mallarmé
REWALD John
Le Post-impressionnisme
Histoire de l'impressionnisme
RICHARD Lionel
L'Art et la guerre
ROMILLY (de) Jacqueline
La Douceur dans la pensée grecque
SALLES Catherine
La Mythologie grecque et romaine
STEINER George
De la Bible à Kafka
Extraterritorialité
STEINER George, LADJALI Cécile
Éloge de la transmission
TAPIÉ Victor L.
Baroque et classicisme
VALLIER Dora
L'Art abstrait
WEID (von der) Jean-Noël
La Musique du XXe siècle

PHILOSOPHIE

ARON Raymond
Essai sur les libertés
L'Opium des intellectuels
AZOUVI François
Descartes et la France
BADIOU Alain
Deleuze
BLAIS Marie-Claude, GAUCHET Marcel, OTTAVI Dominique
Pour une philosophie de l'éducation
BOUVERESSE Jacques
Le Philosophe et le réel
BURKE Edmund
Réflexions sur la Révolution en France
CANTO-SPERBER Monique
Le Socialisme libéral
CHÂTELET François
Histoire de la philosophie
t. 1 : *La Philosophie païenne (du VIe siècle av. J.-C. au IIIe siècle après J.-C.)*
t. 2 : *La Philosophie médiévale (du Ier au XVe siècle)*
t. 3 : *La Philosophie du monde nouveau (XVIe et XVIIe siècle)*
t. 4 : *Les Lumières (XVIIIe siècle)*

t. 5 : *La Philosophie et l'histoire (de 1780 à 1880)*
t. 6 : *La Philosophie du monde scientifique et industriel (de 1860 à 1940)*
t. 7 : *La Philosophie des sciences sociales (de 1860 à nos jours)*
t. 8 : *Le XXe siècle*
CONSTANT Benjamin
Principes de politique
COURTINE-DENAMY Sylvie
Hannah Arendt
DETIENNE Marcel
Dionysos à ciel ouvert
GIRARD René
La Violence et le sacré
Celui par qui le scandale arrive
Mensonge romantique et vérité romanesque
Les origines de la culture
GLUCKSMANN André
Le Bien et le Mal
Une rage d'enfant
HABERMAS Jürgen
Après Marx
HABIB Claude
Le Consentement amoureux

HAZARD Paul
La pensée européenne au XVIIIe siècle
JANICAUD Dominique
Heidegger en France (2 vol.)
JANKÉLÉVITCH Sophie,
OGILVIE Bertrand
L'Amitié
JARDIN André
Alexis de Tocqueville
JERPHAGNON Lucien
Les Dieux ne sont jamais loin
Au bonheur des sages
JOUVENEL (de) Bertrand
Du pouvoir
LA ROCHEFOUCAULD
Maximes, réflexions, lettres
LINDENBERG Daniel
Destins marranes
LÖWITH Karl
Nietzsche
MANENT Pierre
Histoire intellectuelle du libéralisme
MARZANO Michela
La Fidélité ou l'amour à vif
La Pornographie ou l'épuisement
du désir
MONGIN Olivier
Face au scepticisme
NEGRI Anthony
Job, la force de l'esclave
NIETZSCHE Friedrich
Aurore
Humain, trop humain
Le Gai Savoir
Par-delà le bien et le mal
ORY Pascal
Nouvelle Histoire des idées politiques

QUINET Edgar
L'Enseignement du peuple, suivi de
La Révolution religieuse au XIXe siècle
RIALS Stéphane
La Déclaration des droits de l'homme
et du citoyen
RICHIR Marc
La Naissance des dieux
RICŒUR Paul
La Critique et la conviction
ROUSSEAU Jean-Jacques
Du contrat social
RUYER Raymond
La Gnose de Princeton
SAVATER Fernando
Choisir, la liberté sur l'art de vivre
SCHOLEM Gershom
Walter Benjamin, Histoire d'une amitié
SERRES Michel
Les Cinq Sens
Le Parasite
Rome
SIRINELLI Jean-François
Sartre et Aron, deux intellectuels
dans le siècle
SLOTERDIJK Peter
Bulles, Sphères I
Écumes, Sphères III
L'Heure du crime et le temps de l'œuvre
d'art, suivi de Essai d'intoxication
volontaire
Ni le soleil ni la mort
Les Battements du monde
SUN TZU
L'Art de la guerre
TODOROV Tzvetan
Les Morales de l'histoire

HISTOIRE

ADLER Laure
Les Maisons closes
Secrets d'alcôve
AGULHON Maurice
De Gaulle. Histoire, symbole, mythe
La République (de 1880 à nos jours)
t. 1 : *L'Élan fondateur et la grande blessure (1880-1932)*
t. 2 : *Nouveaux drames et nouveaux espoirs (de 1932 à nos jours)*
ALEXANDRE-BIDON Danièle,
LETT Didier
Les Enfants au Moyen Âge
ANATI Emmanuel
La Religion des origines
ANDREU Guillemette
Les Égyptiens au temps des pharaons
ANTOINE Michel
Louis XV
BALLET Pascale
La Vie quotidienne à Alexandrie
BANCEL Nicolas,
BLANCHART Pascal,
VERGÈS Françoise
La République coloniale
BARTOV Omer
L'Armée d'Hitler
BEAUFRE Général
Introduction à la stratégie
BÉAUR Gérard
La Terre et les hommes. Angleterre et France aux XVIIᵉ et XVIIIᵉ siècles
BECHTEL Guy
La Chair, le diable et le confesseur
BECKER Annette
Oubliés de la Grande Guerre
BENNASSAR Bartolomé,
VINCENT Bernard
Le Temps de l'Espagne, XVIᵉ-XVIIᵉ siècles
BENNASSAR Bartolomé
L'Inquisition espagnole, XVᵉ-XIXᵉ siècles
BERCÉ Yves-Marie
Fête et révolte. Des mentalités populaires du XVIᵉ au XVIIIᵉ siècles
BERNAND André
Alexandrie la grande
Sorciers grecs
BLUCHE François
Le Despotisme éclairé
Louis XIV
BOLOGNE Jean Claude
Histoire de la pudeur
Histoire du mariage en Occident
Histoire du célibat et des célibataires

BOTTÉRO Jean
Babylone et la Bible
BOTTÉRO Jean,
HERRENSCHMIDT Clarisse,
VERNANT Jean-Pierre
L'Orient ancien et nous
BREDIN Jean-Denis
Un tribunal au garde-à-vous
BRULÉ Pierre
Les femmes grecques
CAHEN Claude
L'Islam, des origines au début de l'empire ottoman
CAMPORESI Piero
Les Baumes de l'amour
CARCOPINO Jérôme
Rome à l'apogée de l'Empire
CARRÈRE D'ENCAUSSE Hélène
Catherine II
Lénine
Nicolas II
CHAUNU Pierre
Le Temps des réformes
CHAUSSINAND-NOGARET Guy,
CONSTANT Jean-Marie,
DURANDIN Catherine,
JOUANNA Arlette
Histoire des élites en France, du XVIᵉ au XXᵉ siècle
CHÉLINI Jean
Histoire religieuse de l'Occident médiéval
CHOURAQUI André
Jérusalem
CIZEK Eugen
Mentalités et institutions politiques romaines
CLOULAS Ivan
Les Châteaux de la Loire au temps de la Renaissance
DARMON Pierre
Le Médecin parisien en 1900
Vivre à Paris pendant la Grande Guerre
DAUMAS Maurice
La Tendresse amoureuse
DELUMEAU Jean
La Peur en Occident
Rome au XVIᵉ siècle
Une histoire du paradis
t. 1 : *Le Jardin des délices*
t. 2 : *Mille ans de bonheur*
t. 3 : *Que reste-t-il du paradis ?*
DUBY Georges
Le Chevalier, la femme et le prêtre
Le Moyen Âge (987-1460)

DUCELLIER Alain
Le Drame de Byzance. Idéal et échec d'une société chrétienne
DUCREY Pierre
Guerre et guerriers dans la Grèce antique
DUPÂQUIER Jacques,
KESSLER Denis
La Société française au XIXᵉ siècle
DUROSELLE Jean-Baptiste
L'Europe, histoire de ses peuples
EISENSTEIN Elizabeth L.
La Révolution de l'imprimé
EPSTEIN Simon
Histoire du peuple juif au XXᵉ siècle
ESLIN Jean-Claude,
CORNU Catherine
La Bible, 2000 ans de lectures
ESPRIT
Écrire contre la guerre d'Algérie (1947-1962)
ÉTIENNE Bruno
Abdelkader
ÉTIENNE ROBERT
Pompéi
FAURE Paul
Parfums et aromates dans l'Antiquité
FAVIER Jean
De l'or et des épices
FERRO Marc
Le Livre noir du colonialisme
Nazisme et communisme
Pétain
FINLEY Moses I.
On a perdu la guerre de Troie
FROMKIN David
Le dernier été de l'Europe
FRUGONI Chiara
Saint François d'Assise
FURET François,
NOLTE Ernst
Fascisme et communisme
FURET François
La Gauche et la Révolution au XIXᵉ siècle
La Révolution (1770-1880)
t. 1 : *La Révolution française, de Turgot à Napoléon (1770-1814)*
t. 2 : *Terminer la Révolution, de Louis XVIII à Jules Ferry (1814-1880)*
FURET François,
RICHET Denis
La Révolution française
FURET François,
JULLIARD Jacques,
ROSANVALLON Pierre
La République du centre

GARIN Eugenio
L'Éducation de l'homme moderne (1400-1600)
GERVAIS-MARX Danièle
La Ligne de démarcation
GIRARD Louis
Napoléon III
GIRARDET Raoul
Histoire de l'idée coloniale en France
GOUBERT Pierre
Initiation à l'histoire de la France
L'Avènement du Roi-Soleil
Louis XIV et vingt millions de Français
GRANDAZZI Alexandre
La Fondation de Rome
GRAS Michel,
ROUILLARD Pierre,
TEIXIDOR Xavier
L'Univers phénicien
GUICHARD Pierre
Al-Andalus (711-1492). Une histoire de l'Andalousie arabe
GUILAINE Jean
La Mer partagée
GUILLERMAZ Jacques
Une vie pour la Chine. Mémoires, 1937-1993
GUTTON Jean-Pierre
La Sociabilité villageoise dans la France d'Ancien Régime
HALÉVY Daniel
La Fin des notables
t. 1 : *La Fin des notables*
t. 2 : *La République des ducs*
Visite aux paysans du centre
HARBI Mohammed,
STORA Benjamin
La Guerre d'Algérie
HEERS Jacques
Esclaves et domestiques au Moyen Âge
Fête des fous et carnavals
La Cour pontificale au temps des Borgia et des Médicis
La Ville au Moyen Âge en Occident
HOBSBAWM Eric J.
L'Ère des Révolutions (1789-1848)
L'Ère du Capital (1848-1875)
L'Ère des Empires (1875-1914)
Franc-tireur
HORNUNG Erik
L'Esprit du temps des pharaons
HUSSEIN Mahmoud
Al-Sîra
JERPHAGNON Lucien
Histoire de la Rome antique
Les dieux ne sont jamais loin
JOHNSON Hugh
Une Histoire mondiale du vin

JOMINI (de) Antoine-Henri
*Les Guerres de la Révolution
(1792-1797)*
JOXE Pierre
L'Édit de Nantes
KRIEGEL Maurice
*Les Juifs à la fin du Moyen Âge dans
l'Europe méditerranéenne*
LABY Lucien
Les Carnets de l'aspirant Laby
LACARRIÈRE Jacques
En cheminant avec Hérodote
LACORNE Denis
L'Invention de la République
LAURIOUX Bruno
Manger au Moyen Âge
LE BRIS Michel
D'or, de rêves et de sang
LEBRUN François
Histoire des catholiques en France
LE GOFF Jacques
La Bourse et la vie
LE ROY LADURIE Emmanuel
*L'État royal (1460-1610)
L'Ancien Régime (1610-1770)*
t. 1 : *L'Absolutisme en vraie grandeur
(1610-1715)*
t. 2 : *L'Absolutisme bien tempéré
(1715-1770)*
LEUVER Évelyne
Louis XVIII
MALET-ISAAC
Histoire
t. 1 : *Rome et le Moyen Âge (735 av.
J.-C.-1492)*
t. 2 : *L'Âge classique (1492-1789)*
t. 3 : *Les Révolutions (1789-1848)*
t. 4 : *La Naissance du monde moderne
(1848-1914)*
MANDROU Robert
Possession et sorcellerie au XVIIe siècle
MARTIN-FUGIER Anne
La Bourgeoise
MAUSS-COPEAUX Claire
*Appelés en Algérie. La Parole
confisquée*
MELCHIOR-BONNET Sabine
Histoire du miroir
MILO Daniel
Trahir le temps
MOSSE George L.
De la Grande Guerre au totalitarisme
MUCHEMBLED Robert
L'Invention de l'homme moderne
NEVEUX Hugues
*Les Révoltes paysannes en Europe
(XIVe-XVIIe siècle)*

NOIRIEL Gérard
Réfugiés et sans-papiers
NOLTE Ernst
Les Mouvements fascistes
PELIKAN Jaroslav
Jésus au fil de l'histoire
PITTE Jean-Robert
Bordeaux, bourgogne
POMEAU René
L'Europe des Lumières
POURCHER Yves
Les Jours de guerre
POZNANSKI Renée
*Les Juifs en France pendant la Seconde
Guerre mondiale*
RANCIÈRE Jacques
La Nuit des prolétaires
RAUCH André
Histoire du premier sexe
RAUSCHNING Hermann
Hitler m'a dit
REVEL Jacques
Fernand Braudel et l'histoire
RICHÉ Pierre
Les Carolingiens
RIOUX Jean-Pierre
De Gaulle
RIOUX Jean-Pierre,
SIRINELLI Jean-François
*La culture de masse en France
La France d'un siècle à l'autre* (2 vol.)
RIVET Daniel
*Le Maghreb à l'épreuve
de la colonisation*
ROBERT Jean-Noël
Eros romain
ROTH François
La Guerre de 1870
ROUMAJON Yves
Enfants perdus, enfants punis
ROUSSET David
*Les Jours de notre mort
L'Univers concentrationnaire*
ROUX Jean-Paul
Les Explorateurs au Moyen Âge
SHIRER William
La Chute de la IIIe République
SINGER Claude
Vichy, l'Université et les Juifs
SIRINELLI Jean-François
Les Baby-boomers
SNODGRASS Anthony
La Grèce archaïque
SOLER Jean
L'Invention du monothéisme
t. 1 : *Aux origines du Dieu unique*
t. 2 : *La Loi de Moïse*

t. 3 : *Sacrifices et interdits alimentaires dans la Bible*
SOUSTELLE Jacques
Les Aztèques à la veille de la conquête espagnole
STORA Benjamin
Messali Hadj
THIBAUDET Albert
La République des Professeurs suivi de Les Princes lorrains
TROCMÉ Étienne
L'Enfance du christianisme
TULARD Jean
Napoléon
VALENSI Lucette
Venise et la Sublime Porte
VALLAUD Pierre
Atlas historique du XXe siècle
VERDON Jean
La Nuit au Moyen Âge
Le Plaisir au Moyen Âge

VERNANT Jean-Pierre
La Mort dans les yeux
VEYNE Paul
Le quotidien et l'intéressant
VIANSSON-PONTÉ Pierre
Histoire de la République gaullienne
t. 1 : *La Fin d'une époque : mai 1958-juillet 1962*
t. 2 : *Le Temps des orphelins : août 1962 - avril 1969*
WEBER Eugen
L'Action française
WEIL Georges
Histoire de l'idée laïque en France au XIXe siècle
WIEVIORKA Annette
Déportation et génocide
L'Ère du témoin
Auschwitz

Pour l'éditeur, le principe est d'utiliser des papiers composés de fibres naturelles, renouvelables, recyclables et fabriquées à partir de bois issus de forêts qui adoptent un système d'aménagement durable.
En outre, l'éditeur attend de ses fournisseurs de papier qu'ils s'inscrivent dans une démarche de certification environnementale reconnue.

Imprimé en Espagne par LIBERDUPLEX (Barcelone)
HACHETTE LITTÉRATURES – 31 rue de Fleurus – 75006 Paris
Collection n° 25 – Édition 01
Dépôt légal : 94788-01/08